谨以此丛书献给万德珍女士：
感谢她为此生存理性存在之间
　　付出一生，
　　陪伴一生，
　　唱和一生！

四川师范大学重大成果孵化资助项目

第3卷

唐代兴 著

生成涌现时间

生存论研究丛书

中国社会科学出版社

图书在版编目(CIP)数据

生成涌现时间 / 唐代兴著. — 北京：中国社会科学出版社，2023.10
（生存论研究丛书）
ISBN 978-7-5227-2268-9

Ⅰ.①生… Ⅱ.①唐… Ⅲ.①哲学—研究 Ⅳ.①B0

中国国家版本馆 CIP 数据核字(2023)第 133926 号

出 版 人	赵剑英
责任编辑	刘亚楠
责任校对	张爱华
责任印制	张雪娇
出　　版	中国社会科学出版社
社　　址	北京鼓楼西大街甲 158 号
邮　　编	100720
网　　址	http://www.csspw.cn
发 行 部	010-84083685
门 市 部	010-84029450
经　　销	新华书店及其他书店
印刷装订	北京市十月印刷有限公司
版　　次	2023 年 10 月第 1 版
印　　次	2023 年 10 月第 1 次印刷
开　　本	710×1000　1/16
印　　张	23.25
插　　页	2
字　　数	378 千字
定　　价	138.00 元

凡购买中国社会科学出版社图书，如有质量问题请与本社营销中心联系调换
电话：010-84083683
版权所有　侵权必究

一个人所看到的不仅依赖于他在看什么,而且也依赖于他以前的视觉概念的经验已经教会他去看什么。

——[美]托马斯·库恩:《科学革命的结构》

总　序

世界自在，而人立其中。其存在，须臾不离阳光、空气、气候、水、土地；其生存，总要努力于技术、科学、经济、政治、教育、艺术、宗教的武装，既丰富内涵，更挑战极限：

技术，创造生存工具，持续地挑战安全的极限；

科学，开拓存在疆界，持续地挑战经验的极限；

经济，增长物质财富，持续地挑战富裕的极限；

政治，平衡公私利欲，持续地挑战权利的极限；

教育，开发生命潜能，持续地挑战智力的极限；

艺术，追求生活善美，持续地挑战自由的极限；

宗教，赋予存在信仰，持续地挑战心灵的极限。

所有一切都有正反实用，惟有哲学，历来被视为无用之学。然而，无论技术、科学，或经济、政治、教育，甚至艺术或宗教，其正反实用达于极限状态，往往演化出绝望，因为绝望之于希望，才走向哲学，开出"存在之问"的**新生**之道。

一　哲学发问存在的当世取向

哲学在无用中创造大用，本原于它专注于存在及其敞开，并从发问存在出发，开出存在之思而继续向前，始终行进于存在之问的当世之途，这构成哲学不同于哲学研究的根本性质定位和功能定位。

1. 哲学的自身定位

哲学乃存在之问，偏离存在之问，遗忘或丧失存在之问，哲学必然消隐。哲学一旦消隐，存在世界因丧失思想的光芒而沦为荒原，人必自得其乐于物质主义的愚昧并进而沦为暴虐主义的耗材。这是因为哲学始终是当世的，以存在之问为基业的当世哲学，直接地源于人类的存在困境和生存危机。人类的存在困境和生存危机永远属当世，是当世的必然制造：人类的每一个当世存在必然演绎出只属于此"在世之中"的存在困境和生存危机，哲学的存在之问就是直面人类的当世存在困境和生存危机而展开追问，以探求根本的解救之道，这一根本的解救之道构成武装当世政治、经济、文化、教育、科学、技术的根本智慧、最高知识和统领性方法。这是哲学的当世消隐必然带来存在荒原和非人深渊的根本原因，这也是它与哲学研究的根本不同所在。

哲学是当世的，哲学研究是历史的。

哲学的当世取向及努力，源于它对"在世之中"的人类发出存在之问，以探求其存在困境和生存危机的根本解救之道；哲学研究的历史取向及其努力，在于它只关注已成的哲学思想、知识、方法的历史及其具体内容的哲学著作，哲学理论，哲学思想、知识、方法体系以及与此直接关联的哲学思潮、哲学运动和哲学家。

所以，哲学关注的对象是人类的当世存在，具体地讲是人类当世的存在困境和生存危机；哲学研究关注的对象是已有的哲学成就，包括已经功成名就的哲学家，和这些哲学家创造出来的哲学思想、哲学知识、哲学方法、哲学理论、哲学体系、哲学著作和由他们涌动生成的哲学思潮、哲学运动、哲学流派、哲学传统。

哲学研究追求严肃、严谨、庄重；哲学却崇尚使命和责任。

哲学研究可能成为事业，但对于更多的人或者大多数人来讲只是一种职业，所以哲学研究可以会聚形成庞大的群体，庞大的职业圈，庞大的师门承传，甚而至于可以汇聚成为课题、项目、获奖的江湖，或可曰：哲学研究可成为甚至往往成为敲门砖、工具、手段。哲学研究所拥有的这些都与哲学无缘：哲学作为对当世的存在之问的根本方式，不能成为职业，只能成为事业，所以哲学在任何时代都只由**极少极少的人**能眷顾。因为，哲学之为哲学的基本标志，是存在之问；哲学研究之为哲学研究的基本标志，是对哲学家的哲学成果（认知、思想、知识、方法、著作、体系）之问。

哲学研究可类分出东方或西方，也可类分出古代、近代或现代，更可类分出国度与种族，还可类分出思潮和流派、著作与人，以及阶级和门派。哲学却全然与这些无缘、无关，因为哲学不仅是当世的，更是世界的，它就是立足当世开辟人类存在之问的**世界性**道路。

要言之，哲学研究是人类根本思想、根本知识、根本方法的历史学，或**历史阐释学**；哲学却是人类根本思想、根本知识、根本方法的当代学，或**当代创造学**。

2. 哲学的当世努力

哲学研究的对象产生于历史，哲学及其创造源于当世的存在困境和生存危机，这就是自古磨难出英雄，从来动荡激哲思。古希腊哲学诞生于存在的自然之问，并朝存在之伦理和政治哲学方向发展，前者不仅因为存在世界引发出惊诧和好奇，更是突破大海束缚开拓存在空间的激励；后者源于突围战乱的绝境而探求人性再造的生存反思。春秋战国之世，如果没有"天子失官，学在四夷"的存在困境和"道术将为天下裂"的生存危机，则不可能有探求如何解救时世的思想方案的诸子盛世的产生。

存在的困境，创造思想盛宴；生存的危机，孕育哲学盛世。

以直面存在困境和追问生存危机的方式彰显自身的哲学，始终是当世的。唯物质主义存在和祛魅化生存，基因工程和人工智能开启生物人种学忧惧，后环境风险带动地球生物危机，极端气候失律推动灾害世界化，加速迭代变异的病毒正以嗜虐全人类的方式全面改写着人类的历史，而更新的殖民主义浪潮推动全球化的空间争夺、价值对决、军备竞赛、武器至上等等会聚生成、运演出风云突变的当世存在，构筑起后人口、后环境、后技术化存在、后疫-灾、后经济-政治为基本向度的**后世界风险社会陷阱**，必然激发哲学追问以拆除学科视域、突破科学主义，摒弃细节迷恋，走向生态整体，以关注存在本体的方式入场，开启哲学的当代道路，探索哲学的当世重建。

哲学的当代道路，即是沿着经验理性向观念理性再向科学理性方向前进而必然开出生存理性（或生态理性）的道路①，因而，生存理性哲学，应该成为解救当世存在的根本困境和危机的根本之道的哲学。

哲学展开存在之问的方式，就是理性。哲学以理性方式展开存在之问有多种形式，具体地讲，以理性方式敞开存在的经验之问，即是经验理性哲学；以理性方式敞开存在的观念之问，就是观念理性哲学；以理性方式方式敞开存在的科学（或曰方法）之问，就是科学理性（或曰"工具理性"）哲学；以理性方式敞开存在的生态之问，就是生存理性哲学。由于**存在敞开生存**始终呈自身的位态，所以生存理性哲学亦可称之为生态理性哲学。因为"生态"概念的本义是生命存在的固有姿态，当生命存在敞开生存时，其固有的姿态也就随之呈现其存在敞开的原本性位态，这一本原性位态即是存在以自身方式敞开的生存朝向（详述参见"生存论研究"卷4《生成涌现时间》第1章第四部分），所以，生存理性哲学也就是生态理性哲学。

二 生态理性之思敞开的初步

生态理性哲学的基本主题是"当代人类理性存在何以可能"？它落实在生存上，则凸显出四个有待追问的基本问题：

一、人善待个人何以可能？

二、人善待环境何以可能？

三、人善待文明何以可能？

四、人善待历史何以可能？

生态理性哲学直面当世存在困境和生存危机而发问，探求其解决的根本之道，就是为人善待个人、人善待环境、人善待文明、人善待历史提供可能性，包括认知、思想、知识、方法及其生态整体路径等方面的可能性。因而，发问当世存在困境和生存危机，探索和创建生态理性哲学，不仅是当世哲学家的事业，也是当世文学家、科学家以及其它当世思想家的共同事业。

1. 生态理性的形上视域

基于如上基本定位，生态理性哲学的认知起步，是重新思考人类书写，

---

① 参见唐代兴《生态理性哲学导论》，北京大学出版社2005年版。

考察人类书写事业的主体构成,由是于1987、1988年先后完成《书写哲学的生成》和《人类书写论》(1991)两本小册子。以此为起步,尝试思考生态理性的本体论和形而上学问题,于1989年完成生态理性本体论《语义场导论:人类行为动力研究》(1998年初版,十五年后修订增加了15万字,于2015年以《语义场:生存的本体论诠释》再版),1990年完成生态理性形而上学《生态理性哲学导论》(2005),1991年完成生态理性本体论美学《语义美学论纲:人类行为意义研究(1)》(2001年初版,一年后市场上出版盗版本,2003年重印);1992年完成生态理性政治哲学《语言政治学:人类行为意义研究(3)》(至今未出版);1993年完成生态理性美学《形式语义美学论纲:人类行为意义研究(2)》(因2001年家被盗,电脑被偷,此书稿丢失)。继而尝试思考生态理性哲学方法问题,先后形成《思维方法的生态化综合》(1990年2月)、《再论生态化综合》(1991年3月)、《生态化综合:全球化语境下的文艺学方法》(1992年4月)等论文,其后予以系统思考,于2000年完成《生态化综合:一种新的世界观》(2015)。

依照哲学传统,哲学应包括三部分内容,即形而上学、本体论,认识论和实践哲学。认识论是形而上学、本体论指向实践哲学的中介,实践哲学应该成为形而上学、本体论达于生活世界指导人生和引导社会的方法论。实践哲学,在经典的意义上是伦理学(或道德哲学)和政治学(或政治哲学)(比如亚里士多德就是如此定位实践哲学,笛卡儿在此基础上增加了医学和力学,黑格尔却以法哲学的方式将伦理学和政治哲学统合起来),但在完整的意义上应包括伦理学、政治哲学、教育哲学和美学(或曰"美的哲学")四个方面:伦理学,是哲学走向实践引导人如何善待人的根本方法和普遍智慧,或可说伦理学是哲学引导人如何与人"生活在一起"的根本方法和普遍智慧;政治哲学,是哲学走向实践引导社会如何善待人的根本方法和普遍智慧,或可说政治哲学是哲学引导社会如何与人人"生活在一起"的根本方法和普遍智慧;教育哲学,是哲学走向实践引导人如何成己成人立世的根本方法和普遍智慧,或可说教育哲学是哲学引导人如何从动物存在走向人文存在而成为人和大人的根本方法和普遍智慧;美学或曰"美的哲学",是哲学走向实践引导人如何善待自己的根本方法和普遍智慧,或可说美学是哲学引导人如何**悦**

纳内在的自己而自由地存在、生活和创造的根本方法与普遍智慧。

2. 生态理性的伦理建构

从 2001 年始，开始从生态理性的基本问题转向其生态理性的实践问题。实践哲学虽然主要由伦理学、政治哲学、教育哲学和美学构成，但此四者中，伦理问题却成为实践哲学的基础性问题。这正如斯宾诺莎和黑格尔所说，伦理是一种存在的精神实体。在西语中，ethics 源于古希腊语 ëthos（ηϱoς），意为气禀和品性；但与 ëthos 关系密切的词是 ethos（εϑoς），意思是风俗、习惯。所以，气禀、品性、习惯、风俗构成 ethics 的基本语义。相对人而言，气禀和品性属内在的东西，构成**个体**的内在精神规范；习惯和风俗却是外在的东西，构成**社会共同体**对个体的外在规范：这种外在规范的个体化呈现，就是习惯；这种外在规范的群体性呈现，就是风俗。或者，习惯表述气禀和品性向外释放形成个体行为约束方式，当这种行为约束方式因**共同行动的便利约定俗成为主体间性**的行动自觉，就成为风俗。风俗是超越个体行为习惯的一种普遍性体认方式、行为模式、精神结构。

伦理作为一种存在的精神实体，是从个体出发，以个性精神为动力，以个体行为方式的**群体性扩散**所构筑起来的**伦理地存在**的**普世性**体认方式、行为模式和精神结构。伦理地存在，是指以个体为主体的体现普世性体认方式、行为模式和精神结构的存在方式。这种体认方式、行为模式、精神结构的内在规定性及基本诉求是什么呢？ethics 没有提供这方面的信息，但汉语"伦理"概念却为之提供了这方面的解释性依据。在汉语中，"伦理"之"伦，辈也"（《说文》），揭明"伦"的本义是**辈分**，辈分的本质是**血缘**。血缘和辈分既将人先天地安排在**各自该居**的关系位置上使之获得等级性，也规定了人与人界线分明的**类聚**关系，即血缘之内一类，血缘之外另一类。血缘、辈分、类聚，此三者生成性建构起人间之"伦"，简称人伦。人伦作为一种基本的人道，却是自然使然，因为血缘、辈分、类聚，都源自然，因而都是自然的：血缘不由人选择，辈分也是天赋于人，当一个生命种子在母体中播下，辈分就产生了；原初意义的类聚是由血缘和辈分生成，比如，你生而为女人或生而为男人，以及你生而为丑女人或美女人、矮男人或高男人，或者生于富贵之家还是贫贱之家,均不由你选择,它对你来讲,是自然地生成,自然地带来的,并自然地将你带进矮或高、丑或美、贫穷或富贵之"类"中,并且是强迫性地使之成为种种"类"的符号、代码,比如生于贫穷地域的贫穷人家,你就成为"穷人"一类中的"穷人"代码。从根本讲,血缘体现**自然生育法则**,辈分和类聚蕴含大千世界存在物如何**存在的天理**(即"自然之理"的简便说法)。遵循血缘这一自然生育法则和辈分、类聚这一存在天理向外拓展,就形成民族,建立国家,产生国家社会的人伦关系形态。亚里士多德在《政治学》中指出,人单独不能存在,更不能延续种类,相互依存的男女因为生理的成熟而结合,所以配偶出于生理的自然产生两种结果,一是男女出于生理的自然而结合组成家庭;二是男女因为生理的自然结合产生生育,所以生育亦是生理的自然。生育的繁衍,使家庭扩展成为村坊,村坊的横向联合,产生城邦。① 这一生成敞开进程,既遵循了自然生育法则,也发挥了辈分和类聚这一存在天理的功能。"伦"字所蕴含的这一双重之"理",使它有资格与"理"字结合而构成"伦理":《说文》释伦理之"理,治玉也",意指"理"的本义为璞石之纹路,按照璞石的天然纹路将其打造成美玉的方式,就是"治玉"。所以"理"蕴含了自然形成、人力创造和改造自然事实的预设模式与蓝图这样三重事实。整体观之,"伦理"既指一种自然存在事实,也指一种理想存在事实,既蕴含自然之理,也彰显人为之道。因为"伦理"既是由"伦"生"理",也是由"理"生"道",这一双重的"生"机和"生"意的本质却是"信任"。作为源自自然而生成社会基本结构的伦理达于个体化的人与人"生活在一起"的道德的主体性桥梁,即是信任。(见下页"总图1")

伦理作为一种存在事实,既是自然存在事实,也是人为存在事实。而凡存在事实,无论从形态学观还是从本体论讲,都是具有内在关联性并呈现开放性生成的关系。所以,统合其自然存在事实和人为存在事实,伦理实是一种**人际存在关系**,简称为人际关系,它敞开人与人、人与群(社会)、人与物、人与环境(自然)诸多维度,形成一种**四面八方和四通八达**的开放性取向、态势或诉求。由于人是以个体生命的方式存在,并且其个体生命需要资

---

① [古希腊]亚里士多德:《政治学》吴寿彭译,商务印书馆1983年版,第5-6页。

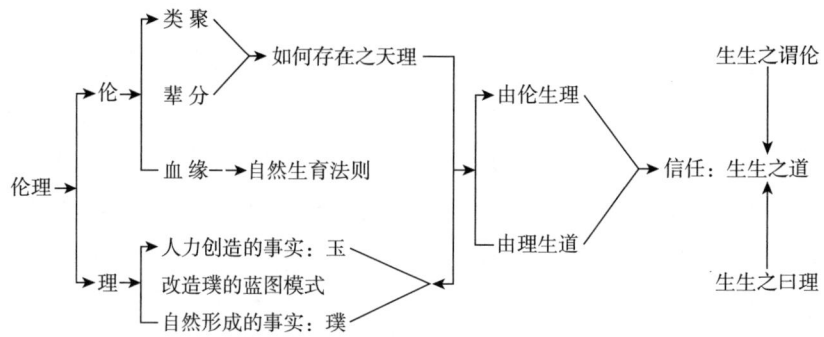

[总图1：汉语"伦理"蕴含自然－种族－社会三维精神结构]

源滋养才可继续存在，滋养个体生命的所有资源都没有现成，都必须要通过劳动付出甚至以生命为代价方可获得。人的存在之生，需要利的滋养，因为利而生发争夺，产生权利与权力的对抗、博弈或妥协，更因为利的得失而必生爱恨。所以，伦理本质上是一种**充满利害取向**的人际关系，或可说是一种充满利害选择与权衡的人际关系，蕴含生、利、爱——即生己或生他、利己或利他、爱己或爱他——的对立统一朝向，这种对立统一朝向落实在个人存在敞开生存的日常行为中，就表现为其利害选择与权衡的德或非德，或德或反德。这一对立统一朝向落实到社会共同体的秩序构建上，就是善恶机制、价值坐标、社会方式的建立，并以此善恶机制、价值坐标、社会方式为依据，选择政体，形塑制度，建立边界和限度的法律体系。

从根本言，实践哲学的探讨，无论是政治哲学探讨，还是教育哲学探讨，或者美学探讨，其背后都伫立着一个**伦理坐标**，忽视这个伦理坐标，其探讨无论怎样深入，都会产生**不得其中**的局限。正是基于此，当运用初步形成的生态理性思想和方法来重构实践哲学时，首要工作就是做伦理检讨。

无论中西，伦理学既是最古老的学问，也是与世常青的学问。古老的伦理学发展到今天，存在许多最为根本的和基础的问题，这些问题集中表现在伦理学、道德学、道德哲学的混同、伦理的基础理论与方法的等同，道德与美德不分、功利与道义对立、责任与义务混淆，等等。但其症结却是对伦理学的性质定位错位，这即是人们总是擅长或者说喜欢从价值入手来定位伦理学，并以价值为依据、尺度、准则来考察伦理问题，由此很自然地忽视了人性问题和利益问题。更准确地讲，这种做法是无视人的他者性存在处境和生存状况而将伦理想象地观念化。从根本讲，伦理学不是价值的科学，而是**人性塑造的学问**。人性不是价值事实，而是天赋的存在事实。人性的存在敞开呈现出来的首要问题、根本问题、本质问题，不是价值的问题，而是"因生而活，为活而生"且"生生不息"的问题，具体地讲即存在安全和生活保障的问题，这一存在和生存的根本问题所开出来的第一要义，是"利"，即人"因生而活"关联起利，人"为活而生"也关联起利，人生生不息地诉求"因生而活，为活而生"的劳作同样关联起利。从个人言，人与人之间的爱恨亲仇，均因为利，均以利为原发动力并以利为最终之行动目的；对社会言，人与群体、人与社会、人与政府等等之间的生存纽带，依然是利，政体的选择、制度的安排、法律的制定，都以利为原发机制和最终的校准器。伦理的价值主义，架空了人性和人性存在，这种做法无论是无意还是刻意，都是要洗白"因生而活，为活而生且生生不息"的"利"这一原发动力和原发机制，最终导致政体选择、制度形塑、法律制定丧失人性土壤和利益这块基石，而使野心家、阴谋家任性虚构存在，使地痞、流氓、白痴、人渣、畜牲横行生活世界。

从生态理性思想出发并运用生态综合方法来检讨人类伦理，首先是走出伦理学的**科学主义和价值主义**怪圈，考察"利益"问题，于2001年完成《利益伦理》（2002），然后以"利益"为校准器，检讨制度形塑与公正的问题，于2002年完成《公正伦理与制度道德》（2003）。以此为两维视野，探讨引导国家成为"善业"并使人人能够过上"优良的生活"①的道德应该是什么道德，于2003年完成《优良道德体系论》（2004）。以"优良道德"为判据，检讨社会的政体选择的道德基础和个人生存诉求幸福的知识基础这两个有关于道德社会的基本问题，先后完成并出版《宪政建设的伦理基础与道德维度》（2008）和《生存与幸福：伦理构建的知识论原理》（2010）。

从整体讲，如上关于"利益"、"优良道德"、"公正与制度道德"、"伦理价值构建与政体选择"、"生存与幸福"五个专题研究，仅仅是我为构建伦理学的生境体系做的"**准备性研究**"。

---

① ［古希腊］亚里士多德：《政治学》吴寿彭译，商务印书馆1983年版，第7页。

我所讨论的伦理生境问题，不是人们习惯性看待的"生态伦理"，而是指伦理学是引导个人和社会尽可能释放其有限理性，在境遇化生存中面对利害关系的选择与权衡时做到有边界和限度，既使自己生和生生不息，同时也使他者（他人、群体、自然物、生命、自然环境、存在世界）生和生生不息。从本质讲，**伦理学是使人和人组构起来的共同体共生存在并生生不息的伦理知识、学问和方法**，这种伦理知识、学问和方法成为引导和激励人营造共生存在之生境智慧。我所致力于构建的伦理学的生境体系，就是这种性质的知识、学问和方法体系，它由上海三联书店出版的伦理体系由九卷构成，包括导论《伦理学原理》（2018）和卷1《生境伦理的人性基石》（2013）、卷2《生境伦理的哲学基础》（2013）、卷3《生境伦理的知识论原理》（2013）、卷4《生境伦理的心理学原理》（2013）、卷5《生境伦理的规范原理》（2014）、卷6《生境伦理的实践方向》（原书稿名《生境伦理的宪政方向》）（2015）、卷7《生境伦理的制度规训》（2014）和卷8《生境伦理的教育道路》（2014）。

3. 生态理性的验证性运用

生态理性的哲学方法是生态化综合，其所敞开的思维视野是**生态整体性**，诉求整体动力学与局部动力学的合生，具体地讲，就是在问题的拷问和理论的建构过程中，始终诉求整体动力向局部动力的实现和局部动力对整体动力的回归。仅就伦理思考及其理论建构言，即是将人性论、心理学、政治哲学、教育学统合起来予以有序探讨，并形成初步的成功。于是运用生态理性思想、方法和伦理学理论来做映证性研究，即检验生态理性思想、生态化综合方法和生境主义伦理理论是否具有可拓展运用的可能性。这种尝试研究主要从文化、环境和中国传统哲学三个方面展开。

第一个方面是运用生态理性思想、生态化综合方法和伦理学的生境理论来研究文化，并不是主动为之，而是应北京大学"软实力课题组"邀请，完成其"文化软实力"课题，最终以《文化软实力战略研究》（2008）出版。这种对文化软实力的思考虽告一段落，但却后来拓展到对一般文化的断断续续的思考，并于近年发表数篇文章。

第二个方面是运用生态理性思想、生态化综合方法和伦理学的生境理论来检讨当世存在环境，追问环境伦理和环境哲学问题，却是源于主动为之,其契机是 2008 年汶川地震。在所有的宣传与说教中,地震是纯粹的自然现象,并且是无法预测的。仅后者言,地震确实无法精确地预测准确爆发的时间和地点,但却能预测出爆发的大致时间域和范围域,旱震专家耿国庆的旱震理论及其被采用所产生的预测实绩无不表明这一点。就前者论,在人类自然生存的农牧时代,地震以及海啸、火山爆发、气候失律等自然灾变,都是纯粹的自然运动之呈现。但在人力改变地球状貌甚至地质结构的现代工业社会和后工业社会,气候极端失律、频发的海啸、地震等自然异动现象以及疫灾,都渗透了人力因素,是人为破坏环境的负面影响层累性积聚突破自然生态容量极限时爆发出来的人为灾难,科学研究发现,"过去几十年,地球快速变暖,并不是太阳能量释放发生变化所致",而是人类无节制地向大气层排放温室气体所致。① 在深刻维度上,环境灾害却展露出人类存在危机和人类可持续生存危机。这一双重危机首先源于人类文明对自己的伤害,具体地讲,它"是人类决策和工业胜利造成的结果,是出于发展和控制文明社会的需求"②。所以历史学家池田大佐和阿·汤因比才如是指出,"在现代,灭绝人类生存的不是天灾,而是人灾,这已经是昭然的事实。不,毋宁说科学能够发挥的力量变得如此巨大,以至不可能有不包含人灾因素的天灾。"③基于汶川地震背后的**人力性**因素④和**人为性**灾难⑤而展开环境伦理思考,于2010 年完成《灾疫伦理学:通向生态文明的桥梁》(2011)。其后,继续运用生态理性思想、生态化综合方法和伦理学的生境理论思考现代环境灾难频发的宇观因素,也即是气候极端失律的人力因素,完成环境哲学-伦理学研究四卷,即卷 1《气候失律的伦理》(2017)、卷 2《恢复气候的路径》(2017)、《环境悬崖上的中国》(未能出版)和卷 4《环境治理学探索》(2017),与此同时发表了 50 余篇环境哲学-伦理方面的论文,重在于探讨环境生境运动

---

① [美]安德鲁·德斯勒、爱德华·A. 帕尔森:《气候变化:科学还是政治?》,李淑琴等译,中国环境科学出版社 2012 年版,第 80 页。
② [德]乌尔里希·贝克:《什么是全球化?全球主义的曲解:应对全球化》,常和芳译,华东师范大学出版社 2008 年版,第 43 页。
③ [日]池田大佐、[英]阿·汤因比:《展望 21 世纪》,荀春生译,国际文化出版公司 1997 年版,第 37—38 页。
④ 卢清国:《汶川地震与三峡库区蓄水的关系》,《北京工业大学学报》2009 年第 4 期。
⑤ 范晓:《汶川大地震下的奥秘》,《中国国家地理》2008 年第 6 期。

的原发机制和环境逆生态运动的生变机制和原理，提炼出环境生境运动的场化原理和环境逆生态运动的层累原理、突变原理、边际效应界原理，以及环境生态临界点和环境生态容量极限。对环境生变运动的系统性思考和理论建构，实已从环境伦理和环境哲学领域达于存在场域的自然哲学领域，为后续更为深入地和系统地展开生态理性本体问题的研究，打开了存在世界的自然之维。

环境问题，不仅是自然问题，更是社会问题，而且首先且最终是社会问题，所以，环境问题涉及自然环境和社会环境两个维度。就社会环境言，其整体的恶化态势主要由唯经济主义、唯技术主义和唯政治正确的集权主义、唯武器主义四者合生推动，最终将人类社会推进了后世界风险社会陷阱，近些年来，就唯技术主义以加速度方式造就整个人类的技术化存在现实，分别集中检讨了两个方面的问题，一是检讨以计算机为运演工具、以会聚技术为认知方法、以大数据为分析方法、以基因工程和人工智能为主要形态的生物工艺学技术给当前和未来人类带来的整体危害和毁灭性危机；二是检讨生物环境以及微生物环境的整体破坏和病毒实验带动的全球化彼起此伏的疫灾，如何从整体上改变了地球生态和人类生态而形成一种我们至今不愿正视的**疫灾化存在的生态场域**。对前者的思考所形成的文章陆续刊发出十来篇，对后者的思考所形成的系列论文却一篇都未刊发出来。在如上两个方面的尝试探讨基础上，完成了《后世界风险社会》并由上海三联书店于2023年出版。

第三个方面是运用生态理性思想、生态化综合方法和伦理学的生境理论来思考中国先秦的孔子哲学，具体讲就是以生态理性思想和伦理学的生境理论为指导，运用生态化综合哲学方法来尝试创建语境还原的经典文本解读方法，会通理解《论语》，抉发孔子哲学的思想生成逻辑和理论体系，完成并出版《〈论语〉思想学说导论》（2019）和《〈论语〉思想学说会通研究》（185万字，2023），以为抉发本土文化之大传统即诸子思想资源以为当世文化和思想重建打开一扇新的门窗。

三 生态理性之思的继步向前

以生态理性为志业，将其意愿生成为持存的思维、认知的土壤是逆生态化的环境（自然环境和社会环境）、被立体地扭曲的人性和被连根拔起的文化、文明、传统，并在整体上重塑的荒原般贫瘠的农村，其志业意愿、思维、认知受孕于早年的生活经历和阅历，尤其是十年农民生活。展开其志业之旅的书写尝试始于1985年，经历两年的文论思考之后于1987年开始转向对生态理性问题的意识性关注。2001年将问题思考的重心从生态理性哲学的基本问题转向人类伦理的生境问题，既是思维运动中对问题关注重心的自然转移，但更是个人生存（工作和研究）环境因素的逼促和推动。从2001–2020这20年间，从整体讲是围绕伦理问题展开，但具体言之，其关注重心也经历了从伦理基础理论的重建向环境哲学-伦理、技术哲学和中国传统哲学中孔子哲学诸领域之间的游弋，虽然其主题始终是生态理性的，但主要是对初建起来的生态理性思想、方法、理论的运用，体现面的拓展，这种研究最终将存在之间的根本问题和基础问题又以更新的和更为深度的方式焕发出来，吁求重新检视和拷问，由此形成"生存论研究"规划。

"生存论研究"规划的基本意向，是回到生态理性的基础认知和基本问题本身，对生态理性的源头问题、本原问题予以进一步澄清，在此基础上展开四个维度的综合审问。

1. 生存论的形上认知

"生存论研究"关注的首要问题是生存的基础问题，分别从五个维度敞开其讨论。

第1卷《书写哲学的生成》（2023）讨论人类精神创造主体的书写哲学生成何以可能。

讨论一个一直被忽视的问题，这就是人成为一代伟大写作家的主体条件问题。这个问题被聚焦于书写哲学（或曰写作哲学），即一切伟大的写作家创作文学、探索科学、创造哲学或建设思想体系的书写哲学何以生成的社会因素和个体条件。从思维方式观，人类伟大的写作家大致可以归为两类型，一是擅长于运用**抽象性具象**的思维形式的文学家，二是擅长于运用**具象化抽象的**思维方式的科学家和哲学家、思想家。他们是运用语词语言或者是综合运用符号语言和语词语言从事存在书写的志业者。个体将自己成就为一代写作家的主体前提是具备个性人格化的书写哲学。写作家书写哲学的生成建构既

以生存意向为基础,更以心灵意向为动力。前者由写作家之生活经历与人生阅历、生活变迁与自由阅读层累性生成,后者是写作家对天赋生命的意志因子、智慧因子、体质结构、气禀朝向的反身性体验、领悟和自为性觉解所生成,其原发动力是写作家的物种生命天性和人本存在天性,前者由物种本能、种族原型和个体性力构成原发性的生命意志机制,后者乃生存无意识的层累性积淀和成长无意识的创生性建构,其转换生成的必然方向是生命意志向生存意志的生成和生物无意识对文化无意识的激励,此二者有机整合生成性建构起写作家的书写哲学及精神意向。

第2卷《存在敞开的书写》(2023)讨论哲学展开存在之问并建构存在之思的本性、方式及面对后世界风险社会进程的生存理性消息。

哲学开启的存在之问,既牵涉存在**为何**存在之问,也带动存在**何以**存在之问。仅后者言,存在以敞开自身的方式存在。存在以敞开自身的方式存在,即是书写。而存在,既是存在世界的存在,也是人的世界的存在,并且,人总是以历史(自然史和人文史)性敞开的方式存在于存在世界中,而存在世界既自在,又存在于人的历史性敞开"过去→现在→未来"的不可逆进程中。哲学则屹立于过去走向未来的当世交汇点上展开世界性的存在之问并构建人的存在之思。无论存在世界或人,其存在始终敞开书写,并且,存在世界以自身方式敞开存在而书写着人,人既以自然存在的方式又以人文存在的方式敞开自身存在而书写着存在世界。所以,人与世界互为书写构成存在本身,哲学对人的世界与存在世界互为书写的存在之问构建存在之思的敞开过程,亦是存在书写。基此基本认知,首先梳理存在敞开书写的条件、源头方式及发展进程,然后从近代哲学向现代哲学方向演进切入,考察存在敞开书写的形式化道路呈现出来的时空视域与多元方式,揭示其存在敞开书写的自然之理以及整体动力向局部动力实现和局部动力向整体动力回归的认知方向。以此向前聚焦后世界风险社会的人类进程,探询存在书写运思的哲学方向,拷问人的世界性存在根基与存在世界存在的内在关联,报告**限度生存**的生态理性哲学消息。

第3卷《生成涌现时间》(2023)讨论生态理性哲学的场存在论和场本体论何以可能。

存在必然敞开自身。存在敞开自身既是存在的空间化铺开,更是时间的

生成性涌现。《生存涌现时间》讨论的主题是存在敞开自身的空间化铺开如何以涌现方式生成时间。对此主题的讨论主要是梳理生态理性、共生存在、场态本体、生境逻辑这四个概念，通过这四个概念内涵及其关联生成的历史的梳理呈现生态理性哲学之认知框架和思想体系构成的四个范畴。在发生学意义上，哲学的存在之问发生于生物存在的人向人文存在的人进发的转捩点上，或可说哲学发生于自然人类学向文化人类学的萌生进程，其萌生的方式是**心觉的**，继而开出**知觉的**方式。哲学发问存在的发生学向继生论方向敞开，自然形成从天启向人为的方向演进，使理性成为哲学发问存在的基本方式，哲学发问存在的这一理性方式获得了调和心觉和知觉的功能。人为的哲学的最初形态经验理性，继而开出观念理性，观念理性对主体主义的认识论形而上学道路的开辟，必然结出科学理性（或曰工具理性）之果，推动理性回返生态理性（或曰生存理性）的本原性道路。所以，生态理性，既是生态理性哲学发问存在的思维方式，也是其发问存在的认知视域和存在姿态。从生态理性出发，生态理性哲学发问存在的主题，既不是经验存在，也不是观念存在，更不是工具存在，而是生存书写的生态存在；并且生态理性哲学发问存在的存在论，既不是"变中不变"的静态存在论，也不是"不变中变"的动态存在论，而是"变中不变"和"不变中变"**互为会通**的共生存在论。生态理性哲学的**共生存在论**打开场态本体论的全新视域，并获得生境逻辑的支撑。

从根本讲，卷三是通过对"生态理性""共生存在""场态本体"和"生境逻辑"四个概念范畴的内涵及其生成演化的逻辑推证，**来重建早已被遗忘和抛弃了的存在本体论**，这即是生态理性本体论，或可称之为场本体论。生态理性哲学的场本体论的内在规定是存在语义场的自生成、自凝聚、自存在、自持守。在存在场本体论中，存在语义场的自敞开的存在，即是生境存在。生境逻辑的自身规定是生境。在存在语义场中，生境属于本体范畴，是其存在场本体论的本体，存在语义场本体的内在规定性是生境；生境的本质是生，生境的本性是生生。并且，生境作为存在场本体论的本体概念，蕴含三个方面的内涵，并为解决三个维度的根本问题提供可能性。首先，生境蕴含场化的存在世界的本原状态；其次，生境蕴含场化的存在世界的生成动力；其三，生境蕴含场化存在的本质和本性。由此三个方面，生境敞开的逻辑，乃生境逻辑；生境敞开的方法，乃整体动力向局部动力实现和局部动力向整体动力回归的认知方法和思想方法。

第 4 卷《限度引导生存》（2023） 讨论人与世界共生存在视域下限度生存的实然和应然问题。

此卷是在由生态理性、共生存在、场态本体、生境逻辑四个范畴建构起来的本体论框架和形而上学蓝图规范基础上讨论如下四个基本命题：

（1）心灵镜像视域的生成。

（2）人是世界性的存在者。

（3）自然为人立法，人为自然护法。

（4）限度生存的实然状态和必然方向。

世界原本是一个圆浑的存在整体，但因为人这种物种从自然人类学向文化人类学方向演化，原本动物存在的人踏上了人文存在的进化道路，于是世界的自身存在开出了一个人的存在，存在也因此呈现存在世界的存在和人的世界的存在。哲学的存在之问也就必然同时敞开存在世界的存在之问和人的世界的存在之问，哲学的存在之问所开辟出来的形而上学道路，同样有了人存在于其中的存在世界的本体论和人的存在世界之中的本体论，卷三《生成涌现时间》，致力于讨论人存在于其中的存在世界的本体论，揭示人的存在和人的存在世界如何可能在存在世界中生成涌现，以及人的存在和人的存在世界得以生成涌现的根本标志或先决条件"时间"何以产生的原发机制和存在论动力。与此相对应，卷四《限度引导生存》则致力于讨论存在世界存在于其中的人的存在世界何以生成建构。人的自然人类学向文化人类学方向演进，或者说人的动物存在向人文存在方向生成的人的存在和人的存在世界如何从存在世界中凸显出来的前提性条件，就是人的自然人类学的**动物心灵**向文化人类学的**人文心灵**的形塑，这就是人的心灵镜像的生成。人的心灵镜像一旦自为地生成，则必然构建起人的心灵镜像视域。人的心灵镜像视域无论之于个体还是之于人类整体，都是以历史化的此在的方式或者说以"在世之中"的方式不断生成拓展，或外向的生成拓展，或向内的生成拓展，而始终生生不息地自我发展其存在敞开生存的精神意向。

人真正从动物存在的深渊中解脱出来成为世界性的人文存在者，始终行进在路上。这就是说，人作为世界性存在者并不是一种静态的存在状态，而是一个动态生成性形塑的进程状态。在这一自我形塑的进程态中，人必须走出其存在的实然而进入应然努力，不断地拓展其世界性存在的自然面向和社会面向，必须遵从和守护的自然律令，这就是"自然为人立法，人为自然护法"，它成为人的世界性存在的根本律令和法则，遵从和守护这一根本的律令和法则而存在于存在世界之中永相发展的基本努力，就是**限度生存**，这既是自然人类学的实然，也是文化人类学的必然。

第 5 卷《律法规训逻辑》（2023）讨论宇宙创化的存在律法指南和规训人的智力逻辑何以可能。

卷三存在世界的共生存在的场态本体论和卷四人的世界性存在的限度生存论构成一种自然人类学向文化人类学方向演化到底能走多远的张力问题。这一张力问题的实质即是共生存在的**本体的本体**，即其逻辑的体认和建构、遵从和运用的问题。

自然人类学向文化人类学进发的历史进程，使存在世界成为两分的世界，即自然存在的世界和人的存在世界，由此内在地呈现两分的逻辑，即存在世界的**存在逻辑**和人的世界的**人力逻辑**，可以将前者称之为存在世界的**存在律法**，将后者称之为人的世界的**智－力逻辑**。由于自然存在的世界和人的存在世界是互涵的，即人的存在世界存在于自然存在的世界之中，自然存在的世界亦部分地存在于人的存在世界之中，存在世界的存在律法与人的世界的智－力逻辑之间也就必然地出现合与分的问题，这种合与分的问题的实质表述是：到底是由人的智－力逻辑来统摄存在世界的存在律法，还是由存在律法来规训人的世界的智－力逻辑？这就涉及一个根本问题，即到底是存在世界创造、养育了人类物种，为人类物种从自然人类学向文化人类学方向持续进化提供了土壤、条件、智慧、方法？还是人的世界创造、养育了存在世界，为存在世界持续地存在敞开提供了土壤、条件、智慧和方法？这个问题答案显然是前者。因而，存在世界的存在律法构成人的世界的智－力逻辑的源泉、准则、规训、原则，也规定了人的智－力逻辑对人的存在世界和宇宙自然世界的运用范围。基于如此基本认知，卷四《律法规训逻辑》首先讨论了人类的智力逻辑的来源、生成及其建构和发展，具体分析知识探究（主要着眼于

科学和哲学）的逻辑、思维规律的逻辑和生存规则的逻辑建构与发展的准则、原理、特征、功能、局限，以及无限度地运用智力逻辑来服务人的存在所造成的根本局限和这种局限如何形成对人类存在歧路的开辟，对人类当代之根本存在困境和生存危机的制造。在此基础上讨论存在世界的存在律法，着重探讨存在世界的自然的律法、人文的律法、社会的律法，以及此三大律法的融贯与会通对智力逻辑的引导和规训，如何可能引导人类重建继续安全存在的新文明。

2. 生存的人本条件

第6卷《意义与价值》主要讨论人得存在的本原意义及其价值生成。

从本质讲，意义和价值对于存在世界本身并不具有本原性，因为意义和价值并不是造物主创化世界所成，而存在世界继创的产物，即意义和价值是后来生成的。以此观之，存在世界即是存在世界本身，不存在意义和价值的生成问题；并且，人处于自然人类学状态，也不存在意义和价值的生成问题。只有当自然人类学的人获得文化人类学的趋向、态势、特征并进入持续演进的进程之中，意义和价值的生成才在世界中产生。所以，意义产生于人的自然人类学向文化人类学方向演化，具体地讲，意义产生于人的动物存在向人文存在的努力。但意义的源泉却是存在世界本身，是人的自然人类学本身。

以存在世界（包括人的自然人类学）为源泉，意义构建起人的世界蓝图的内在框架，也可说意义构建起人的世界的基本格局，而充盈这一内在框架并撑起起这一基本格局的内容却是价值。价值是意义的实项内容，但意义却是价值的来源，没有意义，不可能有价值，所以，意义生成价值，价值呈现意义。将存在世界、意义、价值三者贯通形成存在之整体的却是**事实**本身，即人的存在世界这一存在事实和宇宙自然世界这一存在事实。

第7卷《善恶的病理问题》主要讨论人的存在信仰敞开或遮蔽如何生成其生存论的善恶朝向，并引发出系列的病理学问题。

以存在世界为源泉，构建以事实为依据，以意义为框架和以价值为基本格局的人的蓝图。必然涉及信仰和善恶。人从自然人类学走向文化人类学而生成意义，意义的充盈形式和呈现形态是价值，价值的本质内涵也即是意义的本体，是信仰：赋予意义框架以实项内容的是信仰，信仰充实意义使意义成为意义，并赋予意义以**自持存的**不变方向和坚韧气质。信仰的自为坚守，创造价值；信仰的自为极端、信仰的人为异化、信仰的自我迷失，此三者从不同扇面解构价值。因而，价值的守与失、正与邪，必生发出善恶。从表面讲，价值创造出善恶，善恶构成价值的表征；从本质论，信仰既生成价值，也生成善恶。因为信仰有正邪之分，守正的信仰创造正价值，敞开为善；邪恶的信仰创造负价值，敞开为恶。

从本质讲，善、恶既不构成——对应的关系，也不构成必然的关系。**恶是善的意外，而非善的必然**。因为善守正的信仰是人对存在意义的张扬和对生存价值的实现，信仰的迷失和信仰的异化（信仰的绝对化、极端化是信仰异化的基本形态）才造成人的世界——包括个人存在和社会存在——的世界**的精神病理学**，人的存在及其敞开一旦形成精神病理学特质，必然丧失存在的人本意义而扭曲或歪曲价值，沦为恶报。以是观之，善恶之间虽然不构成——对应的必然性，但却潜伏着**相互转换**的或然性，即开出"由善而恶"或"因恶而善"的可能性。这种或然性或能性均需要追溯到信仰本身，因为信仰的正邪，构筑起心灵与精神的分野：守正的信仰是心灵性质的，生成心灵之善；失正从邪的信仰属于精神学的，生成病理之恶。从来源讲，病理学之恶生发于两类情况，一类是由**信仰的迷失**造成，一类是由**信仰的邪恶**造成。病理学之恶，既可以暴力方式呈现，比如政体、制度及其结构的暴力方式，武装的暴力体系方式和语言的暴力方式；也可以非暴力方式呈现，平庸之恶、习俗之恶、传统之恶、社会风气之恶和善良意愿之恶等，却构成非暴力之恶的主要方式。

从存在的在场性和存在的历史性两个方面拷问，信仰和价值的病理学方式造就了人间的暴力之恶和非暴力之恶。从本质言，无论是暴力之恶还是非暴力之恶，实是信仰和价值的**病毒**。信仰和价值的病毒一旦产生，就会传播，就会传染。病理学之恶传播和传染的总是社会化的，这种社会化传播和传染的方式不仅腐蚀伦理，颠覆道德，而且可选择邪恶政体，并通过制度、法律、教育、市场和分配等社会机制而加速传播和传染其信仰和价值的病毒，最终将人沦为工具，进而将人作为**耗材**而任意处置，形成社会化的工具之恶和人

的世界的耗材之恶。

第 8 卷《论尊严》主要讨论人之尊严存在的生存论形塑及方法。

人从自然人类学向文化人类学进化，产生人的存在意义，必通过信仰、价值、善而获得书写，其书写过程的实质性努力，是既要避免信仰的异化和迷失，更要防范价值的失范或扭曲而陷入精神病理学之恶的深渊。但仅人的存在个体言，其意义的生成，信仰的确立和价值的构建要避免滑入病理学之恶的深渊而持守人的存在，其基本努力就是创造和守护尊严，因为尊严构成形塑**人的存在**的根本方式。

人作为个体是渺小的，但却是神性的和神圣的，因为人的生命得之于天，受之于地，承之于血脉而最终才形之为父母，所以人是天地神人共创的杰作。人无论出生贫富，都具有天赋的神性和神圣性，这是人以尊严的方式存在于世界之中的根源，也是人以尊严的方式存在于苍天之下和大地上的底气。不仅如此，人原本是物，属自然人类学，但却自为地走出一条与众生命和万物根本不同的路，那就是以自然人类学为起步开出了文化人类学方向，使个体的人从动物存在持续地进化为人文存在。人的人文存在相对万物存在言，它汇聚并会通了造物主的神圣和存在世界的神性，而使自己成为神性的和神圣的存在。所以，人以尊严的方式存在，不仅拥有自然基础，更有人性依据，还有人自身的天赋条件。

天赋人尊严地存在的条件，就是人拥有生命并成为人的**个体权利**。

从根源、依据、条件三个方面讲，人从自然人类学走向文化人类学，从动物存在成为人文存在，应该完全拥有尊严而尊严地存在，但实际的存在并非如此，这源于人的先天的缺陷和后天的局限。人的先天的缺陷，体现在人是个体的、有死的而且是需要并非现成的资源滋养的生命存在，所以人是弱小的、有限的。人的后天的局限体现在人永远不能真正解决存在安全和生活保障的问题。由此两个方面形成人必须互助智－力才求得生存，因而必须组建社会。人的社会的产生，源于人致力于解决存在安全和生活保障的努力本身构筑起社会必然成为不平等的根源。由此，等级、强权、暴力伴随社会，由政治、财富、知识形塑的权威主义必然导致人的尊严失迷；更根本的是，由暴力生成的生物主义强权，往往造成人的尊严的全面沦陷。所以，人要能够形塑尊严的存在，必须从根本上解决**人的**生物主义和权威主义，恢复人能够从动物存在的深渊中走出成为人文存在的人的权利。

第9卷以"平等保障生存自由"为主题讨论尊严存在的人敞开生存、诉求自由和幸福的根本条件。

讨论人从动物存在的深渊中走出来成为人文存在的人，应该享有的根本的人的权利是什么。

从存在世界中开出的人的世界，实是自然人类学对文化人类学的开辟。自然人类学开辟出人文化人类学，就是人从动物存在的深渊中走出来成为人文存在的人。**人的人文存在必须用尊严来形塑**，这表明尊严虽有自然的依据、人性的依据和自身的条件，但它却不是天赋，而是后天**人为的努力**。尊严的后天人为性质和努力方式，将权威主义和生物主义凸显了出来，突出人的存在权利的重要和根本。用人的存在权利来抵制生物主义和解构权威主义，构成尊严形塑人的存在的根本方法。

人的存在权利涉及方方面面，但根本的方面有二，一是平等，二是自由。相对而论，平等是自由的绝对前提，自由是平等的实现方式。其它所有的权利由此衍生出来并回归于此。

平等的问题发生于人的存在，属于人的存在世界问题，但平等的土壤、平等的根源、平等的依据却来源于造物主创化的存在世界：造物主创化的存在世界既敞开四面八方，也涌向四通八达。存在世界的四面八方性和四通八达性生成存在世界自身存在敞开的场化运动，存在世界存在敞开的动态化运动，构成平等的土壤；场化运动的存在世界的共生存在方式，构成平等的根源，存在世界自生生它的生生本质和生境逻辑，构成平等的依据。正是因为存在世界构成平等的土壤、根源、依据，平等之于人才获得了天赋性。

平等既是神圣的，这种神圣性注释了人的存在意义，并通过信仰来定型并以价值来显现。

平等又呈现永恒性，这种永恒性既有其自然的来源，更因为人的存在境况本身。这就是天赋的平等落实在人的文化人类学进程中，就是根本的不平等。这种根本的不平等不仅是生存论的，首先是存在论的。所以，从不平等

的实然存在出发展开平等追求,客观地敞开存在论、生存论和实践论三个维度。

在存在论意义上,不平等来源于个体和社会两个方面:就个体言,不平等根源于出身、天资、环境、造诣四大因素。从社会讲,不平等构成社会的本质,也构筑起社会的本体结构,即社会是以不平等为准则构建起来的,并以不平等为依据而运作的。

存在论的不平等,必然落实在生存的方方面面而生成出生存论的不平等。生存论的不平等,既可是个人之为,更源于社会之为,并且主要来自社会之为。具体地讲,社会形塑社会的生存不平等才造就出个人的生存不平等。社会形塑社会生存不平等和个人生存不平等的实质方式,是通过选择政体、生成制度,建构法律和编制规程体系并最终通过国家机器和语言两种基本工具来实现的。在生存论的不平等框架下,才形成实践论的不平等。实践论的不平等的具体呈现,从个体言,就是出身、天资、环境、造诣的无限度张扬;从社会讲,就是来自四面八方和四通八达的被规定性和被规训化,包括教育、择业、劳动、分配、消费和言行等方面的被规定性和被规训化。

存在的不平等是宿命的。在不平等的存在宿命框架下,诉求平等构成人的存在的根本权利,这根本权利的享有通道,只能是生存论的构筑和实践论的形塑。这种构筑和形塑也潜伏着四面八方的或然性和四通八达的可能性,但它却集中集聚于诉求六个基本方面,它以尊严地存在为目标,诉求人格平等、起点平等、机会平等、原则平等和构筑运作原则的机制平等,由此努力最终诉求尊严平等而实现尊严地存在。

第10卷以"自由创造美生存在"为主题讨论人的存在自由和自由存在的善美敞开。

如果说人格、尊严、起点、机会、原则和运作原则的机制平等,构成人人拥有天赋权利而生存的根本保障,那么自由权利的平等配享却是人人创造美化生存的保障。

在人的存在权利体系中,作为根本的存在权利之平等和自由,虽具有生成论的逻辑关联,但其之于个体之人和由个体之人缔造出来的社会而言,其根本功能和作用是各有其别的:**平等是保障生存的,而自由是创造生活的,**

具体地讲，自由是创造美的生活的根本权利。

自由之于人和社会，是最为古老而常青的问题。但在过去，思想家们更多地将对自由的热情置于实践的论域，并更多地予以政治学的探讨，由此使自由问题成为生物主义和权威主义的最为敏感的问题，也成为病理学之恶得以泛滥之源，即生物主义和权威主义总是任性地自由，是从政治出发用强权来定义他们的自由和规训社会与众民的自由。但就其本身言，自由，既是一个存在论问题，也是一个生存论问题，最后才是一个实践论问题。实践论的自由问题，本应该以生存论的自由为指南并必以存在论的自由为依据；并且，实践论的自由，始终是政治学性质的。要使政治学性质的实践论的自由获得尊严、人格、起点、机会、原则和运作原则的社会机制等方面的人人平等的性质规定，并发挥其如此性质规定的创造美生的功能，必须先立其存在论的自由依据和生存论的自由界标。

自由和平等一样，在本原意义上不是由人来确定，而是由造物主的创造所书写，因为自由是属存在世界的，是存在世界的自身方式，也是存在敞开自身的具象方式。存在世界以自身方式敞开存在，即是自由。造物主创化存在世界以同样的方式赋予存在于存在世界中的存在者以自身方式敞开存在，所以，在造物主的创造中，存在者同样享有存在的自由。人类物种是存在世界之一存在者，它以自然人类学的方式敞开存在，亦是自由地存在。在造物主的创造中，存在世界以自身方式敞开存在的自由，即是自身的本性使然，存在世界中的存在者以自身方式敞开存在的自由，同样是自身本性使然。自然人类学的人向文化人类学方向敞开，而使动物存在的自己从黑暗的深渊中走出来而显发为人文存在，同样是自身存在本性使然，这即是其自然人类学的存在本性向文化人类学的存在本性生成使然。作为文化人类学的人的存在本性，就是意识地觉醒自身存在的他者性中"**有权如此**"地存在，这种"**有权如此**"地存在的自由即是绝对自由。"**有权如此**"地存在就是人从自然人类学向文化文类学方向进发的存在自由。

人的存在自由源于天赋，是天赋的人权。天赋人权的存在自由之于自然人类学的人，是与所有存在者一样遵循造物主的创造本性而一体地存在，自然不会产生存在自由的**裂痕**，更不会出现其存在自由的**破碎**。人的存在自由生发出问题,出现裂痕并敞开破碎,完全在于人从自然人类学向文化人类学方向进发途中所生发出来的意识将以自身方式存在的本性膨胀,使其"有权如此"地存在突破了**他者性**的存在边界,为解决这一存在意义上的裂痕和破碎,只能抑制意识对本性的膨胀而诉求其存在敞开"**只能如此**"地生存。人的存在敞开只能如此地生存的自由,就是生存论的自由。人的生存论的自由,就是**以他者性为界**(他人、他物、他事以及它种存在环境)的自由,这种以他者性为界的自由,就是相对自由的**己他权界**的自由和**群己权界**的自由。这种以他者性为界的己他权界的自由和群己权界的自由落实在生活运动中——更具体地讲,落实在人与人生活在一起的言行中——就是**权责对等**的自由和**公私分明**的自由。

以他者性为界的生存论自由,从人与人和人与群(群体、社会)两个维度规定实践论的自由,落实在个体(个人、群体、权力组织、政府)的实践运动中,就是**生活的自由**。生活的自由,不仅是相对的自由,而且是内涵清晰、边界明确的自由,这即是**有责务**的自由和**有节制**的自由。这种以责务和节制为本质规定的生活的自由,一旦忽视、遗忘或强行拆除了权责对等的责务和公私分明的节制,就会滑向"有权如此"地存在的绝对自由。在生活世界里,能够独享"有权如此"地存在的绝对自由的人,只能是少数人,但它必然是以绝大多数人丧失相对自由的权利为前提条件。所以,在生活世界里,当"有权如此"地存在的绝对自由得到表彰性认同或成为"合法"时,则是生活大众的"只能如此"地生活的相对自由也即是有责务和节制的自由全面丧失的体现。这种人为地丧失其以责务和节制为本质规定的相对自由的基本环境,总是通过政体选择、制度生成和法律构建来呈现,来保障,来实现。因而,在生活世界里,人若要能获得平等的保障而创造美生的存在自由,却需要通过政体、制度、法律来奠基。所以,在以他者性为界的生活世界要开辟美生存在的自由生活,不是个人所能做到的,需要"众人拾柴"的努力共同清算生物主义和权威主义,前提是人人自觉地**自我医治**病理学的精神,诚心诚意地抛弃平庸之恶。因为生物主义和权威主义生产的精神病理学,总是传播垄断和谎言的病毒并传染平庸之恶。

3. 生存论的善业基础

第 11 卷以"国家的善业基础"为主题讨论国家为何是善业和国家回归善业本原何以可能。

有关于"国家",有两种认义,一是亚里士多德的定义,他在《政治学》中明确定义城邦(即国家)是一种善业,指出人们创建城邦国家的目的就是促使人人能过上"优良的生活"。二是马克思主义将国家定义为"暴力工具"和"压迫机器"。若对这两种"国家"定义予以选择,或许其民生者会取前者,威权者会取后者。但无论取向前者还是取向后者,都将如下基本问题凸显了出来:

第一,何为国家?或曰:国家是做什么的?

第二,国家何由产生?或曰:谁缔造了国家?

第三,国家得以缔造的依据何在?本体何在?本质何在?

第四,谁可以支配国家?或曰:谁才是国家的主人?进而,谁有权代表国家?

第五,何为正常的国家?或曰:正常国家的构成条件有哪些?

第六,如何使国家正常?进而,怎样使国家始终保持正常状态?

第七,在正常国家里,经济权、知识权、教育权、政治权(包括立法权、行政权、司法权)、媒体权如何有限度和有边界地配置,实现高效率地运作以保障人人存在安全、人人平等生存、人人生活自由和幸福。

如上构成第 11 卷所讨论的基本问题,并以期通过对如上基本问题的严肃讨论而可清晰地呈现以存在律法(自然的律法、人文的律法、社会的律法)为依据、以天赋的人性为准则、以人类文明为指南、以"生存、自由和幸福"为目的善业国家样态及其回归之道。

第 12 卷以"文明牵引文化何以可能?"为主题讨论文明对文化的牵引和文化对文明的进阶何以可能。

在习惯性的和感觉经验性质的认知传统中,文化和文明是等义与互用的,但实际上,文化与文明有根本区别:

文化,是人从自然人类学向文化文类学方向演化的成果,这种成果可能是形态学的,也可能是本质论和本体论的。英语 culture 源自拉丁文 cultura,

而 cultura 却从其词干 Col 而来，Col 的希腊文是 Con，表农夫、农业、居住等义。所以 culture 一词指农夫对土地的耕作，并因其耕作土地而定居生活，亦有培育、训练以及注意、敬神等含义，后来引申出对人的培养、教化、发展等内涵。归纳如上繁富的内容，"文化"概念的原初语义有二，一是指人力作用于自然界（具体地讲土地），对自然事物进行加工、改造（具体地讲是耕作土地，种植并培育庄稼），使之适用于自己（具体地讲是生产出粮食以养活自己）。二是指人通过以己之力（比如耕作土地培育庄稼、饲养家禽并驯化动物）作用于自然界或自然事物的行动同时实现了对自身的训练，使自己获得智力发展并懂得其存在法则（比如自然法则）和掌握生存规律（比如人互借智－力地劳动和平等分享劳动成果等）地谋求生存、创造生活。要言之，文化即是**改变**（对象或自己）的成果，它可能是好，也可能不好，更可能成为坏。"五毛"们所从事的文字书写工作，却每天都在实实在在地创造着文化，但其创造出来的文化，不仅不是好的，而且还是坏的。不好的文化，不是文明；坏的文化，更远离文明。只有蕴含文明内容和张力的义化，才是好的文化。

所以，**文化不等于文明，文明只是文化的进步状态**，只有蕴含一种进步状态和进步张力的文化，才是文明。

并且，**文化史也不等于文明史**。在存在世界里，只要人类存在，只要民族存在，其文化就不会中断而天天创新。文化创新是文化的本性，只要文化存在，只要活着的人还运用文化，文化就无时不在创新。但文化并不能保证文明，文化创新也不保证其有文明的诉求和文明的内涵，所以，**文化不会中断，但文明却可能中断，甚至常常中断**。这种现象在人类文化史和民族文化史中比比皆是。

文明，是文化的进步状态。从文化到文明，其根本区别不在"文"，而在于**由"化"而"明"**。"明"的甲骨形式 ⟨图⟩、⟨图⟩、⟨图⟩、⟨图⟩，"从日，从月，象意字，日月为明。本义是光明。"卜辞义为"天明意。'其明雨，不其明雨'。"① 所以，《说文》释"明，照也。从月从 ⟨图⟩，⟨图⟩ 古文明从日。"无论甲骨文，还是《说文》，"明"字均表示自身乃日月所成。日月乃天之具体表

---

① 马如森：《殷墟甲骨文实用词典》，上海：上海大学出版社 2008 年版，第 165 页。

征：天者，宇宙、自然、存在，相对人、人类言，它是存在于人和人类之外并且使人和人类必须伫立其中的存在世界。所以，"明"作为"天明意"，是指宇宙、自然、存在世界通过日月照亮，并以"明"的方式彰显天的意志、宇宙的力量和自然的法则，指引人和人类按照天意的方式存在。《尚书·舜典》"濬哲文明，温恭允塞。"孔颖达疏："经天纬地曰文，照临四方曰明。"① 其后，《易传·干·文言》曰"见龙在田，天下文明。"孔颖达疏"天下文明者，阳气在田，始生万物，故天下有文章而光明也"。《舜典》和《易传》关于"文明"的这两段文字可为互文，从四个不同的方面定义了何为"文明"。首先，文明是**对人的教行**。人（从动物到人）的本质（而不是形态、形式）的和本体的改变，是通过教行来实现。其次，文明以律法为本质规定，并以律法为指南。具体地讲，文明作为以教行改变人的根本方式，其最终依据是宇宙律令，自然法则和万物生长的原理，这就是"经天纬地曰文，照临四方曰明"的理由和"天下文明者，阳气在田，始生万物，故天下文章而光明也"的原因。其三，文明需要先行者，即以宇宙律令、自然法则和万物生长的原理为依据对人施以教行，使之成为人的前提，是必须"天明意"，即使自己明天意：**只有明其天意的人，才可施教行**。用宗教语言表述：文明需要天启者；用现代语言表述：文明需要先行者，文明始终是先行者的事业。其四，文明构成文化的指南的具体方式，就是文明先行者指引人的存在明天意、人的生存守律法，人的生活有边界，人的行为有限度。

以此观之，人的存在世界更需要的是文明，而不是文化。因为野蛮也可能创造文化，流氓同样可以创造文化，愚昧更可以创造出文化来，而**文明总是抵抗野蛮、消灭流氓、解构愚昧的社会方式和人类方法**。

第 13 卷以"教育与律法、人性和文明"为主题讨论教育何为和何为教育及形塑人性的可能性条件。

比较而言，文化的创造更多地充盈功利、实利甚至势利，并有可能呈非人性、反道德取向；与此不同，文明的建设，始终需要祛功利、实利、势利。文明是人性的光华，呈道德和美德的光辉，它需要教育的入场。

---

① 阮元校刻：《十三经注疏》，北京：中华书局 2008 年版，第 125 页。

教育历来被定义为"传道,授业,解惑",这一教育观念在近代得到了全面的确立,那是因为近代以来的教育更加宣扬**知识**的教化和**技能**的训练。其实,如此定义和规训教育,已从根本上解构了教育本身,使教育丧失了它自身的本性。因为这种性质的教育全面贯通了功利主义、实利主义甚至势利主义,并且是以文化知识为根本资源。

真实的和真正体现其自身本性的教育,只能是以存在世界为源泉,以存在律法为依据、以人性为准则,以**文明知识**为根本资源。要言之,教育的自身本性有三:一是**律法主义**;二是**人性主义**;三是**文明主义**。由此,对教育的理解和界定,既可以从遵从律法角度来定义,揭示教育就是引导人学会遵从律法而存在;也可以从人性再造角度来定义,突出教育就是训练人进行人性再造而共谋生存;还可以从会通文明知识角度来定义,强调教育就是激励人会通文明知识而服务生活。但无论从哪个方面切入来定义教育,都是实现使人成为人和使人成为大人。为此,讨论教育和探索实施教育,其首要前提是澄清如下四个基本问题:

(1)何为教育?这个问题涉及世界存在与人的存在问题,具体而言,涉及到自然人类学与文化人类学的问题。

(2)为何教育?这个问题涉及到人的动物存在与人文存在的问题。

(3)如何设定教育的目的?这个问题涉及人的存在本体论和生存论。具体地讲,首先涉及人在宇宙中的地位,人的神性存在;其次涉及人为何需要尊严地存在;其三涉及人在不平等的存在世界里诉求平等和自由的美生生活如何可能的问题。

(4)教育的正常展开需要哪些基本条件?这个问题首先涉及教育的本性和教育的异化,其次涉及国家的定义和定位问题;其三涉及文明的建设和文明如何可能形成对文化创造的引导与净化。

第14卷以"知识分子的形塑"为主题讨论技术化存在和实利主义生存场域中知识分子形塑何以可能。

知识分子的形塑问题实由两个具体的方面构成,即知识分子的自我形塑和知识分子的社会形塑问题。对这两个问题的澄清,涉及一个前提性问题,那就是国家社会和人类社会为何需要知识分子?这个问题总是被另一个问题缠绕和困惑，那就是谁是历史的创造者？或者（1）谁是文明的创造者？和（2）谁引领或推动了历史的进步和文明的前进？

如果民众可以创造历史，或者民众有能力推动历史的进步和文明的前进，实是可以不需要知识分子，或者知识分子是可有可无，所以，采取威权主义和生物主义的双重方式来解构性矮化、软骨性诬化甚至从肉体到精神灭绝知识分子，是完全可行的，也是必要的，而且还应该是"合法"的。反之，如果创造历史或者说推动历史进步和文明前进应主要由知识分子来担当，那么，人类世界可以允许任何阶层堕落，也不能允许知识分子堕落。因为知识分子的堕落意味人的世界重新沉沦到自然人类学的黑暗的渊谷，更意味着人从人文存在重新倒退到动物存在，倒行逆施其绝对自由的丛林法则指导生活。

从历史观，历史的进步是以文明的前进为标志。而文明的产生和前进都需要先行者。这个先行者就是知识分子。作为文明先行者的知识分子，之所以有存在的依据和不可或缺的理由，就是文明需要教行。文明对教行的需要，则需要知识分子来担当和施行。知识分子担当和践履教行的基本方式有三：一是教育；二是探索真理、创造知识；三是道德的表率和激励。

因而，当历史进步和文明前进需要知识分子，当教育、真理探求、知识创造和道德表率与激励需要知识分子，知识分子的形塑问题就呈现出来成为至为紧要的人类存在论和社会文明论问题，这个问题落实在知识分子本身，就是知识分子的自我形塑和知识分子形塑社会的问题。

知识分子的自我形塑需要诸多条件，但主要条件有三个方面：

一是个人方面的，即作为知识分子"不应该成为什么"和"应该成为什么"两个方面，具体到日常生活中，就是"不当为什么"和"当为什么"，对这两个方面的界定和澄清，才可"当为而必为"和"不当为而必不为"。

二是社会方面的，即社会在政体选择、制度生成、法律构建等方面形成善待、尊重、激励人成为知识分子的环境。这涉及社会对"人"的基本定位和人与社会、国家的本原性关联。

三是历史、文化、传统的祛虚构和净化。祛虚无主义和净化的历史、文化、传统是形塑知识分子的基本土壤，也是形塑知识分子的重要社会方式。

第 15 卷以"知识、学术与大学"为主题讨论知识分子不可取代的独立工作如何形塑人的进化和社会文明。

知识分子之可以作为独立的社会阶层而存在,在于它具有其它阶层不能取代的独特性,这种独特性就是**创造**。知识分子的创造最为集中地铺开为三个方面:一是创造知识,为此而必须探索真理,解构遮蔽;二是创造学术,为此而必须弘大批判的学问,抵制意见的奴役,克服思想的瘫痪;三是创造大学,为此而必须遵从存在的律法,追求普遍的道理,张扬创造的个性,鼓励自由的探索。

知识分子创造大学的努力,是使大学本身成为创造的方式,创造的中心,创造的动力源泉。

大学之成为大学的根本性质和自身本分,是能够立定"四不服务"的阵脚,即不服务宗教,不服务政治,不服务经济,不服务就业。大学一但成为**服务器**,变成服务宗教、政治、经济和就业的**工作站**,大学则不复存在,即或是它具有其硬件齐全的设施和阵容庞大的形式结构。

大学保持创造的基本面向,是追求**存在真理**和创造**知识理性**。

大学也肩负服务的职能,但却是以探求存在真理和创造知识理性的方式来展开对人的服务,即服务人的**人性再造**,服务人的**心智成长**,服务人的存在自由和生活幸福。

知识、学术、大学,此三者因为知识分子而自为弘大,构成文明的象征。文明即是知识、学术和大学,它的土壤是思想,灵魂是信仰,准则是存在的律法。知识、学术、大学因为知识分子而存在、而创造和发展、弘大和繁荣。所以,知识分子是文明的主体,大学是文明的核心阵地,知识和学术、是文明的形态和光辉;而存在律法、信仰和思想,是文明的源泉。

4. 生存论的美学智慧

第 16 卷以"美的存在"为主题讨论人的美生存在的依据和基础。

美的存在论问题,是美的形而上学问题。

美的形而上学问题,是从哲学的形而上学发散开来的问题,它的基石由哲学发问存在所构筑。

哲学发问存在的形而上学的核心问题,是存在何以存在的本体论问题,由此形成美的形而上学的核心问题，亦是美何以为美的本体论问题。

美的存在论问题也涉及两个世界的存在，即存在世界的存在和人的世界的存在。

美之于存在世界的存在论，实是存在世界（具体地讲存在事物）以何种方式敞开自身存在？对它的拷问揭发两个方面：一是存在世界的存在之美敞开为简单与复杂之美；二是存在世界的存在之美敞开对称与非对称之美。由此，复杂创造简单和简单创造复杂，构成美的存在论源泉。

美之于人的世界的存在论，即是人的世界以何种方式敞开自身存在？对它的发问必然凸显出两个维度四个方面的存在之美：（1）物在美和人在美；（2）知识美和原则美。

美的存在论的探讨必然铺开美的本体论，无论是存在世界的简单创造复杂的存在之美，还是复杂创造简单的存在之美，或者人的世界的物在之美和人在之美，或者是知识之美和原则之美，其本体之美都是场态之美和场域之美。其本体的本体之美，必是以生为原发机制、以生生为动力之源的生境逻辑之美。

造物主创化的以宇宙自然为宏观构架并以生命为实存样态的存在世界，就是它自身，它融通铸造真善美的律法于自身的内在神韵。只有人这种生命样态从自然人类学向文化人类学方向演化而推动动物存在的人从黑暗的深渊中走出来成为人文存在的人的这一过程中，构筑存在世界之内在神韵的真善美才因为人的意识的生成及自为弘大而获得了人为的"分"并立意于诉求意识地"统"。由此，美的存在论自然地生发其主体存在论。

美的主体存在论所必须讨论的核心问题有三，一是美的主体存在的发生学机制；二是美的主体存在的心灵学动力；三是美的主体存在的意向性方向。

第17卷以"美的形式"为主题讨论存在之美敞开自身的形态学。

存在，无论是存在世界存在，还是人的世界存在，其存在敞开即是书写，而存在书写必然形式化。存在书写的形式化呈现即是形式。形式化存在书写的形式，始终是**"有意味的形式"**。

形式的有意味性，源于对存在世界的形式化。形式化将存在世界化为美的形式的"意味"内容，既可能是存在世界的本真性，也可能是存在世界的本善性，更可能是存在世界的本美性，还可能是存在主体的心灵意向，以及存在主体敞开存在之问的情欲之美、思想之美、灵性之美或神性之美。

存在世界的实存样态是生命，生命书写自身存在的形式化努力所生成的"有意味的形式"，可归纳为三大类：

第一类：存在世界敞开书写的有意味的形式，它广涉存在世界敞开自身的方方面面，但最为紧要的方面有六：

（1）材料的"有意味的形式"。

（2）光与色的"有意味的形式"。

（3）时间和空间的"有意味的形式"。

（4）制造物的"有意味的形式"。

（5）确定性与非确定性的"有意味的形式"。

（6）存在之场敞开其四面八方和四通八达的"有意味的形式"。

第二类：人为书写的存在世界敞开有意味的形式，它同样涉及人的存在的方方面面，但最基本的形式之美有六：

（1）声音的"有意味的形式"。

（2）语言的"有意味的形式"。

（3）符号的"有意味的形式"。

（4）语词的"有意味的形式"。

（5）组织与结构的"有意味的形式"。

（6）秩序与混乱的"有意味的形式"。

第三类：主体性敞开的有意味的形式，它也涉及存在主体的方方面面，但最主要的形式之美有六：

（1）情感生发的"有意味的形式"。

（2）想象敞开的"有意味的形式"。

（3）心灵镜像视域敞开的"有意味的形式"。

（4）自由表达的"有意味的形式"。

（5）思想创造的"有意味的形式"。

（6）知识生成与理论构建的"有意味的形式"。

第 18 卷以"美的生活"为主题讨论存在之美的生活形塑。

存在之美的生活形塑,也可称之为生活形塑的存在之美。

美的生活问题,涉及三个基本方面,一是人的生活何美之有?二是人的生活何以需要美?三是人的生活美在何处?

讨论"生活何美之有",必然牵涉出自然人类学的人走出黑暗的深渊向文化人类学进发和人从动力存在上升为人文存在的存在"意义"。意义构成人的生活之美的源泉。

拷问"生活何以需要美",必然牵涉出人的本原性的存在处境、状况和何以可能在其存在处境、状况中自持地存在的信仰、希望、爱。因为在最终意义上,唯有信仰、希望、爱的合生才煽旺自由存在的持存、坚韧、坚守。因为,美是自由的象征,美更是自由的追求、行动、守望。而这,恰恰是生活的本质构成,亦是生活的本质力量。

追问"生活之美在何处",必然从存在意义本身出发,以因为自由而信仰、希望、爱本身而回归生活自身:生活之美在生活本身,生活之美在生活之中,生活之美在生活的经营、生活的创造和生活的全部努力和所有行动的过程之中,但首先且最终在身体之中,在身体的敞开与行动之中。

生活之美无处不在。有生活,就有美。经营生活,就在经营美,创造生活,就在创造美。并且,生活的想象,创造想象之美;生活对存在的记忆,创造记忆美;对存在的遗忘,创造遗忘的美。生活的完整,是生活的完美;生活的残缺,亦呈现生活的残缺之美。残月之于人的生活,既是残缺之美,也是期待和想象完美之美。

第 19 卷以"生态修辞的美与恶"为主题讨论生态修辞的美的哲学问题。

生态修辞是存在敞开生存的基本方式,所以,生态修辞既是一个存在论概念,也是一个生存论概念,更是一个生活论概念。但无论是存在论意义的生态修辞,还是生存论和生活论意义的生态修辞,都是形式化的,并通过形式化而获得"有意味的形式",所以,生态修辞也是美学的。

美学的问题,既是美的问题,也丑的问题,前者呈现真善和利义取向的自由,或可说美的存在本质是真,美的生存本质是善,美的生活本质是利义取向的相对自由。后者呈现假恶和欲望取向自由,或可说丑的存在本质是假,丑的生存本质是恶，丑的生活本质是利欲望取向的绝对自由。

由此，生态修辞涵摄了真善美利义和假丑恶欲望，但生态修辞首先是创造，既可创造真善美利义的限度自由，更可创造出假丑恶欲望的无度自由。

生态修是存在的智慧，这种智慧的源泉是存在世界的本体之场，原发于造物主对以宇宙自然为宏观样态、以生命为实存样态的存在世界的原创之生和继创之生生。生态修辞这个存在的智慧被人运用于生活的构建，就演绎成为根本的和普遍的方法，广泛地运用个人生活和社会运动的方方面面，其中最为根本的方面，就是政治、经济、教育、文化和生活交往交流等方面。

生态修辞运用政治、经济、教育、文化等领域，既有实体的方式，也是虚体的方式，前者主要通过政体、制度、法律、组织、结构、秩序、规程和教化（观念、内容、方式、方法）、宣传、伦理、道德等社会方式来实现；后者主要是通过语言来实现。而在更多的时候是对其实体方式和虚体方式的综合运用。这种综合运用既呈现柔性的取向，更可呈现暴力的取向。一般来讲，在正常的社会里，生态修辞的运用主要呈柔性取向；在非正常的社会里，生态修辞的运用主要呈暴力取向，包括政体的暴力、制度的暴力、法律的暴力、武装的暴力，其中最为普遍的和无孔不入的是语言的暴力。运用语言的暴力来予以生态修辞的基本方法主要是象征、隐喻、（扩张、压缩或扭曲的）夸张、虚构，而历史虚无和民族主义是其象征化、隐喻化、夸张性和虚构化的语言的暴力的基本的和普遍的方法。

生态修辞的美，创造人的尊严存在，诉求生存、自由和幸福。生态修辞的恶，不仅是暴力主义，而且是平庸主义的。

第 20 卷以"哲学意向的中西会通"为主题讨论哲学的人类学和世界主义及其超越性会通。

哲学的超越性会通，首先涉及哲学何为和哲学为何的问题，其次涉及哲学的性质定位和本分问题。哲学是存在之问，但其存在之问原发于存在的困境和生存的危机，因而，哲学的存在之问，是为解构存在困境和生存危机提供根本的解决之道（真理、知识、方法）。所以，存在必须且只能面对存在而发问，包括面对存在世界的存在和人的世界的存在而发问，并且这种发问不是历史的，只能是当世的。由此两个方面观，存在何为和哲学为何的问题，实际地蕴含哲学超越性会通的自身依据。

哲学会通是空间化的，而非历史性的。因为哲学始终行进于当世，是对在世之在和在世之中的当世存在的发问，而非对哲学成就的历史的发问，这是哲学与哲学研究的根本分野之呈现。

哲学的超越性会通，只能在哲学意向的层面。所谓哲学意向，即是哲学发问存在的场态化的视域意向、思想意向、方法意向和存在敞开生存的心灵镜像意向、情感意向、精神意向。

哲学意向的会通，既源于中西哲学个性的激励，也源于中西哲学共性的鼓动。因而，理解哲学的个性和共性，是探讨哲学以意向的方式会通的真谛的前提条件。

哲学的个性，主要由特定的地域、具体的民族、民族化的自然语言和个体化的哲学主体即哲学家所书写。

哲学的共性，主要由宇宙自然、存在世界、律法（主要是存在的律法，但也涉及人文的律法和社会的律法）、真理、宗教、信仰、人文精神等因素所书写。

哲学会通的基本方法，是问题方法。

哲学会通的根本方法，是形而上学方法，即存在本体论方法，或可说是场化本体论方法。

目 录

哲学应该阻止思想的瘫痪（代序） …………………………… 1

导论：生态理性的形上视域 ………………………………… 1

第1章 生态理性 …………………………………………… 10

一 天启与人为 …………………………………………… 10

1. 心觉与知觉 ………………………………………… 11
2. 天启的方式 ………………………………………… 16
3. 人为的道路 ………………………………………… 28

二 "理性"的方式 ……………………………………… 31

1. 认知与行动 ………………………………………… 32
2. 概念的释义 ………………………………………… 36

三 "理性"的类型 ……………………………………… 43

1. 经验理性 …………………………………………… 44
2. 观念理性 …………………………………………… 51
3. 科学理性 …………………………………………… 58

四　生态理性 ······ 62
1. "生态"概念释义 ······ 63
2. 认知的根本特征 ······ 67

第2章　共生存在 ······ 73
一　"存在"发生学 ······ 74
1. "存在"概念的敞开 ······ 75
2. "存在"的解释空间 ······ 80

二　"存在"的发展 ······ 87
1. 以思观存在 ······ 87
2. 以范畴入存在 ······ 95
3. 以时间入存在 ······ 118

三　"存在"之生 ······ 125
1. 何为存在？ ······ 125
2. 存在的本质 ······ 129
3. 存在的形相 ······ 132
4. 存在的方式 ······ 136

四　存在与共生 ······ 139
1. "生境"概念诠释 ······ 140
2. "生境存在"定义 ······ 144

第3章　场态本体 ······ 150
一　"本体"的基本问题 ······ 150
1. 本体与形而上学 ······ 151
2. "本体"的位态 ······ 160
3. "本体"的内涵 ······ 166

二　本体的开放性张力 …… 173
　　1. 本体的动静取向 …… 173
　　2. 本体的存在论本色 …… 177
三　场本体的存在敞开 …… 188
　　1. 事实世界的场态存在 …… 188
　　2. 场本体的物理学描述 …… 195
四　场本体的内涵诠释 …… 199
　　1. 本体存在的语义场论 …… 199
　　2. 场本体的本原性位态 …… 203
　　3. 远离平衡的场本体型态 …… 207
　　4. 场本体的语义敞开 …… 212
五　场本体的动力体系 …… 217
　　1. 场本体的自组织论 …… 218
　　2. 场本体的动力学 …… 223
　　3. 场本体的涌现论 …… 230

第4章　生境逻辑 …… 235
一　逻辑的观念形态 …… 236
　　1. 科学和哲学的逻辑 …… 238
　　2. 观念逻辑的基本认知 …… 242
　　3. 观念逻辑的性质与特征 …… 245
二　逻辑的生境形态 …… 251
　　1. 观念逻辑的弊病 …… 252
　　2. 何谓"生境逻辑"? …… 257
　　3. 生境逻辑的构成 …… 263

三 生境逻辑的本质 ·············· 268
1. 生生：生境逻辑的存在本质 ·········· 268
2. 共生：生境逻辑的功能本质 ·········· 272
3. 生成：生境逻辑的方法本质 ·········· 280

四 生境逻辑的自为要求 ············ 288
1. 回到生境逻辑本身 ············· 291
2. 存在的限度和边界 ············· 295
3. 合目的的神性存在 ············· 300

参考文献 ···················· 306

索　引 ···················· 314

后　记 ···················· 322

哲学应该阻止思想的瘫痪（代序）

文明，有古典义与现代义的区别。古典义之文明**创造**前进，现代义之文明**制造**倒退。这种文明的前进朝向与倒退朝向的根本分野，从哲学涌出。古典哲学，总是其以自身方式做各种尝试和努力去打开存在世界的空间，开辟人的存在的各种可能性。与此相反，现代哲学，总是以其固有的或者统一的模式隔离存在世界，创建**自语自话**的人的存在世界的空间，开辟人的自恋主义且实质上是霸权——对存在世界的霸权进而构建起对人的霸权——的霸权主义的存在方式。这里所讲的"古典哲学"和"现代哲学"，并不是哲学史所划定的时间意义的古典哲学或现代哲学，而是**哲学想望**意义的古典哲学或现代哲学：古典哲学激发存在思想，放飞人的存在想望，使人存在敏锐和灵动；现代哲学瘫痪存在思想，抵制甚至解构人的存在想望，推动人的存在陷入（物质主义、性欲主义、权力主义、财富主义的）平庸，并以平庸为存在的**光荣**和**生活的标榜**。

思想的瘫痪是双重的：它内在于对其他所有活动的中止，即那个"**停下……，开始思考**"，而当你从思考中走出来，对那些当你在做时不假思索地投入其中的无论什么事情不再确信时，思考也有麻痹作用。如果你的行动是把一般行为规则应用于日常生活中出现的个别事例，那么你会发现你的思想就瘫痪了，因为没有哪种规则可以经受住思想的风暴。①

---

① ［美］汉娜·阿伦特：《反抗"平庸之恶"》，杰罗姆·科恩编，陈联营译，上海人民出版社2014年版，第173页。

阿伦特所揭露的现代社会的人的精神状况，不仅仅源于工业主义对人的存在诱惑和鼓动，根本的却是构筑起工业主义的认知视域、知识框架和思想基石的古典哲学，那种宣扬人为人立法和人为自然立法并进而构筑起来的体现人的绝对傲慢的主体主义的认识论形而上学及其道德哲学、政治哲学和教育哲学。

从根本讲，人的存在沉沦于思想的瘫痪，与形而上学的**退场**息息相关，与哲学抛弃存在世界，轻慢和蔑视存在之问，遗忘其存在问题、本体问题和本质问题相关，更与哲学在自我遗忘中以哲学研究而代之息息相关。

解决哲学的自身问题，就是恢复哲学阻止思想的瘫痪的功能。因为哲学通过存在之问敞开存在之思，就是激活人类思想保持敏锐、敏感的创生活力，永不瘫痪。

哲学要恢复阻止思想的瘫痪的功能，需要重建形而上学。

形而上学实有二种形式，第一种神学，这即是神本论的形而上学，探求存在之依据，具体言之，是探求信仰地存在的最终依据。第二种认识论形而上学，探求构建主体论的自身依据。第三种本体论形而上学，探求存在世界存在的自身依据。本书虽然是对《语义场：生存的本体论诠释》（1998、2015）和《生态理性哲学》（2005）所思考的核心问题的继续深入，但讨论了"生态理性""场态本体""共生存在"和"生境逻辑"四个概念，以期通过对这四个概念的讨论来尝试地重建一种关于存在世界的存在论、本体论和本质论，以为哲学恢复"阻止思想的瘫痪"的本分打开可能性。

导论： 生态理性的形上视域

哲学是对存在的发问继而敞开存在之思。

哲学所发问和追思的存在，即生成和统摄人的存在的世界存在，简称存在。

以发问存在为基本主题的哲学，即形而上学。形而上学展开存在之问，所要力求解决的三个基本问题，即是存在世界的存在问题、存在世界存在的本体问题和存在世界存在的本质问题，由此形成存在论、本体论和本质论。形而上学就是由存在论、本体论和本质论三部分构成其自身内容、自身结构和自身框架。

1. 发问存在的方式

当人从自然人类学的深渊中走出来并一步步走向文化人类学时，将原本动物存在的自己按照自己的方式不断地形塑为人文存在的人，由于这个过程中人始终不能真正摆脱自然人类学的本性和方式，更不能真正摆脱养育自然人类学的人的存在世界，由此使自己存在于其中的并又始终伫立在人的存在面前的存在世界，成为人必须时刻面对而不可逃避的存在问题。所以，存在构成自然人类学的人向文化人类学方向进化的紧要问题、根本问题，发问存在构成人类探求如何更好地存在的根本方式。

客观地看，人发问存在必有前提条件。从大的方面讲，就是人必须从自然人类学走向文化人类学；具体而言，人从自然人类学走文化人类学的过程中必须获得人质化觉醒，形成人的对象性思维和目的性认知。从其人质化觉醒而生成对象性思维和目的性认知的发生学和继生论之双重维度观，人发问存在的基本方式有两种，即心觉方式和知觉方式。心觉方式的本性趋上，踏上天启之路，开出存在的神学之问，释放出信仰之光。知觉方式的本性趋下，踏上心智之路，开出存在的生存之问。

从思维－认知观，存在的神学之问，必诉求天启；存在的生存之问，必诉求心智。以心智为导向展开存在的生存之问，开出抽象化具象的思维－认知方式和具象化抽象的思维－认知方式。前一种思维－认知方式通过文学、艺术而得到发展，或可说文学、艺术是发展抽象化具象的思维－认知方式的基本社会方法；后一种思维－认知方式通过科学、哲学而得到发展，或可说科学、哲学是发展具象化抽象的思维－认知方式的基本社会方法，而经济、政治、教育、文化等领域实为展开这两种社会方法的综合性探讨和拓展性运用。

从发生学观，哲学实是人类经历了从心觉化的天启向心智化的知觉方向敞开存在之问，但其存在之问的知觉方式必然达向理性方向的提升，开出经验理性、观念理性、工具（或曰科学）理性三种不同方式，最终必然向生态理性方向发展。

存在之问的经验理性方式，是哲学从天启降落于人间的最初方式。它立足于知觉世界，从历史性积累的经验中提炼可普遍化的理性认知方式。由于经验来源于生活世界，或者从根本上讲，经验来源于存在世界，所以，经验理性的存在之问指向存在世界，以期发现存在世界的规律、法则，以构建人的知识，提升人的认知，指导人的存在和生活。由于经验理性展开存在之问的主体能力构建的基石是经验，而经验得来的对象始终是具体的，经验运用指向的存在世界也是具体的，因而，其敞开的存在之问的对象往往不是整体的存在世界，而是具体的存在者，并通过具体的存在者来打开整体的存在世界镜像，从具体的存在者敞开的特征来拟想或把握整体的存在世界。古希腊早期的自然哲学就体现这一特征，无论是泰勒斯的"水"、阿那克西曼德的"无定"、阿那克西美尼的"气"，还是赫拉克利特的"火"，以及"四根说""种子说""元素说"抑或"原子说"等，都是通过经验到存在世界中的具体存在者的存在特征来描摹存在世界的存在规律、法则。

经验理性的发展必然开出存在之问的观念理性方式。存在之问的观念理性方式的根本努力和实际成就，就是突破存在之问的经验桎梏，将思维－认知朝向外部的存在世界转向内部的观念世界，形成以观念为准则的理性认知方式，由此使哲学的存在之问暗中转换成了存在的观念之问。克塞诺芬尼的"理神"说、巴门尼德的"存在"论、柏拉图的"相"主张、亚里士多德的"实体"论，以及笛卡儿的唯理论、芝诺的实体概念、莱布尼茨的单子论、康德的主体论、费希特和谢林的绝对唯心论、黑格尔的实体主体论等，都体现了观念理性的存在之问从存在世界转向主体世界，或者说以构建唯我的主体论来替换存在世界的存在本身，使哲学的存在之问演绎成为人的存在主体之问。

存在之问的观念理性方式将人的存在如何可能的客观依据之问变成了主体条件之问，哲学由此成为推动人在存在世界面前的自我膨胀而最终踏上无视存在世界的道路，康德的个体主体主义的观念理性哲学和黑格尔的国家主体主义的观念理性哲学成为这种推动的两翼动力，最终将哲学驱赶上科学理性之途。客观论之，存在之问的科学理性方式是哲学的观念理性的极端方式，即哲学的主体主义必然追求实践来证明主体主义本身的绝对正确和至高无上，并以此从根本上解决人本中心化的目的论。所以，哲学的主体主义滑向实践主义的必然态势是极端地张扬以经验为导向并以经验构筑为目标的科学，突出科学的绝对权威和普遍性，由此，存在之问的科学理性方式最终沦为科学主义。科学理性的理想是提高人在观念和实践两个方面的绝对主体地位，但科学理性必然沉沦于科学主义的深渊中将主体之人变成了**工具**，"凡是科学论"的观念和技术主义对人实施了**双重**的奴役。

存在之问的经验理性开出观念理性的歧途，其最终归宿必是工具主义的科学理性。工具主义的科学理性将人全面沉沦为工具之时，也就是人类理性回返自身之时，同时也是哲学的存在之问必然恢复自身本分而指向存在本身、开启存在之问的生态理性方式。

2. 生态理性形而上学

在最宽泛的意义上，哲学包括科学。在广被接受的视域中，逻辑学、知识论、伦理学、政治哲学等也构成哲学的基本内容。但在狭窄的语境规范中，经典的哲学实是只指形而上学。对于形而上学，在其自身的发展史中，不同的人，不同的哲学家对它的性质规定和范围界定也存在很大的个性差异。生态理性哲学则以为：哲学即存在之问，存在之问立足于解决形而上学得以建构自身的三个基本问题——一是存在论问题；二是本体论问题；三是本质论问题。

生态理性存在论　哲学的存在之问，必不可忽视经验和观念，更不可忽视主体，但经验、观念、主体并不能构成哲学的存在之问的主导内容，因为哲学的存在之问是对存在的发问，哲学发问存在的"存在"，既不是经验的存在，也不是观念的存在，更不是主体的存在，而是**存在世界**的存在。

存在世界的存在，既包括宇宙（或曰自然）存在，也包括造物主（神）存在，更包括万物生命存在和自然人类学指向文化人类学的人的存在。所以，哲学发问的存在是世界的整体存在，是存在世界本身。

一旦明确哲学发问存在的对象范围，自然明朗哲学发问存在的根本和重心。哲学发问存在必要围绕两个根本问题展开：

存在何以存在？

存在怎样存在？

"存在何以存在"的问题，实质上是"存在何以可能"的问题。其实这个问题并不是哲学的专利，科学和神学也在以自身的方式给出解答的方案。比如，就科学言，进化论从具体的生物进化入手提供了一种解释方式；天文学之一的现代宇宙学为之提供了另一种解答方案，即宇宙大爆炸以及宇宙共生循环的假说。宇宙大爆炸理论提出了存在何以可能的**原创生**说，宇宙共生循环假说提出了存在何以可能的**继创生**说。或许根本不是巧合的是，神学的创世说也呈现出原创世和继创世的连续性方案，在基督教经典《旧约》描绘的"创世纪"中，耶和华用六天时间创造出存在世界，后又因亚当夏娃偷禁果而被驱逐出伊甸园，其降落于大地上繁衍的后裔又违背天伦人道，为之震怒和绝望的耶和华一方面调用滔天洪水毁灭存在世界；另一方面又暗中指令诺亚一家建造方舟逃避毁灭而再造世界，其实这也是在讲述"存在何以可能"的原创生和继创生问题。

哲学既有天启的源泉，也有科学的底色。由此，天启的神学为哲学的存在之问提供了想象的空间，实证的科学为哲学的存在之问提供了更新的视野和材料。哲学的存在之问也必然**会通**神学的天启之慧和科学的实证之智而用之，于是，哲学探究"存在何以可能"的问题，必然开出宇宙创化所成的硕果。宇宙创化既是原创生的，也是继创生的。宇宙的原创生，即造物主创造宇宙之生和宇宙生生；宇宙的继创生，即宇宙以生为原发动力、以生生为原发机制、以简单创造复杂和复杂创造简单为根本原则，展开简单创造复杂和复杂创造简单的互为推进、生生不息。

存在的宏观样态是创化的宇宙，无论是原创生的还是继创生的宇宙，其具象的实在样态是生命，因而，生命亦构成存在的具体样态。由此两个方面成为打开"存在怎样存在"的钥匙：存在是以**共生**方式存在。具体地讲，存在既是宇宙与生命共生存在，也是原创与继创共生存在，更是简单创造复杂和复杂创造简单的共生存在。

生态理性场态本体　哲学作为形而上学，所要解决的首要问题就是存在论问题。存在论的核心问题是"存在何以可能"和"存在怎样存在"。当通过存在之问而给出存在世界的存在是创化所成并且创化所成的存在只能以共生方式存在，由此将一个隐含的问题突显并以此为动力进一步发问，这即存在以原创推动继创的方式生成并以共生的方式存在的自身依据何在？正视这个问题，必然引出存在的本体论问题。

存在的本体论与其存在论内在地关联，更有形态学的关联。或许正是因为如此，人们往往大而划之，并不清晰地区分二者，但实际上本体论与存在论之间存在根本区别，因为存在论关注存在的发生学和生成论问题，本体论关注存在的本原论和构成论问题。这种区别其实在人类哲学的发轫中已有清晰的呈现。早期的自然哲学，具体地讲，泰勒斯发问存在的三问三答，就明确了哲学存在论、本体论和本质论三者各自的界限。泰勒斯首先发问世界的本原是什么，以"水"为答案；然后发问宇宙是怎样生成的，以水的潮湿与蒸发的循环为答案；继而发问世界的本质是什么，以"灵魂"为答案。过程论哲学家怀特海在其《过程与实在》中断言"欧洲哲学传统最稳定的一般特征，是由对柏拉图的一系列注释组成的"[①]。欧洲哲学传统的主体方面和基本方面是观念理性，它贯通经验主义和理性主义并构成其发展的不变朝向。所

[①] Whitehead, A. N., *Process and Reality*, Cambridge University Press, 1929, p.53.

以，从观念理性传统这一角度观，怀特海对柏拉图哲学对欧洲后世哲学影响的断言，是相当有道理的。但是，从哲学发展的宏观视域、基本框架、主题方向等方面看，泰勒斯的"三问"才构成了欧洲哲学传统"最稳定的一特征"，而且也构成了人类哲学传统"最稳定的一般征"。因为泰勒斯关于"世界本原是什么"的问题，即哲学的本体论问题；泰勒斯关于"宇宙是怎样生成"的问题，即哲学的存在论问题；泰勒斯关于"世界的本质是什么"的问题，即哲学的本质论问题。这三个问题自从泰勒斯提出以来，始终以或隐或显的方式贯穿于后世哲学的发展之中，不同的哲学给出了不同的或直接的或间接的应对性解答。

哲学的存在之问所要求解的本体问题，是存在世界的存在本体问题，而不是人的世界的存在本体问题，这是一个分水岭。巴门尼德提出"存在"的存在论，并以不经意的方式提出"存在"的本体如"球体"（《残篇》第八第42—49行）那样的东西。柏拉图的"相"，亚里士多德的"实体"，虽然是观念理性，但也以此折射出存在得以维护自身存在的依据，是其蕴含或者隐含于存在世界之中的本体，他们分别用"相"和"实体"这样概念来指涉之。启蒙哲学之所以剔除了本体论的观念残余所构建起来的形而上学只是主体主义的认识论形而上学，是因为在这种性质的哲学中，存在之问的本体变换成了人的存在的主体论，是人的存在的主体本体论。

存在之问指向的本体，只能是存在世界的存在本体。存在世界的存在本体是在存在的存在论问题得到初步解决的前提下，继续追问"存在何以可能"和"存在怎样存在"的依据，或曰，存在之问的本体论探求，是为其存在论提供存在之所以存在和存在之所以创生存在与存在之必须共生存在的自身依据和内在基础。

本体之所以构成存在的自身依据和内在基础，是因为"本体"是关于存在的本体，它指一般的、普遍的、不可分的、连续的、拢集过去和将来、有与无、存在与非存在于自身的存在本体，构成本体论的关注对象。从根本讲，本体源于存在本身，是存在的自身构成，这是本体之构成存在世界存在的"自身依据"和"内在基础"的理由。

古希腊早期自然哲学对存在本体论的思考，实际上开出了两种取向，即存在的**动态本体**论取向和存在的**静态本体**论取向，后来者赫拉克利特通过对"永恒的活火"基于自身"秩序"的需要按照"一定的分寸"燃烧与熄灭的**生变运动**的思考，提出转换生成的"逻各斯"，勾勒出"变中不变"和"不变中变"的**动静相生**的存在本体论，揭示世界存在的根本性质的自为规定是生与变、生成秩序与稳定结构的双重规定，这为发现存在的场本体打开了认知视域。

存在的场本体之成为可能，是存在之自身规定作为其自身依据和内在基础的本体有两个方面的要求，首先，存在本体既不只具动态，也不只是静态，而是既呈动态也呈静态，是动静相生。其次，存在本体既不是过去式的，也不是现在式的，更不是将来式的。因为过去式意味着完成、完满、静态；将来式意味着未有、未来、可任意性；现在式意味着当下、实务、唯物。而存在世界的存在本体是既自在，也自存，更呈现未完成、待完成和需要不断生成的取向，所以，存在本体是存在对过去和将来的**拢集**，也是过去对现在的**指涉**和将来对现在的**吁求**。存在本体是对如上内容的**涵摄**，形成存在的场本体论，它具有自秩序的组织方式、自生的动力机制和生生的存在原则。

生态理性存在本质　以存在世界的存在为发问对象，建构起宇宙创化的原创推动继创的存在论，探究创生存在的自身依据和内在基础，必然将场本体论凸显出来，引导存在之问继续向前探究其存在本质论。存在世界的创生存在是以场本体为依据和基础，存在世界存在的场本体是以"生"内生的原发机制并以"生生"为根本原则的生境为存在本质。

以生为原发机制、以生生为根本原则的生境之所以构成存在的本质，是因为生境属于存在本体，是场本体的本体。在场本体论中，场本体的内在规定性是生境，生境的本质是生，生境的本性是生生。由于"生"构成生境的本质，并且"生生"构成生境的本性，使"生境"作为场本体的本体，蕴含三个方面的内涵，并为解决三个维度的根本问题提供可能性。首先，生境蕴含场化的存在世界的本原状态；其次，生境蕴含场化的存在世界的生成动力；最后，生境蕴含场化存在的本质和本性。由此三个方面，生境敞开的存在逻辑乃生境逻辑；生境敞开的本体方法，乃整体动力向局部动力实现和局部动力向整体动力回归的认知方法和思想方法。

3. 存在涌现和时间生成

生态理性哲学不同于哲学发展史上先后呈现的经验理性哲学、观念理性哲学、科学（工具）理性哲学的观念的根本方面不是理性，而是理性指涉的对象，理性敞开的视域和理性张扬的方法、理性生成的思想，既不是经验的，也不是观念的，更不是工具的，而是生态的。所以，生态构成生态理性哲学的精髓。

生态理性的生态，即**存在位态**。它既不是指经验或观念的存在位态，也不是指工具或科学的存在位态，更不是指存在者的存在位态或人的存在位态，而是指存在世界的存在位态。有关于存在世界的存在位态，希腊早期的自然哲学予以了最初描述，那就是**生**之描述。比如泰勒斯的"水"的潮湿与蒸发的循环运动，凸显的就是一个"生"字，阿那克西曼德关于"无定"本体遵循"补偿原则"敞开分化与复归的循环运动，亦是突出世界的生成运动；阿那克西美尼之"气"的浓聚与稀散的相互转换，同样在突出一个"生"字，强调存在世界的转化生成观。正是因为如此，赫拉克利特才将其提炼为逻各斯，揭橥存在世界的存在位态是"变中不变"与"不变中变"的互为开进。

存在世界的存在位态何以是"生"态？这源于存在世界存在的自身规定。首先，存在世界的存在是以场为本体，并以场化方式敞开存在。存在世界的存在以场为本体，实是以自身为规定并以自身为依据。存在世界以场化方式敞开自身存在，既是拢集四面八方的存在，或者是从四面八方**涌来**的存在，也是拢集四面八方向四通八达播散的存在，或者是通向四面八方的**播散**的存在。然而，无论是对涌来的四面八方的拢集，还是向四通八达的播散，这对于存在世界之存在本身言，都是自我**更新之生**，都呈**生生**之态。其次，存在世界存在之成为可能，是因为宇宙创化。宇宙创化的根本意义，不在于创化存在世界的存在样态和生命实存，而在于创化存在世界存在的内在之"生"的本性和"生生"的本质力量。这是存在世界的存在位态之始终以四面八方的涌现和四通八达的播散方式敞开生和生生的位态的最终秘密。

存在世界的存在本体，是融通"变不中变"和"不变中变"的生态之场；存在世界存在的场本体的本体——或者说存在世界存在的内本质——是以"生"为本质、以"生生"为本性（即不可逆朝向）的生境。存在世界存在的内在"生"机和"生生"位态通过其四面八方的拢集和四通八达的播散而敞开：存在之生从四面八方**涌来而拢集**，是内聚更新的"生"机和更强的"生生"力量；存在之生向四通八达**涌去而播散**，是以四通八达方式向存在世界的存在者输送更新生生的力量。

存在世界存在之始终保持生和生生不息的位态，是因为存在世界的存在本质是生。存在世界的这一生之存在本质，同时以互为推进的两种方式发挥其生生功能。一是存在世界的存在之生和生生功能通过存在于其中的存在者之简单创造复杂和存在（之整体）本身之复杂创造简单的非确定性方式展开，而互为动力；二是存在世界存在之生和生生功能通过存在之场四面八方拢集与四通八达播散的互为推动的**涌动方式**展开。就前者言，存在世界之存在与存在者之复杂创造简单和简单创造复杂的创造，既是**空间的铺开**，但本质上却是**时间的生成**。并且，无论是简单创造复杂，还是复杂创造简单，既需要空间的平台，更需要时间的保障。更为根本的是，存在世界存在与存在者之间的创造，无论是简单创造复杂推进复杂创造简单，还是复杂创造简单推动简单创造复杂，都是**非确定性的**、**无序的**、**混沌的**，所以，这种非确定性、无序性和混沌性使存在世界存在与存在者之间的互为创造只能以**涌现的**方式生成自身、生成时间、敞开空间。仅后者论，以生为原发动力、以生生不息为不可逆朝向的存在位态，源源不断地拢集从四面八方涌现的生气、生意、生韵、生机，然后内聚层累性生成的生气、生意、生韵、生机以四通八达的播散方式涌现不确定的存在者，既是源源不断地更新存在的空间，更是生生不息地创造出存在的时间。

第1章　生态理性

哲学作为存在之问，是以人为出发点，并以人为归宿。没有人，或离开人，哲学不会发生，也不会存在。从根本言，哲学是关于人如何**存在于世**的存在之问。从发生学观，人作为个体，首先是物，然后是人，并且最终是物与人共生存在；人作为物种更是如此。人从动物存在的人向人文存在的人这一方向敞开，实经历漫长的过程，且至今仍在**行进之途**，甚至永远地处于行进之途，因为无论从个体言还是就物种论，人都是未完成、待完成和需要不断完成的生命存在形式，这种未完成、待完成和需要不断完成的命运，形成人这一物种既是人在形式，更是物在形式，人是**人在**与**物在**的混合形式。从其存在本身言，人，过去是、现在是、未来依然是自然人类学与文化人类学的共生存在方式。哲学作为存在之问，实是对人之自然人类学和文化人类学何以可能共生存在的存在之问。从发生学言，哲学的存在之问，发生于动物存在的人向人文存在的人迸发的转折点上，或可说哲学发生于自然人类学向文化人类学的萌生进程，其萌生的方式是**心觉的**。

一　天启与人为

人从动物存在向人文存在迸发之途，始终既被存在困惑，更被**出生**纠缠。这两个方面引出了宗教与科学的角力。哲学总是不能置身之外，反而不遗余力地居于二者之间实质地发挥着调和的功能。

在宗教与科学角力的大框架下，可以说几乎所有的科学都与解决人的出生问题相关联，落实在具体层面，生物学走向台前与宗教构成对垒之势。但这种对垒之势产生于近代，因为生物学产生于近代。近代以降的生物学为人类的出生提供了一套解释的理路、知识和方式方法：人是生物世界生物进化的产物。科学的本意是突出人类的独特和伟大，为人类存在创造更多的尊严，但生物学的物种进化论却**矮化**了人类物种，因为生物进化论告诉人类：人类原本是一物，其出身亦是卑鄙，并且屁股上那根尾巴永不消逝。与此相反，宗教为人的出生提供了另一套解释系统、理念、知识和方式方法：人不是物生，而是**神造**，因而人乃神之子，本有神性。从实用角度，人类普遍接受科学，但在心灵和精神层面，人类总是眷顾宗教而热衷于信仰。从发生观，科学，准确地讲生物学所提供的人类出生观远远晚于宗教的人类出生观，因为宗教的人类出生观可以追溯到人类从动物存在向人文存在方向演化之最初阶段。以此观之，科学不能产生哲学；相反，是哲学促生了科学，因为哲学的诞生实早于科学。虽然今天的人类哲学史将哲学的源头几乎锁定在雅斯贝尔斯所讲的"轴心时代"①，具体地讲，西方哲学史对哲学的源头追溯，止于泰勒斯（Θαλῆς, Thalês，约公元前 624 – 公元前 546）及米利都学派和毕达戈拉斯学派。但实际上，米利都学派和毕达戈拉斯学派呈现的自然哲学实是较成熟的哲学形态，哲学的原初形式可以追溯到与宗教同步，即自然人类学向文化人类学的萌生进程敞开了宗教，诞生了哲学。

1. 心觉与知觉

汉娜·阿伦特说："人的出生是一个本体论事件。"这是因为人的出生从三个方面敞开了人。

首先，人是出生的。人的出生性并不是随意的，它体现了人的产生的庄重性和严肃性，更是既体现主动，也蕴含被动。前者意味着人的出生是自为的：只有当人意愿于出生时，其**出生为人**才获得可能性；后者意味着人的出生也是他为的，因为人的"意愿于出生"的主动性要成为现实必须具备诸多相应的条件，这些相应的条件可概括为"他者性"（他人、环境及具体条件），它使人的出生成为被动。人的出生之所以"是一个**本体论**事件"，是因

---

① [德] 卡尔·雅斯贝尔斯：《论历史的起源和目标》，李雪涛译，华东师范大学出版社 2022 年版，第 38—40 页。

为它会聚了主动与被动、自为与他为于一体而创构出**全新的**存在事实：出生，使人成为必须存在的生命实体、存在者。所以，人的出生无论对人自身言，还是对他者以及存在世界言，都是本体论意义的。

其次，人的出生之成为"一个本体论事件"，在于它实际地敞开存在的**原生**与**继生**的历史：从宗教言，人的原生得益于造物主（或曰上帝），是造物主造人；人的继生，得益于己，是人自造。人从原生到继生，这是神学人类学向世俗人类学的演绎与实现。从生物进化言，其根本标志是作为生物的存在物睁开人眼看。从生物进化言，人的第一次出生是原生，是生为有生命的物；第二次出生是继生，是生为精神的人。人敞开原生与继生的历史，实是物与人的分有的历史：前者指**人作为物的原出生**是一个纯粹的**自然本体论**事件，即人的原初生与存在世界的其他物——比如某种动物、植物或微生物——的诞生无任何区别，它自然地生出，也自然地成为存在世界之一具体的本体而自然地存在，或者说如同"离离原上草"那样"一岁一枯荣"地"向死而生"。但是，人与存在世界中万物生命的根本不同，就在于他自然地出生后并没有完成自己，而是在漫长的进化之旅中**意外地**获得第二次诞生，这就是**人在动物存在的基础上开启成为人的继出生**。人作为自然生命的原出生，构成**自然人类学**意义的"本体论事件"；人在其原出生基础上的继出生，构成**文化人类学**意义的"本体论事件"，即**人文本体论事件**。

要言之，人的出生，既是神学人类向世俗人类学的敞开，也是其自然人类学向文化人类学的敞开。但在本质上，世俗人类学和文化人类学实可合二为一，所以，人的出生，在形态学上，是自然人类学向文化人类学的诞生；但在本质论意义上，实是神学人类学向文化人类学的诞生。

最后，从形态学观，人在自然人类学的原出生基础上实现文化人类学的再出生之所以构成更新的"本体论事件"，是人的继出生必然**超越物而成为人**：在自然人类学意义上，人的出生是"纯粹的自然，本质的人先于创造。脱离纯粹自然的沉沦就是创造"①。因为**存在先于思想，自然先于创造**。这一本原性存在事实具体到人的生命或者身体世界，就是**物理的身体先于思维的**

---

① 周辅成：《西方伦理学名著选辑》（下册），商务印书馆 1996 年版，第 189 页。

大脑，脚先于手。当人从其存在的物本体向存在的人本体方向演化而出生（为人）的形态学标志，就是"**两脚行走，两手做事**"①，这是将物本存在的自然人分有为既是物本存在的自然人，同时又是人本存在的文化人。从此以后，人，既是文化存在，又是自然存在；并且，人，既不是纯粹的自然，也不是纯粹的文化。这种"既是……又是……"和"既不是……又不是……"的混合存在，表面看是分离的、矛盾的，实际上又是一体的、内生的。因为两脚走路，是自然人类学，是物本存在；两手做事，是文化人类学，是人文的存在。从两脚走路到两手做事，既生成一个逻辑，也开创一种结构，更建构一种秩序：**这个逻辑**，是人从自然物到人的逻辑，展开从脚到手的进化，它表明："在一般运动机能中（不仅包含人类学的意义，而且不可分割地包含了技术学的意义），'大脑的发展从某种意义上说是第二性的'。直立的姿态决定了上半身两个极点间的关系的新型机制：手从爬行的功能中解放出来，面部从攫取的功能中解放出来。手必不可免地要制造工具——**可代换的器官**，手中的工具必不可免地要导致面部语言的产生。诚然，大脑在这一层关系中自有其作用，但并不是决定性的作用：它仅仅是整个身体机制中的一个部分，尽管这个机制的进化导致大脑皮层的形成。"② 并且，人从四脚爬行到"直立的姿态是作为生物进化系列的一种现象出现的，它形成了上半身手和面部的连接，这种连接的基本结果就是'属于手的工具和属于面部的语言构成了同一机制的两个极点'，而这个机制又是由一种特定的大脑组织决定的。我们试将指出，大脑的特殊性存在于它同作为**后种系发生定向**的外在性的唯一的耦合之中，换言之，外在即是内在的'真理'"③。**这种结构**，是人从自然物到**人的生成**的时间进程，或曰历史结构，它敞开从脚的本能运动到手意识地安排事务，需要**对身体**予以体能、速度、敏感性和灵敏能力的训练，这种训练不仅是存在敞开生存之"实务"使然，亦是人之直立存在敞开其生理结构自然舒张的需要："人的体型是直立的，具备关节及肌肉，以适于保持这一姿

---

① ［法］贝尔纳·斯蒂格勒：《技术与时间 1：爱比米修斯的过失》，裴程译，译林出版社 2019 年版，第 155 页。

② ［法］贝尔纳·斯蒂格勒：《技术与时间：1. 爱比米修斯的过失》，第 156—157 页。

③ ［法］贝尔纳·斯蒂格勒：《技术与时间：1. 爱比米修斯的过失》，第 157 页。

态,并毫不费力地活动而无损毫发。人的手臂是一种工具和一种武器,而不是其身体的支撑或依靠。其**体型与姿态**非常适于**观察**,适于运用知性和操作技艺。人赤身裸体,赤手空拳。但通过**发明创造**足以弥补这些缺陷。人的**发明天赋**的运用乃是其终极因(心灵)。"① 在人的直立的体质结构中,最具灵动性和自协调功能的是两脚与手臂:两脚支持身体并使之始终具有依靠性,而且还具有自由行动的功能;手臂却自具武器的功能和工具的功能。手臂的前一种功能是为自身的存在安全而自设,后一种功能是为自身的生活保障而自设。作为自然人类学的人之体质形态和体质结构整体敞开的高度自由的"体型"和异常灵动的"姿态",它产生出一种"非常适于观察",也就是说,人的观察的天赋能力源于其自由的体型和灵动的姿态,而自由的体型这一体质形态学特征和灵动的姿态这一体质结构学特征,却源于人类作为自然的物种的自然构成,或者说人为自然的物种的体质形态特征和体质结构特征却是它按照自身的方式而形成。由其高度自由的体型和灵动的姿态合生演化出来的"适于观察"任何事物、任何变化以及整体存在的这种能力促进了人作为生物学的整个身体,尤其是大脑的发育,这种发育向内,培育心灵滋生心智;向外,通过模仿滋生知性并创造技艺。由此,作为自然人类学的人开始由纯粹的生物向自我化育的文化人类学方向展开、探索并逐渐成为作为文化人类学的人类物种。**这种秩序**,是人从自然物到人的存在秩序,敞开本原性的自然存在与继生的人文存在的生成性联结,身体构成其生成性联结的根本方式。由此,身体成为有秩序的身体,并使其生存活动敞开自秩序的生生张力,必然承受来自自然和人文两个维度的律法激励和节制。遵从自然和人文两个方面的律法,人的身体充满生生之自秩序的存在张力和创生张力。

人的出生,无论从宗教言,还是从生物进化论,都前后经历了两次。从宗教言,人的第一次出生,是造物主造人;第二次出生,是人自造,其根本标志是睁开眼睛看。从生物进化言,人的第一次出生是有生命的物;第二次出生是"两脚走路,两手做事"。②

从存在敞开观,无论宗教创世论还是生物进化论,人的前后两次出生的

---

① [英]亚当·弗格森:《道德哲学原理》,孙飞宇、田耕译,上海人民出版社2003年版,第10页。
② [法]贝尔纳·斯蒂格勒:《技术与时间1:爱比米修斯的过失》,第155页。

根本标志，不是"两脚走路，两手做事"，而是睁开眼睛。但是，虽然都是睁开眼睛，宗教之于人的睁开眼睛源于好奇而得智慧的点化，而生物进化之于人的睁开眼睛是"两脚走路"推动"两手做事"使然，即"两脚走路"与"两手做事"的相互配合、协调一致之实务激活认知引导。

进一步讲，人的神学出生观和科学出生观都以"眼睛"被睁开为标志。人的眼睛睁开，打破黑暗存在的彻夜而获得光明存在世界。人的眼睛睁开创造出来的这一从根本上改变人的本体存在性质和本体存在状貌，全在一个"看"字。因为"看"，人获得从神学人类学和自然人类学走向文化人类学的双重存在性质；也因为"看"，人超越众物而成为神性存在和人性存在的人。然而，人的神学出生睁开眼睛之"看"和人的生物学出生睁开眼睛之"看"的性质、内涵和方式方法大有区别：标志神学意义的两次出生的睁开眼睛之看，是**心眼的看**，由此形成人的**心觉力量**；标志生物学意义的两次出生的睁开眼睛之看，是**肉眼的看**，由此形成人的**知觉力量**。这就是自然人类学和神学人类学向文化人类学方向演进生成建构认知动力、认知方式和认知方法的分野。

在本原意义上，人经历两次出生获得的基本认知方式就是心觉方式和知觉方式。这两种原初认知方式先于经验，也先于知性和理性，却具有对经验、知性、理性的生成性统摄、激发或规训功能。

心觉与知觉这两种认知方式虽在功能发挥上可呈相互涵摄性，但实有诸多区别。首先，从客体观，心觉源于神的智慧的开启，知觉源于存在世界的激励；从主体论，心觉源于好奇的欲求，知觉源于生存的需要。前者是超功利取向的，是无目的的合目的性；后者是功利取向的，是目的的合目的性。其次，心觉是存在的心灵直觉，或者说心灵直观，释放的是人的神性存在的禀赋，直接**会通**存在的本体世界，或者说直接觉解神性存在的律法、知识、方法。知觉是生存的感觉直观，直接会通存在的现象世界，知觉要达于存在的本体世界，必须超越感觉直观而进入理性之域；并且，从知觉起步涉险神存在，必须超越理性而进入心觉之域。再次，心觉和知觉虽然是两种认知方式，但心觉的居所是心灵世界，其呈现的形态是灵魂，心觉敞开的认知的形态学方式是灵魂对生命的牵引运动，其基本方法是信仰；知觉的居所是思维世界，其呈现形态是意识，知觉敞开认知的形态学方式是意识对实务的权衡和选择运动,其基本方法是逻辑。最后,无论心觉还是知觉,其功能释放都会生成经验并累积经验,但心觉生成建构的经验,属于神性经验,或者说**如何存在**的信仰的经验;知觉生成建构的经验,属于世俗经验,或者说**怎样生存**的实务的经验。

心觉与知觉之在方法来源不同,形成其性质不同、方向不同、功能不同,但由于它均属于人的方法,是因为人并为了人的方法,由此为二者互为涵摄提供了可能性,将此可能性变成现实的则是**理性方法**,由此哲学获得了居间的协调或者说调和功能。心觉引颈向上,开出信、爱、望的纯洁花朵,潜伏悬空于大地的危险;知觉引颈向下,结出实利生存的硕果,潜伏沉沦与物为伍的危险。哲学之理性方法,自具接引二者的功能,具体地讲,哲学之理性,既可接引神性存在之信仰,使之落地生根而化育实利生存,使之利而有度则爱之无疆;也可接引实利生存,使之亦抬头站立仰望天空,以本分之心去信、爱和望。

2. 天启的方式

哲学,既可能是天启的,也可能是人为的。天启的哲学,是心觉的哲学;人为的哲学,是理性的哲学。

哲学以理性方式呈现,应该是其对存在之问的成熟形式,而不是它的原初形式。原初形式的哲学,属于天启的哲学。天启的哲学是心觉性的,并且没有自身形式,**原初的**天启哲学附着于宗教,其存在之问隐匿于心觉化的神性想象之中,这即哲学以宗教为母体,宗教孕育了哲学。

宗教是神的,但实质是人的,如同人是生物的,但实质是神的一样。海德格尔在批评谢林的形而上学之恶时指出:"必须有这样一种东西,它尽管从上帝的最内在中心产生,以它的方式作为精神,但在所有这一切中它还是与上帝分离,还是保持为一种个体性的东西。而这一存在者就是人类。人必须存在,以便上帝能被启示出来。没有人,上帝是什么呢? 绝对无聊的绝对形式。没有上帝,人是什么呢? 无害形式中的纯粹疯狂。人必须存在以便上帝能够'实存'。"① 表述上帝存在的宗教不过是动物存在的人向人文存在的人

---

① Martin Heidegger, *Schelling: Abhandlung uber das Wesen der menschlichen Freiheit*, Tubingen: Max Niemeyer Verlag, 1971, p.143.

迸发，或可是自然人类学向神学人类学演绎的敞开方式。这一敞开方式也是生成性质的。在宗教进入成熟的历史进程中，其生成性表征为形式各异的宗教改革或自新；在宗教的原初阶段，其生成性敞开为自然宗教向人文宗教的演进史。

自然宗教的教义乃"万物有灵，是物皆神"，它的原初形态是远古的神话，其实用方式是巫术，前者主导人间的精神；后者主宰人间的生活。并且，自然宗教构成原初的文化形态，是文化的原始形态，也是文化之自为的基本框架和内凝的永恒结构，这一自在性质的基本框架和内凝的永恒结构实是初民时代的精英们敞开存在之问的质朴方式，也是其存在之问达于存在之思内涵的凝聚成形。自然宗教是远古初民时代的文化，它体现出极浓的地域色彩和人种性质，因为它以人种（具体化为民族）为基本单位：以人种为自身规定的民族是文化的创造主体，一个民族创造一种文化，文化的融合实是以人种为基本规定的民族与民族之间、根据丛林法则展开生存竞斗的精神呈现。所以，今人所说的文化融合的实质是人种（或民族）间的生存竞斗达于"适者生存"的体现，它敞开的既是文化人类学的进化史，更是神学人类学的发展史，即民族与民族之间的生存竞斗敞开的文化融合，最为实在地凝聚为宗教的融合。宗教融合的最早方式是自然宗教催生出人文宗教和人文宗教对自然宗教的统摄。在这一融合进程中，或者某种自然宗教上升为人文宗教，或者创造出全新的人文宗教。人文宗教区别于自然宗教的根本方面，是将"万物有灵，是物皆神"的众神教改造成为一神教，并且去掉自然宗教时代"众神"的实物形态、物质形态或个体形态，将供人崇拜的一神抽象为没有物质形态和个体特征且只呈现普遍性质的精神实体，并且是全知全能全善的唯一的和不变的至上神，它成为一切之始，也是制创之法，更是最终之源。自然宗教向人文宗教的生成，蕴含着哲学面向存在的本体之问和探究存在之最终依据和理由的形上之法。

自然宗教是**人种主义**（或曰民族主义）的宗教，由自然宗教孕育生成的人文宗教却是**人类主义**（或曰物种主义）的宗教，只有自具极强的自我超越性且能够决然地摆脱地域主义桎梏和人种主义羁绊的自然宗教，才可上升为人文宗教，这就是初民时代凡一人种皆有其自身之自然宗教的盛况，在向人文宗教方向演进的历史进程中,只有极少数自然宗教上升成为人文宗教的内在原因。

自然宗教上升为人文宗教的进程,实是该自然宗教自我解构地域性和人种性而廓大自己获得人类性、世界性的过程,同时也是将其本原性质的神话内容予以生态修辞为宗教经典的过程。所以,至今广为传布的人文宗教经典实质是对初民时代的那种本原性神话的修辞化记载。另一方面,大多数未能上升为人文宗教的自然宗教,仍然以自身方式发挥着功能。拥有人文宗教的民族国家,包括信仰人文宗教的民族国家,其自然宗教的许多内容已然退隐了,也有不少内容化为了民风民俗。没有人文宗教的民族国家以及不信仰人文宗教的民族国家,其自然宗教之原始神话继续流传,其原始巫术继续在民间生活中发挥功能,而且许多内容固化下来成为图腾、禁忌进而规范着人的世俗生活。

由此不难发现,宗教,既以它的发展形态,即人文宗教敞开天启哲学的功能,同时也在以它的原初形态,即自然宗教或者更准确地讲是神话(或巫术)方式敞开天启哲学的功能。

从根本讲,哲学作为存在之问,所关注的重心区别于科学和宗教:科学关心存在世界的生变运动及其生变运动的律法(法则、规律、原理);宗教关注人的来龙去脉,即"我从哪里来?""应到哪里去?"和"如何走才可从来处到达去处?"哲学关注人在其中的存在世界因为什么而存在,并以怎样的方式敞开存在,后来成型的哲学将其概括为存在世界之存在本体何以可能?米利都学派的自然哲学尝试将此予以最初概括,提出"世界的本原是什么?""宇宙是怎样生成的?"和"世界的本质是什么?"这样三个关注存在世界之本体的问题。这三个问题其实也蕴含于宗教中,构成最初的天启哲学内容。不妨以《圣经·旧约》和中国《山海经》中的不同创世神话为例,对两种不同性质取向和内容的天启哲学予以简要分析。

《圣经·旧约全书》是记载人文宗教基督教教义的神话集成,其基本内容是围绕人的两次出生展开,所以其核心内容是第 1 章"创世纪"和第 2 章。在第 1 章创世纪中,耶和华是上天之主。他用了六天时间创造地球、世界和生命——创世纪就是天主创造地球、世界、万物生命的时间纪事:

第一天，天主耶和华创造了天地。由于创造出来的"天地还是混沌空虚，深渊上还是一团面黑暗。天主的灵在水面上运行"，为解决黑暗问题，他创造了光，将光与黑暗区分开来，并将其分别称为"昼"和"夜"。

第二天创造出空气，把水分出上下，将空气以上的水名之为"天"，使空气以下的水漫于大地。

第三天将漫于大地的水聚一处，使旱地从水中暴露出来，称前者为"海洋"，后者为"陆地"；然后使"大地上生出青草""结种子的蔬菜和各种结果子的树木"。

第四天将天上变成光体，分出昼夜，作为"规定时节和年月日的记号"。具体地讲，在天上创造两个光体，较大的光体控制白天，较小的光体控制黑夜，并且还造出众星。将这些光摆列在天空之中，使之普照大地。

第五天创造生命，包括天上的飞鸟，水中的生物和陆地上的动物，包括牲畜、昆虫、野兽，使它们各从其类，并祝福它们"滋生繁多"。

第六天，天主按自己的肖像造人，即创造了一男一女，并祝福他们说："你们要生育繁殖，充满大地，治理大地，管理海中的鱼，天空的飞鸟，各种在地上爬行的生物。并特地将伊甸园里的树上的各种果子分配给人做食物，将地上青草分配给天空中的飞鸟和地上爬行生物的食物。"

天主将天地万物都创造齐整了之后，将第七日定为安息日。[①]

"创世纪"实是宇宙世界源于水的神话。从耶和华创世纪可以更清晰地看到泰勒斯水本体论哲学与宇宙世界源于水的神话之间存在着隐秘的渊源。具体地讲，耶和华六天创世纪所做的核心工作有三：一将是原本是水的宇宙分出上天之水和大地之水，然后将上天之水变成空气，空气凝聚而成为雨；将大地之水归整为海洋，并使陆地从水中显现。二是在天空和大地、陆地和海

---

① 思高圣经学会译：袖珍本《圣经》，香港天主教方济会1988年版，第9—12页。

洋中创造出不同的生命，并赋予生命得以繁殖的两个来源，即光源和食物来源。三是耶和华按自己的肖像创造出管理天空、大地、海洋中生物的人，这就是亚当和夏娃，并赋予他们只有造物主耶和华才有的"不劳而得食"和"永生"的两大存在权。如上三个方面的实质内涵却是后来哲学必要面对的三个基本问题，即耶和华的创世纪神话不仅描绘了宇宙自然的起源，而且描绘出万物的起源和人类的起源，揭示创世纪的程序、规律和目的。在这一创世神话中，人成为世界的目的，并因此获得存在的主体性（相对万物言）地位：苍天大地、宇宙万物和人都是天地自然（耶和华）的杰作；人是耶和华的孩子，因为他/她是造物主耶和华以自己的肖像、按自己的模样的创造物，因而，宇宙万物中的人享有上帝的殊荣，获得天道自然的神意，这是人之为人的根本权利。

在耶和华的意旨中，创造苍穹大地，日月星辰，只是为人的创造和存在提供舞台；创造飞鸟走兽，花草树木，果实蔬菜，是为人的存在提供伙伴和来源，这是耶和华最后创造人的深沉考虑：创造世界仅仅是为创造人做准备，上帝不是把人和万物一起创造出来，而是专门安排创造人的日子：人起源于一次新的创造行为，**人不是动物王国中的一部分，而是一个完全独立的王国**，耶和华在他创造的最后一天创造了作为最后的活的生物的人——**人是耶和华创造的目标，或至少说是其"创造之冠"**！

耶和华以自身为标准创造出人，并赋予人以特别的厚望：**生育繁殖，充满大地；管理万物，治理大地**。繁衍自身和统领万物，这是上帝的律令，也是人的存在权利、责任和义务，人必须承诺这一权利、责任和义务而不敢懈怠。因而，人作为创造的目标不仅获得了天道自然的神意性，同时获得了代上帝治理苍天大地和世界万物的纯洁性——**上帝以自己的形象创造了人，人则以上帝的形象塑造着自己**："你们要圣洁，因为我耶和华作为你们的上帝是圣洁的。"（《马太福音》）

人作为创造的目标被创造——首先是一男一女：上帝创造了第一对夫妇，他们随后在上帝的祝福中繁衍出所有的人。因而，在上帝的意旨中，人享有并将恪守一种伦理权利，或者说上帝创造人的行为本身创造了一种人的伦理准则：由于我们都是上帝的创造物——人（一男一女）的繁衍中产生的，我们——包括敌对的民族和他人——全都互相联系：**人类是一个单一的大家庭**。在这个大家庭中，当然有长幼的敬爱和男女的区分，但更有人作为人的**纯洁、平等的友爱，和平共处，共同生活，协同完成**上帝的委派——管理好苍天大地，世界万物。换言之，在耶和华的律令中，每一个人都有**平等生活和平等创造的权利，有博爱的责任和和平共处、协同生存的义务**。

同时，在耶和华的创世纪中，人的被创造，不仅代表了动物世界旁边的一个高级阶段，他也是动物的统治者、世界的管理者。但人的统治和管理必须以耶和华的意旨为最高准则，人的全部行为不能违背天道自然的最高律令，否则，人将受到天道自然力量的惩罚。这是人必须承诺的又一存在法则。**顺天意，行万事；逆天命，承万难**。在创世纪中，人并没有完全信守其天道自然律令，并因此给后世带来了**永劫的磨难**。耶和华对人发布指令说："**乐园中的各树上的果子，你都可吃，只有知善恶树上的果子你不可吃，因为哪一天你吃了，必定要死**。"（《创世纪》第二章）亚当和夏娃禁不住蛇的诱惑，偷吃了智慧之树上的禁果，知了善恶，因而他们不得不承受违背天条的惩罚，被驱出了乐园，沦落下界而终身劳苦于尘世，人由此开始在大地上繁殖。却并没有为原罪而忏悔，而是更加肆无忌惮地踏上自我败坏的道路。上帝为之震怒，而决定毁灭世界，只有诺厄在耶和华眼前蒙恩，准予打造方舟以避免毁灭的惩罚。

> 天主见人在地上罪恶很大，终日所思想的尽都是恶。天主后悔造人在地上，心中忧伤。天主对诺厄说："我已决定要结果一切有血肉的人，因为他们使大地充满了强暴，我要将他们和大地一并毁灭。你要用柏木造一只方舟，舟内建一些舱房，内外都涂上沥青。你要这样建造：方舟要有三百肘长，五十肘宽，三十肘高。方舟上层四面做上窗户，高一肘。门要安在侧面；方舟要分上、中、下三层。看我要使洪水泛滥在地上，毁灭天下。一切有生气的血肉，凡地上所有的都要消灭。但我要与你立约，你以及你的儿子、妻子和儿妇，要与你一同进入方舟。你要由一切有血肉的生物中，各带一对，即一公一母，进入方舟，与你一同生活；各种飞鸟、各种牲畜、地上所有的各种爬虫，皆取一对同你进去，得以

保存生命。此外,你还应带上各种吃用的食物,贮存起来,做你和他们的食物。"……天主对诺厄说:"你和你全家进入方舟,因为在这一世代,我看只有你在我面前正义。由一切洁净牲畜中,各取公母七对,由那些不洁净的牲畜中,各取公母一对;由天空的飞鸟中,也各取公母七对,好在全地面上传种。因为还有七天,我要在地面上降雨四十天四十夜,消灭我在地面上所造的一切生物。"……七天一过,所有深渊的泉水都冒出,天上的水闸都开放了,大雨在地上下了四十天四十夜。……洪水在地上泛滥了四十天;水不断增涨,浮起了方舟,方舟遂由地面上升起,洪水汹涌,在地上猛涨,方舟漂浮在水面上。洪水在地上一再猛涨,天下所有的高山也都没有了顶;洪水高出淹没的群山十有五肘。凡地上行动而有血肉的生物:飞鸟、牲畜、野兽,以地上爬行的虫,以及所有的人全灭亡了;凡在旱地上以鼻呼吸的生灵都死了。这样,天主消灭了在地面上的一切生物,由人以至于牲畜、爬虫以及天空中的飞鸟,这一切都由地上消灭了,只剩下诺厄和同他在方舟内的人物。①

在创世纪中,人被创造出来,是基于耶和华完整的创世纪需要,这种需要主要体现在两个方面:一是使被创造的世界"整齐";二是被创造的世界需要管理。人被创造出来,就是代造物主管理这个被创造出来的地球世界、生命世界。由于这两个方面的需要,被创造出来的人获得了两种身份:一种身份是众物之物,有血肉的众生命中之一生物,在这个意义上,人与天空中的鸟、水中的鱼、地上的兽、爬行的虫,没有本质的区别,只有形态和类型的区别。另一种身份就是被创造的世界的管理者,耶和华赋予人以管理世界和生命万物的资格、能力和职责,同时也赋予人以管理被创造的世界、生命万物的边界,前者即获得不劳而食的单独权利,以乐园中树上的各种果实为食;后者即训诫,即乐园中那知善恶之树上的果实不能吃,吃后必死。对人来讲,耶和华赋予他管理的权利,实是给予存在的空间;耶和华给人以训诫,实是规定人的生存边界。但无论是存在空间,还是生存边界,都是由上帝规定,

---

① 思高圣经学会译:袖珍本《圣经》,第16—17页。

人只是被动接受。不仅如此，上帝创世纪，不仅创造了人（也包括万物）的存在空间和生存边界，更创造了世界的秩序和秩序存在的所属性：上帝创造的世界，全归上帝，世界及其所有的生命和存在，都是满足上帝创造世界的需要。同样，属上帝创造的万物者，属万物所有；属上帝创造的人者，才属于人所有。这种有所属和各属所有，就是秩序。突破这种所属性的边界，就是破坏上帝创造的世界秩序，就是破坏创世纪本身，这绝不会为上帝所容忍，也不会为世界所容忍。这就是上帝对人之罚，也是人的原罪。所谓原罪，不仅指本原之罪，更指本质之罪、本体之罪。因而必得重罚，这就是永劫的磨难和永恒的救赎。人因欲望的冲动忘记训诫而偷吃禁果，上帝对人的惩罚就是撤回最初的使人神圣不朽、永恒长生的权利。假如你们犯禁，必须承诺**"必死"**的处罚，因而人被驱出乐园，永远地离开生命之树，人必须死！这是人未来的命运：人由此承受生与死的痛苦，还有有限和无限、匮乏与无力带来的忧惧、焦虑，人必须挣扎于对永生的渴望和对死亡的抗拒之中，这就是救赎的开辟。而在上帝的惩戒中，救赎的获得必是生命达向死亡之于新生的开进。尽管如此，基于对上帝之惩戒的遵从，**人必须救赎自己**，救赎自己的前提是必须对上帝充满绝对的爱，和对世界对万物生命充满绝对的爱，因为人之受罚只能是人自己的罪孽，既无关于上帝，也无关于世界万物。人救赎自己的唯一途径是劳动。在乐园，人不必劳动，上帝为他的存在提供了绝对的保障，乐园中的智慧之树旁则是永恒的生命之树，树上的果实是他的食物，人的渎圣行为，使上帝被迫取消了对他的存在保障。因此，人必须靠自己的劳动来为自己提供存在的保证：不劳动者不得食！这是人的基本生存准则，违背此准则，也即违背天道自然法则和人类生存法则。上帝对人的惩罚行为本身证明了自然力量的威严和自然法则的神圣不可亵渎性，作为天道自然之象征的上帝与世界之间存在着不可填充的深渊：上帝是世界的统治者，所以上帝是神圣的，上帝的律令是神圣不可亵渎的。人虽然是上帝的创造目标、是世界的管理者，虽有上帝的神圣性，但仍然不可违背上帝（**即天道自然律令**）的意志和权力。

这就是《创世纪》神话给我们提供的启示哲学。准确地讲，这是人通过这种神话的方式给他自己创设的——作为人所应该遵从的最基本的自然法则、存在权利和生存义务与责任。这些自然法则、权利和生存义务与责任对人来讲是最为基本的，是每个人所必须遵从的，是人在存在世界中安然存在的根本保证。但人又恰恰是有限的和匮乏的无尽欲望者，为使其存在的基本法则、权利、义务和责任得到贯彻，为使每个人都能自觉地和始终如一地坚守这些法则、权利、义务和责任，远古时代的初民非常聪明地把这些自我创设的存在律令予以神话的形式，并最后装进宗教的框架内，构成基督教的根本教义和信条，使它们从此获得神圣不可亵渎的地位。

一个人种构成一个或多个民族，每个民族均基于地域化存在和人种性禀赋而创造出自己的本原文化，即自然宗教，因而，每个民族所创造的自然宗教中都有属于自己的创世纪神话。

中国文化虽博大精深，却缺乏本土化的人文宗教[①]。虽然如此，中国文化却有丰富深厚的自然宗教，包括原始巫术和本原神话，并且其本原神话中也有创世神话，其创世神话也提出了宇宙自然起源论和人类起源论，并由此呈现出一种启示哲学。但与基督教经典《圣经》的创世纪神话有根本取向的区别，这种区别亦体现出中国本原神话中的天启哲学性质、内容及其朝向的自身特征。

首先，其创世神话体系中创世神不是一个神。**造物主**是盘古："盘古之君，龙首蛇身，嘘为风雨，吹为雷电，开目为昼，闭目为夜。死后骨节为山林，体为江海，血为淮渎，毛发为草木。"（《五运万历年纪》）**造人主**是女娲："女氏，天皇封弟娲于汝水之阳，后为天子，因称女皇，其后有女氏，夏有女艾，商有女鸠，女方，晋有女赛，皆其后也。"（《世本·氏姓篇》）

其次，造物主与造人主的分离，本质上是人与自然的分离，是人对自然的漠视，是人对天道自然规律、力量、律令的分裂。这一点极为重要，它生成后世者不注重自然法则和天道律令（中国先民也讲自然法则和天道律令，却作为伦理政治化和政治伦理化的工具而产生，比如"天人感应，五德终始"），更多地关注人伦存在的道路，并以此为目标。这样一种思维路向奠定

[①] 世称的"儒教"和"道教"其实都只是后世者附会其"宗教"之名而无宗教之实，因为被冠以"儒教"的儒家文化只是一种张扬统治意识形态的伦理政治化和政治伦理化的世俗文化；"道教"实质上不过是一种私欲主义取向的养生学。

中国神话之兴荣道路的第一站不是人文宗教,而是权力政治的伦理化和伦理关系的权力政治化,其旁边潜流的是鬼文化。

再次,造物主和创人主都不是至善和万能的上帝,均不拥有创世的最高法则和立世的最高权威。客观地看,创世神话中的上帝的权威和律法不过是自然的权威和律法的**隐喻**方式,所以当其造物主和造人主不具有创世的最高法则和立世的最高权威,则意味着存在世界没有客观的律法。在远古的创世神话中,其造物主盘古是天地所生:"天地浑如鸡子,盘古生其中,万八千岁,天地开辟,阳清为天,阴浊为地。盘古在其中,一日九变,神于天,圣于地。"(《三五历纪》)严格地讲,盘古不是造物主,只是天地的造物。那么,造物主是什么呢?具体地讲,混沌如鸡子的"天地"由谁创造呢?主宰天地的最高天道律令是什么呢?其创世的造物神话缺乏这方面的内容。不仅宇宙世界和万物生命在其创世的造物神话中缺乏起源说,而且在创世的造人神话中也缺乏起源论思想:人的造人主女娲却是"天皇封弟娲于汝水之阳,后为天子,因称女皇",她并非世界生命的最初创造者,她本身就是**被**创造物。《抱朴子·释滞》曰"女娲地出",言明女娲只是大地的造物。《独异志》记载:"昔宇宙初开之时,只有女娲兄妹二人在昆仑山,而天下未有人氏。"则进一步证明"女娲地出"。女娲与伏羲同人的产生并不是宇宙初开之功,是宇宙初开之时他们就已生活在昆仑山上了。那么,女娲到底为谁的创造物呢?《春秋世普》记载其是华胥所生,"华胥生男子为伏羲,女子为女娲"。而"华胥"又是何人?她又是谁的创造物?

由于盘古和女娲都不是至上神,所以宇宙、自然、万物和人都缺乏起源,宇宙、自然、万物和人都不是上帝的产物,都没有获得天道自然的最高律令和天道自然的神意。正因如此,人和宇宙、自然、世界万物之间没有必然的联系,没有共生共存的依据,更没有交通和相融的基础,宇宙、自然、万物和人将各行其是。不仅如此,人没有人的自然法则,人没有通向自然、通向宇宙世界的通道,更没有通向天道自然律令的神圣通道,因而注定了人不关心人的自然性,不关心人对自然的关系,不关心人的自然存在法则、权利、义务和责任。

复次,在中国创世神话中,**世界万物的创造并不是上帝的意志和意识的**

杰作，而只是那个从天地中生出来的"盘古"之死的表征："元气荡鸿，萌芽兹始。遂分天地，启立乾坤，启阴感阳，分布元气；气成风云，声为雷霆，左眼为日，右眼为月。四肢五体为四极五岳，血液为江河，筋脉为地里（理），肌肉为田土，发髭为星辰，皮毛为草木，齿骨为金石，精髓为珠玉，汗流为雨泽，身之诸虫，因风所感，化为黎田七。"（《五运历年纪》）在这里，造物主是消极的产物，世界万物、宇宙自然是死的残骸标志。世界成了死亡的象征。这是不是中国人畏惧自然、远离自然和淡漠于自然探索的深沉无意识的最初基奠呢？同时，造物主本身没有通向永存和获得永在，他是生死的产物，所以他难以走向全能的境界。既然造物主都如此窝囊，不能杜生死，据全能，那么人又何必去努力开发自己、发掘自己呢？更有必要去追求和关心那本来就没有的、连造物主都不能办到的"永恒"吗？关心永存问题，就必然牵动起生死情感，也必须带来对生与死的思考，引来对生于何处生、死向何处死的问题的沉重意识，而这些情绪、意志、观念、思想、情感在中国文化中极为淡薄，如此淡薄的生存情绪似乎可以在如上的创世神话中找到其源头。

又次，在天地阴阳之气分布和感应中，首生而"为人"的盘古，他的垂死的残骸变成为世界万物和天地日月的神话，**恰恰揭示宇宙自然的起源晚于人的起源，宇宙自然的源头只是人的起源的继续，是人的从生向死道路进发的产物，宇宙自然从根本上不重要，重要的是人！**对人的把握也就是对宇宙自然规律的把握，当然也是对天道自然力量的占有。因而，人的律令就是天道自然的律令，这种神话意向又是否与中国历史中难有科学语言和真正的自然哲学的追问和人的存在哲学的思考一脉相承呢？又是否在实质上构成了中国人的那种独特的人治风格和人的"人间奇迹"的思想渊源呢？

最后，相对消极的造物主言，其造人（即最后的人，而不属最初的人）主的创造却是积极的、主动的、意识的。在其创世的造人神话中，造人主不是至善至上的神，而一种**"蛇首人身"的怪物，或可说魔鬼**。这个怪异的、**似人非人的"人"**的造人行为也是特别的怪异："俗说开天辟地，未有人民，女娲抟黄土作人，剧务，力不暇供，乃引绳于泥中，举以为人。故富贵者，黄土人也；贫贱凡庸者，绳人也。"（《太平玉览》卷七）所以李白诗云："女娲戏黄土，团作愚下人；散在六合间，蒙蒙如沙尘。"（《上云乐》）由此，在创世的造人神话里，感受不到人的神性和尊严，但却喧哗着绝对的等级主义和对人的贱视和轻慢。所以，女娲造人的神话体现出来的天启哲学不是本体论的，而是等级政治哲学意义的。

第一，人不是至善至上之神的创造，而是"蛇身人首"的怪物的创造。"蛇"本是恶物、是恶。当"蛇身人首"的东西成为人的创造者时，也就在人的起源中注了恶，并将恶本身被视为正当，看成是人的创造之母，而这个象征恶的"蛇身人首"女娲却高踞于她的创造物人之上，成为主宰人的命运的"上帝"，因而在女娲（造人主）与人（具体讲"民"）之间，除了恶这一原始关联性外，没有仁爱，也没有祝福和期待。

第二，在《旧约》创世纪中，耶和华按照周密的计划创世，并创造出造人所应具备的一切条件和基础之后，才郑重其事地创造了人（一女一男），并祝福他们繁衍生长、管理世界和万物；在中国的创世神话中，女娲造人却极其随便，人只不过是即其随心所欲的即兴之作：不仅"**戏**黄土以团做**愚下人**"，而且还是"**引绳**"而作。在女娲那里，造人只是其任性和任意，既无目标，也无责任，更没有仁慈和爱心的赋予，没有神圣的赐予与交代。所以，在中国文化里，人的主体地位不是指一般的人民，而是指"蛇身人首"的"女娲"与"盘古"之流，他们就是后来占天下己有的帝王。

第三，在《旧约》的创世纪神话中，耶和华造人，是使人类成为一个大家庭，家庭成员之间没有贵贱尊卑之分，在上帝的祝福和期待中降生；人是平等的、和睦的、相亲相爱的；而女娲所造出来的人，有明确的等级和特权，即"富贵者，黄土人也；贫贱凡庸者，绠人也"。在女娲造人的意愿中，或许人不应该有和睦相处、平等互爱，应该是等级分明、充满计算甚至奴役的场所，只有这样，女娲的"蛇身"才能大显神威。也许正因如此，后世才特别敬畏和崇拜蛇，把它美誉为"龙"。"龙的传人"的颂歌流行千古，龙袍加身被视为最高荣誉和地位，皇帝是真龙天子，皇袍、皇宫、皇殿"龙"图满天下，国人亦自古攻于阴计，善于内斗，敬畏等级，崇拜权力，大都滞于"民"而难走向平等之人。

要言之，与《旧约》的创世神话比较，无论是造物主盘古创世界的神话，还是造人主"蛇身人首"之女娲造人的神话，都没有成为宗教的母体，其创世神话也没有获得走向宗教而构成宗教的基本内容，最为根本的问题是无论盘古的造物神话，还是女娲的造人神话，都没有关于人的起源和自然的起源的语义内涵，也没有世界秩序与法则，更没有存在的空间所有与边界限度，而是初民基于特定地域环境而对权力的特别关注，及其对某种世俗的伦理问题的求解答和法则的求确立的需要。因而，这种性质的创世神话敞开的思维疆域始终没有跨越他们现实生存的空间疆域，也没有超出他们所目睹的地形地貌的产生及其合理性的解答，更包括对人的阶层性、人的生存的不平等的现实状况寻求某种合理的解释，这既是以宽自己的方式，也是为特权和等级予以合法化张目的想象性方法。

一个民族的创世神话，奠定这个民族的文化基石、精神基础和价值方向。盘古造物和女娲造人的创世神话，缺乏自然精神和人的精神，由此促成后来开出的文化所内在地具有的人性基石和精神基础主要表现在三个方面：一是先天性地缺乏人的自然化的关注能力；二是先天性地缺乏自然的人化的看待能力；三是先天性地缺乏对存在世界的关注意识和生存的终极眷注激情。由于先天性地缺乏对人的自然化能力，自然难以生长出科学意识和科学精神；由于先天性地缺乏对人的自然化能力，自然地缺少人文精神意识和对人文精神的探索兴趣与捍卫激情；由于先天性地缺乏对存在世界的关注意识和生存的终极眷注激情，自然地失去存在的灵性和创造文化的不倦动力。由于如上各因素的制约，盘古造物和女娲造人的创世神话蕴含的天启哲学，也仅仅是以实利和特权为双重取向的政治哲学。黑格尔说中国没有真正的哲学，尚不仅指无西方那种概念式反思和逻辑分析的哲学形式和方法，而是指缺乏天启哲学，这种缺乏使哲学在后来的发展进程中其本体论、存在论薄弱，更使哲学本身缺少信仰的土壤和神学的滋养。

3. 人为的道路

天启哲学，有其原初方式和继发方式的区分。天启哲学的原初方式，是通过宗教而孕育和释放。由于宗教并不是固化之物，而是呈发展的状态、发展的进程，因此在其初始阶段，宗教经历了从自然宗教向人文宗教方向的演绎，而正是在这一过程中，天启哲学通过创世神话而获得诞生和敞开。由于创世神话客观地存在至上的一神论创世神话和非至上的多神论创世神话的区别,也由此诞生并敞开两种形式的天启哲学,一是一神论的至上神的创世神话诞生了神本主义和人本主义相统一的天启哲学,这可以基督教经典《旧约》的创世神话为例;二是多神论的非至上神的创世神话诞生了权本主义和等级主义的天启哲学,这可以盘古造物和女娲造人之创世神话为例。

原初方式的天启哲学就是以宗教方式——包括以自然宗教方式和以人文宗教方式——开出的天启哲学,它是哲学的始原形式,却构成哲学的本原性框架、结构、取向和精神内涵。继发方式的天启哲学,往往借助诗、戏剧甚至音乐、绘画、建筑的形式而展开。比如,古希腊的悲剧和喜剧就蕴含其天启哲学,再比如古典音乐、古典建筑等亦宣扬着天启哲学。但在继发天启哲学中,最主要的当然也是最基本的形式却是诗,比如古希腊的《荷马史诗》,历代的浪漫主义诗歌都以不同方式喧哗某种天启哲学。

诗之成为天启哲学的基本方式,这既有天启哲学的自身原因,更有诗的自身特征。相对戏剧、小说、散文等其他文学形式言,诗在形式上具有反逻辑、反语法、反修辞和反语言、反表达背景的直接融通和喧哗其"道"的基本取向(**参见本丛书卷1《写作家的哲学生成》**)。诗的这种整体性取向与天启哲学相应和。比较而言,天启哲学是相对理性的哲学论,它是人类哲学的萌芽,也是人类哲学的最初方式,它借助宗教之创世神话来呈现:创世神话不仅创造出一套想象主义的神话语言和神话语法,也创造出一套想象主义的神话逻辑和神话背景,这套神话语言、神话语法与神话逻辑、神话背景,既与后起的理性哲学格格不入,也与后世的日常话语体系完全不同。与理性哲学和日常话语体系比较,这种本原性的创世神话均具有"反"的取向和特征。这是后世之诗——具体地讲是浪漫主义之诗——具有喧哗天启哲学功能的根本原因。并且,后世的浪漫主义诗歌继发天启哲学,当然有天启哲学的原创,但更多的是对原初的创世神话之天启哲学复吟或开新。

概括地讲,无论是继发的天启哲学还是原发的天启哲学,都是以宗教(或自然宗教或人文宗教)为母体,以创世神话为敞开方式,它是初民(或历代浪漫主义诗人)以生命存在敞开的本原方式自发启动心觉,对神秘浩荡的存在世界的境遇化领悟或觉解,抑或说是神秘浩荡的存在世界以自身的既变动不居又始终恒常的方式,刺激(或激活)了具体的生命存在的内在神性力量使之无蔽地敞开。相对而言，其后的理性哲学却是自觉发问存在世界的基本方式，这种自觉发问存在世界的方式，启动的是知觉，通过知觉来启动经验，并将经验作为反省的对象，从而使认知进入深思之境，然后从中走出来展开概念性反思，最后寻求相得益彰的概念语言来呈现。正是因为理性哲学的生成对人的主体要求和认知条件的规范，才可将相异于天启哲学的理性哲学的敞开之路，称为哲学的人为之路。

理性哲学对人的主体要求的核心是对人的智–力要求，只有当人达到相当的心智水平且具备化知觉为沉思与概念化表达的诸能力，才可走近哲学而展开存在之问。相对而言，天启哲学的诞生，就是奇峰、顶峰，它是跨越性的永存，无法逾越，也不需逾越。与此不同，理性哲学始终是境遇性、时代性的，不同存在境遇、不同人世构筑起来的时代，哲学会更新。所以，理性哲学始终**在路途之中**，可以跨越时空而在，但没有永存，既可逾越，也必须从头开始而行对已有的逾越努力，即理性哲学始终行进于返本开新之途。所以，后于天启哲学的理性哲学的道路敞开，始终是多元的、个性的、源源不断地创造和布新的。

除此之外，天启哲学与理性哲学还有如下各具个性的取向。

首先，天启哲学是**向上**回溯的，并且越是向上回溯，或者说越是向过失回溯，越远古，其天启的哲学内容越纯、越神化。在源头处，哲学与宗教、神话一体；反之，理性哲学是向下敞开的，或者说指向未来敞开存在之问。理性哲学始于雅斯贝尔斯所概括的"轴心时代"，越是向近古、近代、现代以及当代方向敞开，哲学越人为化、越人化。其人为化和人化铺开的道路呈三步阶梯：第一步，解构本体论形而上学，取而代之的是认识论形而上学。第二步，哲学从认识论走向方法论，这敞开两个扇面：一是科学方法论；二是主体方法论。科学哲学是哲学的科学方法论化的典型呈现；以意向性为逻辑起点的分析哲学和现象学，是哲学的主体方法论的典型方式。第三步，实践论构成哲学的主要形态，即哲学的实践论化，形成实践哲学。

其次，天启哲学来源于经验，并且其经验是存在论的，但最终要化为信仰的内容，形成信仰的经验。理性哲学虽然也要以经验为起步，但其经验是生存论的，是会聚生活经验和历史经验并予以整合性奠基。经验之于哲学，必须要经受观念的检验，只有经过观念检验而放行的经验才可进入哲学之域。而且，越是往后，理性哲学的观念要求越比经验更重要和根本，这是理性哲学在自身发展进程中，抛弃本体论形而上学朝认识论形而上学方向铺开，最后降落于方法论和实践论的根本动因。

最后，哲学始终离不开想象，想象是哲学的根本方法。比较而言，天启哲学主要是想象主义的，并且其想象主义是世界存在论性质的。理性哲学的想象主义却是人本中心论，或者说是观念主义的。具体地讲，理性哲学推崇的观念是以想象为依据，作为理性哲学的逻辑起点的观念往往是建立在人对自我放大的基础上的，这是理性哲学所检验的经验何以属生存论性质的根源。

二 "理性"的方式

天启哲学即神性哲学，理性哲学即人性哲学。从天启哲学向理性哲学方向进发，这是哲学从宗教（或曰神话）中脱胎出来独立成为一门学问和事业的标志。如前所述，哲学之独立成学，始于人类的"轴心时代"。在轴心时代，仅就中国言，最早的哲学家应是管仲（公元前725－公元前645），他比老子（公元前571－约公元前471）和孔子（公元前551－公元前479）等思想家更早，他的富民富国强兵的功利主义政治实践论和政治哲学，是以天赋的自然人性为认知基石，但其哲学基础是水本原论，以水为本原的思想，实是从生活经验和历史经验中抽象提炼出来的质朴的理性思想，即经验理性思想。管仲应该是人类最早的哲学思想家，他比泰勒斯早一百年。就古希腊言，最早的哲学家是米利都学派的泰勒斯、阿那克西曼德（Ἀναξίμανδρος，约公元前610－公元前546）和阿那克西美尼（Ἀναξιμήνης，约公元前585－公元前525）。最早提出"哲学"（philosophy）和"哲学家"（Philosopher）概念的是毕达戈拉斯（Πυθαγόρας，约公元前580－公元前500），毕达戈拉斯将"哲学"定义为 philo - sophia（爱智慧），将"哲学家"定义为以旁观世界的方式寻求真理的沉思者："当菲罗斯的僭主勒翁问他（毕达戈拉斯）是什么人时，他说他是'一个哲学家'。他将生活和大竞技场作比喻，在那里，有些人是来争夺奖赏的，有些人是带了货物来出卖的，而最好的人乃是沉思的观众；同样的，在生活中，有些人出于卑劣的天性，追求名和利，只有哲学家才寻求真理。"① 在毕达戈拉斯看来，哲学就是寻求存在真理，哲学家就是存在真理的寻求者，并且，哲学家是以沉思方式寻求存在真理，所以沉思是哲学家寻求存在真理的认知方式。

1. 认知与行动

人从动物存在的人向人文存在的人方向敞开，即自然人类学向神学人类学和文化人类学方向演进，其根本标志是睁开眼睛"看"。看，就是认知。人从动物存在的人睁开眼睛"看"出人文存在的原初方式有两种，即心觉和知觉。心觉是心灵的觉醒，心灵觉醒睁开的眼睛是**心眼**，心眼看到的世界是神性存在的世界，看见神，看出想象化的神话和信仰的宗教。知觉是感官的觉醒，感官觉醒睁开的眼睛是**肉眼**，肉眼看到的是变动不居的存在世界，并看见危险重重，看出匮乏不已的存在状况和利欲汹汹的生活想望。

在自然人类学向神性人类学继而向文化人类学方向演进中，人的原初的心觉方式和知觉方式必然相向敞开而以不可逆的方式达于整合，这可演绎出另一种认知方式，即理性方式。或曰，以本原的神话开出的天启哲学伴随自然宗教向人文宗教方向演绎的必然努力，就是从宗教中脱胎出来而独立敞开存在之问，自然需要认知方式的鼎新：一方面要求心觉的神性应有所下降、知觉的感性应有所提升，二者的相向努力则生成理性；另一方面无论原初的心觉性想象，还是原初的知觉性冲动，需要在神学人类学向文化人类学方向进发的过程中有所限度和节制，这种使之达于共通的限度和节制的方式应该是逻辑。理性对逻辑的要求和逻辑对理性的定型需要概念的帮助，逻辑和概念对理性的匡扶，使理性获得独立敞开存在之问的认知方式的资格，而成为哲学认知方式。

人的原初的心觉和知觉这两种认知方式，并不是互不相干，而是原本存在内在关联性，这种内在关联性可表述为心觉和知觉构成人的认知的两极：以自然人类学（即动物存在的人）为出发点，其神学人类学的心觉敞开人的认知的想象之上限，其文化人类学的知觉敞开人的认知的实务之下限。居高

---

① ［古希腊］第欧根尼·拉尔修《著名哲学家的生平和学说》第 8 卷第 8 节。转引自汪子嵩、范明生、陈村富、姚介厚《希腊哲学》第 1 册，人民出版社 1997 年版，第 267 页。

临下的神学人类学对文化人类学的召唤，以及深陷冲动境况的文化人类学迈向神学人类学的超拔相向遭遇所生成的合力，孕育并滋养出理性认知方式。从神学人类学观，理性是其期待所归；从文化人类学观，理性是其塑造所成。仅后者言，理性是知觉之主体性超拔的杰作。

认知之于人，即思维。或曰，认知的敞开乃思维的运行，认知方式最终敞开为思维方法的运行。从**认知**的思维化角度看，心觉认知是心灵思维，知觉认知是大脑思维。心灵思维是灵魂启动的思维，是神性思维，是人与神**相交通**的思维。它是信仰的，或者至少具有信仰性，是关于存在依据的思维方法。知觉思维是大脑启动的思维，是人性思维，是人与人相交通的思维方法，它是经验的，也是超经验的，更达于先验领域，启动先验思维，这时候就是人性思维对神性思维的会通。所以，知觉从自身出发，达于主体性超拔而成就理性，实要经历感觉思维和知性思维的训练。由此形成由下而上的认知方式来敞开感觉思维、知性思维和理性思维三种形式。感觉思维是感觉直观的思维形式，或曰以感觉来直观对象、事物或自身状况的思维形式，体现出极强的情感色彩。知性思维是启动经验来认知对象、判断得失的思维形式，知性思维形式体现明确的功利取向。理性思维是从经验起步而超越经验，达于对知性的超越判断的思维形式，所以理性思维实是超功利取向的且以求知为根本诉求的思维形式。理性思维的整体形式是哲学，它是探求存在之问并展开存在之思、构建存在之知识的思维形式。

理性是一种哲学方式，它是从根本上区别于天启哲学的哲学方式。要言之，天启的哲学方式是一种神性方式；理性的哲学方式是一种人性方式。理性作为一种人性的哲学方式，它是站立在大地之上将人性的人往上托，使之成为神性的人，或曰使文化人类学的人上升成为神学人类学的人。所以，理性作为一种人性主义的哲学方式，不仅呈**由地而天**的仰望姿态，更励人巍然站立地认知和行动。

理性作为一种哲学方式，其核心是认知。认知总是或直接或间接地涉及行动，具体地讲，在理性的哲学方式中，理性相对认知言，认知相对行动言，所以理性亦相对行动言。

行动就是**上手**方式。上手的形态学呈现是做，或曰上手做事、上手做人、上手接物。人、事、物此三者是人上手于行动的三个维度。既然行动就是上手做人、做事、接物，也就很自然地生发出上手求好、求顺、求利的动机。这样的动机要得以实现，则需要认知对行动或者说认知对上手的引领（引导、指导），或者认知对上手姿态的矫正，或者认知改变上手的方式或行动的路线，由此形成行动要求认知，认知引导行动。

行动是主体指向对象，务求做出"东西"。主体指向对象之"做"能否做出"东西"，往往呈或然取向；即使做出了"东西"，能不能使做出来的"东西"成为好和利，同样存在或然性。主体指向对象的行动能做出东西，并且所做出的东西一定是好和利，就需要认知的帮助。认知之具有帮助主体上手于做，并使之做出"东西"、产生利和好的结果，在于认知不是主体指向对象，而主体指向自己与对象的关系，考量主体自身与对象之间能否构成"做"的关系，如果能够，该如何建构"做"的关系？怎样上手才可保证做出东西来并必然产生好与利？这构成认知引导行动的基本面，亦是认知与行动的必然关系。

相对行动而言的认知，并不是单一的，它呈现多向度性。认识的多向度性，不是源于认知本身，而是源于认知主体的自身构成。认知的主体是人，人是一个个体生命的自身构成使他获得认知的多元可能性资质。人作为个体生命的自身构成，首先在于他有一个身体，并且其身体的构成中有一个生物的大脑，这个生物的大脑既能感受，也能意识，更能思维、思考和想象。人的身体的活性存在源于身体蕴含生生之性的生命，哪一天，蕴含于身体中的生生之性的生命停止运动，人的身体就不再是身体，而是一堆无生命的废弃物（即尸体）。生生之性的生命不仅使人的身体充满活性而活性地敞开存在，而且使身体构成中的生物大脑发挥感受、意识或思维、思考、想象的功能，以满足身体活性化地敞开自存在的需要。

蕴含生生之性生命的身体，释放生物大脑的感受、意识、思维、思考、想象的功能而满足其活性存在敞开需要的抽象表述，就是认知。对于以生物大脑为认知器官的人，感受，是其认知方式；意识，是其认知方式；思维、思考、想象，同样是其认知方式。由此形成感性认知、知性认知和理性认知等不同形式。

```
              ┌------ 认知指向行动的三维方式 ------┐
              │           理性认知              │
              │         ╱        ╲            │
          认知 ←------ 知性认知 --------→ 行动
                        ╲        ╱
                         感性认知
```

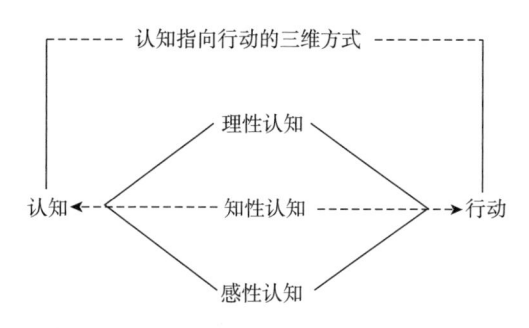

[1-1：认知指向行动的三种方式]

人的感性认知，既是原始的认知，也是最质朴的和最接近生命之自然本性的认知方式。因为人的生命存在之根，是自然；人的生命存在之本，是生生之性。人的生命存在的生生之源，不是文化，依然是自然。因为文化晚出于人"类"。人"类"，是指人这一类物种，它来源于自然，是自然世界之一物种，所以在本原意义上，人"类"不过是物类，是自然世界万物之中一个物类，由于自然的进化，人这个物类产生了人的意识，有了语言，创造出了文化，于是有了不同于物的人类。虽然人这一物种从纯粹的物类变成了人类，但个体身上仍然保持作为物类的最质朴的并且最接近生命的自然本性的认知方式，这类认知方式虽然是感性的，是感性认知，但它实质上是人这一物种生命存在的本能性认知。这种本能性认知张扬的是**唯我的**生生之性，谋求的是**唯我的**生生之利。所以，感性认知是最质朴的认知，也最接近自然本性，是天赋生生之性的自然敞开，体现了实利性。如果人为地将这种实利取向予以极端地放大，就会形成实利主义或势利主义。

与此不同，知性认知是突破感性认知的一种上升方式，它超越本能和本能性的唯我诉求，但并不消解或解构我，它仍然是突出我的同时考虑他，因而，知性认知体现理智的节制性，由此亦可称其为理智认知。知性认知实质上是一种"我-他"并重的认知方式，这种认知方式的本质诉求是己他同利、己他同好，其伦理表述是互利或共赢。基于这一基本要求，知性认知敞开的基本方法是利害的权衡与选择，其伦理本质是节制。知性源于节制，知性认知方式表现为有节制地权衡与选择。

比较而言，感性认知无视认知主体自己与对象的关系，以自己为绝对依据来确定对象，所以，对象完全成为主体的对象，除此之外，对象不复存在。

知性对感性的超越，体现在知性认知总是主体将自己置于与对象构成的关系中，从自己与对象构成的关系来考量、判断和取舍。与此不同，理性是对知性的超越，作为一种认知方式，它把自己置于与对象的关系**之上**来审视、考量、判断自己与对象之间的超越使用价值和利-用偏好的存在关系。所以，如果说感性认知是实利的，知性认知是功利的，那么理性认知既超越实利，也超越功利，是无利害诉求的存在认知。具体地讲，知性探求存在敞开生存的行动规则，理性探求行动规则得以生成与敞开有序运作的原则。从人之主体能力角度讲，知性是一种**规则的**能力，理性是一种**原则的**能力。知性是借助规则使诸现象得以统一的能力，理性是使知性规则统一于原则之下的能力。所以，理性从来不直接和经验性的对象打交道，而是针对知性，并通过概念赋予杂多的知性知识以先天的统一，康德把这种统一叫作理性的统一。

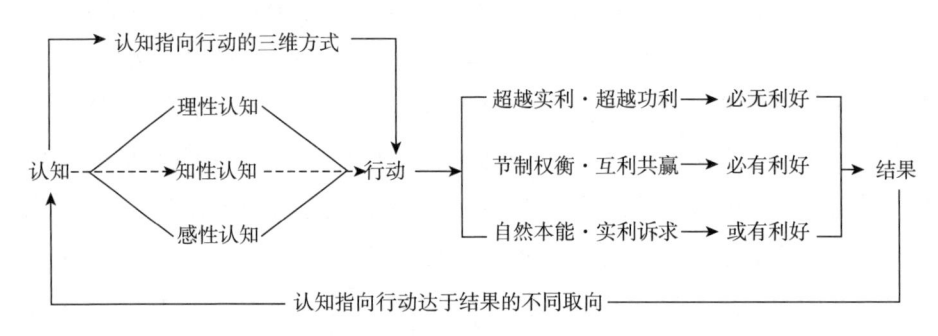

[1-2：三种认知方式的不同诉求]

2. 概念的释义

"理性"（reason）作为一种哲学方式，伴随哲学的产生、发展不断获得新的解释，并被注入更新的内涵。但无论怎样"日新"其义，它作为一种哲学方式本身形成的概念语义的最初定格，却是最基本的。

"理性"概念，是人类哲学从天启方式走向人思、从神性降落于人性、从想象描述转向观念生成的形态学标志。所以，理性开启了人类哲学的独立之路，形成"轴心时代"的人性的哲学。在古希腊，第一个哲学家泰勒斯以发问的方式提出理性的观念：世界的本原是什么？宇宙是怎样生成的？世界的本质是什么？泰勒斯又尝试予以理性的解答：世界的本原是水，水的潮湿与蒸发生灭着万物，世界的本质是灵魂。泰勒斯的发问不仅使理性诞生，也使以理性为导向的哲学诞生了。其后的阿那克西曼德、阿那克西美尼沿泰勒斯的路子继续向前，打开了理性探究世界的窗口，凸显出世界变中不变和不变中变的互动景观，赫拉克利特将这种变中不变和不变中变互为推动的景观比喻为"永恒燃烧的活火"，用以描述宇宙过去、现在和将来"永远是一团永恒的活火"，"按一定的尺度燃烧，按一定的尺度熄灭"①，这就是 Logos。Logos 是最早表述理性观念的概念，是理性的最初概念。略早于赫拉克利特的毕达戈拉斯认为哲学就是"爱智"，专门以爱智为业的人就是哲学家，哲学家是以旁观者的姿态打量世界，他把这种旁观地打量世界的方式称为"沉思"（meditation）。沉思，就是爱智的方式，也是理性方式，亦是理性的哲学方式。亚里士多德在《形而上学》中评价苏格拉底时指出："有两件大事尽可归之于苏格拉底——即归纳思辨和普遍定义，两者均有关一切学术的基础。但苏格拉底并没有使普遍性或定义与事物相分离，可是他们（意式论者）却予以分离而使之独立，这就是他们所称为意式的一类事物。"② 哲学敞开存在之问达于存在之思的最后环节，实是选择概念予以普遍定义，在亚里士多德看来，普遍定义的根本方法就是归纳思辨，准确地讲是通过思辨而归纳。这里的归纳思辨当然饱含了毕达戈拉斯的"沉思"，但又不仅限于沉思，还包括反思，在《申辩》中，苏格拉底说："未经审查的生活是不值一过的。（'the unexamined life is not worth living.'）"③ 这就是反思。苏格拉底将反思运用于破除意见而非探求真知，借此提出"人，认识你自己"和"知识即是美德"。认识人自己所形成的真知不仅可以促人追求美德和获得美德，而且本身就是美德。认识自己获得真知之美德，其基本方式就是将自己作为**审思**对象予以客观的审查，也可将所得之知作为认知的对象重新加以审查，这就是"反诘法"（Socratic irony）或知识的助产术。

　　古希腊早期哲学的如上"理性"表述，也是对"理性"概念的最初定义。归纳之于"理性"作为一种哲学方式的最初定义实敞开三个层面的语义诉求：

---

① 汪子嵩、范明生、陈村富、姚介厚：《希腊哲学史》第 1 册，第 454 页。
② ［古希腊］亚里士多德：《形而上学》，吴寿彭译，商务印书馆 1959 年版，第 268—269 页。
③ ［英］安东尼·肯尼：《牛津西方哲学史　第 1 卷·古代哲学》，王柯平译，吉林出版集团有限公司 2012 年版，第 39 页。

第一，理性是一种秩序和准则。理性作为秩序，指自然秩序或宇宙秩序，前者可称为自然理性；后者可称为宇宙理性。理性作为准则，是相对人类存在言，它指运行人类社会，使之有序敞开的准则。第二，理性是人认识世界的方法，它相对于感性认知或非理性认知言。理性作为一种认知世界的方法，具体包含归纳、演绎、判断、推理等。第三，理性是人的一种属性或能力，如运用归纳或演绎等符合逻辑的方法来认识世界，追求善和美德等皆属于此。

如上三个方面的内容，实从不同层面表述了"理性"概念自身内涵的逻辑生成。理性作为一种秩序或准则，实是理性作为一种哲学方式的本义，对这一本义的发现应归功于米利都学派泰勒斯、阿那克西曼德、阿那克西美尼，由于他们的相继努力，变动不居的存在世界的内在秩序得以呈现，这就是以"本原"（arche，或译为"始基"）为内稳器，以及以"尺度"（μετρος，metros）为准则的"变中不变"和"不变中变"的本体性存在：世界的本体性存在就是秩序。芝诺（Zeno of Elea，公元前344－公元前262）的学说认为"世界为理智和天意所主宰……因为理性渗透在世界的每个部分，正如灵魂渗透在我们身体中的每个部分一样。各部分之间只有程度的差别，有些部分理智稍多，有些部分理智略少。在有些部分中它表现为'力量'，就像灵魂在我们的骨头和筋肉中一样；而在另一些部分中它表现为理智，一如灵魂的主导部分。因此，整个世界是一个活生生的存在，拥有灵魂和理性，把以太作为其统治原则"①。理性属自然和宇宙，是自然的本原或宇宙的尺度。理性作为自然的本原，是世界的根源，"万物由它构成，开始由它产生，最后又化为它（本体 ουσια 常存不变，只是变换它的属性），他们认为这就是万物的元素，也就是万物质的本原（arche）"②。理性作为宇宙的尺度，是指它构成宇宙世界的结构，运行宇宙世界的原则，简称为自然法则。梯利在《西方哲学史》中通过评价赫拉克利特的哲学贡献而对作为自然秩序和宇宙尺度的理性做出如此描述："宇宙进程不是偶然的或随意的，而是依据'定则'，或者像我们现在所说的，由规律所支配。'事物的这一秩序不是任何神或人所创造的，它过去一直是、现在是、将来也永久是永生之火，按照定则而燃烧，又按照定则而熄灭。'

---

① 苗力田主编：《古希腊哲学》，中国人民大学出版社1989年版，第624—625页。
② ［古希腊］亚里士多德：《形而上学》，983b 6－22。

赫拉克利特有时把这说成是命运之神或正义之神的作为，借以表示必然性的观念。在一切变化和矛盾中唯一常住或保持不变的，是位于一切运动、变化和对立背后的规律，是一切事物中的理性，即逻各斯（logos）。因此，原始的基质是唯理的基质，它有生命，有理性。赫拉克利特说：'只有了解那引导万物、使之流转于万物之间的智慧，才是聪明的。'我们没有绝对的把握说他是否认为这是有意识的智慧，不过设想他抱有这样的见解，是合乎情理的。"①

相对天启哲学言，作为一种哲学方式的理性，就是自然理性或宇宙理性，或可说是世界的秩序、结构、尺度、原则、法则，它是世界的自身存在，也是世界的自身方式，所以先于人而存在，它虽不以人的意愿为转移，但人可认识它，也可理解它，更可化为属己的真知而运用于人的存在生活。这就是说，本于自然和宇宙并构成自然和宇宙的内在秩序、结构、原则、法则本身为人的可运用提供了可能性。人一旦觉解到了这种可能性，就将内隐于自然和宇宙之中的理性名之为"秩序""尺度""logos"。当赫拉克利特用 logos 来表述这一本体性存在时，就为将以"本原"为内稳器和以"尺度"为准则的"变中不变"和"不变中变"本体性存在秩序（logos）转换为运作人类社会有序运行的准则打开了通道，也为"理性"作为一种认知方式和方法提供了基础。

将人类有序运作社会的恒定准则理解为来源于自然和宇宙，是天赋自然秩序、尺度和法则予人类物种这种认知，通过霍布斯获得哲学上的确立，并构成政治哲学的依据和法思想的源泉。霍布斯在其哲学巨著《利维坦》中对人类知识予以分类学探讨，认为哲学是关于**知识**的科学，具体地讲，就是探求关于"事实"的知识和关于断言之间"推论"的知识（Knowledge of the Consequence of one Affirmation to another）的科学②。前者是**绝对的**知识，因为它的对象是自然物体、是自然，对它展开探讨形成自然哲学（Natural Philosophy）；后者是**相对的**知识，因为它的对象是由因为自保的人组成的政治社团，对它展开探讨形成公民哲学（Civil Philosophy）。霍布斯的哲学由自然哲学和公民哲学（或曰政治哲学）构成，前者是后者的条件、基础和最终依据；后

---

① ［美］梯利：《西方哲学史》，商务印书馆1975年版，第34页。
② 霍布斯的"科学"概念在内涵上更贴近文德尔班的"哲学和科学思想是一个东西，而自然科学不是科学的全体"（［德］文德尔班：《哲学史教程》，罗达仁译，商务印书馆1987年版，第8页）。

者以前者为依据、基础和条件。霍布斯由自然哲学和公民哲学组构起来的哲学的内在灵魂是理性。为阐明自然哲学对公民哲学的依据性、基础性和条件性，也为突出理性来源于自然，是自然理性和宇宙理性对自然哲学和公民哲学的贯穿而使之构成**内在生成的逻辑**的哲学体系，霍布斯假设了**人的"自然状态"**，指出在自然状态下，作为**动物存在**的人与人相互为狼（every man against every man），因为在自然状态中，作为**人文存在**的人所应有的一切都不存在，包括是与非、公正与不公正以及秩序、尺度、法则等意识或观念。每个人都过着"孤独、贫困、卑污、残忍而短寿"的生活，要摆脱这种充满恐惧的自然状态，必须"一方面要靠人们的激情，另一方面则要靠人们的理性"。① 霍布斯认为，趋于和平的激情和趋于自保的理性这两种东西都是天赋人的自然理性（Naturall Reason）。自然理性之所以天赋于人，是因为人本身是自然，是自然物体，是生物的人，是自然人类学。人作为自然人类学的人，被造物主赋予自然理性，"**人的自然天赋可以归结为四类：体力、经验、理性和激情**"，其中最重要的是"理性"和"激情"。② 在霍布斯看来，天赋的自然理性就是自然法则（Natural Laws），也是天赋于人的**自然权利**。

万物的创造者将内在于自然和宇宙的法则赋予自然的人，形成人的自然理性，就是牵引本原于自然的人按自然法则存在，"禁止人们去做损毁自己的生命或剥夺保全自己生命的手段的事情，并禁止人们不去做自己认为最有利于生命保全的事情"③。霍布斯从以自然法则为依据的"自然理性"思想中提炼出牵引和规训人的自然法体系，构成该自然法体系的第一条并且也是最根本的一条——"每一个人只要有获得和平的希望时，就应当力求和平；在不能得到和平时，他就可以寻求并利用战争的一切有利条件和助力。"④ 这一自然法则由"应当"（ought to）和"可以"（may）两部分组成，形成"应当"法则和"可以"法则，前者是天赋人自然理性以谋求**自我保存**的根本法则，

---

① ［英］霍布斯：《利维坦》，黎思复、黎廷弼译，商务印书馆1985年版，第96页。
② Thomas Hobbes, *The Elements of Law: Natural and Politic*, edited with a preface and critical notes by Ferdinand Tonnies, with a new Introduction by M. M. Goldsmith, New York: Barnes & Noble, 1969, "The Epistle Dedicatory".
③ ［英］霍布斯：《利维坦》，第97页。
④ ［英］霍布斯：《利维坦》，第98页。

它构成政治哲学的依据,并由此开出政治哲学;后者本原于自然人的**自为限度和互为边界**的自然权利法则,它构成公民法的依据,并由此开出法哲学。但无论政治哲学还是法哲学,都涉及平等和自由,具体地讲就是必要以平等为逻辑起点,以自由为目的,但平等源于公共理性,自由却源于私人理性;进而言之,无论平等和公共理性,还是自由和私人理性,都来源于自然理性,并受天赋的自然法则的牵引和规训。平等与自由、公共理性与私人理性之间因为自然地结群而存在的人始终充满矛盾的张力:诉求平等,可能限制自由;张扬自由,可能抑制平等。霍布斯为其提供一种化解自由与平等之间的根本矛盾的方法,就是相互订立盟约,即"指定一个人或一个由多人组成的集体来代表他们的人格,每一个人都承认授权于如此承当本身人格的人在有关公共和平或安全方面所采取的任何行为,或命令他人做出的行为,在这种行为中,大家都把自己的意志服从于他的意志,把自己的判断服从于他的判断"①。但最终依据只能是自然法则,它蕴含从"应当"推出"可以"或从"可以"推向"应当"的方法,也可演绎为"平等"与"自由"互为推论的方法,即从"平等"推向"自由",并从"自由"推出"平等"的方法,这种推论方法是天赋的自然理性依据自然法则而展开,并构成人的推理能力和推理行为。人的推理能力和推理行为是天赋的,因为推理的本质是理性,理性展开是推理。作为自然人类学的人,天赋的自然理性必然是正确的理性,而正确的理性的基本标志是具有**可推论性**,即以自然法则为依据并最终回归自然法则的推理,就是正确的理性。在霍布斯看来,天赋的正确理性与人的其他天赋或心灵的激情,都属于人作为自然的存在者的一部分。②因为"就人在自然状态中的正确理性而言,我的意思是,不是如许多人认为的一种永无过失的天赋,而是指推理行为,也即人们对自己行为的正确推理,这种推理可能会给自己带来好处,或者给别人带来损失"③。其衡量的基本准

---

① [英]霍布斯:《利维坦》,第131页。
② [英]霍布斯:《论公民》,应星、冯克利译,贵州人民出版社2003年版,第15页。参见 Thomas Hobbes, *On the Citizen*, edited and translated by Richard Tuck, New York: Cambridge University Press, 1998, p. 33。
③ [英]霍布斯:《论公民》,第24—25页。参见 Thomas Hobbes, *On the Citizen*, edited and translated by Richard Tuck, New York: Cambridge University Press, 1998, p. 33。

则是正确理性的"正确推理",必须是从正确表述的真实(true)原则中得出结论的推理①,"任何与正确理性不相违的行为是正确的……如此一来,法就是正确的理性"②。但这仅是从行为论,从结果看,正确推理就是从真实(true)的原则出发而为的正确推理行为(true reasoning)。所以,正确的理性即正确的推理能力加正确的推理行为。这种囊括正确推理能力和正确推理行为的正确理性,既是主体客体化的理性方法,也是客体(自然法则)主体化的理性能力。

霍布斯依据人的自然存在,从自然法则推出自然理性,从自然理性推出"应当"法则和"可以"法则,从"应当"法则和"可以"法则推出正确推理的方法——包括正确推理能力和正确推理行为——蕴含深刻的认知理解的哲学方法,但这种哲学方法却扎根于传统之中。从自然人类学向文化人类学方向展开,或者说人从动物存在向人文存在演进中,理性的生成实是人的主体意识、主体能力的生成,这种主体性质的意识和能力生成的本质内涵却是由身体主义的看向心灵主义方向觉解。所以安瑟伦(Anselm, 1033-1109)才如此断言,"我不寻求为了相信而理解,而是为了理解而相信"③。理性就是一种认知理解方式。并且,作为认知理解方式的理性不仅不会破坏信仰,而且是认知世界理解事物所必需,且完全合适的。理性之所以是完全合适的,因为这种根源于自然秩序和宇宙尺度、法则的理性构成天启的神性哲学向人性哲学转化的根本方法。或者说,古希腊开创的人性的哲学实是一种**方法的哲学**。这种方法的哲学之最大功能是将世界之真、存在之美和生存之善统一起来武装了人,使人成为**以人性为起步向神性方向努力**。这种意识的努力始于人类的"轴心时代":"这个时代产生了所有我们今天依然在思考的基本范畴,创造了人们今天仍然信仰的世界性宗教。……人竭力想规划和控制事件的发展,第一次想恢复或创立一些称心的条件。思想家在盘算人们怎样才能够最好地生活在一块,怎样才能最好地对他们加以管理和统治。这是一个革

---

① Thomas Hobbes, *The Elements of Law: Natural and Politic*, New York: Barnes & Noble, 1969, p. 33.

② [英]霍布斯:《论公民》,应星、冯克利译,第15页。同时参见 Thomas Hobbes, *On the Citizen*, edited and translated by Richard Tuck, New York: Cambridge University Press, 1998, p. 33。

③ [英] A. S. 麦格雷迪编:《中世纪哲学》,生活·读书·新知三联书店2006年版,第23—25页。

新的新时代。"① 轴心时代产生了人类哲学思想的两座高峰，一是中国诸子哲学："在中国诞生了孔子和老子，中国哲学的各种派别的兴起，这是墨子、庄子以及无数其他人的时代……"② 二是古希腊哲学，黑格尔在《哲学史演讲录》中说："一提到希腊这个名字，在有教养的欧洲人心中，……自然会引起一种家园之感。"③ 因为古希腊哲学以理性方式将真善美统摄了起来，并且，真善美的理性意蕴远未界分，而是相通相融地成为充满诗意的栖息地。因为"希腊哲学家很重视方法论。他们很早就提出推理和论证的方法、公理和假设的方法、演绎和归纳的方法、重视分析的方法、从现象探索本质的方法，还有揭露矛盾的辩证法等等"④。希腊人的求知精神和通过反思、怀疑、逻辑归纳和演绎的理性方式获得新的知识，来开辟人性生活达向神性存在的道路。因为理性，就其功能言，它是一种认知方式，是呈现方法的哲学；但从存在本质论，它却是自存在实体，是自然理性或宇宙理性，是通过神性哺育走向人性存在的进程中意识地发现自存在的自然理性和宇宙理性，而尝试有个性地运用自我存在的方法和能力，这就是从感官出发超越感官地开辟精神存在和真善美生活的哲学方法和能力："感官知觉是一切知识的基础。头脑有能力构成一般的观念，用概念按类别来概括许多个别情况，根据同类而形成一般的判断。这种能力叫作理性，是思维和使用语言的能力。在本质上它同按照理性思维而塑造世界物质的普遍的理性相等。因此，人的头脑能够再现上帝的思想，而且也是那样看待世界。"⑤

三 "理性"的类型

人，无论作为动物存在还是作为人文存在（神性存在和文化存在），都是后于存在，即既后于万物存在，也后于自然存在和宇宙存在。以此观人的法则，同样后于自然法则和宇宙法则，也后于物理法则和生物法则。理性作为自然人类学向神学人类学再向文化人类学方向展开的方法的哲学，它表现为

---

① ［德］卡尔·雅斯贝尔斯：《人的历史》，转引自《现代西方史学流派文选》，上海人民出版社1982年版，第40页。
② ［德］卡尔·雅斯贝尔斯：《人的历史》，转引自《现代西方史学流派文选》，第39页。
③ ［德］黑格尔：《哲学史讲演录》第1卷，商务印书馆1959年版，第157页。
④ 汪子嵩：《希腊的民主和科学精神》，生活·读书·新知三联书店1988年版，第66页。
⑤ ［美］梯利：《西方哲学史》，葛力译，第22页。

认知方式，但其本质是法则、原则，依据是自然理性和宇宙理性，抽象地讲是存在世界以自身方式存在的律法。从根本讲，理性不是自然法则和宇宙法则，而是人对自然法则和宇宙法则——或曰存在的律法——的发现与运用：发现的是律法、法则，运用则成为原则和方法。

人作为动物存在向人文存在的演化，或者从自然人类学向文化人类学的发展，带动了理性的诞生与生成性发展。理性在诞生与生成性发展进程中同样遵循"变中不变"和"不变中变"的存在法则：理性所变者，开启了神学人类学向文化人类学铺开的进程，进而演绎出经验理性、观念理性、科学理性并朝生态理性方向开进，赋予理性以不同内涵、个性、机制、方法。理性所不变者，即它作为法则、原则、方法始终得到保持。在不变中变，并在变中保持不变，使理性的发展构成人的文化人类学的不同进程标志。

1. 经验理性

梯利在《西方哲学史》开篇中指出："神谱虽然不是哲学，却为哲学做了准备。在神话的观念中已经出现哲学思想的胚种，即做某种解释的愿望，纵然这种要求植根于意志，很容易为想象的图景所满足。神谱学和创世说比神话前进了一步，它们试图用理论来说明神秘的世界，解释被设想为掌管自然现象和人类生活事件的主宰者的起源。但是，这些理论在很大程度上仍然只能满足含有诗意的想象，而不能满足进行推理的理智的要求；它们求助于超自然的力量和动因，而不求助于自然的原因。只有以理性代替幻想，用智慧代替想象，摒弃超自然的动力作为解释的原则，**而以经验事实作为探究和解说的基础，这时才产生哲学。**"①（引者加粗）梯利表述一种人类哲学史事实：天启哲学向人为哲学，或者说神性哲学向人性哲学的过渡，必须以人的进化达于理智的成熟为主体前提。但人的理智成熟的根本标志，是能够反观经验并从经验中提炼（即归纳和抽象）出普遍的律法、原则和方法。

如前所述，天赋予人以心觉和知觉两种方式，其中，心觉方式是人存在于神性时代的标志：心觉敞开人与神相互进入的通道，通过此通道，神直接塑造人，人完全交付给神。与此不同，知觉方式是人走向人性并过人性存在的标志：

---

① ［美］梯利：《西方哲学史》，葛力译，第7页。

知觉敞开人与神相互守望的场域，在其场域中，神间接地指导人，人却自为地塑造人（自己）。所谓"自为地塑造人"，就是按照自己的本性——不是神的本性——塑造自己和塑造自己的对象性他者，即后代人。从人的主体生成构筑史看，人从神性存在向人性存在方向敞开，就是心觉开启知觉并且知觉主导心觉的历史。在这一历史进程中，知觉主导心觉的最初方式是经验；进而，知觉主导心觉的最初哲学形态是经验理性。

所谓经验理性，就是从层累性积聚的经验中发现普遍的、不易变化的、相对稳态的涵摄性、普遍性与指涉性，并将其提炼为固化的人在化的律法和原则的方式与方法。

经验，与知觉相关，它既需要感觉的启动，也需要感觉的推动，同时也要借助想象（联想甚至有时还有幻想的参与），更要受观念的引导或制约。但经验却既不源于感觉，也不源于想象，更不是观念的杰作。经验是经历和实做的成就。没有经历和实做，当然可以得到经验，但这种得来是间接的，是他人之经历和实做所成的经验的**继发**运用。原发意义上的经验，一定是亲身经历和实做的结果。由此形成经验的特征：第一，经验是操作的，是对具体事务的操作成功。第二，经验属个人性，是个人对具备事务的操作所成的成果。第三，由于经验来自个人对具体事务的操作成功，它融进了个人的行事个性、性格、风格，体现个体色彩。第四，经验操作的事务始终是具体、可为、可控的，因而，它一定是特定情境和具体场域的，经验所呈现出来的个性、风格和个体色彩总是体现了情境性、语境性和场景性。第五，虽然如此，成功操作具体事务获得的成果中能结出的经验之果的实质内涵，不过是操作具体事务的具体程序、方式、步骤、方法，也包括了其需要具备的必须环境、条件、能力。概言之，通过经历和实做而得来的经验实由两部分构成，即经验条件和经验要件，前者包括客观性的环境条件、物质条件和主体性（思维、认知、知识）能力；后者指可重复性的操作程序、方式、步骤、方法。第六，由经历和实做生成的经验，必得在相应的环境和条件下具有可重复性功能。对具体事务的操作成功所形成的成果里结出来的经验，必须具有可重复性，没有可重复性的任何操作成功的内容，都不能被称为经验。由此看来，实操事务的成功结果与经验之间的关系是或然的：经历和实做具体事务的成功结果，可能蕴含可重复性的经验，可能缺乏经验的蕴含。

由于对具体的事物的操作总是需要思维、认知、知识的参与，并有可能形成可重复操作的程序、方式、步骤、方法，所以经验始终蕴含观念并获得有观念的支撑；同时，经验也可能蕴含理性的种子。这是理解经验、观念、理性三者关系的正确出发点。

观念与理性之间充满或然性。在本原意义上，理性呈普遍性，但观念并非如此，并不是所有的观念都是理性的，因为许多观念属于主观性很强的"意见"，意见既呈主观性，更呈个体性和局域性，只有超越局域、个体、主观倾向的观念，才可与理性融合。因为理性也是观念，是呈现普遍涵摄能力和普遍指涉功能的观念，观念对理性的融合，实是观念超越自身局限获得律法品质和原则功能。

由经历和实做得来的经验是观念的，或可说，只有当经历和实做获得的成功事实里蕴含可重复性操作的观念时，它才构成经验。所以观念构成经验的内在规定和基本方面。但由于观念也存在普遍与否的两可性和能否会通为理性的或然性，使经验与理性之间也呈或然性取向，只有内具普遍性的观念并可抽象提炼出普遍原则的经验，才可上升为理性；否则，经验与理性仍属两域。

自具普遍指涉性品质和能力的经验通过抽象和提炼上升到理性的水平而与理性融通，就形成了经验理性。所谓经验理性，就是将蕴含理性品质和能力——具体地讲是蕴含可普遍指涉功能和律法、原则品质的经验——予以观念的抽象使其凸显普遍指涉性并发挥律法与原则的功能。由此定义，能够使之成为经验理性的经验，既可是历史经验，也可是生活经验，前者如"周监于二代，郁郁乎文哉，吾从周"（《论语·八佾》）。孔子之所以要致力于终身追求**周道**，是因为他发现从夏商两代中汲取文明的精华，来构建繁富的"郁郁乎"周文明，这一历史经验中有一种普遍的理性观念、精神和原则，即**返本开新**的历史发展观念和损益的认知精神与方法论原则："殷因于夏礼，所损益，可知也。周因于殷礼，所损益，可知也。其或继周者，虽百世，可知也。"（《论语·为政》）孔子正是对这一返本开新的历史发展观和损益的认知精神及其方法论原则的严肃考信、发现和抽象，建构起一种呈现普遍法则和规律的历史哲学，并以此历史哲学为认知基础来思考道德哲学和政治哲学的基本问题。后者如卢梭与穆勒对自由的理性认知，更多地源于生活经验的总结与提炼：卢梭说"人是生而自由的，但却无往不在枷锁之中。自以为是其他一切的主人的人，反而比其他一切人更是奴隶"①。存在自由与生存自由的根本区别是：存在自由是天赋的"人人有权如此"的自由，可以无边界、无约束；人的存在的敞开始终是生存，生存的自由却是**关系存在**的自由，在无往不在的存在关系中，天赋的"有权如此"的自由只能沦为"只能如此"或"不能如此"的自由——它被迫承受己与人、己与群互为限度："夫人而自由，固不必须以为恶，即欲为善，亦须自由。其字义训，本为最宽，自由者凡所欲为，理无不可，此如有人独居世外，其自由界域，岂有限制？为善为恶，一切皆自本身起义，谁复禁之！但自入群而后，我自由者人亦自由，使无限制约束，便入强权世界，而相冲突。故曰**人得自由，而必以他人之自由为界**。"②（引者加粗）

以经验为基础的经验理性，不仅可分别从历史经验或生活经验中发现，更可从历史经验与生活经验的会通中发现。泰勒斯和管仲的水本原论哲学，既是人类哲学的发轫，也是会通生活经验和历史经验而开创经验理性的典型个案。泰勒斯和管子，他们把"水"看成是世界本原的一个重要原因，是他们各自所生活的环境与水相关，并且都是从关于水的丰富历史经验和生活经验的关联体悟中形成水的本原哲学观。管仲生长于水乡，即今天安徽北部的颍上县，这是淮河与颍河的交汇地界，其中年所相之齐被史称为"海王之国"，从降生、成长到人生事业都与水相伴，深得水之生活经验和历史经验的体悟，从而从水中总结出治国的水哲学基石。同样，泰勒斯生活的社会环境是四面环水的岛屿，"米利都、伊奥尼亚，以及整个希腊世界的自然条件。它们在地中海的周围，受海洋的包围；他们的生活和生产活动，包括农业、工业和商业贸易，处处都和水发生密切不可分的联系。正是在这样的自然环境里中，泰勒斯才会认为'地是浮在水上的'"③。因为"他（泰勒斯）所以得到这种看法，也许是由于观察到万物都以潮湿的东西为滋养料，而且热本身

---

① ［法］卢梭：《社会契约论》，何兆武译，商务印书馆2003年版，第4页。
② ［英］约翰·穆勒：《群己权界论》，严复译，上海三联书店2009年版，第2页。
③ 汪子嵩、范明生、陈村富、姚介厚：《希腊哲学史》第1册，第161—162页。

就是从湿气里产生,并靠潮湿来维持的(万物从其中产生的东西,也就是万物的本原)"①。所以,"(泰勒斯)宣称水是构成万物的质料,万物都由它而生成"②。"泰勒斯的重要性在于他直截了当地提出哲学问题,在回答问题时不牵扯神话中的事物。他大概观察到生命所需的许多因素(食物、热度和种子)都含有水分,因而推断说水是原始的要素。万物生于水,至于如何生于水,他没有告诉我们,很可能因为他认为一种实体转化成另外一种实体**是经验的事实,根本不是需要他解答**的问题。"③(引者加粗)

泰勒斯将"水"理解成世界的本原,实是以存在世界的物质实体代替了想象,使人的思维摆脱了神话。其重要意义是从"水"的运动中发现了经验,并从"水"的经验中发现了普遍性和规律性。这里的普遍性,是指从对"水"的生活经验和历史经验的总结中发现了**因果**:水的潮湿使种子萌芽,使万物生长;水的蒸发,使万物枯萎,使生命消亡。万物的生长与消亡,均源于水的潮湿与蒸发运动。因此,在水的潮湿与万物生长之间存在因与果的转换运动,在水的蒸发与万物的枯萎之间同样存在因与果的转换运动。这里的规律性是指,从对"水"的经验发现中发现了对纷繁复杂的生活经验和历史经验的归纳和抽象的规律,这就是纷繁中蕴含简单,散漫中蕴含枢纽,各不相同的存在类型或运动现象里蕴藏同质的因素和同构的准则甚至力量。从丰富的"水"的生活经验和历史经验的总结中发现归纳与抽象的力量和归纳与抽象的智慧,这就是**繁中求简、散中求总、异中求同以及殊中求共**。合起来看,因果的观念和繁中求简、散中求总、异中求同以及殊中求异的方法的合生,构成经验理性思维的基本标志,也呈现经验理性的根本原则,即因果原则和归纳抽象原则。

将"水"看成万物的本原和世界的起始,除了泰勒斯外,还有比他更早的管仲:

---

① 汪子嵩、范明生、陈村富、姚介厚:《希腊哲学史》第1册,第159—160页。
② [德]爱德华·策勒:《古希腊哲学史——从最早时期到苏格拉底时代》第1卷上册,聂敏里、詹文杰等译,人民出版社2020年版,第145—146页。
③ [美]梯利:《西方哲学史》,第12—13页。

地者，万物之本原，诸生之根菀也。美恶贤不肖，愚俊之所生也。水者，地之血气，如筋脉之通流者也。故曰：水，具材也。何以知其然也？夫水淖弱以清，而好洒人之恶，仁人也。视之黑而白，精也。量之不可使概，至满而止，正也。唯无不流，至平而止，义也。人皆赴高，己赴下，卑也。卑也者，道之室，王者之器也，而水以为都居。准也者，五量之宗也。素也者，五色之质也。淡也者，五味之中也。是以水者，万物之准也，诸生之淡也，违非得失之质也，是以无不满，无不居也。集于天地，而藏于万物，产于金石，集于诸生，故曰水神。①

管子认为，大地是万物的本原，水是大地的本原（即灵魂），因为大地生物，源于水的滋养，由于水，大地才充盈生命，也因为水，万物、精神、德性由此滋生。何以这样说呢？因为在管仲看来，水虽然是柔弱的，但它是最大者。柔弱之水之所以为最大者，在于它自我卑下而无所不聚：水，聚则满，满则盈，而聚与盈皆源自它的平淡本性。由于其平淡本性，才永远不自贪，不自居，不自骄；也由于其平淡本性，才始终唯无不流。唯其"唯无不流"，既使万物由其所生，亦使万物因其所归：万物得水而生，失水而亡，世界一切生命水满则盛，水竭则枯，这是因为"唯无不流"之水流生万物，水流化万物，水流使万物归于水。万物皆流，无物不变，乃水使之然。

管仲和泰勒斯，分别是先秦和古希腊第一位从人间出发、以人的眼光和态度来打量存在世界，并分别以自己的方式从生活经验和历史经验中提炼（抽象归纳）出经验理性思维-认知方式和原则的人。他们所提出的以水为本原的哲学猜想和经验理性方式，虽因其不同的生活背景、历史和文化背景而各具个性和差异，即管仲从人伦出发，泰勒斯却从自然出发，各自发现"水"的哲学蕴含并提出本原论的哲学猜想，但二者从整体上呈现如下巨大意义。

第一，人类哲学与科学一样，其诞生与发展的历史铺开相同的趋向，那就是**繁中求简，散中求总，异中求同，殊中求共**。管仲和泰勒斯从对"水"的经验关注中发现宇宙自然世界的本原问题，意外地开启繁中求简，散中求

---

① 黎翔凤撰：《诸子集成·管子校注》中册，梁运华整理，中华书局2004年版，第813—815页。

总，异中求同，殊中求共的理性思维和原则归纳的认知道路。

第二，"水"本原意识和观念一旦产生，关于存在世界以及事物生变的因果认知便随之产生，它结束了人类的神话时代，天启哲学向人为哲学方向正式铺开，思维-认知从神话的想象中剥离出来，而获得最初的理性形态，即经验理性，这构成人为哲学的基本方式。

第三，以"水"为基本内容的哲学思想，奠定了天启哲学向人为哲学铺开，形成**从有生成有**的哲学思路。这一思路的生成是建立在**感性经验直观**基础上予以理性抽象和归纳，或者说无论是先秦哲学还是古希腊哲学，其思维的底色是一种感性经验直观，其思维的形成态是一种经验理性的抽象和归纳。尽管后来哲学发现了逻各斯（比如墨学的逻辑、老子的辩证法），即使逻各斯成为统治欧洲哲学的基本思维模式，但感性经验直观观念与抽象归纳的思维原型则始终贯穿欧洲人的思维活动之中，这或许是几千年来一代又一代欧洲思想家、哲学家们总是对感性直观感兴趣并不遗余力地研究感性直观问题的根本心理动力。

第四，无论管仲还是泰勒斯的水哲学，其中均蕴含水本原论、万物生命观和灵魂观，此三者构成了哲学最初的**物活论**（泰勒斯的"灵魂"论和管仲的"水神"论）思想，这种思想带有泛神论的色彩，它使泰勒斯的自然哲学成为不彻底的自然哲学，这种不彻底的自然哲学使后世的欧洲哲学的本体论形而上学难以与神学脱离干系，也是后世的西方科学始终不能抛弃"造物主"的理念和信仰。同时，具有泛神论的水本原论思想，也使管仲的人伦哲学不是纯正的人伦哲学，这种非纯正的人伦哲学落实在治邦安国的行动方策上就是"富民、育民和敬神明"。无论对管仲言，还是对泰勒斯讲，其水的"神灵"论恰恰构成他们各自的水本原论哲学思想的深邃所在：水是我们能够直观到的物质形态，但水又是我们直观难以看到的生命形态和灵魂形态；对水而言，它的物质形态与其生命形态、灵魂形态融为一体，既是生命的，又是灵魂的，更是可以显现直观的。正由于水的这种物质形态的生命化和灵魂性，才使它作为世界万物的本原成为可能。因为水的这种物质形态是生命化的和灵魂性的，所以它作为世界万物的本原而生成创化世界万物，并使万物成为有生命、有灵魂的万物成为现实，使世界成为有生命、有灵魂的世界成为现实。试想，没有灵魂的世界怎会有生命？没有生命的世界怎会产生出千姿百态的物质形态？所以，在管仲和泰勒斯的**万物生命观**和**万物灵魂观**里，包含了万物同源、世界一体的生态整体的思想。

第五，管仲和泰勒斯通过对水的经验理性直观方式来展开其对哲学的最初探讨，实实在在提出了关于存在世界的三个假设：其一，存在世界拥有一个合理的结构，并且这个合理的结构先在于人，更不因为人的意愿而自在；其二，构筑起存在世界的这个合理结构是可探知的；其三，这个可为人所探知合理结构既是相对简单的，也是容易理解和可运用的。

2. 观念理性

理性是哲学的自身规定，它既是对哲学之自身思维品质的规定，也是对哲学之自身认知方式和思想准则的规定。

以理性为根本规定的哲学，其最初形态是经验理性哲学。经验理性是基于经验，从经验出发去重构经验，并敞开两种方式：一是以感觉经验的方式重构经验，实是将已有的经验予以感觉理解的重复运用和发挥，最终使经验成为固化物，生成后视原则和后视认知模式；二是以抽象归纳的方式重构经验，实是从已有经验中发现、提炼新的经验，使经验常新，其基本表征是使经验超越可重复性获得普遍的原则功能。要言之，以感觉理解经验的方式重构经验，开出的是意见之路；以抽象归纳的理解方式重构经验，开出的是真知之路。作为哲学的最初形态的经验理性属于后者，它构成探求真知之路的基本方式，既成为观念理性哲学的出发点，也构成观念理性的哲学的母体。

经验理性之获得如上功能，源于它的自我规定。首先，经验理性从经验中发现可普遍性，并从发现可普遍性蕴含的经验中提炼普遍性的方法，即抽象和归纳方法。其次，经验理性从经验（生活经验或历史经验）中发现了经验的主体来源和客体来源。作为主体的来源，经验理性是人的意识的成长所形成的独立认知，以及由此独立认知层累性生成的（经验性）知识和能力；作为客体的来源，其即任何经验都是行为主体遵循实做之事务本身的方式得来，比如，一个身高六尺的人，要将悬挂一丈高之处的物取来，必须依据其高度，找到弥补自己身矮的局限方式、方法或工具，才可实现其取物的成功。所以，经验的形成，是以存在实体或具体的事物本身为依据和准则，来改变

（提升）自身的条件和能力以实现对它的驾驭或运用。由此，经验理性从经验中提炼出来的可普遍的原则和方法，实是蕴含在存在实体或具体事物之中的"自然法则"，或曰"自然理性""宇宙理性"。再次，经验理性之能够从经验中提炼出可普遍的原则和方法，是因为经验理性从经验中发现了**本体**，这个本体不是来源于人这个主体，更不是来源于作为主体之人的观念，而是来源于存在实体、客观事物以及存在世界、自然、宇宙本身。管仲和泰勒斯的"水"本体、阿那克西曼德的"无定"本体、阿那克西美尼的"气"本体、赫拉克利特的"永恒的活火"本体，毕达戈拉斯的"数"本体、德谟克利特的"原子"本体等，都蕴含于存在世界或自然、宇宙之中，是自然、宇宙之一具体可感知的存在实体，这些存在实体之存在既与人的存在没有任何关系，也与人的观念没有任何关系，人将自己与它们联系上，不过是人通过自己的意识地思维和认知而对原本自在的它们的发现而已。最后，经验理性在经验中发现存在本体这一认知取向，蕴含了对形而上学思维方式和认知道路开辟的可能性，正是这种可能性，使经验理性在正面关闭天启神性哲学的大门的同时，又在后面打开了哲学通向神学的通道。

如上各要素的自相整合，推动哲学的经验理性铺开了通向观念理性的道路。

经验理性向观念理性的生成，亦是从经验理性本身出发，开出不同方向、气质和视域的路径。要言之，经验理性的最初形成实铺开两条路径，即人伦取向的经验理性和自然取向的经验理性，前者由管仲开创，并由此形成向观念理性方向发展，依然是人伦视域的，其形而上学取向呈政治神学特征，它在秦以降的汉初通过董仲舒获得定格，春秋战国时期的自由发展的哲学承受秦汉以降的意识形态的"一尊"定位之后，其人伦视域的观念理性发展出"上行君道"的理学和与此之对峙的心学，其后再无超越性的新发展。后者由泰勒斯开创，并由此形成向观念理性方向发展却经历两个维度的选择性前行，一是从统摄"变中不变"和"不变中变"的logos中选择"变中不变"的独特视角，去探究**以自然为主体**的存在世界的普遍定义，形成爱利亚学派的存在论哲学，这是观念理性哲学的最初形式。二是通过智者运动从以自然为中心逐渐转向以人为中心，同样从统摄"变中不变"和"不变中变"的logos中选择"变中不变"的独特视角探究**以人为主体**的存在世界的普遍定义，形成苏格拉底的道德哲学，这是观念理性哲学的拓展形式。其后，柏拉图融合自然存在世界和人的存在世界、"变中不变"的存在世界和"不变中变"的存在世界而形成**整体视域**的存在世界，探讨其存在的形成世界和存在的本体世界如何实际地一体性存在的内在机制，提出"型相"（即"理念"）论，观念理性获得自身的完整形态并由此确立起观念理性哲学的主导地位。这种主导哲学的观念理性既带动古希腊哲学的全方位发展，促成亚里士多德对他之前的早期哲学——包括经验理性和观念理性——予以更大视域的新综合（这种新综合为后来哲学朝着经验主义和理性主义方向并进式发展提供了可能性），也带动了其后宗教时代的神学发展对哲学资源的需要和哲学方法的求助，由此形成奥古斯丁的柏拉图主义和托马斯·阿奎那的亚里士多德主义的神学解释或者说神学重构，正是这前后相续的解释性重构赋予神学以开启世俗世界精神（宗教改革、科学、哲学、文化、教育、政治、经济、法律）重建的可能性，观念理性化的经验主义和理性主义的竞相繁荣，最后经历由法国而至于德国的启蒙运动——康德、费希特、谢林、黑格尔等人的相继努力实现了古典哲学，建构起观念理性的丰碑。其后，观念理性哲学发展从语言和心理两个维度切入，分别铺开分析哲学和现象学两条道路。

有机论哲学家怀特海（Alfred North Whitehead，1861－1947）在其《过程和实在》中断言："欧洲哲学传统最稳定的一般特征，是由对柏拉图的一系列注释组成的。"[①] 科学哲学家波普尔（Karl Popper，1902－1994）更是认为："柏拉图著作的影响，不论是好是坏，总是无法估计的。人们可以说，西方的思想或者是柏拉图的，或者是反柏拉图的，可是在任何时候都不是非柏拉图的。"[②] 何以这样说呢？

首先，就哲学本身言，经验理性只是哲学的最初形态、奠基型式；观念理性才是哲学的基本形态、成熟型式。从发生学观，观念理性蕴含在经验理性之中，这是观念理性得以诞生和显发的自身条件。米利都哲人的经验理性中蕴含的观念理性种子经由赫拉克利特的呵护和毕达戈拉斯学派的培育，又经过爱利亚学派和苏格拉底的浇灌，得以开花，而柏拉图为之结出健全之果。

---

① Whitehead, A. N., *Process and Reality*, Cambridge University Press, 1929, p. 53.
② Burnet, J., *Platonism*, California University Press, 1928, p. 1.

其次，古希腊早期的自然哲学——无论米利都学派的物理哲学，还是毕达戈拉斯学派的数学哲学，或者赫拉克利特的活火哲学——均以不同的问答方式探求"世界的本原是什么""宇宙是何以生成的"和"世界的本质是什么"这样三个基本问题。这三个问题本身却从不同方面敞开了形而上学的可能性，爱利亚学派和苏格拉底分别从自然的世界和人的世界尝试将其可能性变成现实，并且，克塞诺芬尼（Xenophanes，约公元前565-公元前473）提出"一"的理神论，巴门尼德提出了"存在"概念，但前提是主观地将世界之"变"割裂之后抛掉，实是遮蔽了存在之"变"的世界部分；苏格拉底探究关于人的普遍定义及其方法，虽然富有实效，却如亚里士多德所言："有两件大事尽可归之于苏格拉底——即归纳思辨和普遍定义，两者均有关一切学术的基础。但苏格拉底并没有使普遍性或定义与事物相分离，可是他们（意式论者）却予以分离而使之独立，这就是他们所称为意式的一类事物。"① 柏拉图却避免二者之短而综合二者之长，将哲学走向形而上学的可能性变成现实，以将事物与定义相分离的方式来敞开世界的"普遍性"（generality）："普遍性是世界的疑难特征，正是这一特征使柏拉图发展出了型相论（Theory of Forms）以及与之相联系的认识论观点。"因为探求世界的普遍性问题并不是要"探求陈述 X 是什么的普遍定义，而不只是 X 像是什么样子的东西。X 的正确定义不仅应当与 X 共存，而且应当阐明 X 的本性，即 X 的**所是**（being）、**实在**（reality）或**本质**［essence（ousia）］。"② "型相"概念正是对世界之"所是""实在""本质"等本体问题予以形而上学呈现。

要言之，柏拉图的观念理性之思，将潜藏于经验理性中形而上学种子变成了现实的形而上学果实。或可说，柏拉图开创了形而上学，是第一个使哲学真正成为它自身。因为哲学不是"陈述 X 是什么的普遍定义"，而是求证 X "何以是"或"怎是"的普遍定义。经验理性陈述了"X 是什么"的问题，克塞诺芬尼、巴门尼德、苏格拉底等人沿着"X 是什么"的思路探究世界的普遍性问题，最终形成"这里思想家只把握了这一个原因；但另外一些人提

---

① ［古希腊］亚里士多德：《形而上学》，第268—269页。
② ［英］罗伯特·海那曼：《柏拉图：形而上学与认识论》，载于［英］泰勒主编《从开端到柏拉图》，韩东晖、聂敏里、冯俊、程鑫译，中国人民大学出版社2003年版，第407、408页。

到了动变的来源,例如有人以友与斗,或理性,或情爱为基本原理。于'怎是',或本体实是,没有人做过清楚的说明。相信通式的人于此有所暗示;他们不以通式为可感事物的物质,不以元一为通式的物质,也不以通式为动变的来源,他们认为一个通式如当它为动变之源,毋宁作为静持之源,这就是使通式成为其他一切事物的怎是而元一则成为通式的怎是"①。"X怎是"的问题,是"通式"问题。所谓"通式"问题,既是对存在世界——自然存在世界和人的存在世界——的整体性会通观照、理解和把握的问题,更是对存在世界的"静持之源"和"动变之源"会通观照、理解和把握的问题。会通存在世界的"静持之源"和"动变之源"的专门学术,就是形而上学,"它研究'实是之所以为实是',以及'实是由于本性所应有的禀赋'"②。按亚里士多德的说法,形而上学是寻求世界的最高原因和第一原因的学问,所以它是第一哲学。作为第一哲学的形而上学,实关注两个问题,一是本体(或曰"实是"及其"禀赋");二是本体何以成为本体。对这两个问题的拷问或不断地澄清,既成为其他一切学问的出发点,也成为其他一切学问的归依之所。因为"形而上学这个名称被用来称谓所有哲学的起规定作用的中心和内核"③,所以"世界上无论什么时候都要有形而上学"④。

再次,柏拉图以"通式"方式打通了存在世界的"静持之源"和"动变之源",其开创出来的形而上学思考所达及的深度和广度,是后世任何一个哲学家都无法企及的;由此柏拉图所思考过的问题构成一种源泉,后世任何时代的哲学检讨都必须溯源到他那里去。这是因为,柏拉图以形而上学方式创建起来的观念理性哲学,开辟出与经验理性哲学完全不同的理性认知思路和方式;经验理性哲学虽然是基于观念而向世界发问,提出世界的本原、本质和生成的问题,但求解其发问方式是遵从世界自身"所是"而陈述之;观念理性哲学求解其发问方式却是对世界予以观念的整合而生成建构起主体化的形而上学方式(亚里士多德将其命名为"通式"),然后运用这一形而上学方

---

① [古希腊] 亚里士多德:《形而上学》,第19页。
② [古希腊] 亚里士多德:《形而上学》,第58页。
③ [德] 海德格尔:《形而上学导论》,熊伟等译,商务印书馆1996年版,第19页。
④ [德] 康德:《未来形而上学导论》,庞景仁译,商务印书馆1982年版,第163页。

式来探求蕴含于存在世界之中的"静持之源"和"动变之源",并对它予以定义,通过定义而使定义与被定义的世界相分离:如果存在世界是"X",对存在世界的"静持之源"和"动变之源"的定义是"Y",那么,"Y"作为对"X的正确定义不仅应当与 X 共存,而且应当阐明 X 的本性",即存在世界本身的禀赋。观念理性哲学具有"观念先行"的意味。"观念先行"意味的实质是**主体在先**,这是它与哲学的最初形态经验理性的取向完全相反:经验理性是客体在先,比如,"水"本原论中的本原是"水",是世界的构成要素。水之世界的本原,是它具有生成万物的功能,能够解决"宇宙是怎样生成的"这一问题,而"水"的生成功能,不是人赋予它的观念,而是水(因为气温和地温的变化)的潮湿与蒸发使然。而水的潮湿与蒸发,是水这一构成世界的要素的自身运动的方式和状态。水的潮湿与蒸发,是水的自身运动,而与人无涉。阿那克西曼德的"无定"哲学、阿那克西美尼的"气"哲学、赫拉克利特的"火"哲学,以及毕达戈拉斯的"数"哲学,均体现了这样的特征:陈述"X"的"Y"与"X"共存,没有分离,也不能分离。反之,主体在先的观念理性,比如柏拉图的"型相"概念以及由此演绎出来的概念系统,均不是所审查的存在世界本身的构成要素,并可完全脱离存在世界——柏拉图所讲的存在的形成世界和存在的本体世界——而自成一个世界,即形成观念自为的世界。并且,这个由"型相"及其演绎出来的概念系统与存在世界本身没有关联,具体地讲,它的存在或消失均丝毫不影响存在世界本身的自在及运动。

由于"主体在先"和"观念自为",观念理性哲学敞开的形而上学道路,也就潜伏着自我分叉的可能性。这种可能性蕴含在柏拉图哲学中,并通过亚里士多德变成了成熟的种子,经历中世纪奥古斯丁和托马斯·阿奎那以哲学解释神学的方式培育,至于近代,哲学既抛弃古代的从世界出发,也抛弃从神出发,而是开始转向**从人出发**。从人出发,经验主义和唯理主义突出自身的个性;经验主义从**人之知觉**切入重新审查经验的主体性生成和世界的经验主义构建,人成为世界存在的本体。与此不同,唯理主义从**人之"我思"**切入重新审查世界、上帝与人的问题,这一问题可具体化为心与物或思与在的问题,人作为主体虽然显示主导倾向,但世界、物、上帝仍然是无法摆脱。

康德接受笛卡儿的"心物二元论"启示构建自然("自在之物")与人的二元论结构，然后整合经验主义和唯理主义，开创个体主体论的认识论形而上学。个体主体论的认识论形而上学将柏拉图本体论形而上学中蕴含的"主体在先"和"观念自为"予以本体论的放大之后取代本体论。

最后，由克塞诺芬尼、巴门尼德、苏格拉底等人奠基，最后由柏拉图集成所创建起来的，以形而上学为根本方式和主导方向的观念理性哲学，是本体论哲学。在柏拉图的定义中，观念理性哲学所构建的本体是存在本体，它虽然可以与存在世界相分离，但一定来源于存在世界，是对存在世界之"变中不变"的"静持之源"和存在世界之"不变中变"的"动变之源"的观念抽象。或许正是这种观念地抽象隐含的"主体先在"和"观念自为"，使形而上学的本体论潜在地具有向主体方向蘖变的可能性，康德开创的个体主体论的认识论形而上学就是其蘖变存在本体的可能性变成现实性的呈现，这就是主体论的**意志本体**。

亚里士多德集成古希腊哲学建构起来的庞大体系，或可归纳为大地之学与上天之学，前者囊括关于自然的哲学和关于人间社会的哲学；后者以灵魂为象征，却隐然铺开以灵魂为起点通向神学的道路。但统摄大地之学与上天之学的中介桥梁是形而上学，这是亚里士多德专《论灵魂》(*De Anima*)和《形而上学》的真正意蕴。亚里士多德注入其哲学体系中的如上隐含意蕴，不过是对柏拉图观念理性哲学精义个性化理解。

形而上学自柏拉图创立以来，实有两个层面的意义：一是方法论蕴含，亚里士多德将其理解为"通式"方式，柏拉图自谓"通种"(*gene*/genus)；二是本体论蕴含，即"型相"(Forms)论或"理念"(*eidos*, *iden*)。二者得以贯通而自成一体存在的是灵魂(soul)。灵魂是"内在的人"，更是内在的存在世界、是型相的本体，它的舒展形态是神、是上帝。所以，存在本体论的内在神韵是灵魂，存在本体论的最后依据是上帝。对存在本体论的持守，实是对上帝的信从和坚守。哲学脱胎于天启的神学，又必然地以天启的神学为最后的防线。

本体论形而上学向认识论形而上学的转移，从两个方面改变了观念理性哲学的方向：一是方法论，将客观取向改变为主观取向，这可从柏拉图的通种论和康德的先天综合判断的比较看出。二是本体论，将存在本体论消解为主体意志论。准确地讲，认识论形而上学没有本体论，因为本体论相对世界而言。认识论形而上学将世界与人予以二元划分，前者属于"自在之物"的世界，后者乃人的世界。在人的世界里，人是本体，从人出发并以人为归宿的认识论解构存在本体论之后，从人的身上摄取了一个东西作为替代形式，这就是意志。康德设定"意志"是绝对地自由于"自在之物"的世界的，所以称为"意志自由"，它是认知的元点、是律法、是所有原理的来源。

以意志为本体的替代形式的认识论形而上学，要真正取代本体论形而上学，并能够真正构建起认识论形而上学哲学认知及方法，必须解决一个根本问题，那就是必须真正地解构本体论形而上学的最后防线，即上帝。但这事实上又难以最终办到的。所以，认识论形而上学采取一个折中的办法，就是将上帝虚拟化。无论是在康德还是黑格尔的认识论哲学体系中，上帝之名虽然保留，但上帝之实被解构了。

3. 科学理性

从经验理性起步达于观念理性，是哲学真正确立自身的完整形态和形象的标志。观念理性从本体论形而上学向认识论形而上学方向转移，实是哲学的古典形态向现代形态的实现，可说它构成了哲学发展的近代标志。

从根本讲，哲学从产生到发展，每一步都不是哲学的自足自为，而是源于人的哲学能力的提升以应对不断变化的存在安全和生活危机，而谋求根本的解救之道的强劲推动。所以，哲学发展的动力不是哲学本身，而是哲学之外的人的力量和人所存在的境遇的力量。因此，透过哲学本身的发展，可以感受到其背后的推动力量。天启的神性哲学向人为的人性哲学方向发展，根本地源于人的觉醒生成建构的能力真正达到可从神的笼罩下独立存在和思考世界的体现；人性主义的经验理性向观念理性方向的转移，实是人的能力从相对单一的对象性认知转向综合认知方向的转型。同样，观念理性的本体论形而上学向认识论形而上学的转移，则是人的发展进入主体世界的标志。人进入主体世界的进程，就会突破存在世界的设限而无限度提升自己的想象力，并无限地释放自己的主体力量。人的这种存在敞开方式在哲学上呈现出来，就是将以认识论形而上学为标志的观念理性哲学推向实践论导向的科学理性道路。

科学理性也是观念理性的一种形态。如果说本体论形而上学是观念理性的基本形式，它构筑起人与存在世界之间的正确位态；认识论形而上学是观念理性的拓展形式，它放大了人自身，因而修正了人与存在世界之间的正常位态，使人与存在世界之关系形成向人的方向倾斜，但从整体上还维持着人与存在世界之间的本原性关系框架的相对稳定性。那么科学理性则是观念理性的极端变异形式，它以极端方式无限制地放大人自身，从根本上颠覆了人与存在世界的本原性关系框架，重构了人与存在世界之间的关系框架，存在世界被人无限制地压缩、变形、扭曲，与此同时，人无限度地膨胀自己的想象和力量，形成傲慢地对待存在世界的态度和一切都唯物所用的准则。进而，科学理性在人对存在世界的主体化膨胀过程中无限地自我膨胀，科学理性无节制地自我膨胀达于极端形态，就是作为主体的人也被置为如同存在世界那样的"客体对象"，成为科学理性任意压缩、变形、扭曲的客体，人由此如同存在世界及其任何他物那样，成为工具。所以，科学理性的内在规定是工具性，亦可称为**工具理性**。

工具理性（Instrumental Reason）概念由马克斯·韦伯（Max Weber，1864－1920）提出，意在解决以科学为准则的社会行为的"合理性"（rationality）。关于以科学为准则的社会行为的"合理性"问题，韦伯认为可从两个方面来衡量：一是工具的合理性；二是价值的合理性。所以"社会行动可以分为工具理性和价值理性两种取向"[①]，前者强调行动由追求功利的动机驱使，并借助理性使行动本身达于预设目的实现效果最大化；后者强调坚信由合理性动机的行为具有无条件的价值，因而，基于纯正的动机且选择正确的手段去实现预设的目的，完全可以不考虑实际的结果如何。由此可知，科学理性的本质是工具主义，它将理性视为绝对合理性地实现效用最大化的工具，评价其效用最大化的方式就是价值判断。科学理性既是工具理性，也是价值理性。工具理性，是指科学理性的效用；价值理性，是指科学理性对效用的评价，包括评价方式、评价尺度、评价原则。所以，科学理性诉求的价值或者说价值理性，

---

① ［德］马克斯·韦伯：《经济与社会》第 1 卷，阎克文译，上海人民出版社 2009 年版，第 114 页。

是工具主义的，是使用价值。在科学理性中，只有使用价值，没有存在价值，因为存在世界包括作为认知主体的人本身都是可任意压缩、变形、扭曲的客体对象，都是工具。科学理性的工具性本质决定了科学理性的价值论，只能是使用价值论、是使用价值理性。

科学理性的工具主义本质和使用价值诉求，使它本身自为动力地自我膨胀。科学理性的自我膨胀向两个方面敞开：一方面是向方法论方向发展，使哲学成为改造世界的实践方法论，这就是"哲学最重要的任务，不是认识世界，而是改造世界"。科学理性从主体主义的认识论形而上学向客体主义的实践方法论方向的发展，形成几个重要的方面，其一是使哲学泛方法论化，从而促成科学哲学的兴起，盛行于20世纪的科学哲学构成科学理性一道壮美的风景。其二是向语言进发，形成科学理性以自然语言为基本对象的语言哲学和分析哲学形态。其三是向人的心理（准确讲"精神"）进发，形成意向性的现象学哲学形态。其四是向技术领域进发，与技术主义联姻，形成技术哲学形态。

科学理性的如上发展，使哲学改变了作为存在之问的初衷。哲学作为存在之问的初衷有二：一是为人应对存在危机和生存困境探求根本的解救之道（思想、知识、方法）；二是矫正人的存在方向，提升人的存在水平。科学理性的工具主义本质和使用价值诉求，使它从根本上消解了哲学的自身功能，而成为对人的实利主义的应和方式，即为人的实利诉求提供合理性依据、理由和方法，由此使人最终成为科学理性的奴役对象。

科学理性自为膨胀性发展的另一个方面，就是哲学以科学为目标，胡塞尔在讲到如何解除欧洲哲学的危机时，其所开出的药方也是**使哲学科学化**，即重建科学的哲学。科学理性使哲学以科学为目标，具体敞开为使哲学科学化的同时让科学哲学化，前者是使哲学以科学为准则；后者是将科学从自身领域解放出来指涉任何领域。由此两个方面形成的合力构筑起哲学的科学主义和科学的哲学主义。哲学的科学主义，是科学理性将哲学降格为科学，亚里士多德的"物理学之后即是形而上学"的哲学训诫，在科学理性这里得到全面解构，哲学再无形而上学。因而，形而上学臭名昭著，成为众人批判、鄙夷、厌弃的对象。形而上学是哲学的基本标志，当形而上学被科学理性消解掉之后，哲学也在实质上不存在，它得以继续存在的只是一个名称，这是维特根斯坦以及海德格尔等人宣判"哲学的消亡"的根本原因。科学的哲学主义是科学理性将科学升格为哲学，科学是领域性学问，是以自然为对象展开探究、构建自然的知识，以为人更好地与自然打交道提供知识和方法。除此之外，还有以社会为对象的众社会科学和以人（具体地讲，当即人性、人心、人情、人爱）为对象的人文学术和艺术。这些领域的学问却分别为人如何更好地与社会打交道和怎样与人及其自我打交道提供知识和方法。哲学却是统摄如上各领域的整体存在之问，所以哲学是整体的学问。科学理性将科学升格为哲学，是要使科学成为跨界的工具。科学理性使哲学科学化，是使哲学丧失正道人间的功能，以为科学的哲学主义开辟道路；科学理性使科学哲学化，是为科学成为跨界的工具全面奴役人提供合法性。

科学理性使哲学科学化和科学哲学化的落地方式，就是凡事科学主义。凡事科学主义是将科学上升为绝对真理的定格，科学成为不可置疑的信条，科学是一切的准则和万能尺度。科学理性的本质是工具主义，它通过凡事科学主义而获得极权主义的功能，科学理性自我膨胀地发展的极端形态就是极权主义。极权主义指向存在世界，形成对自然的强权和对地球生态及其环境的专制；极权主义指向社会，形成傲慢的物质霸权主义行动纲领和绝对的经济技术理性行动原则；极端主义指向个人，形成实利主义和势利主义。因为科学理性赋予了工业社会发展的刚性规则，这一刚性规则的哲学表达，就是经济理性或者工具理性。工具理性，是相对人言，人成为工业文明进程中成本最小化和效益最大化的劳动工具。经济理性，是相对市场言，市场崇尚傲慢的物质主义行动纲领和绝对经济技术理性原则。[①] 将工具理性和经济理性有机地统一在个体身上所构成的基本生存态度、价值诉求和生活方式，就是实利主义和唯物质主义——人与物的关系发生全面颠倒，人与人、人与社会以及人与整个世界之间变成**赤裸裸的**物质关系。而且，在人将自己定格为与世界的纯粹物质关系中，金钱、财富、钞票自然演变成为赤裸裸的权力，人在世界中的存在事实地与权力凝结成为一种形而上学的权力关系，人也由此成

---

① 唐代兴：《生境伦理的哲学基础》，上海三联书店2013年版，第87页。

为权力的动物。

要言之,科学理性或曰工具理性,不仅给哲学制造了厄运,而且给人类制造了厄运,当代人类存在环境的崩溃、知识体系和价值体系的崩溃、人性的全方位溃败、文明整体性衰落,尤其是全球化的军备竞赛、武器炫耀、战争风起云涌和新技术无限度开发,无限度开发的新技术对极权主义的"苟日新,日日新"的武装,使人类陷入可能灭亡的后世界风险社会进程,在这一进程中,当代人类要谋求存在之自我解救,需要哲学的重建。哲学的重建,就是解构科学理性和认识论形而上学,重建形而上学,重建存在本体论。

四 生态理性

重建形而上学,是开辟重建存在本体论的道路。重建存在本体论,必须重建理性。

理性之所以需要重建,是因为历史地看,当哲学以认识论形而上学方式呈现时,就意味着理性踏上了"剑走偏锋"之途;当哲学沉醉于认识论形而上学且自我鼓动自我膨胀本能地开启以工具和使用价值为基本设定、以物质主义为根本诉求的科学理性道路时,就意味着理性走向溃败。风险社会的形成且无阻碍地开启后世界风险社会进程,则是理性全面溃败的标志。理性的全面溃败是人类社会之基本精神、道德、情操和根基思想的陨落,然而对人类言,理性的全面溃败之路也潜在地开启了理性的重建之路,因为在存在世界里,**"只有以理性为指导,人才能达成共识"**①(引者加粗)。理性是人保持世界之本真状态的基本方式,理性也是构建人在存在世界中本真生活的一种方式,理性同时也是探索存在世界的一种方式。人的本真生活必须建立在存在世界之中,以存在世界为依据。因而,人探求和建构本真生活,须先探讨和确立存在世界,这是重建理性的前提。

重建理性,不是回到过去重建观念理论或经验理性,而是从经验理性和观念理性出发,吸收经验理性和观念理性之长重建生态理性。

---

① [美]列奥·施特劳斯:《斯宾诺莎的宗教批判》,李永晶译,华夏出版社2013年版,第168页。

第 1 章　生态理性

1. "生态"概念释义

重建生态理性，既涉及存在问题，也涉及生成问题，还涉及本质问题，最后涉及将此三者统摄起来自成整体的形而上学问题。因为生态理性关注的根本问题是存在世界本身以何种姿态存在，并以怎样的**位态敞开**其存在，然后以此为出发点去探讨人类应该以何种姿态和位态面对存在世界、面对自己及其过去、现在和未来。这些根本的存在问题，是自人为哲学接受天启哲学的交接之后，开启经验理性哲学和观念理性哲学所一直忽视甚至有意**不去关注**的问题。这些过去被关注的根本存在问题要通过生态理性的方式重新关注，其实质是去返魅化，恢复存在之魅、世界之魅和生命之魅，重建人类存在的物种之魅和人性之魅。

重建如此意义的生态理性，需要理解何为生态理性，为此宜从"生态"概念入手。

"生态"概念的西语形式 Ecology，源于古希腊 οικos，本义为生命的栖息地、依据或居所，意指地球的共同形象。Ecology 的 οικos 来源为生态学的诞生提供了词源学依据。18 世纪，在欧洲兴起的商业社会自由发展到 19 世纪孕育生态学的诞生。初生的生态学自发地朝两个方面敞开。生态学概念的最先提出者是勒特（Reiter），他在 1865 年将两个希腊词 logos（意为"研究"）和 oikos 合并成 Ökologie（生态学）概念，oikos 一词的本原语义的规定性，使生态学成为家政学（Home Economics）的最早表达。在西语世界，家政学恰恰是经济学（Okonomie）的原型，因为 Okonomie 的本义是 oikos（栖息之家、居所）＋nomos（规则）。由此规定经济的最初形态是家政，经济学的最初表达是家政学，它是作为正当地处理家务和政治正确地处理世上财富的学问。在由 oikos + logos 而形成的 Ökologie 中，生态学是指探求地球有机物之间的良好关系（即共同形象）的学问，由此，生态学亦打开了通往上帝之门，即"基督教界（Okumene, oikeo = 居住［wohnen］），可以加一个前缀 ge 就等于：居住地（gewohnter Erdkreis）作为基督徒乃至所有人的普世共同体。不仅教堂是神的房屋，而且所有的人和所有的造物都是'上帝的殿'。于是，家政学、生态学和基督教界可以是同一个托付的三个方面，成为上帝家政事务中的管

家（Haushalter）"①。1866 年，德国生物学家奥古斯特·海克尔（E. Haeckel,
1834－1919）出版《普通形态学》，运用达尔文进化论思想阐述生物的形态学
结构，并且用"系统树"形式呈现地球世界中各种类生物进化的历程和亲缘
关系，并将生态学定义为研究有机体与周围环境（包括非生物环境和生物环
境）相互关联的科学。其后，奥古斯特·海克尔在《自然创造史》（1868）
中将地球生命的起源和人类物种的演变纳入生物进化体系 k 中来考察，并在
《人类发生或人的发展史》（1874）中提出"生物发生律"，认为地球"生命
是由无机物即死的材料中产生出来的"，指出生命"个体的发育是系统发育简
短而迅速的重演"。

　　无论上帝家政学或世俗家政学意义的生态学，还是生物环境论意义的生
态学，均从不同维度突出"生态"的根本要义。首先，生物是关联地存在物，
并以关联性为根本保障。其次，关联地存在本身既成为生物的家园，也成为
存在世界生育的来源。最后，关联存在本身自造生机，自为生生。由此三个
方面自为规定，生态即生物的存在敞开状态，它既展现生物与生命之间以及
生物与环境之间的**生成**关系，也张扬生物自身本性及存在敞开的生存习性。
但这些都是"生态"概念的功能语义，要理解"生态"概念的本质语义，亦
可从汉语"生态"一词的词源学入手。在汉语中，"生态"一语中的"生"
字既是名词，也是动词：作为名词，它意指生命；作为动词，它意指生命为
继续存活而谋求生路、创造生机。所以"生"乃指生命为良好地保存自身本
能地谋求生路、创造生机。"态"乃指存在者的存在姿态及其自为敞开的位态
（或曰不变朝向），以及由此生成的关联状态、进程。合言之，"生态"概念
实际上是对生命存在状态及朝向的描述。首先，生命一旦诞生，就自生其与
生俱来的固有存在姿态，并且这一固有存在姿态一旦向生存领域敞开，就形
成某种或多种可能性朝向，这种朝向就是生命存在敞开的**生存位态**，亦曰存
在敞开位态。其次，生命的存在姿态和可能性朝向（即存在敞开位态）恰
恰源于生命的自在本性。生命的自在本性表征生命始终是未完成、待完成
和需要不断完成的可能性及敞开进程。最后，生命敞开自身的进程，由生

---

　　① ［瑞士］克里斯托弗·司徒博：《环境与发展：一种社会伦理学的考量》，邓安庆译，人民出
版社 2008 年版，第 278 页。

命的自身本性决定，但生命不断完成自己的这种进程到底朝何种方向敞开，却不能完全由它本身决定，因为无论宏观意义的生命还是微观意义的生命，始终存在于他者之中并借助他者才可获得自我彰显或自我实现。由于这一双重规定性，生命存在的固有姿态以及由此向生存领域敞开形成的位态（即生命生成自我的朝向），就获得不同的可能性：或朝向生境的可能性，或朝向死境的可能性。

要言之，生态即**生命存在的固有姿态及存在敞开的原本性位态**（或曰**生存朝向**）。要真正理解"生态"之如此定义，还需明确定位"生态"关涉的"生命""存在""生存"三个词。

首先，"生态"所关联的"生命"，实是定义"生态"的主词，由此形成生态始终相对生命言。定义生态的主词"生命"，既可是具体的，也可是整体的。作为具体意义的生命，是指可数的或者可量化的一切存在样态、型式或存在者，比如这棵树、那片叶、一条狗或两头猪、三只猫。作为整体意义的生命，也可指诸如江河、山峦、海洋等由复数构成的存在样态和型式，更可指地球、自然、宇宙之宇观存在。并且，生命既可指启动知觉**观感**到运动变化的存在物，也可指启动知觉观感不到运动变化的存在物，比如一块石头，知觉不能观感到其运动变化，但在高倍放大镜或显微镜下，石头仍处于运动变化状态，也在生长，因而也有生命，也是生命存在物。在存在世界里，万物都有生命，都是实在的生命存在。所以，在小时间尺度下无生命感觉的存在物，在大时间尺度下仍然呈生命态。

其次，生命必走向存在的定型，存在必由生命来定义。由此，生命之是或者说生命成为生命，就是存在。存在是生命之是的自为样态、样式、型式。在继生意义上，生命之是不能完全由生命自身所生；在原发生意义上，生命之是不能由自己所成，它需要造物主般的他者或曰关联力量成就。所以，生命之是的自为样态、样式、型式，实在关联中生成。耶和华创世纪，既与他的创造之欲关联，也与他欲创世纪的想象（或曰预设）和创造的实绩（被创造出来的世纪）关联。耶和华如果没有内生的创造之欲，不可能生发出创世纪的作为，也就难以彰显出他作为上帝之能；没有上帝之能，自然无以生发创造之欲。

生命之是和生命之是的关联生成，使存在本身呈两种样态和型式，即具体的样态和型式与整体的样态和型式，也可说是自在样态和型式与关联样态和型式：生命之是即具体存在或者说自存在的样态和型式；生命之是的关联生成即整体存在或者说关联存在的样态和型式。生命之是的关联生成，使生命之是的自在持存必须以敞开方式实现，也只有当生命之是自在敞开，才可重新进入生命之是的关联生成中获得继生、再生之能。由此两个方面，生命之是的关联生成构成生命之是本身，即存在的原发姿态；以生命之是的关联生成为原发动力的存在敞开的生存朝向，构成生命之是的本原性位态。

最后，"存在"和"生存"都相对生命言。"存在"之于"生命"有两义：一是指生命的原发状态，即生命诞生即为存在；二是指生命的静态，即生命被凝固在某个空间之点上。与之相反，"生存"意指存在敞开的状态，存在敞开的状态一定是进程性的。比较而言，"存在"是空间化的，生存是时间性的。正是这种区别，存在之天赋状态或固有状态是**姿态**，存在敞开生存的本原性姿态即特定朝向的**位态**。反观之，姿态和位态是一个"东西"的两种存在状态：姿态，乃存在之静态型式；位态，乃存在之动态型式。当存在敞开生存时，才呈现其位态型式。以是观之，姿态既是存在的姿态，也是存在敞开的姿态；同样，位态既是存在敞开的位态，也是存在的位态。

从根本讲，位态即存在所处的位置和状态。存在所处的位置，意味着位态既自具地理性质，也自具空间性质。位态的地理性质，展示位态内生立足点、出发点、起始，意味它自身**来源于什么及全部可解释依据**。位态的空间性质，展示位态敞开姿态、朝向、方向、包容性、可能性，意味它**指向什么及各种可能性**。

存在敞开的位态，是存在自身的敞开，是由存在出发的生存敞开。但存在敞开的生存位态，并不完全由自己决定，这涉及存在本身既是存在本身，也不完全是存在本身，前者意味着存在就是存在，存在乃存在之外别无他在，存在者皆在存在之中；后者意味着存在何以存在？存在向何处存在？存在以何种方式存在？存在并不只是存在本身，它涉及存在之自我安放、自我安顿的问题，这是存在之为存在的座架：存在坐落为存在。这是存在敞开的生存位态既由存在决定，又不完全由存在决定的原因。

由此，作为以存在姿态和存在敞开位态为实质定位之生态，获得了**关联性、时空性、不确定性、可能性**。并且，基于其关联性、时空性、不确定性、可能性的自持存性，以存在姿态和存在敞开位态为本质规定的生态，亦可表述为以其固有存在姿态敞开生存的进程状态，这一进程状态呈不可逆方向。这一存在敞开生存的进程状态之生态，既敞开空间的张力，也呈现时间渗进的生成力量。所以，生态又蕴含时空并自为生成时空化的**场态**，在这一自为生成的时空化的场态中，理性呼之欲出。这是以存在姿态和存在敞开位态为本质规定的生态与理性合生为"生态理性"的内在土壤和可能性。

以如此蕴含的生态为定冠词的理性，就是生态理性。由于存在敞开就是生存，所以生态理性亦可称为**生存理性**。所谓生态理性（或曰"生存理性"），即从存在姿态和存在敞开位态角度切入铺开存在之问的方式。

2. 认知的根本特征

生态理性与经验理性、观念理性一样，是一种存在之问的方式。生态理性作为存在之问的一种方式，与经验理性、观念理性这两种存在之问的方式有着根本区别，这些区别构成它作为一种存在之问的方式的根本特征。

其一，经验理性是从经验出发敞开存在之问，形成经验主义取向；观念理性是从观念出发敞开存在之问，形成观念主义取向，这种观念主义的自我膨胀方式是主体本体化，主体本体化的极端形态是科学主义，使原本主体本体化的人沦为科学主义的客体和威权主义的奴役物或只具使用价值的工具。生态理性是从生态出发敞开存在之问，真正解构认知的权威主义、科学主义和主体本体化，使存在之问的人回归**平常态**。在生态理性的存在之问的敞开进程中，发问的对象存在世界与发问者之间保持一种平等视域，使发问者成为存在之问的"旁观者"：旁观者，是毕达戈拉斯对哲学家之于存在世界的应有姿态和必须距离，否则，哲学将不复存在，存在之问将沦为伪。

其二，理性仅是一种存在之问的方式，对这种存在之问的方式的运用，意欲于发现存在本体，并可以对所发现的存在本体的知识、智慧和方法予以有个性的有限运用，但不能将存在之问的方式本身升格为本体。因为理性作为存在之问的方式，只能敞开、发现、展示存在本体，却没有资格主观地预设，一旦主观地预设，就自为地将存在之问方式本身升格为本体，即将理性升格为本体,形成所谓的"本体理性"。观念理性从存在本体论形而上学向认识本体论形而上学方向铺开,最后形成科学本体论的科学主义方法论和实践论,就是自造本体理性的过程。黄南珊曾认为,以自我预设和超验性的方式制造本体理性,是"以柏拉图的宇宙理性和黑格尔的绝对理念(绝对精神)为代表。柏拉图的宇宙理性是指外在于现实世界的永恒绝对、独立存在的精神实体,是现实世界一切感性事物的源泉和本质。柏拉图的宇宙理性奠定了西方理性本体观的基础。黑格尔的绝对理念把理性视为包罗和决定一切的宇宙总体性结构(人的理性只是绝对理念在自觉阶段的表现),它预定宇宙的发展进程,其本身也是一个辩证发展过程。黑格尔深刻地发掘了理性的辩证思维功能和内在统一性,把理性本体观念推向极端化。本体理性把理性视为宇宙万物的共同本质和最终根据,作为支配包括人在内的世界存在的客观结构体系和普遍必然性。它以绝对的普遍理性为基础理解人与世界的关系,强调外在于人的普遍理性的绝对确定性和完满性"①。黄氏此判断基于对本体理解的简单化,本体客观地存在存在本体与主体本体的区分。存在本体是存在世界之自为存在的不变样态和型式,是存在、存在物和存在世界之自持稳定的那个因素,是生成存在之静持之源和动变之源的那种力量。柏拉图以综合前人知识最初地揭示了这一存在样态、型式和力量。柏拉图的这一努力成就与黑格尔的努力成就存在根本性质的区别。黑格尔的本体论张扬绝对精神,是认识论形而上学的结果,是主体本体论的客观化,是对康德的认识论形而上学的继续前行,是对康德的个人主义的和主观化的主体本体论,即意志自由的国家主义化和客体化。它为认识论形而上学达于实践论形而上学打开了通道,也为个人主义的意志自由的主体本体论向权力主义的科学本体论开辟出道路。这条道路向现实和未来敞开的是人的工具主义化和人的存在的使用价值化。当人被工具主义化和人的存在的使用价值化时,是存在之间的理性的全面溃败和彻底堕落在思想、知识、精神、道德、情操方面的体现。叔本华曾说:"作为工具的并不是哲学"②(引者加粗)。同样,**作为工具的也并不**

---

① 黄南珊:《西方理性概念内涵分析》,《晋阳学刊》1995 年第 1 期。
② [德]叔本华:《作为意志和表象的世界》,石冲白译,杨一之校,商务印书馆 1982 年版,第 10 页。

是理性，而是理性的替身在冒充理性，或者说是存在之问者假借本体理性的方式冒充存在本体。生态理性的基本工作，就是清扫本体理性之类的存在之问的认知垃圾，使之恢复存在之问的理性的本然状态。

其三，经验理性从存在之问中发现人与存在世界的双重关联——实存的关联和神性的关联。前者意味着人的存在受客观法则和不变规律的节制，这就是米利都学派所讲的"变中不变"和"不变中变"的规律，或者赫拉克利特所概括的 logos；后者意指人的存在受灵魂的鼓动和神意的滋养。观念理性从存在之问中发现人与存在世界既可关联又可分离的双重性，人与存在世界的关联，意味着人的存在摆脱不了对法则的遵从和律法的限制；人与存在世界的可分离性，意味着人同时可遵从自己的意愿行事。正是因为后者，鼓动观念理性向世界敞开存在之问的进程中膨胀自我意愿、摆脱存在法则和律法的节制，包括对上帝的抛弃和对神的蔑视。人自为上帝，且自立法则，不仅给自己立法则，也给自然立法则。生态理性却反其观念理性之极端，回归人与存在世界的原本状态，重新发现自然法则和宇宙律法，重新诚证上帝存在。

其四，从经验理性向观念理性方向敞开，自信满满的人借哲学的存在之问开辟一条理性无限论的歧路，这条歧路铺开了重重灾难以及人类陷阱于毁灭的危机进程。生态理性将重返哲学的本原姿态和位态，尊重理性的有限性，因为存在的固有姿态和存在敞开生存的本原性位态，从静持之源和动变之源两个方面规定了理性的绝对有限性，也因为存在世界之固有法则对人的存在的规定性，更因为造物主或者上帝创造世界及万物生命的无限可能性决定了人类理性的绝对有限。生态理性的存在之问的基本任务，就是通过发问而觉解其无限可能性并诚证人的理性有限性、诚证哲学之理性有限性的无限可能性。

其五，从经验理性走向观念理性，哲学的存在之问从单向度起步而敞开二元分离道路，前者表征为米利都哲学、毕达戈拉斯哲学、爱利亚哲学以及苏格拉底哲学等都朝着单轨道前行，柏拉图改变了这种状况而正视存在的形成世界和存在的本体世界，并意欲将二者统摄起来，亚里士多德沿着柏拉图的路子以另一种方式探索存在之问的整体道路，虽然突出了整体性的同时也连带着生态性，却也本能地压抑了生变之源的生态性，而特别地张扬了静持之源的整体性。希腊化之后的中世纪,神学对哲学的需要而先后引入柏拉图主义和亚里士多德主义作为不同的解释方式,实际上为后来的哲学开出经验主义与理性主义的不同路径打开了方便之门,而这两条不同路径的自我敞开进程,却是以各自的方式推进了存在之问中人与世界的二元对立。这种二元对立的具体形式是心物分裂,最后是心对物或者说人对自然的任意安排,进而导致观念、意志、权威、权力对人的任意安排,心与物、人与自然的二元对立演绎出来的最终结局是人对人的敌对,以及人对人、物对人、技术对人、欲望主义的权力对人的多重统治与奴役。生态理性的责任,就是对哲学和理性的刮骨疗伤,消除哲学和理性的如上诸种堕落而回归其原本的生态整体自身。

生态理性的自身品质既是整体的,也是生态的,是生态整体诉求的。生态整体性,是生态理性的自身规定。这一自身规定源于生态理性蕴含如下三个维度的生态整体思想。

首先是生态整体生成生态理性的**关联**思想。这一关联思想根源或者内生于存在本身,在存在世界里,无论整体存在还是具体存在,其发生学的固有存在姿态(样态和型式)是关联地生成,并且其存在敞开生存的本原性位态(不可逆的朝向及可能性)同样是关联地生成。存在与存在之间,以及存在者与存在者之间关联存在敞开为生态整体性。生态整体性为所有存在于其中的存在者既是存在客体又是存在主体提供了机会,并由此为存在与存在之间、存在者与存在者之间构成主体间性的关联存在提供了土壤,也为其主体间性的关联存在提供了依据及解释的理由和机制。或者,如果把一切存在者看成是存在的主体的话——事实上所有的存在者都是他作为存在的存在主体,那么,存在者之间以及存在与存在之间的关联存在本身就是主体间性,并呈主体间性。从主体间性观,存在者的主体间性完全地来源于存在者之本能的外倾性,存在者之本能的外倾性表征为任何一个存在者都本能地把自己的存在朝向外置,并内生出生命本能的对外渴望。

其次是生态整体生成生态理性的**生生**思想。这一生生思想同样内生于存在本身,准确地讲,内生于存在者与存在者、存在与存在、具体存在与整体存在、现实存在与潜在存在以及过去存在与未来存在之间的关联进程之中,是其关联存在的内在机制和内生动力,这就是生育和生殖。生态,即存在之间的关联存在,关联存在的本质是生成,生成的灵魂是生育和生殖,存在之关联生成的生育机制和生殖功能,既意味着存在的无限可能性,更意味着存在的绝对有限性。因为生育机制,一切都获得无限可能性;由于生殖功能,所有无限可能性都是有限的。生态理性就是其无限可能性与绝对有限性之间生成敞开及生生不息的张力状态。

最后是生态整体生成生态理性**连续统**思想。这一连续统思想仍然内生于存在本身。因为关联生成的存在之是呈现出来的固有姿态,实是融通存在的静持之源;关联生成的存在之是敞开位态,实是融通存在的动变之源。存在的静持之源向其动变之源敞开与存在的动变之源向其静持之源回归的互为推动,形成**存在的连缀统**,或曰,存在——无论具体存在或整体存在、现实存在或潜在存在、已有存在或将来存在——都是以连缀统的方式关联生成、定向生育和可能生殖。

存在之是关联生成和关联敞开的连缀统,生成构筑起作为人的存在之间的**意识的连续统**,也构成人的意识的连续性的根源。由于人的意识的连续性生成的真正的土壤和最终的根源是存在之是关联生成和存在之是关联敞开的连续统,人的意识的连续性从意识的自我性和意识的对象性两个方面铺开成为可能,这种可能生成出两个方面的实质要义和内容:一是使人的意识的自我性将自己的存在纳入时间之流,形成历史的存在者,使意识朝内、朝向模糊、朝向黑暗,朝向不可知的遥远的自我之存在之源,所以意识的自我性即意识的自我溯源,人的意识的涌动必然带动首尾相联的源与流交汇生成的连续统。二是使意识的对象性即是意识始终是对对象的意识(自我在意识面前同样是一个对象),意识的对象性实际上是把自身存在纳入空间之场中,使自己成为空间的存在者,使自己与世界的关联性变成空间化敞开为时间之流的对象,或者说使自己与世界的关联性存在事实变成意识运动河流中的关联存在世界。

因为从存在之关联生成和关联敞开的连续统这一源头讲,人的存在意识的连续性,即生命的时空化和场域化的感性展布形态。因为"自然的每一点都向外发展并且和更多的点会合;就我们可能正在考虑的任何一点而言,唯一的问题是：我们必定要深入自然的其余部分才能完全超过自然的过多的部分。目前立即出现在我们每个人的内在生活之脉动里的是一点点的过去，一点点的未来，一点点意识到我们自己的身体，意识到相互的容貌，意识到我们想要谈论的这崇高的事物，意识到地球的地形和历史的方向，意识到真理和错误，意识到好和坏，以及意识到谁另外还知道些什么，等等。你的内在生活的脉动，不管多么模糊地而且下意识地感觉到这一切事物，它是和这一切事物相连续的，属于这些事物，而且这些事物也属于你的内在生活的脉动"①。

其六，观念理性从本体论形而上学向认识论形而上学再向实践论形而上学方向演进的进程中，一切都沦为工具，一切被沦为工具本身就是一切都成为使用物而被强行定义为使用价值。世界是如此，存在是如此，生命是如此，人最后更是如此，最后剩下的主体只有利欲和由利欲武装起来的权力，对人的权力、对物的权力和对存在世界的权力，尤其是在实践论形而上学的科学本体论充斥世界之今天，使用价值的统摄和规训一切，即使是绝对地拥有无限绝对权力的欲望者，也成为他本身的欲望和欲望把持的权力的工具和使用物，也只有使用价值。这是实践论形而上学所构筑起来的科学本体论世界的基本面貌和整体面向。正是这一基本面貌和整体面向，才标志世界的全面堕落——哲学的全面堕落和理性的全面堕落。生态理性作为存在之问的方式，其实质的意义即拯救，即对哲学和理性全面堕落的拯救，其拯救的基本方式就是撤除工具主义的牢笼和使用价值论的铜墙铁壁，重建存在价值观和存在本体论，重建有限理性的形而上学。

---

① ［美］詹姆斯：《多元的宇宙》，吴棠译，商务印书馆2002年版，第155页。

第 2 章　共生存在

哲学从天启走向人为,就是敞开存在之问的理性道路,即以理性方式展开存在之问。以理性方式展开存在之问所关注的首要的,同时也是根本的问题,就是"存在"本身。

"存在"本身之成为哲学的首要问题和根本问题,源于两个方面因素的激发。一方面,"存在"本身构成天启哲学向人为哲学演进,并使哲学成为人的哲学的标志,因为在天启时代,哲学作为天启的方式并不是为解释人的存在而产生,而是因为人对存在世界的困扰而以自己的方式去解释神的存在。神的存在是高高在上于人且笼罩人的天空般的存在,人的存在却是双脚沉陷大地之中的存在。"存在"之成为哲学的首要问题和根本问题,源于存在之于人是属大地的,是由属大地的人引发出来的。由于它是由沉陷大地之中的人仰望天空引发出来的根本困惑与问题,所以存在必然是常识的,存在之问源于常识,始终散发泥土的气息。另一方面,与常识相伴随的"存在"之于人的存在敞开,并不是一种定格、一种完成、一种一劳永逸的刻板印象,它始终是鲜活的,并且始终以鲜活的姿态和方式与世界、与生命、与万物、与人包括与昨天和今天、与实在可预期的明天和无限想象的将来紧密关联在一起,或者存在本身既是可具体为这些任何的方面,也是其所有的一切。海德格尔在《存在与时间》出版二十六年之后的第七版序言中写道:"第二部将不再续补了,除非我们打算重写第一部。但是,**即使在今天,这条道路依然是必要的,追问存在的问题正激荡着作为此在**

的我们。"（引者加粗）①

存在，是一个永恒敞开的问题，它由此成为一个**每日的此在**问题。正因为"存在"成为每日的此在，所以它才成为哲学的永恒问题。追问存在本身，构成哲学的本分，也是哲学存在的标志。

一 "存在"发生学

"存在"是发生的，也是敞开的。

"存在"由人引发，却发生于人对它的引发之前。由此，存在的发生学，实是宇宙发生学、自然发生学、世界发生学、世界生命发展学；同时，存在的发生学，也是创世论，是上帝发生学。由此有了世界，有了宇宙自然，有了万物生命，有了各类物种，有了人的动物存在向人文存在方向的敞开，有了无限可能的继发生，比如再发生和重复发生，比如创造和毁灭，以及昨天之于今天或者明天之于后天可能在内容方面产生出许多新质，但在形态学方面都始终在日复一日地重复发生着。

存在的原发生与继发生、继发生与重复发生敞开之链，使"存在"本身成为复杂，变得扑朔迷离，成为人为揭露它、敞开它的无限可能性，这就是"存在"之发展。

"存在"之发展，是指哲学发问"存在"展开的道路，它是建立"存在"本身"存在"的基础。存在本身存在，不是问题，而是存在本身，或者说存在常在本身，存在常在之于人（存在、生存、生活）即常识。这种常识可具体到见怪不惊的日出日落，或风雨雷电，打情骂俏以及老婆孩子热炕头，这种存在常在也可被大众表述为抽象的命运和各种各样的无限想象、艺术和文学，则是对存在常在之大众想象的超越性敞开方式；哲学，同样是对存在常在的大众想象的超越性敞开方式。所不同者，生活大众对存在常在的意识是知觉方式，艺术和文学对存在常在的意识是心觉方式，哲学对存在常在的意识是理性方式。

---

① ［德］马丁·海德格尔：《存在与时间》，陈嘉映、王庆节译，熊伟校，生活·读书·新知三联书店1987年版，第5页。

1. "存在"概念的敞开

以理性方式敞开对存在常在的意识的最初方式,是经验导向的理性方式。这种经验理性方式形成哲学对存在常在的意识没有完全摆脱大众的知觉经验的方式,但其不同于大众的知觉经验方式的根本方面是:在生活大众对存在常在的知觉经验中,是见山是山,见水是水,见人是人,见鬼是鬼;在哲学家对存在常在的经验理性中,是见山不是山,见水不是水,见人不是人,见鬼不是鬼,因为看到的山、水、人、鬼是运动和变化,其动与变的背后隐藏着同一的非动与不变。经验理性哲学要从存在常在的变和不变中发现共同的"不变",经验理性坚信,哪怕是动与变本身也具有**持己常在**的东西,比如赫拉克利特讲"永恒的活火",既然是燃烧不熄的活火,其始终"燃烧不熄"就是其"活火""持己常在"的那种状态、那种东西、那种实在,赫拉克利特用 logos 概念来表述它、来呈现它。如第 1 章所述,经验理性作为理性的起步,蹒跚向前的必然走向就是进入观念理性,观念理性哲学对存在常在之山、水、人、鬼又从"不是"状态进入了"新是"状态,这就是"见山是山,见水是水,见人是人,见鬼是鬼"。

观念理性从经验理性的"是见山不是山,见水不是水,见人不是人,见鬼不是鬼"重新发现"见山还是山,见水还是水,见人还是人,见鬼还是鬼"的标志,就是将存在常在的存在状态用"estin"(中文译为"有"或"存在")概念予以定型和固化。

提出"存在"(estin)概念和观念的是巴门尼德。巴门尼德提出"存在"概念,是为解决"是见山不是山,见水不是水,见人不是人,见鬼不是鬼"如何呈现它原本的"是见山还是山,见水还是水,见人还是人,见鬼还是鬼"的存在状态。具体地讲,如何在"变中不变"和"不变中变"的 logos 中剥离出所有感性的、易变的、多的东西,使之凸显出不变、恒存之存在本身。这就涉及一个问题,即"何为存在"的问题,巴门尼德自己予以解答,这种解答可看成是**描述性**定义:

> 真正信心的力量决不容许在"存在"以外,还从"非存在"产生任何东西;所以正义决不放松它的锁链,容许它生成或毁灭,而是将它抓

得很紧;决定这些事情的就在于:存在还是非存在。①

如上是巴门尼德《残篇》第十八第十三行以下的最后一段文字。《残篇》第九至第十八是巴门尼德关于"意见之路"的讨论。如上文字可看成是巴门尼德对"意见之路"的讨论的结束语,指出"意见之路"不能探求到真理,探求"真理之路"需要抛弃赫拉克利特关于"一切皆流、万物常新"的路子,在巴门尼德看来"我们踏进又不踏进同一条河,我们存在又不存在"②不符合存在本身,所以"存在还是非存在"成为根本问题。巴门尼德在这段话中将这个问题提出来了,并指出:"决定这一切问题的关键在于:存在还是非存在",所以"'存在'和'非存在'这一对范畴以及在此基础上提出的命题,乃是巴门尼德全部哲学理论的基础。"③ 巴门尼德在提出"存在"问题时就以他的方式解答了这个问题,他说:"存在者存在,它不可能不存在。"④但与此同时,巴门尼德也认为"存在是不存在的",并指出"非存在必然存在"。所以,在巴门尼德那里,"存在"还是"非存在"原本是两个对立的问题,也由此成为存在哲学的两个对立的判断。

第一个判断:**"存在是存在的,它不可能不存在"**。基尔克、拉文将其译成"that it is and cannot not be";弗里曼将其译成"that IT IS, and it is not possible for IT NOT TO BE";国内学者将它译成"存在物是存在的,是不可能不存在的"⑤。存在被视为是敞开通向真理之路,因为"存在是存在的,它不可能不存在"表明:通向真理的道路,是个体达向整体、具体进入一般的道路,也由此开出存在者与存在的区分;**存在者**可以有,也可以无,比如张三昨天还活着,今天死了。但**存在**是有,只能是有,并且一直是有。人、灵魂、神、上帝,无不存在,无所不在。

第二个判断:**"存在是不存在的,非存在必然存在"**。基尔克、拉文将其译成"that it is-not and needs must not-be";弗里曼将其译成"that IT IS NOT,

---

① 汪子嵩、范明生、陈村富、姚介厚:《希腊哲学史》第1册,第592页。
② 北京大学西方哲学史教研室编译:《西方哲学原著选读》上册,商务印书馆1982年版,第23页。
③ 汪子嵩、范明生、陈村富、姚介厚:《希腊哲学史》第1册,第592页。
④ 北京大学西方哲学史教研室编译:《西方哲学原著选读》上册,第31页。
⑤ 汪子嵩、范明生、陈村富、姚介厚:《希腊哲学史》第1册,第593页。

and that IT is bound NOT TO BE"；国内学者将其译成"存在物是不存在的，非存在必然存在"①。存在被看成是敞开通向不可思议道路，因为将"存在"潜伏的根本问题呈现了出来：存在常在包含了许多甚至全部，存在论是晦涩的、晦暗的、难透明的。

巴门尼德沿着克塞诺芬尼的"一"神论路子提出"存在"（estin）概念之始，就使"存在"问题成为一个异常复杂的形而上学问题，或可说"存在"概念开启了哲学的形而上学之路，使哲学获得了本体论的筑基地位。虽然"存在"概念的诞生开启了形而上学，将哲学的存在之问变成复杂得难以最终求解的根本哲学问题，从而推动着"存在"论的发展。但是，无论"存在"论问题如何复杂和怎样扑朔迷离地体现其难求解性，从哲学作为对存在世界的概念式反思角度观，复杂的"存在"哲学始终保持其**概念生成**的**本源语义**。汪子嵩等人指出，巴门尼德提出"存在"概念，分别用了三个词来表述：第一个词是"estin"，它是作为联系动词 eini（相当于英语"be"）的主动语态现在陈述式的单数第三人称，相当于英语"it is"，既可作实义动词"存在"讲，也有联系动词"是"之含义。第二个是中性动名"eom"，加定冠词 tou eom，表"存在"；加否定形式 mei eom，表"非存在"。第三个是不定式"einai"，表"存在"；加否定词 mei，表"非存在"。② 通过如上三种表达方式可以看到，巴门尼德"存在"本是联系动词"是"，且表达"有"义。其"非存在"，由于其词根来源，往往多从形式逻辑角度将其理解为一个"负概念"而无意义，并将其译为"不存在"，这与巴门尼德本人的思想相佐。因为"非存在"是巴门尼德"存在"论思想中最为深刻的一面，在巴门尼德的存在论思想中，存在是存在的阳面，"非存在"是存在的阴面。或者说，存在是存在最易于被直观被理解的一面，非存在却是存在之最不易直观和理解的一面。存在论的复杂性、晦暗性、扑朔迷离的难以把握性，主要不是存在的存在面，而是存在的非存在面。或可说，真正通过"存在"概念开启形而上学道路，并从此以后将哲学定格为形而上学的那个东西，不是"存在"，而是拷问存在时不得不解决"非存在"的问题。试图通过"存在"解决"非存

---

① 汪子嵩、范明生、陈村富、姚介厚：《希腊哲学史》第 1 册，第 593 页。
② 汪子嵩、范明生、陈富村、姚介厚：《希腊哲学史》第 1 册，第 394—396 页。

在",并企图通过对"非存在"的解决来证明"存在",构成完整的存在论,也由此构筑起形而上学的基本框架。

> 形而上学的核心论题是存在论(ontology),即存在研究(study of Being)。"ontology"一词源自古希腊词"on"(复数形式为"onta"),是系词"einai"(是,在)的现在分词。如同在英语中那样,定冠词在希腊语里可以置于分词之前,借此表示**一类**人或物,譬如,当我们谈及在世者(the living)或临终者(the dying)时,我们意指所有现在活着的人或所有现在将死的人。存在论的创立者巴门尼德,他在界定自己的论题时,将定冠词"to"置于分词"on"之前,由此形成"to on",字面意思为"the being",其样式类似"the living",实际意指所有存在(all that is)。这一表达词组习惯上被译为大写的英语词"Being"。小写的英语词"being"在哲学中有两种用法,第一用法相应于希腊语的分词(the Greek participle),第二用法相应于希腊语的原形动词(the Greek infinitive)。我们可以说,使用分词形式的 a being 是指一个**存在的个体**(an individual that is);使用动名词的 being,实际上是指**任何**个体存在者所参与的东西。诸个体存在者的总体的构成存在(Being)。(引者加粗)①

哲学史家安东尼·肯尼指出,如上相当枯燥的语法上的区分需要澄清,因为忽视这些语法方面的区分就有可能(而且实际已经)导致一些哲学家思想上的混乱。为了搞懂巴门尼德的想法,还需要进一步对 Being 与 existence 作出区分。英语中的"to be"(是)与希腊语对应词的意思可以确指"to exist"(在)。诗人威廉·华兹华斯(William Wordsworth,1770 - 1850)说:

> 露西活着时默默无闻
> 当她停止存在时(ceased to be)
> 更是鲜为人知。

---

① [英]安东尼·肯尼:《牛津西方哲学史 第 1 卷·古代哲学》,第 235—236 页。

系词形式（to be）在英语中的用法大多限于诗性描述，但当我们想要表示金字塔依然存在而罗得岛巨人雕像已不存在时，若用系词形式来言说这类事物就不自然了，"金字塔是在，但罗得岛巨人雕像不在（The Pyramids are, but the Colossus of Rhodes is not）"。不过，比喻性的陈述在古希腊语中是十分自然的，巴门尼德所谈的 Being 肯定包含系词（be）的这层意思。所以，Being 包含两层意思，即：**所有本质存在**与**所有存在者**。（引者加粗）①

"存在"虽然是一个异常复杂的形而上学问题，但无论怎样复杂，从哲学作为对存在世界的概念式反思方式角度观，复杂的"存在"哲学，始终保持其**概念生成**的本源语义。巴门尼德对"存在"概念的三重陈述是从不同角度揭示真实的存在世界的静止不变性："在巴门尼德看来，Being（存在）不仅意指什么东西存在，而且意指任何包含系词（is）的句子所描述的东西是真实的。同样，being（存在者）不仅表示实存着（existing），而且表示存在状态，譬如是热或是冷，是土或是水，等等。依据这样的解释，存在（Being）就是一个要比实存物的总体（the totality of existents）更为丰富且更令人迷惑的领域了。"②

综上，"Being"的本源语义就是"所有本质的存在和所有存在者"，而且"所有存在者"（being）既"实存着"更敞开为"**存在状态**"："存在不是过失存在，也不是将来存在，因为它一直是现在这样，作为单一的、连续的整体而存在；你能为它找到什么样的创始呢？"（残篇第八第5—8行）"存在还是不可分的，因为它是完全一样的，它不会这里多些，那里少些，因而妨碍存在联系在一起，毋宁说存在是充满的、连续的，存在和存在是紧紧相联的。"③（残篇第八第22—25行）"存在"概念的词源语义呈现出来的这种具有**多元生成性**的语义张力，开出存在哲学的各种可能性。苏格拉底探求人的生活世界的"普遍定义"，柏拉图的"型相"本体论，亚里士多德的实体论

---

① ［英］安东尼·肯尼：《牛津西方哲学史 第1卷·古代哲学》，第236页。
② ［英］安东尼·肯尼：《牛津西方哲学史 第1卷·古代哲学》，第236—237页。
③ 转引自汪子嵩、陈富村、姚介厚《希腊哲学史》第1册，第601页。

形而上学和"四因说",近代以笛卡儿为代表的唯理主义,以及20世纪的存在主义哲学等,都可看成是"存在"概念自身蕴含的这种多元生成性张力的个性化敞开方式,尤其成为20世纪哲学高峰的海德格尔的存在哲学的源泉。海德格尔对胡塞尔创立的现象学的发展,是以回归柏拉图讲的存在的本体世界(world of being)的时代性重建为努力方向,所以海德格尔主张"现象学的首要任务在于研究存在(Sein)的概念,它先于意识与现实之间的分离"①。海德格尔回到古希腊,从巴门尼德的"存在"概念入手,重新挖掘其思想资源,其重心是重新探查巴门尼德的"存在"概念,从"存在"概念蕴含的将"过去存在"和"将来存在"的"现在"化中挖掘出存在的时间性,从存在中的存在者"连续的、不可分的"以及"存在与存在紧紧相联"的"实存着"敞开其"存在状态",发现存在对存在者的包融性和存在者对存在敞开的进程性,由此打开了"存在"的全新视域,海德格尔为此创造了一新的存在概念——Dasein。"'此在'的原始因素是'在世界之中存在'(bing-in-the-world),思考只是与世界打交道的一种方式而已:基于世界行动与对世界产生反应至少是其重要的因素。'此在'先于思维与意志或理论与实践之分。"②海德格尔用"此在"来表述巴门尼德的"存在",是为凸显巴门尼德"存在"概念里最深刻的隐而未发的词源学语义,即"所有本质的存在"都是"在世之在";所有"在世之在"都"在世之中",即都是"实存着"的敞开"存在状态"。

2. "存在"的解释空间

哲学敞开"存在之问"之难,在于提出"存在之问"不易,更难的却是对提出的"存在之问"的求解答。前者源于存在之问本身的开放性、晦暗性、扑朔迷离性;后者因为前者而形成的视域遮蔽性、不确定性以及由此形成的被解构性。这两个方面合生为存在之问的根本问题,即"何为存在"?这个问题自巴门尼德提出"存在"概念之时就产生了,由此铺开"何为存在?"的求证之途,并成为哲学"发展"的根本动力。

---

① [英]安东尼·肯尼:《牛津西方哲学史 第4卷·现代世界中的哲学》,梁展译,吉林出版集团有限责任公司2012年版,第93页。

② [英]安东尼·肯尼:《牛津西方哲学史 第4卷·现代世界中的哲学》,第94—95页。

第 2 章　共生存在

巴门尼德提出"存在"概念，不得不围绕"存在"概念展开解释，以明朗"何为存在"。巴门尼德提出"存在"概念之后，何以要解释"何为存在"？因为"存在"不仅关联着"非存在"，也关联着存在个体和存在整体，更关联着存在与语言、存在与思维等问题，但最为紧要和最为根本的方面是存在与非存在的对应性，它构成"何为存在"的难解难题：

> 现在只留下一条途径可以言说，这就是存在是存在的。在这条途径上有许多标志表明：存在是不生不灭的；存在是完整的、单一的、不动的、没有终结的。（巴门尼德《残篇》第一）

如上文字是巴门尼德《残篇》的开篇语，集中解释"何为存在"。在这段文字中，巴门尼德首先定义什么是存在，巴门尼德说**"存在是存在的"**，也就是说**存在就是存在**，或曰**存在存在**。

巴门尼德对"何为存在"的解释，也可视为对"存在"的定义，却是同语反复："存在是存在的"或者说"存在存在"，这是用被解释的对象为工具来解释被解释的对象，这种同语反复的解释方式或者说定义方式，既不合语法，也不合逻辑。这种既不合语法也不合逻辑本身暴露出巴门尼德解释"何为存在"的窘迫状况，这种窘迫状况正好揭露"何为存在"的问题虽然作为一种问题是成立的，却很难解释和定义。这意味着存在之问难以承接语法和逻辑的规训，或许表明常规的浅表意义的语法和逻辑并不构成对存在之问的节制，根本理由或许在于存在之问自成语法和逻辑，"何为存在？"自成的语法和逻辑就是"存在是存在的"，就是"存在存在"。虽然如此，存在之问的解释者是存在的发问者，具体地讲是哲学家，他追求存在之问自身逻辑的自明性，对存在"何以存在"的解释却要面对大众，即面对听众和读者，由此，存在之问的解释又不得抑制甚至抛弃自成的语法和逻辑而迎合常规的和浅表的大众语法和大众逻辑。于是就有了巴门尼德对"存在是存在的"或者说对"存在存在"的如下具体解释。

第一，存在是既不生成也不消灭的。（《残篇》第一第 6—21 行）

存在存在之于巴门尼德言，即存在始终存在，既不生成也不消灭，意为存在存在，就是存在恒定、存在常存、存在永在，存在存在意味着存在在任何情况、任何境遇、任何时空状况都持存自己，都守己不渝，并始终如一。所以巴门尼德如是说："存在不是过去存在，也不是将来存在：因为它一直是现在这样。作为单一的、连续的整体而存在；你能为它找到什么样的创始呢？"（《残篇》第八第5—8行）存在以**恒定、常存、永在**方式存在，不生成也不消灭，是因为存在就是存在，存在就是存在存在，存在存在就是现在。存在存在，就是现在存在，就是存在存在现在和存在现在存在，过去和将来都通过现在集聚，都在现在集聚。海德格尔的存在论回返巴门尼德，从巴门尼德中挖掘存在真谛，重建此在存在，实得巴门尼德存在存在现在和存在现在存在之存在论精髓。巴门尼德的存在存在论由此更为明朗的存在存在现在和存在现在存在表达的秘密，被海德格尔揭露，并以此作为自己的存在论主题予以凸显和宏大。

不仅如此，存在存在现在，意指存在既没有过去，也没有将来，因为过去和将来都会聚于现在之中而是现在本身。存在现在存在，是指只有现在存在，存在存在，就是现在存在，只有通过现在，存在才存在。存在存在现在和存在现在存在从两个方面表明或明确告知：存在没有发生学，没有起点，也没有终结论，没有归宿，现在就是存在存在：存在存在就是存在，就是一切现在和现在的一切。所以，一切都是存在存在。

第二，存在是"一"，是连续不可分的。（《残篇》第一第22—25行）

这是存在存在的自我保证，也是存在存在的自我明证。因为，存在缺乏连续性，那么存在可分；存在可分，则意味着存在不在。而"存在还是不可分的，因为它是完全一样的，它不会这里多些，那里少些，因而妨碍存在联系在一起，毋宁说存在是充满的、连续的，存在和存在是紧紧相联的"（《残篇》第八第21—25行）。存在存在之将过失和将来会聚于现在，是因为存在是不可分的，是连续不间断，过去和将来、存在与非存在、具体和整体，甚至有与无等都**会聚地涌现**于现在，都**通过现在**涌现。存在存在，就是现在存在，现在存在也是过去存在和将来存在。换言之，过去存在和将来存在以现在方式存在。拆开来讲，存在存在，就是现在存在，而现在存在也是过去存在，更是将来存在。所以过去存在和将来存在之能向现在存在涌现，并以现在存在方式敞开，是因为存在本身是不变的，存在的不变性，才构成存在；存在本身的不变性，才使已发生的过去存在和可发生的将来存在必然地与现在存在同一，必然地以现在存在方式呈现。存在之不变性，就是不仅始终保持"一"，始终保持"不可分"，更在于始终自存衡常性、均等性，始终保持"充满的、连续的"和存在与存在之间的紧密关联性。存在存在的这些特征，表明存在存在的**场域性**。有关存在存在的场域性，海德格尔在从巴门尼德的存在论世界中走出来重建巴门尼德的存在时，不仅提出"此在"，而且提出"在世之中"和"在世之在"。前者是对巴门尼德的存在现在论的重新解释，"在世之中"和"在世之在"是对隐含于巴门尼德存在存在论中的存在场域论的个性化敞开，但由于海德格尔依然采取静态主义的形而上学传统而更强调和凸显时间之维，相对忽视其空间之维，因而其时间与空间互为推进的存在视域被遮蔽于外（见本章第三部分）。

第三，存在是不动的。（《残篇》第八第 26—31 行）

对"何为存在"的解答，就是存在存在。存在存在的呈现就是现在，存在存在现在和存在现在存在揭示存在存在必以现在对未来和将来的保证。存在存在以现在对未来和将来的保证为根本前提，却是存在本身的恒定、常存、永在，这是存在存在的本质规定，也是存在存在现在和存在现在存在的内在定力：存在存在是因为存在不变。存在不变，就是存在不动。存在不动，是指存在存在的根本保障，就是存在必须剔除所有动的因素、变的因素、非连续的因素、可分的因素。这是为什么？

> 存在被强有力地锁在有限的范围内，它没有开始和终结，因为生成和毁灭已经被真正的信念赶得很远了。存在自身静止在同一个地方，永远停留在那里，因为强大的必然性，将它牢牢地锁在有限这一范围内，使它在各个方向都一样。（《残篇》第八第 26—31 行）

理由是自明的。一旦存在变，存在动，存在非连续，存在可分，存在就不能被锁定在"有限的范围内"。这个"有限的范围"就是不变、不动，就是过去存在与将来存在与现在存在的同一，就是过去存在和将来存在只能通过现在存在**涌现**且始终保持"不多一分"也不"少一分"。存在一旦不能锁定在如上性质和如上内容的"有限的范围内",存在就会发生开始,产生终结,这样,存在存在就会被瓦解。

更重要的是,存在没有开始,没有终结,实是说存在本身**既是开始也是终结**。对于存在世界言,开始意味着发生,发生源于本原,所以,开始将存在世界的本原问题凸显了出来。同样,对于存在世界言,终结亦意味着发生,如果说开始意味着原发生的话,那么终结意味着继发生。不仅如此,终结的发生,意味着归宿凸显。所以,终结将存在世界的归宿问题凸显了出来。存在存在论,阻止了开始和终结的产生,实是阻止了原本和归宿对存在的分裂:存在存在的实质,是存在本身既是本原的,也是归宿的,是对本原论和归宿论的自统。由于对本原和归宿的自统,存在本身就是本原和归宿,所以,存在没有开始,没有终结,当然也就没有变化,没有运动。因为,存在如果不能自为本原和归宿,本原与归宿将与存在形成三足鼎立之势,其结果必然是很糟糕的,即本原可能是具体的、多的、变化的;归宿可能逃逸存在本身而自立。所以,为避免如此,存在**被它自身**强有力地锁在"有限的范围内容"。

巴门尼德之所以用"存在"来解释"何为存在",指出"存在是存在的",定义"存在存在",是因为存在囊括了一切,包括过去和将来,包括不变与变,包括存在与非存在,包括本原和归宿。巴门尼德认为,存在存在是因为它"被强有力地锁定"的结果。存在是被什么东西"强有力地锁定"呢?答案只有一个,那就是"存在"本身,因为存在是"一","没有开始和终结"。存在被存在强有力地锁定在"有限的范围内",这种表述的逻辑就是**"存在存在"的逻辑**,就是存在论的逻辑。"存在被存在强有力地锁定在有限的范围内"这种表述的逻辑,如"存在存在"的表述逻辑一样,给对存在的理解开出了多种可能性。在"存在被存在强有力地锁定在有限的范围内"这一表述逻辑中,实际地伫立着上帝:存在存在统摄了创世纪的上帝,由此使存在本身获得了本原和归宿,将开始和终结统一为自身。存在存在的"一"神论思想实蕴含了上帝的理念和信念,巴门尼德讲"生成和毁灭已经被真正的信念赶得很远了",这个将"生成和毁灭"赶得远的信念,就是隐藏于"存在存在"之中**实际地**取代或者说统合开始和终结、本原和归宿的那个上帝。这是中世纪的神本存在论之可能敞开的源头活水。

第四，存在是完整的、其形如球体。（《残篇》第八第42—49行）

这应该看成是对如上三个方面"何为存在"的具体解释的概括：由于存在的不生不灭蕴含恒在性、连续性和不变性，存在必是"完整"。什么是完整？什么是存在完整？按常识，完整就是不残缺，所有必要的要素都存在。显然，这种意义的"完整"并不是"存在"之"完整"。存在完整，不是指要素齐全、不残缺，而是指囊括过去和将来、有和无、存在与存在、存在和非存在、开始和终结、本原与归宿于一体的存在，是无缝的，是首尾一体的，是闭环的，是可滚动存在的，巴门尼德用"**球体**"来描述存在存在的形体、形态、方式。巴门尼德解释道："由于有一个最边远的界限，存在在各个方向都是限定的，很像一个滚圆的球体，从中心到任何一个方向都相等，因为它不可能在某一方向大一点或小一点。还因为没有一个非存在阻止存在在各个方向相等。也没有一个存在比另一个存在少些，原因是存在是完全不受侵犯的，因为它在各个方向都和自己相等，所以它和边界的距离相等。"（《残篇》第八第42—49行）

巴门尼德用"球体"来解释"何为存在"很是形象。球是圆形，而且是三百六十度的圆形，它的内部结构是纵横上下直径相等，并且在直径的坐标上，任意一点始指向任意一点都是相等的，不存在方向的大小，不存在直径的非对等性，边界和距离始终相等，而且可避免外来因素的侵犯，形如球体其存在本身就是铜墙铁壁。虽然如此，存在是不动的，是不变化的，是连续的，但并不意味着存在是不动的；存在也是运动的，但这种运动不是具体的运动，不是变化的运动，不是位移的运动，不是要素的增多或减少的运动，而是整体的运动，是存在存在的运动，存在存在的运动，就是存在以存在方式运动，存在以存在方式运动就是**存在以球体方式运动**，这种运动使过去存在成为现在存在，使存在存在成为将来存在，只是球体般的运动，而没有任何的变化，存在存在从过去到现在再至将来，只是存在存在的"位移"，而无存在存在的"量变"和"质变"。哲学发展史的辩证法，无论唯物辩证法，或是唯心辩证法，还是否定辩证法，都可在巴门尼德的"球体"式存在存在中找到最终的起点和源泉。

第五，只有存在可以被思想、被表述。（《残篇》第二和第八共出现五次）

存在存在，是因为存在囊括一切，甚至包括开始和终结、本原和归宿。存在存在，是因为存在以球体方式运作存在、敞开存在。存在存在，就是存在存在，不需要条件，不需要解释，因为存在存在本身是一切条件，也是全部解释。所以，相对宇宙自然，相对万物生命，存在即存在自在，宇宙自然、万物生命都因为存在而存在。虽然如此，相对人这一物种言，存在可以被思想，存在更可以被表述。但是，存在与思想之间的理想构成状态，**实应是思想进入存在，而不是存在进入思想**。如果存在进入思想，存在就会被改变，一旦被改变的存在，再不是存在的存在。并且，存在存在是球体方式敞开的，它无所侵入，基于存在的自为这护卫方式，思想根本无法进入存在。由于思想不能进入存在，思想只能在球体形态的存在存在之外审视存在，所以，不仅存在不能进入思想，就连思想也**不能真正进入存在**。所以，巴门尼德虽然指出存在可以被思考，又马上解释道："所谓思想就是关于在的思想，在存在以外，没有也决不会有别的东西。因为命运将存在作为一个不动的整体拴在一起了。因此，凡人们在他们的语言中加以固定的，自以为是真的东西不过是空洞的名称，如生成和毁灭、存在又不存在、位置的改变，色彩的变化等。"（《残篇》第八第34—41行）自在的存在与人为的思想之间，构成**实与名**的关系。存在是实在，是恒在，是常存，是永在之实，是不变的球体之实；与此相反，思想虽然指向存在，只是对存在的赋名。向存在赋名，这是人求解存在的方式，也是唯一的方式，这种方式的展开和运用所得到的一切，相对存在存在本身言，只是名，并且只是"空洞的名称"。并且，存在被思想所赋形的空洞的名，虽然对存在存在没有任何用，而且存在存在也不需要思想和名，因为它本身就是思想，就是思想的源泉和全部的名的来源。但对人很重要，对人的存在很重要。所以，存在被思想之于人来讲是必要的，也是根本的。但人对存在的思想，也需要条件，这种条件就是：只有心灵才可向存在思考，向存在求得名称并获得思想。所以，巴门尼德告诫人："要用你的心灵（努斯）牢牢注视那遥远的东西，好像近在眼前。因为不能将存在和存在的联系割开，既不能让存在的秩序瓦解，也不能使它们聚合在一起。"（《残篇》第四）

存在可以被思想，但思想不能进入存在，只是远远地眺望存在，而且这种眺望只能以敞开心灵的方式,所得只能是形态学意义的空洞名称,只能是对存在存在的想象化描述。所以,存在存在因为可以被思想,自然只能被表述,而不能被解释。巴门尼德在这里下了一个令人沮丧的判定:存在不能解释,人的思想不能解释存在,也不能解释存在。只能解释思想存在的思想和方式本身。这或许是哲学的天命:哲学敞开存在之问,始终属于西西弗斯的推石运动,当将"存在之问"之石推向接近存在存在的"山顶"时,它又轰然地滚向山谷之底,然后开始新的推动。

二 "存在"的发展

巴门尼德创造出"存在"概念,并从整体和具体两个层面对"何为存在"予以解释。巴门尼德既以"存在"的逻辑,又以大众的逻辑展开"何为存在"的解释,对"存在"做出了能够想象得到的各种规定。这些解释性规定赋予"存在"以无限可能的空间,立体呈现"存在"的自身规定,由此揭示对"存在"本身的可"思想"和能"表述"的实际命运,这就是"西西弗斯"命运。哲学的存在之问,就是推"存在存在"之石上山;哲学敞开存在之问,实是开启西西弗斯式前赴后继的推石运动。这一西西弗斯式前赴后继的推石运动,铺开了人类哲学的向前,其核心内容就是对"存在存在"的**思想**和**表述**的历史性敞开。对"存在存在"的思想和表述的历史性敞开,就是存在论的发展,铺开以思观存在、以范畴入存在和以时间入存在的存在之问道路。

1. 以思观存在

巴门尼德提出"存在"概念并对"何为存在"予以整体与具体两个层面的解释,既完成了对"何为存在"的确定性解答,也打开了"何为存在"的不确定性空间。巴门尼德之后的"存在论"发展,都是基于对巴门尼德"何为存在"的确定性解释基础上对巴门尼德"何为存在"的不确定性——晦暗性、模糊性、扑朔迷离性——求明朗的过程。毕生致力于阐述经院哲学之形而上学传统的法国哲学家吉尔松(Etienne Gilson, 1884 – 1978)在其《哲学经验的同一性》中揭示了作为"哲学经验的同一性"的形而上学原理;[1] 并

---

[1] Etienne Gilson, *The Unity of Philosophical Experience*, New York: Charles Scribner's Sons, 1937.

在其后出版的《存在和诸哲学家》①中系统阐述了欧洲哲学对"存在"（Being）概念的不同诠释，并在此基础上概括地归纳出存在论的柏拉图学派、亚里士多德学派、阿维森那学派和托马斯学派。从更为宏观的层面看，阿维森那学派的存在论和托马斯学派的存在论，都可看成是分别对柏拉图存在论和亚里士多德存在论的延伸性阐发。

柏拉图的共相存在论 柏拉图之前，哲学已明朗地开出由自然向人的方向铺开的进路，这条进路以智者运动为转折。智者运动之前的自然哲学，从米利都的**动静相生**的哲学转向爱利亚的**弃动驻静**的哲学，这一进程的标志是巴门尼德的"存在"论。智者运动之后开启的道德哲学，是以苏格拉底为标志，探求归纳论证的哲学方法和普遍定义何以可能。柏拉图对之前的哲学从自然存在向人的存在方向铺开的哲学思考予以**综合**，建立起整体论的存在世界视野，实现形成的世界与本体的世界的统一，也是自然存在的世界和人的存在世界的统一，柏拉图将这种统一予以"理念"（eidos，相当于英文 Idea）或"型相"（idea，相当于英文 Form）概念的定型。eidos 和 idea 都来自动词 ide（"看"），指看到的东西。但是，这里的"看"却不是**知觉**意义的肉眼之看，而是巴门尼德倡导的心灵（即努斯）导向的**理性**意义之看。其所"看到的东西"实是存在的"显相"，这个"显相"就是其"看"寻求对存在的本质和本体的把握的语言表述。因为根据巴门尼德关于"存在被思想、被表述"的定义，对存在之本质和本体的把握，也只是人思想存在获得的"空洞名称"。所以，根据巴门尼德对"存在可以被思想、被表述"之规定，人对存在的思想或者人思想存在，实是**以思观存在**。所谓"以思观存在"，是指以心灵为动力的理性（而不是知觉）的思维入手来认知存在，所以以思观存在是认识论的。柏拉图沿着巴门尼德的路子向前行，将存在（estin）表述为理念（eidos）或型相（idea），实是探求存在存在之普遍性（generality），企图揭示存在存在之"共相"（universal，普遍者）。在柏拉图看来，巴门尼德用存在来解释存在，并定义"存在存在"，是因为存在存在既蕴含**普遍性**，更隐藏共相。柏拉图对存在之如上发现予以整合而提出存在存在即存在"自身同一性"（selfhood）。

---

① Etienne Gilson, *Being and Some Philosophers*, Toronto：MediaevalStudies of Toronto, Inc., 1949.

在柏拉图看来，巴门尼德对"存在"予以"存在存在"的定义，并不是同语反复，而是揭露出存在的"自身同一"。柏拉图展开存在之问，实是以"型相"的话语体系来展开存在之问，来思想存在和表述存在，诉求存在的形成世界和本体世界的统一，建立起一个完整的形而上学体系，其真正的基石是巴门尼德的形而上学概念"存在"，柏拉图通过重新追问巴门尼德的"存在"观念来构建自己的形而上学存在论的真正出发点，是对巴门尼德的"存在"定义的重新定义。巴门尼德用"存在存在"（"存在是存在的"）来定义"存在"，柏拉图用"存在的自身同一"来描述"存在"，并用"型相"概念来定义"存在的自身同一"。表述存在的自身同一的"型相"概念构筑起柏拉图本体论形而上学的基石。柏拉图用"型相"概念来重新解释"何为存在"的问题，存在就是自身同一的型相。表述存在之自身同一的"型相"既是统摄自然世界和人的世界的概念，也是统摄形成的世界和本体的世界的概念，更是统摄普遍性和共相的概念。

柏拉图的"型相"概念，不仅重新解释和定义了"何为存在"的问题，而且从巴门尼德关于"只有存在可以被思想、可以被表述"的思想以及只有通过心灵（努斯）的努力来思考和表述存在的思想中发现了"以思观存在"的方法，建立起第一个敞开"存在之问"的主体性路径和方法，即"看"（ide）的心灵主义取向。希腊语 ide 的本义是有形事物的"形状""显相"，柏拉图从其"显相"意义中引申出"心灵的眼睛所看到的东西"，实是从"看"的知觉性引申出"看"的心灵性。知觉之看，是生物学意义的，在哲学层面，知觉之看开出"意见之路"；与此不同，心灵之看，是思想意义的，在存在层面，心灵之看开出"真理之路"。因为，知觉之看，看到世界的"**形相**"；心灵之看，看到世界的"**型相**"。知觉所看到的"形相"是具体的、变化的、非连续的单个存在物；心灵看到的"型相"是整体的、不变的、连续的、永在的。柏拉图就是这样地从 ide 的知觉之看和"形相"之看中发现（即引申）心灵之看和"型相"之看，不仅铺开一条探求存在之真理的道路，也构建一种探求存在之真理的方法。这种方法融合了主体与客体两个方面，这体现在既可将 ide 译成"理念"，也可译成"型相"。"'理念'的译法强调它是人的理智所认识的、外在的理智之中的存在；'型相'的译法强调它向人的理智所显示的是普遍存在的真相。"① 这表明在柏拉图的存在论世界里，存在之问的主体条件化的主体性的"看"，铺开存在之问发现存在的自身同一，是心灵之看的体现。心灵之看所看到的存在世界，既可用"理念"来表述，也可用"型相"来表述，前一种表述更强调看到的存在的主体性，即看到的存在的自身同一存在外在于心灵的"人的理智之中"；后一种表述更强调看到的存在的客观性，即看到的存在的自身同一虽然通过人的理智来显现，但它是存在世界普遍存在的真相。或者，用"理念"来表述存在，侧重人对存在的**思想**功能，突出存在的可认识性；用"型相"来表述存在，侧重人对存在的**表述**功能，突出存在的显相性。无论"理念"或"型相"，都不可能单独解释存在，因为柏拉图谨遵了巴门尼德关于"存在可以被思想、可以被表述"的教诲。从心灵之看（即"思"）切入解释"何为存在"的问题，实际上是解决"存在可以被思想、可以被表述"何以可能的问题。柏拉图也是沿着巴门尼德的思路做了整体的和具体的两个层面的解答。在整体的层面，柏拉图在解答"何为存在"时，采取重新定义存在的方式：存在即（存在的）自身同一。存在的自身同一的显相形态即是"共相"，它既包含了"普遍性"，也涵纳了"分有"和"摹仿"。在具体的层面，柏拉图从存在"可以被思想"和"可以被表述"两个方面展开来拷问其何以可能，可分别用"理念"和"型相"来表达，呈现"理念"和"型相"从不同的方面**显相**存在的自身同一，即显相存在的共相。这是柏拉图之要用存在的自身同一来定义"存在存在"的深度考虑，或者说，存在的自身同一既可显相为理念，也可显相为型相。唯有二者合生，才能构成存在自身同一之"共相"。

　　巴门尼德发现"存在是存在的"，并指出"存在存在"的存在既可被思想，也可被表述。也由此将存在与思想划了一条鸿沟：存在可以被思想，但**存在不能进入思想，思想也不能进入存在**，因为存在存在的实质是存在乃球体存在。所以，对存在的思想可以表述，但最终不能用对存在的思想来解释存在，或者说不能用对存在的思想来定义存在。柏拉图重新定义存在，不仅仅是对存在的重新定义，而是通过揭明"存在存在"不过是存在的自身同一，

---

① 赵敦华：《西方哲学简史》，北京大学出版社2001年版，第46页。

或者说存在的自身同一性形成了存在存在。在此重新定义存在的基础上，去填平巴门尼德为存在与思维所划定的那条鸿沟，即存在自身同一的存在论定义，宣告了存在与存在的**思想**同一，即"存在和思维是同一者"①。既然存在与存在的思想同一，那么语言既可表述对存在的思想，亦可解释"何为存在"。

亚里士多德的实体存在论　亚里士多德是柏拉图弟子，虽然也沿着柏拉图的本体论形而上学的路子向前推进，却在整体上与柏拉图的思想相佐。就存在论，巴门尼德对"存在"的定义和解释呈现存在与非存在、具体与整体、过去与将来等的综合取向和特征。柏拉图重新定义和解释"存在"侧重于存在之整体和存在之整体被认识被表达和被解释何以可能，因而，柏拉图的存在之问呈整体和纯一取向，剔除了"过去和将来"的时间之维，增强并突出了心灵和认知的作用。从哲学铺开存在之问的演进道路观，柏拉图完成了古希腊早期哲学的第一次综合，其综合意欲达及的目的是剔除理性中的经验因素，使理念进入**纯思的**观念层面，这种努力是使哲学自我纯化为单纯的本体论形而上学，所以早期的自然哲学（物理学和数学）均被形而上学化和本体化，用柏拉图的哲学语言就是"通种"化和"共相"化。这是柏拉图之以存在的"自身同一性"来重新定义巴门尼德的"存在存在"的哲学冲动。

柏拉图的这条纯化（或曰"纯思"）哲学的路子，自然不能使亚里士多德相追随。因为亚里士多德有更大的抱负，他要在柏拉图基础上对希腊哲学做第二次综合。柏拉图的第一次综合是一种**剔除（或曰减法）**的哲学，要对自然哲学和经验主义予以形而上学化的处理，唯有通过这种形而上学化的**减法主义**处理，才可使哲学达到单一的纯思而真正建构思想之王的国度。亚里士多德的第二次综合却铺开相反的道路，他要做**拢集（或曰加法）**的哲学，要对所有的自然科学和经验主义内容予以拢集化的**归类整理**，也就是对所有的材料予以**加法主义**的处理，唯有如此才可建构起理想中的**科学的**哲学体系。由此，亚里士多德对"存在"予以"实体"论定义："亚里士多德以'实体'（ousia）这个术语作为一般本体论的根本的解释性原则。严格地说，任何一门科学都是那种首要事物的科学，在这门科学范围内的其他项

---

① Etienne Gilson, *Being and Some Philosophers*, Toronto: Mediaeval Studies of Toronto, Inc., 1949, p. 13.

目只有参照它才得以称作它们所称作的那种东西。当用这一个原则来规定'存在物'时,亚里士多德就得出这样的结论:一般本体论的科学实际上是关于实体的科学。"①

当亚里士多德以"实体"定义"存在"时,巴门尼德关于"何以存在"的"存在存在"之存在论解释被解构,因为"实体"概念是经验的和可具体的,用"实体"概念来解释和定义"存在"时,必然开出一条与柏拉图相反的道路,即经验主义的路子,或者通过经验主义的拢集而达于超验的形而上学,所以,亚里士多德的"实体"存在论自然会关注具体、热衷存在物的存在,包括所有感性的、变化的东西,都将拢集起来构成实体世界的有机内容。亚里士多德在《形而上学》中描述他以实体为根本原则的科学的形而上学图景,他说:"有一门科学研究'作为存在的存在'以及内在地或出于本性属于'存在'(that which is)的东西的科学。根据它的普遍性,这门科学与各个部门科学形成了鲜明的对照,部门科学只是截取'存在'的某一部分,研究那一部分所独有的属性。研究'作为存在的存在'('that which' qua 'thing that is')不是研究某种称作'作为存在的存在'的特殊对象。在这里,惯用语'作为'(qua)是用来指科学探究它的主题的方面,并且表明科学追求的是对一切'存在物'都适用的普遍真理。因形而上学家不仅要阐述这些适用于'存在物'本身的普遍(命题的)原则,而且还要研究这些普遍原则的属性或特征。例如,一条适用于一切存在者的形而上学原则就是不矛盾律(Principle of non-contradiction,PNC)。研究属于'存在'本身的东西也包括了对用于'存在物'本身的那些词项(例如'相同'、'一')的研究,也探讨关于它们的真理。"②亚里士多德以实体为原则构建起来的"科学的哲学"体系的主体部分是科学,科学是经验的,关注具体,追求"多",注重于类分和分析。这既是亚里士多德以"形式""缺乏""质料"构建"三本论"的原因,并由此提出"四因说"的理由;同时也是他以物理学为主体的科学来建立哲学体系的根本考虑。以"实体"为原则并以"实体"为工

---

① [英]大卫·福莱:《从亚里士多德到奥古斯丁》,冯俊等译,中国人民大学出版社2004年版,第68页。
② [英]大卫·福莱:《从亚里士多德到奥古斯丁》,第67页。

具来解释"存在",亚里士多德将其分为两种存在,以物理学为主体的科学是研究具体的实体,即研究"作为存在的存在"的特殊对象、具体对象,或者说各种形态的"存在物"。以物理学为坐标,向上,就是"物理学之后"的领域,即形而上学,它关注"作为存在的存在"的一般对象、一般实体、普遍存在,这属于"超越经验领域到达靠思辨把握的神圣领域",或可说是"从感觉到理智,从个别的、具体的到普遍的、抽象的对象,最后到达最高的知识,以最高、最普遍的原则为对象,亚里士多德称之为'第一哲学'和'神学'"。[1]

比较地看,柏拉图的存在论是排斥经验的,因而也排斥具体和可分性,当然也包括对时间的排斥。柏拉图的超验取向的存在论是纯思的存在论,如果说这种存在论也可用实体来指涉的话,那只能是一般实体论,是普遍性的实体论,是共相实体论。与此不同,亚里士多德的存在论是实体存在论,并且,其实体存在论既是经验取向的,也是超验取向的。由此经验与超验相混合的二元取向,导致亚里士多德的实体存在论很自然地呈现二元结构,形成具体实体存在论和一般实体存在论的混合。由于其经验主义诉求,亚里士多德的实体在通常情况下指具体的实体(substance)存在论[2],比如这棵树,那块石头、这个人等均属于此。[3] 所以,亚里士多德基于拢集而建立无所不包的哲学体系的冲动而以实体为原则为解释工具来定义存在时,存在自身的普遍的、连续的、不变的、不可分的、球体式存在的内在性质被真正的"科学化"和"经验"主义化了。因为当以实体为存在的解释原则和解释工具,实是包含了以具体为原则或者以存在者为原则来定义普遍的、共同的、连续的、不可分的和球体的存在,存在存在的性质荡然无存,存在**沦为**存在者或存在物,具体性、个别性、现实性和活动性等构成作为存在者或存在物的实体的自身特征。所以,从拢集潜在性、具体性、个别性、现实性和活动性的实体存在论必然开启存在物达于存在(existence)或者存在者替代存在的道路,存在

---

[1] 赵敦华:《西方哲学简史》,第65页。
[2] Etienne Gilson, *Being and Some Philosophers*, Toronto: Mediaeval Studies of Toronto, Inc., 1949, p. 43.
[3] Etienne Gilson, *Being and Some Philosophers*, Toronto: Mediaeval Studies of Toronto, Inc., 1949, p. 42.

（existence）的首要意义也就被理所当然地忽略。① 与此同时，亚里士多德又强调一般实体，即作为"存在的存在"的实体，亚里士多德将其定义为最高实体，所以，作为最高实体的存在构成他的第一哲学。亚里士多德的第一哲学，也是神的学问，是神学。作为第一哲学的实体存在，当然是"存在的存在"，即一般存在、普遍存在，但作为神学的实体存在，依然是具体的实体存在、个别的实体存在。因为在亚里士多德那里，"神"作为形而上学的最高原则和作为存在的首要原因的代名词，仍然是个别实体，依然是个体的实体存在。所以，相较柏拉图的共相存在论言，亚里士多德的实体存在论，无论在经验层面还是在超验层面，均呈现个体实体存在论的朝向，属于**殊相**存在论。这种殊相存在论将存在本身解构于存在者之中。

要言之，巴门尼德的存在论，经过柏拉图和亚里士多德的再定义和再解释，分别形成**共相存在论**和**殊相存在论**这样两种存在论范式，并由此形成存在探讨的两种传统。

由于柏拉图铺开其存在之问用的是**减法**，其对"存在"的定义和解释是超验的纯思方法，发现存在的自身同一性，剔除存在的"形相"而凸显存在的"共相"，并强调思想的主体对"存在的思想"功能和思想的主体对"思想的存在"的解释功能。由于思想的主体对存在的思想的现实性，心灵得到前所未有的关注。在柏拉图看来，正是因为心灵，对存在的思想才成为可能，或者说巴门尼德关注"存在可以被思想"才成为现实；由于思想的主体对思想的存在的解释的需要，观念得到了前所未有的重视。在柏拉图看来，正是因为观念，对思想的存在的解释功能才可能产生，或者说巴门尼德关于"存在可以被表述"的思想，因为对观念的重要性的发现，而使之成为"对思想的存在可以被解释"变成了现实。柏拉图的这种以心灵为原动力、以观念为思想的方法的存在之问所开辟出来的**纯思**之路，成为一种**观念主义**的理性**（或曰唯理主义）**传统，经历中世纪奥古斯丁的神学诠释而开出近代唯理主义的存在论道路。

与此不同，由于亚里士多德铺开其存在之问用的是**加法**，其对"存在"

---

① Etienne Gilson, *Being and Some Philosophers*, Toronto: Mediaeval Studies of Toronto, Inc., 1949, p. 46.

的定义和解释是经验拢集的归纳和类分方法,发现存在的"实体"论基本上悬置了柏拉图的"共相",而更为关注和强调"形相"意义上的个别实体,虽然亚里士多德也强调"作为存在的存在"的一般实体,强调第一哲学是以对第一实体的研究为对象,并指出神也是第一实体,是最高实体。但由于亚里士多德的实体存在论是以经验为基础的,经验的源泉是知觉,知觉的实际对象,大而言之是存在世界的"形相"或者说形相的存在世界,具体地讲是个别的存在物或具体的存在者。这样一种性质的实体存在论思路真正构成与柏拉图思路的反向:柏拉图通过对"形相"的形而上学处理(**即对形相的剔除**),以纯思的方式在"存在可以被思想"中发现心灵的根本性,即**心灵对思想**的源泉性,并因为"思想的存在可以被表述"而发现观念的重要性,即对解释存在的根本方法论功能。亚里士多德却通过对"共相"的悬置和对"形相"的拢集,充分释放知觉经验存在物既发现隐藏其中的"灵魂"并予以放大,又发现存在物作为实体存在之自身构成如"形式""质料"等因素,建立起类分、归纳和分析为基本方法的实体经验主义,形成一种经验主义传统,经历中世纪托马斯·阿奎那的神学诠释而铺通近代经验主义道路。

2. 以范畴入存在

存在之问是哲学的本分。对"存在"的拷问构成存在之问的核心问题,这是一方面;另一方面,存在之问始终如西西弗斯推滚石上山那样永无休止,存在之问的西西弗斯式命运揭露哲学的始终**当世(即"时代")性**。并且,对每个当世,哲学的存在之问都烙印上当世特征和特殊印迹及其个性,而不同当世对存在之问的核心问题"存在"本身的拷问,同样着上其当世的色彩。这是柏拉图的共相存在论和亚里士多德的殊相存在论经历中世纪的神学浸泡后,以唯理论和经验论的面貌走出来的真正的"背后推手"(或者说"黑暗中的塑造者")。

从哲学发展史观,近代开启的承续柏拉图传统的唯理主义(唯理论)和承续亚里士多德传统的经验主义(经验论)虽然互有冲突,但总是**并行向前**。因为"经验论和唯理论都属于理性主义。经验论的对立面不是理性主义,唯理论亦承认经验的作用。不论唯理论所说的理性(rationality),还是经验论所说的经验(experience),都属于'理性'(reason)或'知性'(understanding)

的范畴，只是他们对理性有不同的解释而已。两者都崇尚人的理性，不以宗教信仰、神学教条为知识的前提、基础和标准；都关注知识基础问题，区别了知识、无知和伪知识，确切的知与不确切的知；都持'基础论'的立场，认为知识的确切的真理是在确切的基础上按照正确的方法建构出来的；都从简单的、无可怀疑的命题出发，使用分析与综合的方法，对整体与部分、原因与结果的关系进行探讨"①。经验主义和唯理主义都是理性主义，所不同的是：经验主义所持的是经验理性，唯理主义所持的是观念理性。经验主义崇尚人的经验，是从经验出发来展开存在之问，其认知原动力是知觉；唯理主义崇尚人的观念，是从观念出发来展开存在之问，其认知原动力是心灵。近代以降的唯理主义和经验主义还有一个共同的方面，就是都构建范畴，通过范畴来展开存在之问，这种范畴论模式就是基于共同的意愿和冲动，更具体地讲，是持其从基础出发的"基础论"立场来探索建构知识大厦的"知识论"努力。所不同的是，其意愿、冲动和努力的方式不同，唯理主义以主体性的观念为母体，从观念中发现或提炼范畴；经验主义以客体性的经验为母体，从经验中发现或提炼范畴。近代哲学敞开存在的存在论拷问，亦体现这样两种不同的个性特征。赵敦华对近代哲学的如上路数和特点的概括较为准确，他说：

> 近代哲学的理论是以自然科学为范式而建立起来的。笛卡儿哲学按照"普遍数学"的要求建立了近代第一个形而上学体系。斯宾诺莎按照几何学的模式建立名为"伦理学"、实为形而上学的又一体系，霍布斯把自然法的观念推广到生活政治领域，建立了近代第一个政治哲学的理论，休谟以牛顿的物理科学为榜样建立"人性科学"。近代哲学一般都采取科学论文的形式，与古代哲学的对话、诗、散文等自由体、与中世纪以问题为中心的逻辑论证的"学问"，都截然有别。近代哲学是科学意义上的理论，具有系统、确定、简约等特点以及一定程度的经验实证性。②

---

① 赵敦华：《西方哲学简史》，第172页。
② 赵敦华：《西方哲学简史》，第173页。

巴门尼德说"存在"既"可以被思想",也"可以被表述"。但哲学对"存在存在"的思想和表述是有其**时世**要求的。就近代言,这是从宗教主义的中世纪里冲出来的一个时代,这种冲破宗教构筑起来的铜墙铁壁的行动,也是携带了从古希腊层累性积淀起来的有力思想财富,它构成创建近代世界的基础、起点和源泉。

巴门尼德讲"存在可以被思想",但思想不能进入存在,存在也不能进入思想。这是"存在"与"思想"——本质上是"存在"与"人"——之间永不可逾越的鸿沟。在这种"存在"对峙"人"和"人"遥望"存在"的境况下,"思想"只能以自身的方式向存在展开。而"思想"之自身方式的实质却是"人"的自身方式,即"人"以自身方式启动思想展开"存在"之问。"人"虽然是历史塑造的存在者,但又总是境遇的存在者,"人的自身方式"总是受历史的制约,更受当世和现实的塑造。从中世纪营垒中走出来的近代"人的自身方式",自然受这两个方面的共同塑造。后世将近代"人的自身方式"的形成概括为两个方面:一是古希腊人文精神的当世重塑,这就是人们从中世纪的宗教世界中走出来的人**重新发现**了"人"自身,人由此获得"人的觉醒",发现人的价值,形成人的尊严意识、人的才能追求和人的自由向往,这实际上是人从信仰上帝的锁链中挣脱出来开始蹒跚地信仰人自己。二是宗教的外衣已经不能完全地包裹中世纪渐进生长起来的新科学,它必然冲破宗教的束缚而独立发展,于是有了科学对自然世界的重新发现,对自然的重新发现不是说哥伦布发现了新大陆,而是指新科学发现了自然事物的秘密、生物世界的秘密以及人这个生命的存在秘密,这种发现的集中呈现就是通过牛顿而建立起来的新科学定律和新科学体系,它们打开了人的眼界,拓展了人对自然世界的认识,同时也提升了人对人自己和人对人的世界的认识。人被新科学提升的同时,又促进了新科学的向前。近代对人和自然的双重发现和互为推进,实实在在地重新打造了思想"存在"的"人的自身方式"。

在近代世界,人按照存在于其中的当世打造"人的自身方式"来思想"存在"时,其"存在"已远不是巴门尼德讲的"存在存在",更不是柏拉图描绘的"共相存在"和亚里士多德描述的"殊相存在"。因为,巴门尼德的"存在"是人的世界之外的**纯然**存在,是人与之不相关联的自在存在;柏拉图的"共相存在",实是已被观念化,但同时还尽可能地保持巴门尼德之"存在"原生状貌。换言之,柏拉图的"共相存在"是一种二元论存在,是融了人的心灵努力的"存在",是人与存在**相共**的"存在",这种"相共"仍然体现"存在存在"的主导性,其根本的标志是思想未进入存在,存在也未进入思想。亚里士多德的"殊相存在"却是一种将存在纳入思想的存在,思想以自身方式进入了存在,存在亦按照思想的方式进入了思想,虽然如此,但巴门尼德所揭示的以存在方式存在的"存在"仍然蕴含在人的思想之中,构成人对存在的思想的主体性内容,这就是亚里士多德的"实体"论的存在论实质。进入近代,展开"存在"之问的"人的自身方式"发生了巨大的变化,这种变化可概括为:巴门尼德**远距离**地仰望"存在",柏拉图**近距离的平视**"存在",亚里士多德**近距离的审视**"存在";中世纪是**以上帝的眼光打量**"**存在**";进入近代,人却以"人的自身方式"**高居于"存在"之上审察**"存在"。因而,"存在"再不是以存在方式存在,而是开始"以人的方式"存在。存在"以人的方式"存在,构成我们理解近代"存在"之问的第一个特点:"存在"被人按照"人的自身方式"——**以安排的方式**——有个性地进入了人的思想。由此形成第二个特点,即近代的存在之问也是以"人的自身方式",有个性地创造了"对思想的存在"的"表述方式",即将巴门尼德发现的"存在可以被表述"变成"存在能够被解释"。将"存在可以被表述"变成"存在能够被解释"的基本方式是创造范畴,以范畴的方式来思想"存在",然后用范畴的方式来解释"思想到的存在"。这就是赵敦华所讲的"科学方式"。近代社会将"人的自身方式"创造出来的"科学方式",运用到科学领域,就是**创造概念**,即公理、定律;运用到哲学领域,就是**创造范畴**。

以创造范畴的方式来思想存在和解释思想的存在,构成近代哲学展开"存在"之问的共同范式。在这一共同范式规范下,唯理主义和经验主义对"存在"之问敞开各自的个性,笛卡儿、斯宾诺莎、霍布斯、休谟,此四者成为唯理主义和经验主义各展个性的代表。

经验主义的"存在"之问方式 近代哲学的首要形态是经验主义,可以说英国经验主义成为近代以降哲学的肥沃土壤,也构筑起近代哲学的第一块基石。

英国经验主义哲学的开端者弗兰西斯·培根（Francis Bacon，1561－1626）的主要贡献，就是为富有成效地展开"存在"之问清基。这一清基工作具体展开两个方面：一是清理旧有的知识，为此，培根提出了认知的"四假想"说，并对此予以正面批判，为重建经验主义奠定认知基础；二是清算方法，批判感觉主义方法，建构以理性为主导的科学方法论，即归纳方法，这应该是对亚里士多德的实体论的归类方法的近代重建。

弗兰西斯·培根清理知识基础和创建科学的归纳方法，为经验主义"存在"之问清扫出场所，提供了方法。托马斯·霍布斯（Thomas Hobbes，1588－1679）首开经验主义的"存在"之问。从思想史观，霍布斯的"存在"之问实是沿着亚里士多德的实体存在论路子前行，或者说亚里士多德的"殊相存在"论的实质指向是个体实体存在论。这种个体实体存在论通过霍布斯获得了近代发展。霍布斯基于"科学的发现"所形成的科学认知论导向，自然朝着物质主义的方向演绎，形成唯物质论取向的存在论认知：世界是物质的构成，人也是物质的构成。物质的具体存在形态就是物体，物体的形态学呈现是自然物体和人的物体。霍布斯用广延性来定义物体，揭示"物体是不依赖于我们思想的东西，与空间的某个部分相合或具有同样的广延"[①]。霍布斯的物体存在论是将亚里士多德的个体实体存在论予以更具体、更直观、更易于被人思想和解释的定义。

经验主义原本就蕴含客体与主观的两可性，并可生发出客体主义取向的经验主义和主体主义取向的经验主义。前者即唯物经验主义，后者乃唯心经验主义。霍布斯对近代经验主义哲学的开端，开出唯物论经验主义，其"存在"之问具体化为存在的"物体"之问。休谟（David Hume，1711－1776）作为近代经验主义哲学的发展者，开出主观论经验主义，其"存在"之问则具体化存在的"知觉"之问：

休谟关于人类本性的科学以一种关于**知性**的理论为开端，这种关于知性的理论又以他关于**观念**的理论为开端。他关于观念的理论，用他自

---

① 北京大学西方哲学史教研室编译：《西方哲学原著选读》上册，第392页。

己的术语来说，就是一种关于**知觉**（perceptions）的理论。知觉包括感觉（fsensations）、情感和情绪（emotions）。一个人掉进冰冷的水塘中的那种寒冷刺激是感觉的一个事例。一个渴望烟草的人或某个对无礼评论感到愤怒的人也会有知觉。这样一些休谟视为特别生动活泼的知觉，就是印象（impressions）①

表面看来，休谟的"知觉存在论"很奇怪，也很难以让人理解，如此严肃的根本哲学问题——"存在"问题——怎么能够成为"知觉"的问题呢？怎样能够形成"知觉存在论"呢？因为，休谟的知觉理论是对人性的思考，是对人的人性如何按照"人的自身方式"展开的思考，根本与客观的"存在"问题无关，也根本不是对"存在"的思考。

这种看法表面看有道理，实际上是既不理解休谟所生活的"当世"和经验主义的哲学土壤，更不理解休谟与近代的科学主义、与唯物论以及与霍布斯的隐秘关系。仅后者论，应该是休谟本人的有意之为。休谟是一个自视甚高且认为无论过去或现在都无人超己的人，他宣称自己的哲学与霍布斯决然无关，并公开表示出不需要正眼霍布斯及哲学。这给人们造成一种印象：休谟哲学真的与霍布斯的哲学无关，休谟哲学真的远远高于霍布斯的哲学。

尽管霍布斯是一个对他的思想没有什么直接影响的著作家。因为**休谟是头足倒置的霍布斯。**后者用外部的或物质的世界来解释内在世界——生命和思想的世界，外部或物质世界的碰撞产生了我们称之为知觉和意志的运动。另一方面，**休谟对外部实在不愿假定任何东西，只是用我们完全直接意识到的印象或观念来解释它。**而且，像霍布斯看到万物处于机械规律支配之下那样，休谟也**有一个普遍的联系原则**。他说，"在这里"，也就是说在观念中，"有一种引力，我们会发现它在精神世界中真有和在自然界中一样的异常作用，而且还以同样多种多样的形式把它自己显示出来"。万有引力定律在观念联想律中找到了它的平行之物；像物

---

① ［英］斯图亚特·布朗主编：《英国哲学和启蒙时代》，高新民、曾晓平等译，中国人民大学出版社2009年版，第177页。

质团块的运动用前者解释一样,后者也就用来说明心灵现象的集合。①

(引者加粗)

索利揭露了休谟与霍布斯的隐秘关联,同时也揭露了休谟哲学与霍布斯哲学之间的隐秘关系。索利用"休谟是头足倒置的霍布斯"来呈现他们之间的内在逻辑关联性。这种内在关联性可从三个方面表述。

首先,休谟与霍布斯是密切关联的,这种密切关联性不可能是亲身交往的联系,而是隐秘的思想的联系。

其次,休谟哲学对霍布斯哲学之间的本质联系就是"存在"之问的联系。在这种联系中,霍布斯的唯物论哲学展开"存在"之问,所问的是"存在"之"脚",或者"存在何以存在"的"下半身",所以用"物体"一词来概括,形成"物体存在论";不断向前的经验主义发展到休谟那里时,其时代性的"存在"之问自然要关注其"头"的问题,所以休谟关于"人性的科学"的哲学展开"存在"之问,所问的必然是"存在"之"头",即"存在何以存在"的"上半身",所以用"知觉"一词来概括,形成"知觉存在论"。由此形成休谟哲学是对霍布斯哲学的"头足倒置"的存在论关联。

再次,休谟哲学对霍布斯哲学的"头足倒置"的根本依据是:霍布斯的"物体存在论"囊括了自然世界和人的世界、物质实体和人。界定世界一切由物质构成,人也是具体的物体存在,所以世界是物质的,物质的本体是物体。无论宏观的世界,还是具体的存在物,或者人,其本体存在都是物质主义的物体,都是物体化的存在。在霍布斯的哲学中,物体,既成为"普遍联系"的方式,也成为"普遍联系"的原则。人与自然、心灵与物质、知觉与客体,原本就是实体的不同存在型式,根据"物体"这一"普遍联系"的原则,并通过"物体"这一"普遍联系"的方式,最终形成经验主义的"存在"之问的整体论。

最后,休谟的"知觉存在论"的认知基础也是"物体存在论",更具体地讲,休谟哲学是怀疑主义认知论哲学,人们一般认为他的怀疑论的经验主

---

① [英]威廉·R. 索利:《英国哲学史》,段德智、陈修斋译,商务印书馆2017年版,第159页。

义认知是从知觉开始的，但实际上，休谟之所以从知觉入手，心里却很明白：人的知觉并不是实体型式，只是实体的感性呈现。知觉的实体是人的身体。休谟告诉我们："我们可以问，'什么原因促使我们相信身体的实存（existence）'？但是问'是否存在（there is）身体'是徒劳的，这是我们在所有推理中都必须认作理所当然的一点。"① 布朗进一步指出："休谟在《人性论》和《人类知性研究》中对我们对身体的信念的讨论具有很大的相似性。在这两部书中，休谟考虑了对于对身体的信念是什么、其内容相当于什么的两种说明。对身体的信念是普通人（the vulgar；'亦即在某个或其他时间里我们所有人'）所坚持的信念。普通人对连续的和明晰的身体的信念，其实是关于他们的知觉的信念。休谟告诉我们，'普通人把知觉和对象混同起来，把明晰的连续的实存归属于他们所感受或所看见的那些事物'。休谟坚持，'呈现于感官的那个意象对于我们就是实在的身体'。这种归属是非常令人惊奇的，我们有必要为什么休谟认为我们把知觉和对象混同起来。"② 在休谟看来，身体才是实体，身体才是存在的具体存在（型式）。而身体就是物质，就是物体，就个别的或者具体的物质、物体存在型式（即样态）。高新民等人在译《英国哲学和启蒙时代》中所引休谟《人性论》第187、205、193、205页的几段文字时，将"existence of body"（"身体的存在"）译为"身体"，关文运在译休谟《人性论》时却将"existence of body"译成"物质"。表明休谟的知觉存在论实质上是身体存在论，身体作为具体的个别的物体，是物体的具象存在，物体（或者说物质）是身体的抽象存在。以此来看，休谟的"知觉存在论"也是"物体存在论"（或物质存在论），是物体存在论的个别存在。

霍布斯的唯物论的"存在"之问，用"物体"来解释存在，形成物体存在论，所体现出来的"人的自身方式"是：无论是自然存在的世界，还是人的存在的世界，都是由物质构成的。由物质构成的世界，主体化的人可以掌控。所以霍布斯的"物体存在论"张扬出**人决定存在**的思想。这一思想虽然也呈现出人的有限性，即人虽然不能任意地按照"人的自身方式"来改变或重构，物体主义的存在必须得人的承认和尊重，人却可以"人的自身方式"

---

① [英]斯图亚特·布朗：《英国哲学和启蒙时代》，第189页。
② [英]斯图亚特·布朗：《英国哲学和启蒙时代》，第190页。

来把握它甚至控制它。与此不同，休谟的唯心论"存在"之问，是用身体化的"知觉"来解释存在，形成知觉存在论，但由于知觉是依附具体的身体，所以知觉存在论亦身体存在论；由于身体是个别的物体，是具体的物体，是这一个或那一个物体（霍布斯所讲"物体存在论"的"物体"是一般的物体、普遍的物体），所以，以身体为实体的知觉，也是具体的、个别的知觉。这种呈具体性质的知觉存在论体现出来的"人的自身方式"是：无论自然存在的世界还是人的存在的世界，只有通过身体化的知觉才存在。并且，身体化的知觉既可使存在存在，也可使存在不存在，更可使存在这般存在或那般存在。所以，身体化的"知觉存在论"张扬出**人创造存在**的思想，这一思想可能因为身体化的知觉或者知觉化的身体的个别性、个体化而呈现有限性，但更可能给人按照"人的自身方式"而无限化。因为它可促进人无止境地去重新"发现人"和重新"发现自然"，推动理性无限化。近代以降，其古典工业社会向现代工业社会再向后工业社会的演进所形成的"无限度的扩张"和"有组织的不负责任"的状况，或从经验主义的囊括普遍与个别的"物质存在论"和身体化的"知觉存在论"有着深刻的存在论维度的关联性。

唯理主义的"存在"之问方式　宗教统治人的存在的哲学依据是神性存在论。神性存在论通过教会而发挥世俗功能，但由于教会基于对信众的控制而将其世俗功能推向极端，则导致信仰的苦难。神性存在论在本原上是通过信仰使人觉解苦难形成的根源以求避免苦难，信爱地存在。教会的私欲行为导致神性存在的危机，层累为深沉的冲动将人驱赶上摆脱神性存在的羁绊而进入世俗存在的近代世界。近代开启世俗世界的基本方法是发现人自己和发现人存在于其中的自然。首先，"重新发现人"所结出的硕果，是人成为存在主体，哲学的"存在"之问由此转向存在的主体之问，霍布斯的物体存在论向休谟的知觉存在论的实现，既给予唯理主义以潜在激励，也为德国古典哲学对经验主义存在论和唯理主义存在论的综合做出了铺垫。其次，"重新发现自然"所结出的硕果，是科学成为新的宗教的胚胎而得到培育。科学成为新的宗教而代替信仰的宗教，就是科学主义，经验主义和唯理主义通过古典哲学的整合而为科学主义存在论铺平道路。具体地讲，唯理主义的"存在"之问和经验主义的"存在"之问既有同构的科学背景，并且最终有其方向相同的取向而实现其汇流。

近代的唯理主义哲学在法国生长,唯理主义哲学铺开"存在"之问,体现英国经验主义"存在"之问的两个相同的方面。

第一个相同的方面,是科学的思维方式。霍布斯展开"存在"之问,直接运用唯物论方式,将整个世界和人看成是物质的世界,物质世界的存在实体是物体,人也是物体。这是霍布斯"物体存在论"的认知基础。这一科学的认知基础也在休谟的身体化的"知觉存在论"中得到呈现,知觉是以身体为载体,身体是充实的具体物体。笛卡儿的"存在"之问,同样接受科学的思维方式的激励。

> 除了那些在几何学或抽象数学里被接受的原理之外,在物理学里,我并不接受或希求任何其他原理;因为所有自然现象都是由此解释的,而且可以给出关于它们的必然性论证。(《哲学原理》第64条)①
>
> 因为我坦率地承认,除了可分割、有形状并能以任何可能的方式运动(几何学家称之为量并作为自己论证的对象)的东西之外,我不知道还有什么其他的物质实体。而且,我们关注的只是这种实体的可分割性、形状和运动,至于与此相关的其他性质,如果不是从真的普通观念以一种确定性(这种确定性可以被看成一种数学论证)而不容置疑地被演绎出来的话,就不能被接受为真。并且,因为所有自然现象都能以这种方式来解释,所以我相信其他任何物理原理都不应该被接受甚至不应该被希求。(《哲学原理》第64条"说明")②

笛卡儿的唯理论要解决的根本存在问题是物与心的问题,具体地讲是身体与精神的问题。身体是物质、是物体,这在近代是一种普遍的观念,这一普遍的观念源于人对自然和自然的人自身的发现,这种发现的工具是科学,对科学的崇敬构成此一时代的情感特征,同时也是摆脱宗教束缚的有力方式。

---

① [英] G. H. R. 帕金森主编:《文艺复兴和17世纪理性主义》,田平、孙喜贵等译,中国人民大学出版社2009年版,第202页。
② [英] G. H. R. 帕金森主编:《文艺复兴和17世纪理性主义》,第202—203页。

所以，无论是经验主义者还是唯理主义者，都有很强的物质、物体观念和科学观念。笛卡儿不仅同样如此，而且更认同物理世界，最崇尚科学，尤其崇尚几何学和数学，他认为这一切原理、规律的来源，也是解决自然世界的正确方式。不仅如此，笛卡儿还认为哲学要展开存在之问，物理世界的机械论（mechanism）和数学世界的普遍数学（mathesis universalis）是其必需的通道。在笛卡儿看来，"可以用机械的模式构想自然；不能认为'神秘的质'（occult quality）具有任何解释价值；接触活动是唯一影响变化的手段；物质和运动是自然界最终的组成成分。机械论兴起之初的主要目的并非对经院哲学（scholasticism）的回应。而是作为一种本身就是对经院哲学回应的哲学即文艺复兴自然主义（Renaissance naturalism）的回应。文艺复兴自然主义摧毁了中世纪哲学和神学在自然和超自然之间划定的清晰而严格的界限，它提供了一种观念：宇宙是一种活的有机体，是一个整体的系统，它的各个部分由各种力量和力交织着。这种概念描述了一幅自然界的图画，它本质上是一个生机勃勃的王国，包含着许多'神秘的力'，当它们未曾展现时，人们只能发现它们，否则它们就不能被开发利用"①。要发现物理世界充满活力的机械系统，需要充分运用作为哲学方法的普遍数学。

第二个相同的方面，就是对旧知识的清理和新方法的重建。笛卡儿对旧知识的清算，没有停留在诸如弗兰西斯·培根关于"四假相说"之类的局部主义，而是整体主义，基本的方法是"普遍怀疑"："**目的是考察一切知识和观点，系统地向它们提出质疑**。这种怀疑是所谓彻底的，因为任何确定性无论看上去有多么确实可靠，都不能逃脱这种质疑。如果说否定观点和偏见相对而言比较容易，那么知道如何判断在学校接受的教育就不那么容易，尤其是判断像数学这样看上去很客观的学科。实际上哲学就始于这种质疑。"笛卡儿的普遍怀疑确实是一种彻底清算旧知识体系的方法，也是重建新知识体系的方法，"**因为他从根本上抓住所有精神以及思想的所有确定性，把它们连根拔起，再以纯粹理性的方式让它们重新站稳脚跟**。这项怀疑事业的结果相当令人震撼。学哲学的人会发现自己拿不出任何足以抵制这项实验的真理。至

---

① ［英］G. H. R. 帕金森主编：《文艺复兴和17世纪理性主义》，第208页。

于科学，排在第一位是最为纯粹的数学，它们也无法构成任何可靠的知识，让哲学家能够依据这些知识来构筑自己的体系。《方法谈》很好展示了这片废墟（这个词借自古希腊时期），**笛卡尔主义哲学正是打算在这片废墟上进行重建**。"①（引者加粗）

但是，笛卡儿的普遍怀疑，只是手段，其真正的努力目标是重建，而重建的首要任务是方法。在重建方法方面，笛卡儿与培根不同：培根创建归纳方法，笛卡儿创建的方法由两个部分构成：一是哲学的形而上学方法，笛卡儿认为能够具有哲学的形而上学功能的方法，只能是数学，因为数学蕴含次序和度量功能。笛卡儿"发现数学唯一关注的是次序或度量，至于这个度量是否包含数字、形状、星辰、声音还是随便什么东西，则是毫不相关的。这使我意识到，必须有一门一般科学，来解释在关注次序和度量而不关注主体事物时所提出的所有问题。这门科学应该叫作'一般数学'"②。二是运演认知、操作思维的分析－综合方法。笛卡儿为此规定了习得和运用此方法的原则：

第一，绝不接受我没有确定为真的东西；

第二，把每一个考察的难题分析为细小部分，直到可以适当地、圆满解决的程度为止；

第三，按照顺序，从最简单、最容易认识的对象开始，一点一点地上升到对复杂对象的认识；

第四，把一切情况尽量完全地列举出来。③

笛卡儿展开"存在"之问，是以客观的科学为认知基础，具体地讲，是以物理世界的机械论和几何学的普遍数学为依据，从普遍怀疑入手清算所有旧知和观念、价值观和方法论，重建起普遍数学和分析－综合方法论，然后

---

① ［法］丹尼斯·于斯曼主编：《法国哲学史》，冯俊、郑鸣译，商务印书馆2015年版，第128—129页。

② ［法］笛卡儿：《指导心智的规则》第4条，引自［英］G. H. R. 帕金森主编《文艺复兴和17世纪理性主义》，第241页。

③ 北京大学西方哲学史教研室编译：《西方哲学原著选读》上册，第364页。

展开"我思"的新哲学重建工作。

> 我们不是从树根树干,而是从枝梢采集果实的,因此,哲学的主要功用乃是在于其各部分的分别功用,而这种功用,是我们最后才能学到的。①

笛卡儿将他构设的新哲学称为"大树"。这棵大树的树干是物理学(或曰自然哲学),树枝是医学、力学、伦理学和政治学;树根是形而上学。笛卡儿认为,人们最后学到的是哲学之树的树枝上的"果实",而最该先学到的是形而上学。形而上学的核心工作是展开"存在"之问的根本知识的重建。这一根本知识的重建从何着手呢?黑格尔在《哲学史演讲录》中谈到"近代哲学之父"——笛卡儿时说:

> 近代哲学的出发点是古代哲学最后达到的那个原则,即**现实自我意识的立场**;总之,它是以呈现以自己面前的精神为原则的。
>
> 勒内·笛卡儿事实上正是近代哲学的真正创始人,因为近代哲学是**以思维为原则的**。独立的思维在这里与进行哲学论证的神学分开了。把它放到另外的一边去了。思维是一个新的基础。②(引者加粗)

休谟以知觉为起点的怀疑论知识论和存在论,也是以思维为原则的,但更多将物理的身体与思维混合起来,"知觉"则表述了这种混合性质的思维特征。笛卡儿走得更远,也来得更为纯粹,完全地确立纯粹的思维方式,即"我思"方式,并以纯粹的"我思"为思维的原则。

笛卡儿的出发点是物理的存在世界,是机械论和几何学。他首先从几何学中发现了一般数学(或曰普遍数学),并从一般数学中发现了"度量",尤其是"次序",即从自然的几何世界中发现了等序和主次。然后从物理世界中发现机械论(即机械运行原理、规律),并从机械论中发现"神秘的力",这

---

① *The Meditations and Selections from the Principles*, of René Descartes, trans. by J. Veitch, Open Court, La Selle, 1948, pp. 119 – 120.
② [德]黑格尔:《哲学史讲演录》第4卷,贺麟、王大庆译,商务印书馆1981年版,第63页。

个神秘的力量即世界存在的最高实体"上帝"。换言之,上帝居于存在世界之中,是统摄物质与精神、物与心的最初实体,或者本质存在。

笛卡儿也与他同时代的人一样,生活在人文主义的土壤中,作为新时代的人文主义者,即使崇尚科学和物理世界,仍然要从人的主体性出发,重建新哲学的知识论,必须首先解决其知识论得以建构的存在问题,因而,展开"存在"之问必须从主体性的"我思"出发。从"我思"出发要解决的首要问题是"身-心"问题,这是"存在"之问的根本问题。从"身"出发,即从物出发,存在外在于我的主体性而存在,这与人文主义和主体论相违背,由此只能从"心"出发,这符合人文主义和主体论要求。但从"心"出发面临如何看待或处理存在的问题,因而必须具体化其"心"而确立"我思"的地位、原则,一切必须从"我思"出发,自然得出"我思,故我在"。我思,我存在,我不思,我非存在;推而言之,我思存在,存在存在,我思非存在,存在非存在。我思身与心应该如何统一,则需要遵从"我思"的主体论原则和几何学的次序原则,因而应该由心来统摄身,推而言之,应该用精神来统一物质,用人文来统一科学。确立起以心统身的原则后,应该用什么来统一身心呢?这就需要既遵从"机械论"和"我思",以上帝来统一身心。上帝既是世界的"神秘的力量"、最高的实体,也是人心的神秘的力量、最高的实体。只有通过我思上帝的存在,上帝就会内驻我心而发挥统摄身心,使之协调共生的功能。

概言之,笛卡儿基于创建新哲学之目的而展开的"存在"之问,是从"我"出发的。"我"既是观念的存在,也是物体的存在。笛卡儿认为,我作为物体的存在是首要的,因为"身"才是作为观念的我的存在的依据。以此来看,笛卡儿的"存在"之问与休谟的思路一样,都是从物质的身体出发。休谟从物质的身体出发,特别关注知觉,将知觉作为"思想存在"和解释"对思想的存在"的来源。笛卡儿也是从物质的身体出发,但特别关注的不是知觉,而是心灵,因为在笛卡儿看来,人的知觉面对观念的产生、思想存在和对思想的存在的解释,都是有局限的,为避免这种局限,需要以心灵为动力。心灵是"思"的动机、机制、机器,只有身体存在的我启动心灵,我思才可以怀疑一切的方式展开,最后才能清晰出观念创造的"存在"来。以此看笛卡儿的存在论，即"我思"存在论，存在来源于我思，存在显现于我思，存在也因为"我思"而得到解释。笛卡儿的"我思"存在论，也是一种实体存在论，却既不是亚里士多德的个别实体（或殊相实体），也不是霍布斯的物质实体（即物体），更不是休谟的身体化的知觉实体，而是普遍地和彻底地怀疑后用**"我思"化的**观念来重构的实体，即纯粹的**观念实体**，上帝是其观念实体的最高形相。笛卡儿的上帝实体论，是经历了从科学的实体向主体的心灵化之我"思"的实体，再演绎出普遍观念的实体，普遍观念的实体的最高形式才是上帝，因而也可说笛卡儿的"我思"实体存在论，是一种"我思"化的上帝存在论。

比较地看，休谟的身体化的知觉存在论，开出了人**可以**按照"人的自身方式"来塑造存在，塑造存在的世界。笛卡儿则公开宣称人**必须**按照"人的自身方式"来塑造存在。巴门尼德的"存在"论在笛卡儿这里被完全地解构。首先，巴门尼德关于"存在存在"的存在论定义，被真正解构为存在只能用思想来定义，即"我思"定义"存在"，构成笛卡儿存在论的基本特点。另外，巴门尼德说"存在可以被思想，可以被表述"的思想变成了笛卡儿的**思想创造存在**，并且思想解释"我思"创造的存在。

认识论形而上学的"存在"之问方式　英国经验主义和法国唯理主义基于人文与科学的双重培育，从崇尚客观的科学走向崇尚人文的主体。这一共识性倾向必然汇聚成浩荡的江流而奔向德国滋养其古典哲学的诞生。德国古典哲学以康德为高峰，通过费希特、谢林等人的努力，汇聚到黑格尔那里，形成最后的完美。

德国古典哲学又称启蒙哲学。"启蒙"概念相对人才有意义，意指"认知和思想的重建"。以此看"启蒙哲学"，首先指哲学对自身的启蒙，即哲学的自我重建；其次指哲学对人的启蒙，即对人类的认知和思想的重建。启蒙哲学如此阔大的气概源于人类社会和哲学的发展达到既有框架的临界点时，自我突围和超越的意象或态势，这是理解启蒙哲学的"存在"之问的个性、特征及呈现出来的方向的前提。

仅社会言，商业社会遵循丛林法则野性发展到一个相当的水平状态，逐渐呈现出一种可能接近瓶颈的趋势，如果这种瓶颈来临，要获得更高水准的发展,必须有一个更新的突破,这个突破就是后来人们所讲的欧洲古典工业社会向现代工业社会方向开辟道路。人的意识,人的主体性能力,人对自己、自然、社会、政治格局、经济方式及其未来可能性的看待,都有待于重新认识、重新探讨、重新构建。这是以法国为中心的启蒙运动之从社会、文化、政治、教育等诸多领域全面铺开的真正社会动力,也是法国启蒙运动向德国汇聚而非常明确地聚焦于哲学的真正原因。从哲学方面看,近代哲学从中世纪神学中走出来,以希腊理性精神和思想为资源展开时代性建设,总是自觉不自觉地以"人的重新发现"和"自然的重新发现"或"人文"和"科学"两个方面并行地交汇于"存在"之问中,无论经验主义还是唯理主义都体现这样的旨趣,但也愈发向人文或曰人的主体性方向倾斜。这种有其倾斜性的"人文"与"科学"并重的发展倾向,也逐渐陷入"二元论糅合"的存在论瓶颈之中,同样面临自我超拔的鼎新。加之社会发展的强势推动和吁求,哲学必然会以自身方式响应,这种响应就是**哲学对自身的革命**。

> 到现在为止,大家都是认定我们的知识必须依照对象,在这个前提下进行了多次试验,……可是这些试验统统失败了。那么我们不妨换一个前提试一试,看看是不是把形而上学的问题解决得好一些。这就是假定对象必须依照我们的知识。这个假定就比较符合我们的期望,我们正是盼望能有一种关于对象的先天知识,对象向我们呈现之前,就确定了某种关于对象的东西。这个设想同哥白尼当初的想法非常相似,他原来认定整个星群围绕观察者旋转,可是这样解释天体运动总是不能令人满意,于是他就想换一个法子试一试,假定观察者旋转而星群不动,看看是不是可以得到比较满意的解释。现在我们在形而上学里也可以用类似的方式在对象的直观问题上试一试。①

哲学对自身的革命,实源于发文艺复兴以降的近代哲学,它通过经验主

---

① 北京大学西方哲学史教研室编译:《西方哲学原著选读》下册,第241、243页。

义和唯理主义并行发展到18世纪相交汇的整体提升和重建。康德用"哥白尼革命"的比喻来表达哲学自我革命的根本性。这种根本性表述为**"换一个法子"**，也即哲学若要再继续向前，必须变换一种"存在"之问的范式。

巴门尼德创造"存在"概念，实是哲学从米利都的"本原"之问转向"存在"之问，通过后来经历苏格拉底、柏拉图、亚里士多德希腊哲学家的努力而进入中世纪，经历神学的浸淫而开出文艺复兴之后的经验主义和唯理主义，尽管其在不同阶段、不同学派甚至不同哲学家展开其"存在"之问的侧重有所不同，但都贯穿同一个东西，即"存在的本体"。巴门尼德用"存在"解释存在，提出"存在存在"的命题，其存在的本体就是存在本身。柏拉图提出"型相存在"论背后伫立着的本体是那个"普遍"的"共相"；亚里士多德的"殊相存在论"背后的本体是个体性的"实体"，它的最高型式是"神"。近代的经验主义哲学，无论霍布斯的"物体存在论"还是休谟的"知觉存在论"，其内在支撑的本体是物体，抽象地讲是"自然"。在唯理主义者笛卡儿那里，其"我思"存在论背后的本体是统合身与心、自然和人的"上帝"；另一位唯理论者斯宾诺莎的"存在"之问的本体依然是"上帝"，是神本体论。

哲学的"存在"之问的真正基础是本体论，或可说，哲学展开其"存在"之问的根本努力是发现存在本体、构建本体论。在哲学传统中，"本体"是存在的依据，既是世界存在的依据，也是人的世界存在的依据，更是人的存在的依据，当然是哲学安身立命的标志。但是，哲学所关注的存在本体，却存在于哲学之外，并**在先**哲学而开启哲学，构成哲学的源泉。当然，它同时也存在于人和人的世界之外，构成人和人的世界的依据和来源。总之，作为存在之根本依据的本体，也如存在一样，既可"被思想"，也可"被表述"，但其"被思想"和"被表述"的形象，无论是世俗型式，还是神性型式，都既内在于存在，更先在于人和外在于人，不受人的影响，却影响人，成为人的内在规定，也构成人的存在坐标，更构成人的存在的最终限度和最后边界。然而，当进入启蒙时代后，哲学要展开对自身的革命，并以换一种"存在"之问的范式来实现对自身的革命，实质上就是解构掉来自存在的自身本体，而自立为存在之本体。

理性必须挟着它那些按照不变的规律下判断的原则走在前面，**强迫自然**回答它所提出的问题，**决不能只是让自然牵着自己的鼻子走**。① （引者加粗）

康德对哲学的"哥白尼革命"就是自立存在之本体。康德所自立的存在之本体，就是人的理性。确立理性为存在之本体，则是赋予理性两项特权：一是赋予理性"牵着自然的鼻子走"的权力；二是赋予理性"强迫自然回答它所提出的问题"的能力。

康德赋予理性如此特权，理性能否享有这两种特权，即理性是否具有执掌如此特权的能力，需要为理性建立依据。这就要求理性不能来自于自然，并且还必须斩断与自然的关联，使理性高居于自然之上。康德如何做到这些的呢？首先，康德建立理性的来源：理性来源于人，来源于人的先天综合判断；其次，康德确立理性的本体：由于理性来源于人，当然人是理性的本体，但这不能与休谟的知觉论相区别，也不能与笛卡儿的"我思"论相区别。所以，根本地讲，理性得以生成建构的最终依据即本体，是人的先天的**意志自由**。康德从建立理性的来源到建立理性的依据和本体的过程，是通过演绎推论而建立的"范畴"的过程。康德指出："自然界的最高法则必然在我们心中，即在我们的理智中。"② 范畴则是将自然的最高法则注入人的天赋的理性之中的不变的恒常型式："范畴是这样的概念，它们先天地把法则加诸现象和作为现象全体的自然界之上。"③ 范畴的绝对好处和根本功能有二：一是使理性获得自我立法方式；二是使理性获得为人立法和为自然立法的方式。要言之，康德对哲学的哥白尼革命，就是通过确立先天综合判断的方式来建立恒定理性的范式，即范畴，然后通过范畴而展开理性为自己、理性为自然、理性为人的存在立法的工作。所以，以范畴为工具的理性为自己立法、理性为自然立法、理性为人立法，构成康德对哲学实施哥白尼革命的实践方式，也

---

① 赵敦华：《西方哲学简史》，第 261 页。
② 北京大学西方哲学史教研室编译：《西方哲学原著选读》下册，第 286 页。
③ ［德］康德：《纯粹理性批判》，韦卓民译，华中师范大学出版社 2000 年版，第 177 页。

是康德对哲学展开哥白尼革命所达成的重要结论。

简要地梳理康德对哲学的"哥白尼革命",理解康德之于哲学的"哥白尼革命"的实质是重建哲学本体论,即以范畴为型式的理性本体,更具体地讲,就是以意志自由为内在规定,以范畴为型式规范的理性本体论。从"存在"之问角度看,康德所建立起来的存在论是一种**主体存在论**。这种主体存在论相对休谟的知觉存在论和笛卡儿的"我思"存在论言,彻底割掉了存在的"实体"论的尾巴,因为休谟的知觉存在论背后还有一个物理的身体,即物质本体,笛卡儿的"我思"存在论背后是机械论的"神秘的力量"和几何学的次序和度量,更有最高实体"上帝"。康德将这些予以彻底的切割,纯化出纯粹理性这一本体,在以意志自由为内在规定、以范畴为型式规范的纯粹理性本体规范下,康德的存在论是个体主体存在论。

丹尼尔·波奈华说:"伊曼努尔·康德的《纯粹理性批判》注定要改变哲学的世界,它的诞生把启蒙运动带向了其理智发展的最高峰,并且确立了一套主宰19世纪及此后哲学的全新问题。"① 因为"康德不是在对象本身那里,而是在我们之中,寻找支配经验领域的法则:'我们只是先天地认识我们置于它们里面的东西。'"② 作为绝对的或者说极端的唯理主义,康德认为以意志自由为内在规定、以范畴为型式规范的主体存在论中,理性是最高本体,也是最高存在,更是一切法则的法则。一切都是先天地将理性的法则置于它们之中的东西,即使是在过失看来最为神圣的上帝,也是理性为人立法和理性为自然立法的产物。虽然康德也大讲特讲上帝,但康德的上帝,也"只是从外部事物和人的思维中概括出来的理想,是人性自我完善的产物"为此,康德对上帝是否存在的问题展开理性的种种证明,并由此证明所形成的"理性神学"得出的最终结论是"关于上帝存在的种种证明都没有客观的有效性"③。实际上,实存的上帝在康德那里已被他挥动理性的利斧砍下了头颅(只是一个世纪以后,尼采才说出"上帝已死"的真相),他所保留的仅是

---

① [美]罗伯特·C. 所罗门、[美]凯特林·M. 希金斯主编:《德国唯心主义时代》,诸博华、冯俊等译,中国人民大学出版社2016年版,第42页。
② [美]罗伯特·C. 所罗门、[美]凯特林·M. 希金斯主编:《德国唯心主义时代》,第44页。
③ 赵敦华:《西方哲学简史》,第277页。

没有生命、没有灵魂的上帝的形式,或曰**形式的上帝**。所谓形式的上帝,就是有关于"上帝的语言",或曰"语言的上帝"。因为在康德的纯粹理性的世界里,真正的上帝是理性,落实在实践理性中,作为主体的人成为最为实在的上帝。

康德发动的这场哥白尼式的哲学革命,从根本上改变了哲学的"存在"之问,建立起以意志自由为内在规定、以范畴为型式规范的主体存在论哲学,这种性质和诉求的存在论哲学,第一,取消了存在本体,而人自为本体,或曰自立纯粹理性为本体;第二,消灭了实存的上帝,人自立为上帝,并且是自为法则:理性是哲学的法则,理性是人的法则,理性是自然的法则,理性是上帝的法则;第三,真正彻底地解构了本体论形而上学,建立起认识论形而上学。这就是丹尼尔·波奈华所说的,康德通过纯粹理性批判"确立了一套主宰19世纪及此后哲学的全新问题"。古典工业社会之向现代工业社会方向敞开,并最终朝向"无限度的扩张"和"有组织的不负责任"的后工业(或曰后现代)社会挺进之途最终沦陷于当今之"后世界风险社会",其最终哲学依据却由康德个体主体论的认识论形而上学所为之提供。

康德的哲学革命成果通过费希特和谢林等人的修正性发展而传递到黑格尔这里,其主体存在论演变成了国家存在论,实质上是人的主体存在论演绎成为社会主体存在论,其内在的隐秘线索是:当存在本体被解构而建立起以意志自由为内在规定、以范畴为型式规范的理性主体论所敞开的各种可能性中,将会演绎出两种必然性,即这种对哲学、对人、对自然具有全然的立法功能的主体存在论思想,可能会挣脱其理想主义的纯粹理性缰绳而无限度地释放意志自由的野性。这种意志自由的野性向自然世界释放,就会无止境地膨胀起无限物质幸福论激情和自然资源无限论观念,形成人对自然、环境和地球生命的全方位专制,最终会演绎出傲慢的物质霸权主义行动纲领和绝对经济技术理性行动原则,来统治人、统治整个的人的世界。这种意志自由的野性向人的社会释放,就可能培育出各种形式的集权化的国家主义和社会法西斯主义。工业社会从古典工业社会向现代工业社会再向后工业社会方向的野性发展,应该与康德的主体存在论哲学密切关联。20世纪两次世界大战均由德国发动,而且其集权化国家主义和社会法西斯主义甚嚣尘上,这同样不能不与黑格尔的国家主义存在论哲学有内在的关联。

黑格尔展开"存在"之问朝着国家主义方向敞开，最终将康德的个体主体存在论演绎成为国家主体存在论，这实是沿着康德的绝对"主体"存在论哲学方向前进的。康德的"主体"存在论哲学的起点是人、是人的主体：**哲学以人为起点**。所以，康德的"主体"存在论哲学的灵魂是**意志自由**，精髓是**理性立法论**。康德的理性立法论敞开三个维度，即理性为哲学立法、理性为人立法、理性为自然立法。但其首要或者说根本的维度是理性为哲学立法，这是康德对哲学实施"哥白尼革命"的绝对前提和最终保障。黑格尔进一步放大理性为哲学立法的观念，以此确立起哲学没有自身之外的起点，即**哲学以自己为起点**：

> 哲学上的起点只是就研究哲学的主体的方便而言的，至于哲学本身却无所谓起点。①

> 哲学是独立自为的，因而自己创造自己的对象，自己提供自己的对象。而且哲学开端所采取的直接的观点，必须在哲学体系的发挥的过程里，转变成为终点，亦即成为最后的结论。当哲学达到这个终点时，也就是哲学重新达到其起点而回归到它自身之时。这样一来，哲学就俨然是一个自己返回到自己的圆圈，因而哲学便没有与别的科学同样意义的起点。②

黑格尔对哲学的看待异常新颖和奇特，但实质是确立哲学的绝对自由。要确立起哲学的绝对自由，须先假设"哲学无前提"。哲学无前提的具体化就是哲学无起点、哲学无对象、哲学无目标，哲学的"三无"集中表彰哲学不仅是自由，而且哲学应该是绝对自由。哲学的绝对自由就是：哲学自己确立自己的起点，自己确立自己的对象，自己确立自己的目标。要言之，哲学的"三无"必然走向哲学的"三确立"。黑格尔通过"三无"来表达哲学自我

---

① 参见赵敦华《西方哲学简史》，第296页。
② 北京大学西方哲学史教研室编译：《西方哲学原著选读》下册，第385页。

"三确立"的绝对自由,并不是目的,目的是张扬哲学背后的人——具体地讲就是从事存在之问的人、哲学家——的绝对自由,即哲学从"三无"走向"三确立"敞开的是哲学人的主体自由。所以,黑格尔主张"哲学无前提"实是以哲学为实例,更为极端地张扬主体性:黑格尔的哲学是主体存在论哲学。

黑格尔所宣示的主体存在论哲学与康德的主体存在论哲学有其根本区别:康德的主体存在论的基本视域是"人",并且这个"人"是相对自然或者说是相对他所说的"自在之物"而言的,他是要在由整个自然存在世界构成"自然之物"面前全面确立人的主体地位,确立人以理性的方式为自然立法,也以理性的方式为自己立法,其最后的依据自然却属于"自在之物"不可认知,可认知的是人的世界、是人,因而,人的存在的最后依据是以"意志自由"为内在规定和以"范畴"为型式规范的纯粹"理性"。要言之,康德哲学的全部努力,就是全面确立人在世界中的主体地位,全面确立人以意志自由的方式为自然立法,为世界立法,为过去、现在和未来立法。康德的哲学是**个体之人**的主体存在哲学。与此不同,黑格尔的主体存在论的基本视域是"国家",这个"国家"既不是相对自然,也不是相对"自在之物",而是相对社会言。黑格尔所要解决的问题,是要在康德**个体主体论**基础上解决**社会主体论**的问题,即如何将个体主体的人转换成柏拉图所讲的"大写的人",即"国家"的问题。所以,黑格尔的社会主体存在论最终落实为国家主体存在论。

为实现如上哲学冲动,黑格尔首先确立"哲学无前提",这样可以抛开之前的所有哲学规定和哲学传统而**自由地**设定哲学,自由是展开"存在"之问。黑格尔如此自由地展开"存在"之问所得出的基本结论是:存在是实体,而"实体是主体":"照我看来,……一切问题的关键在于,不仅把真实的东西或真理理解和表达为实体,而且同样理解和表述为主体。"[①] 黑格尔的"实体是主体"论,也可以说"主体是实体"论。黑格尔定义"实体是主体"或"主体是实体"的方式,实是定义其"绝对精神"的实体化和主体化。在黑格尔那里,他所创造出来的"绝对精神"既是主体的,也是实体的,它的呈现型

---

① [德]黑格尔:《精神现象学》,贺麟、王玖兴译,商务印书馆1997年版,第10页。

式是"绝对知识"。所谓"绝对知识是在精神形态中认识着它自己的精神,换言之,是精神对精神自身的概念式的知识"①,从绝对精神到绝对知识,必有其自身逻辑,黑格尔自为地设定这一逻辑并展开论证。首先按照哲学本无前提而可自设前提,但其前提是自设其"自设前提"的观念,黑格尔确定从绝对精神向绝对知识生成的逻辑前进:存在。根据主体性原则,黑格尔所设定的逻辑出发点是"存在",即"纯有"的存在,或曰纯存在。"以纯存在作为逻辑学的开端,因为纯存在既是纯思,又是不确定的单纯的直接性,而最初的开端不能为任何有间接性之物,亦不能为可能进一步予以规定之物。"② 黑格尔将"纯存在"定义为"纯思"。纯思是思想展开的直接现实,思想展开的直接现实就是纯思,即纯存在,简称存在:"当思想开始时,除了纯粹无确定性的思想外,没有别的了,因为在确定性中已包含有'其一'与'其他';但在开始时,我们尚没有'其他'。这里我们所有的无确定性的思想乃是一种直接性,不是间接的无确定性;不是一切确定性的扬弃,而是无确定性的直接性,先于一切确定性之直接性,最原始的无确定性。这就是我们所说的'存在'。"③ 在黑格尔那里,存在即纯思之果纯存在,他是超越个体主体的抽象社会主体,即客观实体国家:"在国家中,自我认识在有机发展中找到它的**实体性的知识与意志的现实性**;在**宗教**中它找到它自己这种真理——作为理想本质——的情感和表象;而在**哲学科学**中它找到对这种真理的那种自由的被理解的认识,它认识到这种真理在它相互补充的各种表现中,即在**国家**、在**自然界**和在**理想世界**中,原是同一个物。"④(引者加粗)主体与实体、思想和存在、个人与社会以及绝对精神与绝对知识等均是"同一个东西",这就是国家,国家主体,以国家为主体的存在论。在以国家为主体的存在论中,康德所描述的人的主体论理想最终被抽掉意志自由的个体特征而成为纯粹的范畴型式,它敞开的"世界精神"道路就是国家主义的世界蓝图,其实践对应的刚好是古典工业社会向现代工业社会再向后工业,也即后技术化存在的

---

① [德] 黑格尔:《精神现象学》,第266页。
② [德] 黑格尔:《小逻辑》,贺麟译,第199页,转引自张世英《论黑格尔的逻辑学》,上海人民出版社1959年版,第228页。
③ [德] 黑格尔:《小逻辑》,第200页,转引自张世英《论黑格尔的逻辑学》,第228—229页。
④ [德] 黑格尔:《法哲学原理》,范扬、张企泰译,商务印书馆1979年版,第36页。

后人类境遇的生成。没有限度和边界的主体主义沦为没有边限的象征"世界精神"的国家主义和强权主义进程，这既是康德没有想到的，也是黑格尔没有想到的。

3. 以时间入存在

自巴门尼德始，哲学以"存在"之问为主题敞开的历史呈现三步阶梯，首先是古希腊哲学家们"以思观存在"的方式展开"存在"之问，为后来奠定了基础。近代以来展开"范畴预制存在"探求的道路，康德赋予理性以立法权，构筑起以"意志自由为内在规定、以范畴为型式规范"的主体存在论哲学，其后继者黑格尔在先地设定"哲学无前提"的方式构筑"纯思"地存在的实体论，将意志自由的个体主体转换为世界精神的国家主体。康德与黑格尔前后相续共同开创的古典哲学高峰，创造出德国哲学的光荣，但也间接地关联出德国及其现代人类的悲剧。因为当人的理性享有为自然和人立法的权力时，人成为自然的主人的同时难以真正避免霍布斯关于人与人相互为狼的"自然状态"；另外，当哲学的前提（起点、对象、目标）被取消而可任意地设定哲学的逻辑时，使分裂的德意志统一和强大的国家主义冲动将可能将哲学引向国家主体论的逻辑实证之路，人沦为社群、国家的工具的可能性将会以最现实的方式，刻画出最为实在而悲催的历史内容。在康德和黑格尔共同培育的哲学土壤中，海德格尔未能幸免意志自由的主体存在论和国家主义的主体存在论，所幸的是，其独特的深邃和睿智使他迅速知止。或许，正是在这种人类背景和哲学背景下，海德格尔以开启光照未来的存在之问——以时间入存在的存在之问——打开了哲学何以可能自救的一扉窗户。

哲学的本分是存在之问。存在之问之于哲学家能够"在建立尺度和层级上始终保持着道路和视野两个方面在思想上的开放"[①]，秉持并独立的风格，是特别困难的。但真正的困难是对哲学本分的真诚敬畏和持守。就其本身言，哲学并不是无前提，哲学也不可能由哲学家任意地自由。哲学之为哲学，如同宗教之为宗教、科学之为科学、艺术之为艺术一样，都有自身的范围、对

[①] Martin Heidegger, *Einführung in die Metaphysik*, Vittorio Klostermann Gmb H. Frankfurt am Main, 1983, p. 12.

象、起点、目的及敞开的逻辑。哲学当然可以涉及更多领域，亦可以扩大胸襟使之呈现更为宏阔的视域，建立更为庞大的体系，但哲学之为哲学的根本对象、核心主题和本质内容，始终不能忽视或者弃置。哲学的根本对象是存在世界的关联存在，这个"存在世界"既指宇宙自然存在世界，或者地球、动物存在世界，还包括人的存在世界，以及存在的过去世界、现在世界或未来。所有这些存在世界之间何以可能关联起形成的世界和本体的世界使之以自身方式存在，就是哲学的对象。以此而言，所有的领域所呈现的与此相对的学问、科学，都属于小学，唯有以关联存在世界为对象的哲学，才是大学。基于这一根本对象的规定，哲学的核心主题是存在世界的关联存在何以可能，本质内容是通过存在之问探明意义。如上是理解海德格尔哲学何以根本不同于近代以来所有哲学家的根本不同的背景辨别，即近代以来哲学追随时势而向前，却日渐忘记哲学本身之自我膨胀所为，与此不同，海德格尔却以自身方式回到哲学本身。在海德格尔这里，回到哲学本身的本朴方式是回到存在本身。这是海德格尔被认为是位被"存在"问题符号化的哲学家的根本原因。

首先，海德格尔通过现象学而发现哲学自近代以来的误入歧途或者自我堕落，并借助于现象学方式回返哲学本身。海德格尔说："胡塞尔意义上的'现象学'逐渐形成了一套追随自笛卡尔、康德和费希特以来的规范的哲学立场。而这一立场与思的历史性却始终毫不相干。"所以，海德格尔锐意于**以时间入存在**的方式来重新展开存在之问，其所形成的"《存在与时间》一书中展开的存在问题则抛弃了这一哲学立场"①。

海德格尔之所以要抛弃胡塞尔的现象学而自为开辟存在哲学之道，是因为胡塞尔的现象学是沿着笛卡儿、康德、费希特的道路向前走的。笛卡儿的道路是"我思"的道路，康德放大笛卡儿的"我思"的基本做法是确立思维主体以立法世界的意志自由和理性（包括纯粹理性和实践理性）。康德以意志自由的方式放大笛卡儿的"我思"探求出先验主义的范畴体系还属于认识论的，或者主要体现认识论的主调和方向。费希特却将笛卡儿的"我思"和康德的认知论向心理主义方向转移，这种转移形成布伦塔诺的心

---

① ［德］海德格尔：《给理查森的信》，载于孙周兴选编《海德格尔选集》下册，上海三联书店1996年版，第1274页。

理主义，胡塞尔就是从放大布伦塔诺的心理主义概念"意向性"而建立起来的现象学，最终是心理主义的精神认知学，与存在之问本身相去甚远。这在海德格尔看来，这是哲学迷失自己的**最后方式**，亦是哲学堕落自身的**最终型式**。海德格尔一旦意识到此，就毅然地开始对迷失和堕落的哲学的一次拯救。海德格尔尝试拯救哲学虽然要开辟一条与胡塞尔现象学截然不同的审问存在的道路，但他尝试从现象学出发，这就涉及对现象学的重新审视和看待，所以海德格尔说："如果我们把'现象学'理解为让**思的最本己的实事**自己显现，那么，这书名（《存在与时间》，引者注）就应该读作'**一条通过现象学到关于存在之思的道路**'。那样，这第二格①就是说，这个存在之为存在（在）② 同时也就是那个正在思的东西的自己显现，这个东西需要一种与它相匹配的思。"③（引者加粗）

其次，迷失和堕落的哲学需要拯救，这是哲学的自身要求，亦可视为人类在自身进程中对哲学的本己要求，哲学必须回应自我进程中的人类对哲学的本己要求。然而，迷失和堕落的哲学能否得到拯救，取决于哲学家是否有能力对哲学的本己问题予以其诚的理解和深度的领悟。海德格尔认为，哲学能得拯救的根本出发点是重新回到哲学本身，重新正视哲学的本分。哲学之为哲学的本分是存在之问，存在之问的根本问题是"存在存在"何以可能的问题。海德格尔指出，自古希腊哲学以来，更准确地讲，自亚里士多德以来，哲学关于存在之问的各种说法可以概括为如下几种类型：

> 人们只消列举出在哲学的传统说法中的这四种称谓就足以看出这一本来就不一致的杂凑现象：存在作为特性，存在作为可能性与现实性，存在作为真理，存在作为范畴图式。这四个头衔中，哪一个说出了存在的意义？如何才能使它们达到一种可为人所理解的协调？④

---

① "存在之思"原文为"das Denken des Sein"。按照德语语法，"des Sein"（存在）是"das Sein"的第二格形式，作为定语表明其为"das Denken"（思）的发动者。——译者注
② "Seyn"是"Sein"的古德语形式，作者往往用它来表示"存在"的源真状态。因此，与"Sein"译为"存在"相应，"Seyn"译为"在"。——译者注
③ ［德］海德格尔：《给理查森的信》，载于孙周兴选编《海德格尔选集》下册，第1275页。
④ ［德］海德格尔：《给理查森的信》，载于孙周兴选编《海德格尔选集》下册，第1272页。

第2章 共生存在

如上关于"存在"之问的路子,到底哪一种道出了"存在的意义"?海德格尔虽未明确做出判断,但其对存在之问的重新思考行为本身做出回答:如上四种关于存在之问的方式**均没有**道出存在的意义。因为存在之问对存在意义的呈现,首先应区分"存在"和"存在者"。在海德格尔看来,只有区别出"存在"与"存在者"的差异,才可能"依靠清楚明白、方法可靠的途径将存在置入存在者中间加以主题化的考察与研究"①。在此区分的基础上,需要对"存在"本身有其清晰的意识。海德格尔对"存在"概念予以三个方面的整体明晰:

> "存在"是"最普遍的"概念:……"无论一个人于存在者处把握到的是什么,这种把握总已经包含了对存在的某种领悟。"但"存在"的"普遍性"不是**种**的普遍性。如果存在者在概念上是依照种和属来区分和联系的话,那么"存在"却并不是对存在者的最高领域的界定:οὔτε το ὄν γενσs(**存在不是种**)。存在的"普遍性"超出一切种的普遍性。②(引者加粗)

> "存在"这个概念是不可定义的。这是它的最高普遍性推论出来的。……确实不能把"存在"理解为存在者,enti non additur aliqua natura:令存在者归属于存在并不能使"存在"得到规定。存在既不能用定义方法从更高的概念导出,又不能由较低的概念来描述。……存在的不可定义性并不取消存在的意义问题,它倒是要我们正视这个问题。③

> "存在"(是)是自明的概念。在一切认识中、一切陈述中,在对存在者的一切关联行止中,在对自己本身的一切关联行止中,都用得着"存在(是)"。而且这种说法"无需深究",谁都懂得。谁都懂得"天是

---

① Martin Heidegger, *Die Grundprobleme der Phenomenologie*, Vittorio Klostermann, Frankfurt am Main, 1975, p. 322.
② [德]海德格尔:《存在与时间》,第4—5页。
③ [德]海德格尔:《存在与时间》,第5—6页。

蓝的","我是快活的"等等。然而这种通常的可理解不过表明了不可理解而已——它挑明了,在对存在者之为存在者的任何行止里面,在对存在者之为存在者的任何存在里面,都先天地有一个谜。我们向来已生活在一种存在之领悟之中,而同时,存在的意义却隐藏在晦暗之中,这就证明重提存在的意义问题是完全必要的。①

"存在不是种",是说存在不仅是普遍的,也是整体的,更是不可分的。存在的意义不能通过"类"(类分、类型)来呈现,也不可能通过"种"(具体、个别)来呈现。存在的意义是存在本身,存在的意义蕴含于或者说隐藏在存在之中,巴门尼德讲"存在存在"道出了存在之意义,或者"存在存在"本身就是存在的意义。

由于存在存在,存在本身是晦暗的、含糊的、扑朔迷离的。存在的意义也只是隐藏在晦暗、含糊、扑朔迷离的"存在"中,只能借助于"存在存在"的通道去思想、去表述。但由存在的思想得来的并不是存在本身,因而,对"存在的思想"的表述同样不是存在本身。这就是我们可以"生活在一种存在之领悟之中",但我们不能揭明所领悟的存在之意义,因为我们所领悟到的始终是"一种存在"而不是"存在存在"本身。

原因何在呢?海德格尔指出,哲学展开的存在之问绝不可能真正的触及存在本身,因而,哲学"所问及的'存在'决不可能由什么人的主体来设定,相反,从其时间性质而表现为在场的存在却与此在相关。由上所述可见,其实,在《存在与时间》中的存在问题的开端处,思就已倾向于一种其行程是和转向相符合的转变了"②。海德格尔揭示出"存在之问"之难的根本症结、根本限制。首先,要打开"存在"之问,必须回到巴门尼德,承认"存在是存在的",正视"存在存在",人虽然与存在关涉,但存在与人无关涉地存在,即存在不由"人的主体来设定"。其次,存在不是"类"的和"种"的,不接受"类"和"种"的牵连,但存在自身方式存在——或者说"存在存在"——的本性使存在本身拥有时间。所以,哲学展开"存在"之问,拷问

---

① [德]海德格尔:《存在与时间》,第6页。
② [德]海德格尔:《给理查森的信》,载于孙周兴选编《海德格尔选集》下册,第1277页。

第2章 共生存在

存在之意义何以可能，需要正视存在存在之时间本身。

> 本书的目的就是要具体地探讨"存在"意义的问题，而其初步目标则是把时间阐释为使对"存在"的任何一种一般性领悟得以可能的境域。针对这一个目标，我们尚须对那包含在这样一种意图之中的、由这个意图所要求的诸项研究以及那达到这一目标的道路作一导论性的说明。①

海德格尔之从现象学起步超越现象学，是因为他发现现象学续接了近代哲学路子，而难以根本性突破"存在之问"的僵化模式。客观地看，近代哲学不仅是从笛卡儿到康德再到胡塞尔的唯理主义路子，亦是从弗兰西斯·培根、霍布斯、休谟向德国古典哲学汇聚然后再分流出去自在奔流（比如实证主义，分析哲学）的经验主义路子，这两条路子虽然各具动机和目标、个性和风格，但仍然完好地保留一个共识，这就是从主体论的概念、范畴出发进入存在的模式。这种通过构筑概念、范畴的方式探求存在之问的努力，实在进入不了"存在"之问的意义场域。这是因为从概念、范畴出发来发问存在，展开存在之思，无论如何是达不到存在之问本身。因为存在不是存在者，无人的知觉活动，或者人的"我思"活动以及人对自然、对人、对哲学本身的"立法"活动所牵动出来的也只是具体的、个别的存在者、存在物、是者②，而不是存在。存在无法通过被感知③而呈现存在本身，存在更不可能因为人的"我思"或"立法"而褪去其晦暗、含糊、扑朔迷离的存在状态。从根本讲，第一，概念和范畴皆不可入存在，根本原因在于概念、范畴属于认识论范畴，而不属于存在论范畴。或者说，范畴是观念，存在是在，是实存。第二，从概念、范畴入存在这种思路蕴含"以思入存在"之中，这就是说巴门尼德的"存在"本身开出认知论之门，为存在论转向认知论提供了可能性。所以，从概念、范畴入存在实质上是沿着巴门尼德的"以思入存在"的路子向深度和

---

① ［德］海德格尔：《存在与时间》，第1页。
② Martin Heidegger, *Die Grundprobleme der Phenomenologie*, Vittorio Klostermann, Frankfurt am Main, 1975, p.100.
③ ［英］乔治·贝克莱：《人类知识原理》，关文运译，商务印书馆2017年版，第23页。

广度展开,将"思"的本质存在挖掘了出来,凸显了出来,并以作为重新展开存在之问的入口,这就是以时间入存在。

> 只有存在可以被思想,被表述。(巴门尼德《残篇》第二、第八)

> 所谓思想就是关于存在的思想,因为你决不可能找到一种不表述存在的思想。在存在以外,没有也决不会有别的。因为命运将存在作为一个不动的整体拴在一起了。因此,凡人们在他们的语言中加以固定的,自以为是真的东西不过是空洞的名称,如生成和毁灭、存在又不存在、位置的改变、色彩的变化等。(巴门尼德《残篇》第八)

"存在可以被思想,可以被表述",巴门尼德的存在领悟表明了两点:第一,为探求存在之意义提供了可能性通道;第二,思想探求并表述存在之意义是相当有限度的。前者暗示"存在可以被思想,被表述"的根本秘密,是时间。"存在存在"的"球体"型式因为时间而打开了探求晦暗、含糊、扑朔迷离的存在之门。然而,球体般的"存在存在"将过去和将来、个体与整体拢集成为整体的、连续的、不可分的存在本身,却因为时间的缘故而被纳入时间的坐标而获得"被思想"和"被表述"的可能性。虽然如此,时间同样也不能进入"存在存在"的球体化存在本身,因为时间不能开启存在,更不能开启存在存在,时间只能开启存在存在的被思想,开启存在被思想的表述。所以,根本说来,存在与哲学的关系,只是思想与存在的关系,它通过存在之问而产生,并通过存在之问而发展功能。思想因为存在之问的发动而形成与存在的关系,给予人的最终的也是唯一的教益,就是人可能通过"存在的被思想"和"被表述"而更为本分地存在。

海德格尔以时间入存在的方式敞开存在之问所开辟的拯救哲学的方式,或许为哲学的真正得救打开了可能性。

转向首先不是在发问的思中的某种进程,它属于"存在与时间","时间与存在"这样的标题之下所称谓的实事内容本身。因此,在《关于人道主义的信》中就写上了这样一句话:"这里全都翻转了。""全部"——也就是说,"存在与时间"和"时间与存在"的实事内容。转向出现在实事本身之中。这种转向既不是我编造出来的,也不是只牵涉到我的思想。直到如今,我还未曾听到过有任何对立这一实情内容的反思和批评式的探讨的尝试。①

三 "存在"之生

"存在"概念由巴门尼德提出,从而使"存在"成为第一个哲学概念。这是从哲学的概念史言,从哲学的"存在之问"史观,哲学的"存在之问"发生远远早于其"存在"概念的提出。认真说来,存在之问与哲学同步,它始于天启哲学的诞生,并伴随人为哲学的生成。仅后者言,米利都的泰勒斯、毕达戈拉斯及教团、赫拉克利特等人的哲学,都以不同方式敞开了存在之问。从人神难分的天启哲学到最初的人为哲学两个方面为参照,巴门尼德提出"存在"概念所开启的存在之问,总是以自身方式推动了不同时代的哲学发展。直到今天,如果驻足反观,每一个时代的存在之问,总是体现时代赋予的方式和特征,却也同时以时代性的方式忽视或遗忘"存在"的自身问题。海德格尔虽然发现了这一点而探求其解决之方,但他以回返巴门尼德的姿态展开,最终形成全面正视"存在"本身问题的视域遮蔽。

1. 何为存在?

关注"存在"本身的问题,需要拷问何为存在。巴门尼德提出"存在"概念时就将"何为存在"的问题带出,并且巴门尼德也是试图真正解答这个问题的第一个人。如上所述,巴门尼德工作的实绩,就是对"存在"本身做出明晰规定,这些规定构成对"存在之问"的具体要求。但巴门尼德之后所有关于"存在之问"的努力,都以不同方式放弃了巴门尼德的解释规则、解释方式、解释路径及其相关规定,使"存在"成为一个可以随心所欲地为人所用的**橡皮概念**。

---

① [德]海德格尔:《给理查森的信》,载于孙周兴选编《海德格尔选集》下册,第1276页。

从总体讲，巴门尼德为其存在论提出了明确的解释规则、解释方式、解释路径。在巴门尼德的理想中，"存在"概念的提出，实际上是为哲学规定工作方式：哲学的全部问题，就是存在问题。对存在展开拷问，构成哲学的本分。哲学履行其本分而展开存在之问的基本方式，就是解释"存在"本身。为此，巴门尼德首先规定了存在的解释规则。巴门尼德以"存在是存在的"（《残篇》第一）方式确定其解释规则。在存在之问中，对"存在"的解释只能以"存在"为工具。这就是说，"存在"只能为"存在"所解释，除此之外，其他任何方式虽然可以运用，都不能以存在解释"存在"本身。由此，"存在"的解释规则就是"存在存在"。其次，基于解释规则的规定，巴门尼德明确了"存在"的解释方式："存在是不生不灭的；存在是完整的、单一的、不动的、没有终结的。"（《残篇》第一）巴门尼德对"存在"之解释方式明确三个方面予以规定：第一，解释"存在"，既不能以"生"的方式，也不能以"灭"的方式，只能采取"不生不灭"的方式。巴门尼德指出，采取"不生不灭"方式来解释"存在"，其依据是"存在"的解释规则，既然只能以"存在"来解释"存在"，那么，"存在"本身的存在方式和存在样态必然规定了"存在"的解释必须遵从存在本身。第二，解释"存在"不能以"分合"的方式，也不能以"断续"的方式，因为存在本身是连续的、不可分的和非局部的、非具体的，因此，解释存在必须以整体方式展开。第三，"存在"既是"不动的"，也是可动的，但即使是"动"，也蕴含于"不动"之中。巴门尼德指出，存在存在，是指"存在"以"球体"方式存在。对存在的解释必须遵从球体存在的方式。最后，存在的解释规则和解释方式从两个方面规定了解释"存在"的基本路径，只能是思想和语言。巴门尼德对"存在可以被思想、可以被表述"做出三个方面的具体规定：第一，"存在"之于存在世界本身，是不需要解释的，只有当"存在"遭遇人的"存在之问"时，才需要解释。第二，人向"存在"发问引发出来的"存在"解释，只能通过"思想"来实现，并通过语言对它的"表述"来完成。第三，以"思想"和"语言"为解释路径来解释"存在"，只是人对"存在"的解释，这种解释在多大程度上吻合"存在"本身，并不由对存在的"思想"和表述其对存在的思想的"语言"来决定，而是由"存在"本身决定。因为"思想"始终是人的思想，解释"对存在的思想的表述"的"语言"也是人的语言，人的"思想"和"语言"可以指涉"存在"，并解释"存在"，却不等同"存在"，更不能替代"存在"。因为连续的、不变的、球体的"存在"可以被人"思想"和"表述"，却不能因为人的"思想"和"表述"而可任意地或者自由地进出"存在"本身，"思想"和"语言"对存在的解释，只能尽可能地接近"存在"，其最终能否接近存在，以及实现其多大程度的接近，则取决于人对"存在"本身的正确意识和对存在解释规则、解释方式和解释路径的**真诚尊重**。

如上各因素合生成巴门尼德的"哲学"方式，也构成巴门尼德的"存在"方式。从哲学的"存在之问"史观，自巴门尼德提出"存在"概念并对"存在"予以解释规则、解释方式、解释路径的规定以来，其后展开的"存在之问"史，开辟出各种各样的超越巴门尼德方式，虽然其超越性方式各不相同，但鼓动其超越的根本动力是对"存在"的理解可以按自己的方式展开，其结果只能是各自以自己的方式脱离（或曰忽视、抛弃）"存在"本身。

巴门尼德用"存在"来规定存在的实质，是用"存在"定义存在，形成"存在存在"的存在逻辑。存在存在的逻辑，不是人的智－力设定的逻辑，即逻辑学的逻辑，而是存在本身的逻辑，或曰**存在逻辑**，也可称之为自然逻辑，因为它是存在自然地生成、自然地展开并自然地发挥其功能，而与人和人的智－力没有任何关联。

存在逻辑揭示：存在存在，是由存在逻辑所规定。存在逻辑对存在的规定主要体现在三个方面：第一，存在只能由存在定义，除此之外，其他任何方式的定义都与存在无关；第二，存在只能由存在节制，即存在构成存在的限度，存在亦构成存在的边界，除此之外，任何因素既不能限度存在，也不能构筑存在的边界；第三，存在只能由存在解释，即存在是存在的解释依据，存在是存在的解释理由，存在也是存在的解释方式、路径和方法。

存在逻辑揭示：存在是存在本身，存在本身是存在。由此存在逻辑规定：有与无、存在与非存在、起点与终点、开端与结果、过去与将来，以及实然与应然和必然等都融于存在本身。这表明：第一，存在既是起点也是终点，既是开端也是结果，存在使起点与终点、开端与结果首尾相连，给出存在本身以存在表象（或曰假象），即存在既无起点也无终点，更无开端也无结果。第二，存在既有，也无，是有与无互涵。存在存在，是以有无互涵方式存在。所以，无乃存在之有，有即存在之无。存在存在，即有无相生地存在。第三，存在存在，实是存在非存在，也是非存在存在。所以，存在必以存在来定义，实是存在必以非存在来定义；反之，非存在必以存在来定义。同样，非存在必以存在来解释，就是指非存在必须存在来定义，并且非存在必须存在来解释。存在存在，就是存在非存在和非存在存在，这构成存在的"球体"存在。第四，存在既是过去存在，也是现在存在，同时也是将来存在，过去、现在、将来构成存在存在本身。由此形成存在的另一种假象：存在没有过去，没有将来。但存在的实际样态是：存在既包含过去，也蕴含将来，更敞开现在。过去、现在、将来的首尾相生，构成存在存在本身，也成为存在的球体存在本身。

　　由于如上逻辑规定，存在的存在构成，既是过去存在对现在存在和将来存在的构成，也是现在存在对过去存在和将来存在的构成，亦是将来存在对过去存在和现在存在的构成。由此，存在存在既蕴含无限可能的空间，更潜伏无限可能的时间。存在存在敞开的无限可能空间与无限可能时间生成**存在存在之场**。并且，存在的存在构成，既是存在有无的相向构成，也是存在与非存在的相向构成。在其相向构成中，有对应存在，无对应非存在。存在是有，非存在是无。存在和有，敞开**存在的形相**；非存在和无，敞开**存在的无相**。存在存在，既是有无共在，也是存在非存在互存，更是形相和无相互释。所以，存在存在，既是存在非存在和非存在存在，也是形相无相和无相形相，更是共相殊相和殊相共相。共相殊相，是说所有的个别和全部的具体都存在整体之中；殊相共相，是指一沙一世界，一花一宇宙。

　　在存在的存在构成中，由于形相无相和无相形相互涵，形成本质存在与现象存在共生，也形成本质存在与现象存在的解释方式和解释路径。

　　在存在的存在构成中，由于共相殊相和殊相共相互涵，形成整体存在与个体存在互生，也形成整体存在与具体存在的解释方式和解释路径。

　　在存在的存在构成中，由于共相与形相、共相与殊相互涵，生成物质存在与生命存在共生、动物存在与人的存在共生。并且正是因为如此多维向度的共生，才开启"存在可以被思想，可以被表述"的存在敞开存在的方式和方法。

2. 存在的本质

存在存在之构成存在的定义，是因为**存在自足**。存在缺乏自足，存在存在不可成立。存在自足，是指存在既是存在的依据，也是存在和存在敞开存在的理由，更是存在解释存在的方式和路径。存在自足，是指存在不依赖任何他者而**自在**。存在存在，根源于存在自在，存在自足源于存在自在。存在存在，即存在以自在方式存在。存在之所以能够以自在方式存在，是因为存在本身内在地拥有自生的能力。存在是自生的。存在自生为存在自在提供解释依据和理由，存在自在为存在自足提供解释依据和理由，存在自足为存在存在提供解释依据和理由。

要言之，存在存在是因为存在自生。存在自生的原动力是存在本身，因而，存在自生是源的、是内动力的、是内生的。由此规定存在存在的本质，是**生**。因为生，才有运动。巴门尼德讲存在是不动的，因为在巴门尼德看来，动既可能产生分，也可能破坏连续性。所以巴门尼德断言存在不动，但存在本身并没有听从巴门尼德的断言，它仍然**以自身方式动着**，因为存在存在的最终依据是存在自生，存在自生的本质规定存在必然运动，必须动着。巴门尼德意识到这一点，并且遵从存在逻辑，以存在定义存在，以存在解释存在。所以，当巴门尼德在讲存在存在时，又讲存在不动、存在连续不可分时，就出现了矛盾。巴门尼德意识到这一矛盾，并敏锐地发现这一矛盾产生的根源并不源于存在本身，因为存在是自在、自足、自我定义和自我解释的，问题出在存在存在之动或者说存在是以动着的方式存在抵触和不承认，巴门尼德意识到这一点而随即做出修正，这种修正是在"存在存在"的前提下承认存在以动着的方式存在，于是就有了巴门尼德的**球体存在论**。巴门尼德认为，存在存在，实际上是存在**以球体方式**存在。存在以球体方式存在，是存在以不动的方式将所有动着的因素全部囊括在不动的球体之中，使动和动着本身成为存在存在的内生因素，内生动力，内生机制。当发现存在本身之动是存在存在的内生因素、内生动力、内生机制时，存在以形相上的不动而实质地动着的方式存在，必然地避免了非连续性、分离性，并且在事实上使有与无、存在与非存在获得了互生的机制和互释的依据。

存在自足、自在源于自生，因为自生，存在必动着。存在以动着的方式存在，自然生出可能性。存在存在，意味着确定性；存在存在的内在动力、内在机制是生，生，生产动；动，生产可能性。所以，存在存在，实是存在之确定性与存在之可能性的互生，存在亦是存在之确定性与可能性的互释。所以，存在存在，是确定性与可能性的**共生**。因为确定性，存在才有，存在才存在；由于非确定性，存在才无，存在才非存在；因为确定性与可能性共生，有即无，无即有；也因为确定性与可能性共生，存在存在即存在非存在和非存在存在。同样，由于确定性与可能性共生，过去存在和将来存在才涌入现在存在存在。

存在存在，不仅定义了存在，揭明了存在的依据和理由，也揭明了存在以何种方式存在。前者揭明存在的依据和理由是存在本身，后者揭明存在以球体的方式存在。存在以球体的方式存在，实是以确定性来包裹或者隐含可能性的方式存在，在外在形相的层面，存在呈完全的确定性；在内在生变的层面，存在呈现无方向、无限度、无边界的种种可能性。由于存在以球体的方式敞开存在，所以存在也是确定性的方式敞开存在，同时以包含和隐蔽一切可能性的方式敞开存在。这就给予人以假象，存在是单纯的、简单的、可预估、可测算的；但实际上，由于确定性蕴含和隐蔽了可能性和可能性以支撑并滋生确定性的方式共生和互释，看似简单、纯一的存在存在却是异常的复杂。可以思想存在并可以自己的语言去表述所思想到的存在的人，当以简单的侥幸姿态来思想原本以可能性为本质规定的存在，必然形成对存在的误解和远离存在本身的存在表述。

由于生的本质规定，存在以内生的、动着的可能性方式存在，必然打开选择性之门，因为可能性，必存在选择性。比如，大海的平静敞开大海的确定性，但大海的平静是以海水微波粼粼的运动方式来维持，也许正是海水的这种微波粼粼的动态方式，一方面维持了大海的平静；另一方面也在积聚巨变的种种可能性。荒野的树，除了风、雨、雷、电等外力赋予其动的姿态外，它自身却始终是静止的，一天一天，一年一年，不动的树总是内在地动着，这种动就是缓慢的生长、变化，因而，始终静止的、确定的树，总是以不动的方式实现着动，这就是感觉不到生长的树变成了大树或者老树。

由于生的存在本质，一切确定性都源于生，都**隐含生**，都**遮蔽变**的种种可能性，而可能性总是潜伏着选择性，激活着选择性。选择性总是将可能性变成现实，更是激活着生，使生本身生生不息。所以，因为生，生成运动；由于运动，形成可能性；因为可能性，诱发选择性；因为选择性，激活生，使之生生不息。这就是存在的本质的完整呈现。

存在存在，是因为生。生之于存在，不仅是其内生因素、内生动力、内生机制，也赋予存在上以保障，这种保障敞开为两个方面：一是生以自身生生不息的方式保障了存在存在的确定性；二是生以自身生生不息的方式保障了存在以动着方式存在的种种可能性，或者因为生之生生不息的功能发挥，存在存在的种种可能性压缩在球体式的确定性中，存在存在的确定性因为种种可能性之生而形成"日日新"和"苟日新"。

生以生生不息的自身保障存在存在的确定性和存在存在的可能性，通过交互生成的方式运作、敞开和回复自身。存在之生的这种交互生成的运作、敞开和回复自身的方式，实实在在地推动存在存在敞开两个面向，即时间面向和空间面向。

生保障存在存在的第一个面向，是**敞开**。生以其生生不息的方式敞开自身，实是敞开时间。简言之，就是生敞开时间，并推动时间敞开空间。这就是生以生生不息的自运动方式，铸造出过去和将来，同时将自铸造的过去和将来熔铸进球体式的存在之中，必然生发出空间。存在以球体方式存在，就是存在以现实方式存在。以存在本身参照，过去和将来书写出时间，与此相对应，现在书写出空间。所以，过去和将来因为生之生生不息方式敞开自身而被熔铸进现实存在，必然敞开空间，这就是时间生成空间，时间敞开空间。以生为原动力方式敞开时间，时间的拢集——生对过去和将来向现实的熔铸——必然存在获得敞开，这就是空间。由此，生以其生生不息方式拢集过去和将来于现实，即存在以确定的方式存在获得了保障。当过失和将来以生生不息熔铸进存在而激活空间的敞开，也就是存在以可能性方式存在开辟出了可能性。生之所以生生不息方式开启时间来敞开空间，实是以如此方式保障存在存在的确定性与可能性的共生和互释。因为，仅有可能性而无确定性，存在不可能自足自立地存在；仅有确定性而没有可能性，存在不可能自生地存在，当存在丧失自生的内在动力、内在机制，存在也就失去生的可能性，确定性必然丧失。

生保障存在的第二个面向，是**遮蔽**。生以其生生不息方式拢集过去和将来并将其熔铸进现在存在，必然产生两个结果：第一个结果是遮蔽时间，因为生以生生不息方式将过去和将来拢集入现实存在本身，就是自行地遮蔽过去和将来，虽然它以遮蔽过去和将来为代价敞开了现在存在，并促成现在存在敞开了自身存在空间，即敞开了存在的现实性和存在的可能性。第二个结果是遮蔽空间，因为生以生生不息方式拢集过去和将来，并将其注进现在存在，虽然推动现在存在敞开了当下存在的现实空间，却以此遮蔽了历史存在的过去空间和将来空间。正是这种**双重**的遮蔽，同样起到了保障存在存在的确定性和存在存在的可能性，前者通过对过去和将来的遮蔽来保障存在存在的确定性；后者通过对现在的遮蔽来保障存在存在的可能性。

要言之，存在存在的本质是生，生的首要方式是敞开。生之敞开是时间，时间之敞开是空间。此在通过"时间"来"演历"的实质，是存在通过生生而敞开时间和空间。存在通过时间对空间的演历，就是生之场域化敞开与渗进。同样，生对存在存在的本质规定中，生以生生不息方式敞开自身的方式，既可敞开，也可遮蔽。并且，生以生生不息方式敞开自身，既是敞开，也是遮蔽；既在敞开中遮蔽，亦在遮蔽中敞开。生之敞开的时间，带动空间的敞开；与此同时，生之遮蔽的也是时间，并由遮蔽的时间带动空间的敞开。敞开与遮蔽的互为生成，打开了种种可能性，亦为生本身注入生生不息，或者说，敞开与遮蔽互为生成，使存在存在之生获得内在动力、内在机制。

3. 存在的形相

世界和生命的存在样态 存在的本质是生，生，既生产可能性，也生产确定性。生将确定性和可能性拢集为存在。存在的形相是世界，世界是存在存在的世界的简称，也可称存在世界。

世界是存在的形相。构筑世界形相的本体是生命。生命由存在存在规定，更具体地讲，是拢集敞开与遮蔽的存在本质之生及生生不息方式所规定，即因为存在以生的方式存在，因为存在以生生不息方式拢集确定性和可能性，必然生成存在存在的形相——世界的本体——只能是生命的，只能是生命。

生命是存在存在之实体，整体与个别、连续与分离、一与多、有与无、存在与非存在等，都因为生命而获得生的拢集，即敞开与遮蔽因为生命而使存在把存在成就为形相的世界。

作为世界之本体的生命，基于对存在的负责，对存在之确定性与可能性的共生与互释而必须获得"生命是生命的"自律性定义。"生命是生命的"这一自律性定义，赋予生命本身以丰富性。首先，生命只能由生命定义，生命只能以生命为依据，生命只能通过生命来解释。其次，生命自在，源于生命自生；生命自生，源于生之存在本质。因而，生命自在和自生规定生命不可消灭。生命不可消灭，首先是指作为存在之形相的世界不可消灭，因为以生命为本体的世界，其次意味着世界本身是生命存在，最后指构成世界的生命不可消灭，比如，在构成世界的生命世界里，微生物是最小的生命存在，但同样不可消灭。微生物之所以不能消灭，是因为微生物依然是微生物，微生物亦是自足、自在、自生地存在，并且同样以确定性与可能性共生与互释的方式敞开存在或遮蔽存在，或者说它是遵从存在之本质规定生以及生生不息的方式敞开它的自在、自足、自生，微生物之外的任何因素或力量，都不可强行干涉或消灭它，人的智－力更不可强为微动物存在的确定性和可能性的共生与互释。

生命不能消灭，规定生命不可消失。这意味着生命创造世界，生命恒常世界。在自创和恒常的生命世界里，任何个体可以创造自我，但任何个体不能创造世界。人，即使从种与类观也只是个体，他既不能创造世界，也不可掌握世界。以生命为本体的世界，**永不可**为任何个体所掌控。

在存在的形相世界里，生命之不能消灭、不可消失，当然因为生命自足、自立、自生，但因为自足、自在、自生的生命并不是目的性的存在，而是无目的的合目的性存在。生命无目的的合目的性存在，规定了生命与世界的关系：生命不以生命为目的，世界不以世界为目的，生命作为世界的本体，是自足、自在、自生的，以自己之自足、自立、自生存在为支撑的世界，同样是自足、自立、自生的存在。换言之，生命的自足、自立、自生存在是因为世界的自足、自立、自生，世界自足、自立、自生存在是因为生命的自足、自立、自生，这就是生命与世界互为敞开与互为遮蔽：生命为世界自足、自立、自生而自我遮蔽，生命也由于世界自足、自立、自生而自我敞开；反之亦然。并且，生命与世界，也因为互为敞开和遮蔽相互实现无目的的合目的性。生命以自足、自立、自生的方式无目的的敞开，实现着世界自足、自立、自生的合目的性；反之亦然。

生命与世界之无目的的合目的性关系，具体化为整体与个体的关系。在这种关系中，整体不是外在于个体的存在，个体也不是外在于整体的存在，而是互涵其中，整体成就个体，个体成就整体，整体与个体互为存在、互为灵魂。整体存在于个体之中构成个体的灵魂，个体存在于整体之中成为整体的灵魂。更具体地讲，你构成我的存在而居于我的灵魂之中，我构成你的存在而居于你的灵魂之中。这种你与我互为灵魂的存在状态，是最为实在的无目的的合目的状态。在这种无目的的合目的的状态中，人与生命、人与世界之间的本原存在状态，同样是无目的的合目的的状态，亦是互为敞开与遮蔽的相互成就状态。在这种存在状态中，人的存在，既是形相学存在，也是本体论存在。作为形相学存在，人存在于地球之上和宇宙之下，其自足、自立、自生的存在方式是顶天立地的存在方式。作为本体论存在，人是深度存在，是存在于世界的深处和生命的底部，即存在于世界和生命的灵魂之中并构成世界和生命的灵魂。

生命和世界的能动性　由于存在存在的自为规定，作为存在形相的世界与作为形相世界之本体的生命之间的本真状态和本真倾向，规定了它们互为目的的能动性，这种互为目的的能动状态，才是存在接受"存在"之定义的本体论根源。

世界与生命之间的本真状态，就是无目的的合目的状态，世界与生命，一方面以无目的方式敞开，实现了合目的性遮蔽；另一方面，其无目的性方式的遮蔽，实现了合目的性敞开。正是这种互为敞开与遮蔽，使世界与生命之间的本真状态，必然是无目的之合目的的能动倾向。"离离原上草，一岁一枯荣。野火烧不尽，春风吹又生。"白居易的别情诗之千古流芳，是因为它呈现了生命与世界之间的本真关系："离离原上草"以自足、自立、自生的方式存在于世界之中，但其"一岁一枯荣"均并因为自己而添色世界。荒原上的野草，以自足、自立、自生方式敞开自己（"荣"）的过程（"一岁"）又以自足、自立、自生方式遮蔽自己("枯"),这种无目的的存在敞开与遮蔽,却使世界实现了变化与鼎新,即荒原上的野草以"一岁一枯荣"的无目的存在方式实现了世界"野火烧不尽,春风吹又生"的合目的性。

世界与生命之间的这种本真状态和本真倾向所呈现出来的能动性,呈现无目的的合目的。以无目的的合目的为基本倾向的世界能动性与生命能动性,或者说以存在来定义的存在的能动性,即存在存在的能动性,构成存在存在的本真样态,也构成世界和生命的本真样态,世界和生命以互为无目的的合目的方式,铸成了既属世界又属生命的能动性。世界是能动的世界,生命是能动的生命,存在是能动的存在,能动性并不以人为启搏器,而是存在、世界、生命本身。存在的能动性,是存在的自为启动;世界的能动性,是世界的自为启动;生命的能动性,是生命的自然启动。这是因为,无论存在或是世界和生命,都是自足、自立、自生的,自足、自立、自生构筑起能动性,存在自足、自立、自生,构筑起存在的能力性,世界、生命的自足、自立、自生,构筑起世界、生命的能动性。具体到个体上,每个生物物种,或者每个个体生物,其能动性都源于它自身的自足、自立、自生的存在,即使肉眼看不见的微生物,同样以自足、自立、自生方式构筑起存在敞开及其遮蔽的能动力量。哪怕是被人的偏见定义的所谓"无生命物",比如石头,也自具能动性。因为存在存在的世界本身是生命,在存在存在的世界中,万物都是生命存在,人的偏见之所以将构成世界的存在者,以观念主义的类分方式将其划分为有机物和无机物,也是基于肉眼的实看能力为准则。人的肉眼的实看行为本身将隐蔽其后的大尺度显相出来:人的肉眼所构成的尺度是小尺度,人的肉眼所不能囊括的尺度却是大尺度。在小尺度下,能动性只属于人,只有人才有能动性,人的肉眼所不能看到的方面,能动性不存在;不属于人的方面,能动也不存在。当超越肉眼化的小尺度而以大尺度观看,世界是能动的,生命是能动的,万物都处于能动之中,石头是能动的石头,微生物是能动的微生物,就是新型冠状病毒同样是能动的存在物,并能动地敞开或遮蔽自己,这就是新型冠状病毒的变异的能动性。

生命是能动的生命,世界是能动的世界,存在是能动的存在,这是由能动性本身来描述。所谓"能动性",就是**能生**性。存在、世界、生命,其能动性源于自身,即存在、世界、生命的自足、自立、自生本身构筑起存在、世界、生命的能生性。所以,能动性是内在的,是存在的内生,是世界的内生,是生命的内生。

4. 存在的方式

敞开与遮蔽的根本方法　存在的形相,是世界。世界的呈现形态,抽象地讲是"是者",或曰存在者,具体地讲是万物生命。世界的本质是生命。生命和世界打开了存在方式,这就是生命和世界的敞开与遮蔽。

敞开是存在的敞开,具体地讲,是世界和生命的敞开。敞开的本义,意为存在的显相。敞开即对存在的显相。敞开显相存在的实质,是把存在打开。打开存在的实质含义,是为**存在祛魅**,或曰祛魅存在,将存在照亮,使存在显相。与此相反,遮蔽是存在的遮蔽,具体地讲,是世界和生命的遮蔽。遮蔽的本义即存在的隐藏,遮蔽即对存在的隐藏。遮蔽隐藏存在的实质,是把**存在潜沉**。潜沉存在的实质含义,就是为**存在返魅**,或曰返魅存在,即将存在幽暗、黑暗、至暗。幽暗、黑暗、至暗的遮蔽方式,使返魅神化或巫化。比较而言,世界和生命之敞开,显相存在之神的光明与温润;世界和生命之遮蔽,显相存在之神的阴沉与凌厉。

存在的敞开与遮蔽,生成世界和生命之显相与隐藏。敞开与遮蔽,构筑起世界和生命之显相与隐藏的对立统一:世界和生命——或曰存在存在——既是敞开的,也是遮蔽的;并且既敞开又遮蔽,在敞开中遮蔽,也在遮蔽中敞开。敞开与遮蔽之于世界、生命或存在存在,既是对立的统一,也是构建与解构的互为推进。但无论是建构或解构,都是生成,即在建构中生成解构,在解构中生成建构。世界和生命,或者存在存在,其在构建中生成解构的同时,也在解构中生成构建,可简称为"生成-建构"。生成-建构构成存在存在之敞开与遮蔽的内在方式和根本方法。

以生成-建构为内在方式和根本方法的存在敞开与遮蔽,是使存在拢集过去和将来于现在存在的根本方法,也是拢集整体与个体、连续与分离、有与无、存在与非存在的根本方法。由此两个方面推动以敞开和遮蔽方式运作存在存在的生成-建构方法,自然打开了存在敞开与遮蔽的三维视域,这就是存在敞开与遮蔽指向未来、存在敞开与遮蔽固化过去或存在敞开与遮蔽坚守现在。然而，以生成-建构方法构筑起来的存在敞开与遮蔽取向却呈现两个共有倾向：第一，无论是面向未来，还是固化过去，或者坚守存在，敞开始终是此在化的，是此在的敞开；与此不同，遮蔽始终是它在化或彼在化的，是它在或彼在的遮蔽。第二，敞开，既是时间的生成与构建，也是空间的扩张与拓展；同样，遮蔽既是时间的生成与建构，也是空间的扩张与拓展。所不同的是，敞开是以显相的方式生成与建构、扩张与拓展；遮蔽却是以隐藏的方式生成与建构、扩张与拓展。

敞开与遮蔽的基本方式 生成-建构方法是存在以形相的方式——以世界和生命的方式——敞开与遮蔽的必为方法。生成-建构方法的本质功能，是对时间与空间的生成与建构、扩张与拓展。但其原动力是存在存在的自足、自立、自生，其原发机制是存在存在内在之生及生生不息方式。所以，存在以存在方式存在，必然以生成-建构方式敞开或遮蔽。一旦以生成-建构方式敞开或遮蔽运，拢集过去与将来于一体的现在存在，必然裹持过去呈现将来。所以，存在以敞开或遮蔽的方式存在，自然在此在中呈现彼在倾向，由此形成存在以此在方式敞开或遮蔽，或存在以彼在方式敞开或遮蔽。

存在以此在方式敞开或遮蔽，呈现两个种景象，即**繁忙**和**烦忙**。此在化的繁忙从三个维度敞开或遮蔽，即宇宙运行、自然生成和万物消长，均处于繁忙状态，呈现繁忙景象。宇宙、自然、万物的繁忙景象，是生死性质的繁忙景象。生的繁忙即敞开，死的繁忙就是遮蔽。生死相依即敞开与遮蔽的繁忙往来循环不已，这就是存在之生和生生不息。

此在之生和生生不息，就是繁忙，因为生和生生不息而敞开和遮蔽生生循环，就是此在存在的繁忙景象。在这一景象中，因为繁忙，此在充盈。繁忙创造充盈，繁忙维护充盈。

此在存在不仅繁忙，而且烦忙。存在的形相是世界，存在的实体是生命，生命是世界的本体。存在此在化的敞开或遮蔽，亦是存在、世界、生命三者生成-建构性地敞开或遮蔽。在存在、世界、生命三者生成-建构性敞开或遮蔽的此在进程中，敞开或遮蔽的繁忙在形相的世界层面运行；敞开或遮蔽的烦忙在本体的生命层面运行。所以，此在存在的烦忙，实是存在存在之实体生命的烦忙。生命烦忙的本质是活的烦忙，繁忙敞开或遮蔽的生死景象，是存在的无目的景象。烦忙敞开或遮蔽的景象，是活的景象；活的景象中的活的烦忙，实是存在的无目的的合目的景象。生死繁忙的无目的性，是相对存在存在言，或者是相对存在之形相世界本身言，生死繁忙，乃其生及生生不息的敞开与遮蔽本身。在生死的繁忙进程中，活的烦忙之呈现合目的性，是相对存在之实体生命本身言，即在生死相依的无目的的敞开与遮蔽的此在进程中，活的烦忙照亮了存在存在的本质，即生和生生不息的本性，所以它是在无目的进程中的合目的化。相对此在存在中的生命言，活的烦忙的最为真实的写照，就是"离离原上草，一岁一枯荣。野火烧不尽，春风吹又生"。生命如斯，人更是如此，无论生命还是人，在生死相依的繁忙进程中烦忙于活，由此生成－建构起活的敞开与遮蔽。

从根本讲，繁忙和烦忙，是存在存在的本质和本性。存在存在的本质是生，存在存在的本性是生生不息。繁忙和烦忙从存在之形相和存在之实体两个维度彰显本质，张扬本性。在生的本质照亮下，存在存在之生生不息本性以繁忙和烦忙的方式敞开和遮蔽，即繁忙和烦忙均是存在存在之本性敞开与遮蔽。

存在以此在方式存在，实是拢集有与无、存在与非存在、整体与个体、连续与分离、过去和将来于现在存在。这种将一切拢集于此在的根本方法是生成－建构，基本方式是敞开与遮蔽，无目的的合目的的影响，是繁忙和烦忙。生成与建构、敞开与遮蔽、无目的的合目的的，此三者合之于"生"的本质规定，呈现出"生生不息"的本性要求，由此形成的基本倾向或者说不可逆诉求，却是对由此及彼的方向（或道路）的开辟，具体地讲，就是此在向彼在方向的运行，这就是无目的的此在繁忙总是通过生命的活的烦忙而达于合目的的真实呈现。

存在存在之此在向彼在方向敞开与遮蔽的循环往复，对于存在之形相世界言，依然是敞开与遮蔽互为推进生死相依的繁忙；对于存在之实体生命言，依然以无目的的合目的方式敞开与遮蔽互为生生的活的烦忙。相对具体存在形式的生命样态"人"这一存在者言，其此在的活的烦忙，却改变了"无目的的合目的的"轨道而呈现探求目的的合目的专注和急迫。因而，人之"活的烦忙"总是在意识地求索最便利的上手方式，并为此生生不息地求知存在存在、求知生成与建构、求知敞开与遮蔽的所有方面，形成将存在的生的本质膨胀为无限度和无边界的此在求知本性。存在之在此在向彼在方向生成-建构性的敞开和遮蔽进程中，人获得只属于自己的此在朝向彼在的方式，形成此在驻足于当世对未来的想望，这种驻足当世想望未来存在的方式，构成人这一存在者的根本信仰。此一信仰对存在的指涉是双重的——形成信仰对此在的规训和信仰对彼在的激励。对前者的专注，生成繁忙和烦忙的人力体系；对后者的急迫，无止境地探求哲学、科学、技术、教育和文化。

四 存在与共生

巴门尼德的存在论，是无限的哲学蓄水池。巴门尼德为这一无限可能的哲学蓄水池创造了两个水源，一是存在存在论；二是存在球体论。存在存在论规定了存在只能由存在来定义，由存在来解释，由存在来构建。一切不符合这项规定的存在论都缺乏根基，都面临解构和重构。这是巴门尼德存在论之为无限哲学蓄水池的第一个方面。第二个方面是存在球体论。巴门尼德的存在球体论，实是存在拢集论，有与无、存在与非存在、形相与实体、本质与本体、过去与将来、整体与个体、静与动、不变与变、连续与分离等拢集生成充盈存在球体，球体的型相面向呈静、不变、整体、有、存在、过去、连续等，球体的本质和本体面向呈动、变化、个体、无、非存在、分离、将来等。拢集球体论呈示，存在存在原本是场态的、场域的、场景的。场态、场域、场景化的存在，既敞开空间，又遮蔽时间。由时空交织的场态化、场域化和场景化的存在，蕴含一种**以场域入存在**的看待方式和审视视域。以场域入存在的方式看待存在存在，实是**共生存在**。

共生存在揭露存在以何种方式存在。巴门尼德关于"存在是存在的"定义规定了存在必须以共生方式存在。存在以共生方式存在，是对存在以存在方式存在的更为通俗的表达。从词源观，"共生"一词来源于古希腊，德国真菌学家德贝里（Anton de Bary）于1879年提出了生物学的共生理论，指出共生乃不同种属生活在一起并具有延伸的物质联系。[①] 在自然世界里，不同生物

[①] 袁纯清：《共生理论：兼论小型经济》，经济科学出版社1998年版，第2—4页。

迫于存在需要而形成互利互惠的持久稳定的亲密存在关系。这些存在关系包括生物之间相寄生、共生或共栖三种型式。生物学的共生理论蕴含存在的普遍性，所以其发展不断拓展其领域进入经济学、政治学及其公共管理学领域①而形成广泛的运用，但这种运用努力最终呈现捉襟见肘的窘迫，因为这种学科主义的共生存在理论缺乏哲学层面的存在论解释。从根本讲，哲学展开存在之问的根本努力，就是探求存在何以可能共生存在的内在理据。巴门尼德关于存在存在论和存在球体论分别从两个方面开启存在共生论的可能性，要理解这一可能性，需要引进"生境"概念，揭示共生存在的实际诉求，即生境存在。

1. "生境"概念诠释

"生境存在"概念，实指以"存在"来定义的存在是生境存在；并且，生境存在也指存在生境化。由此两个方面要求，生境，必须成为存在定义存在和存在解释存在的本原语义。当生境构成存在定义存在和存在解释存在的本原语义时，"生境"概念一定要成为一个存在论概念，生境存在才真正成立。

"生境"概念作为一个存在论概念之成为可能，源于"生境"本身。从存在论观，"生境"概念隐含其自为主体性，这可从"生境"概念的形态学构成入手理解。"生境"之"生"，既是动词，也是名词。作为名词，"生"意指生命，所谓生命，意指**有生之物**；作为动词，"生"意为其有生之物之**自生育**，也指有生之物之**自生长**或**成长**。合言之，"生境"之"生"，是指**能生育**和**能生长**之物。"生育"与"生长"两词有直接的语义关联，但也有根本的语义区别：生育之于存在者，是本体论的；生长之于存在者，是形态学的。无论从存在论，还是从存在者论，对其生育和生长的完整表述，应该是能生育的生长之物，简称**能生长之物**。

其一，能生育的生长之物，不仅指被人二元分割后的"有机物"，也指人们通常认为的"无机物"。动物、植物是能生育的生长之物，它们的生育和生长功能能为肉眼观察到；微生物作为能生育的生长之物，可以借助简易显微

---

① 刘志辉：《共生理论视域下政府与社会组织关系研究》，天津人民出版社2017年版，第36—49页。

镜观测到它的生育性和生长性；泥土、山石等，仍然可以在高倍放大镜面前观测到它们的生命运动。英国化学家、生物学家詹姆斯·拉伍洛克在《盖娅：地球生命的新视野》（*Gaia: A New Look at Life on Earth*，1979）和《盖亚时代》（*The Ages of Gaia*，1988）中旁征博引地证明以古希腊大地女神盖亚（Gaia）命名的"盖娅理论"：以"存在"定义的存在，其本质是生，其本性是生生；存在的形相世界里所有存在者都是有生命的，并且一切有生命的存在物之间相互作用形成生命赖以存在的环境，生命赖以存在的本体论环境是其能生长的环境。能生育的生长之物，既可是肉眼能看到其生长运动的**快生长之物**，也可是肉眼观测不到其生长运动的**慢生长之物**。并且，能生育的生长之物，既是有物理形态结构的实体存在物，也包括无物理形态结构的非实体存在物，比如风、云、闪电、自然能量、宇宙之力等，均是非实体存在的能生育的生长之物。并且，能生育的生长之物既可是具体形态的，也可是整体形态的，比如马克思所讲的**有生的自然**，就属于整体构形的既可生育，更能生育的生长之物。

其二，无论生育还是生长，既是一种现实的力量，也是一种潜在可能性。春季初开的各种各样的植物花朵，在蜜蜂没有传授花粉之前，它作为能生育的生长之物，既呈现为一种现实力量，也潜藏着可能性，当蜜蜂传授花粉后，这种潜在可能性的生长就变成了现实性。人，无论是男人还是女人，一旦生命诞生，一旦诞生的生命自身持存，他就是一种现实的生长力量，因为他或她每天都在生长，身体、情感、认知、思想，每天都有变化。但是，无论男人还是女人，当他或她还没有成年，即使成年了，还没有结婚，没有与异性同居生活，其生育性的生长始终是潜在，一旦结婚或与异性同居生活，就有可能将其生育性生长的潜在可能性变成现实的生长力量。不仅如此，生长既具有自动力，也受外在因素影响。一棵树，是挺直地、健壮地生长，还是长成歪脖子树，不仅可能因为生长出这棵树的种子本身的优劣，更可能是其生长的物理环境——比如土壤的贫瘠或肥沃、雨水的充沛或干旱、阳光的充足或稀少等，实际上成为影响甚至决定这棵树的生长状态的重要力量。从整体观，生长作为一种现实力量，源于生长的自动力，即**自因性**，这是其**自因性**的内在机制和动力，它揭示有生之物的生长力量是自生成的。与此不同，生长作为一种可能性，源于生长总是要遭受外力的影响，即**外因性**，这是其**它生性**的外在机制和动力，它揭示有生之物的生长要受环境影响。

其三，生育性生长的反面，乃是无生育性的死亡。死亡既是一种潜在可能性，也是一种现实力量。作为一种潜在可能性，死亡也是自因性的，即生育性的生长蕴含死亡的可能性，并且生育性的生长本身也可能播种死亡因素。作为一种现实力量，死亡是它生性的：有生之物在生长中死亡，除了生长本身的原因，就是环境的推动。

其四，生育性的生长对死亡的蕴含性，或死亡向生长的潜伏性，形成生长本身的张力空间。这一张力空间既成为"能生育的生长之物"的**自身限度**，也构成"能生育的生长之物"之间的**互为边界**。

能生育的生长之物因其生长对死亡的蕴含性和死亡向生长的潜伏性所生成的自身限度，演绎出存在的形相世界"物竞天择，适者生存"的自然法则。遵循物竞天择的法则，首先是物物相竞，既因为生的自动力量，也因为生育性的自生长的需要。物物相竞，意味着能生育的生长之物可以无限度地释放自生长的力量，但在物物相竞的生存进程中，这种自释放生长力量亦必须有限度，因为任何能生育的生长之物的生长力量里面都潜伏着死亡因素，一能生育的生长之物无限度、无节制地向外竞斗释放自生长力量的过程，也就是自我消耗、自我掏空的过程，在这个过程中，潜伏于生命之中的甚至被生长强力所压抑的死亡之神，就会因其自消耗、自空洞过程而积蓄力量，从潜伏状态转向显现状态，一旦这种状况得不到抑制，能生育的生长之物就会滑向自我衰竭的死亡方向。所以，生长对死亡的蕴含性和死亡向生长的潜伏性所演绎出来的进化法则的灵魂，不是生育性的生长力量的无限释放强化竞斗，而是有限释放竞斗强力，使之保持"适态""适势"。"物竞天择，适者生存"的根本法则，不是"竞"，而是"适"，其归宿也是"适"。这里的"适"，不只是指"适应"，更是指存在者的自我限度的力量：适者生存，是指唯有具备竞斗的自我限度能力的能生长之物，才可享有生的权利，获得继续生的空间和环境。不仅如此，"能生育的生长之物"因其生长对死亡的蕴含性和死亡向生长的潜伏性所生成的自身存在限度，也可解释"无限度的扩张"和"有组织的不负责任"的现代社会何以会踏上自我终结的道路并最终沉沦于后世界风险社会的重重陷阱之中,因为现代社会从人性和物欲、技术和权力、财富和享乐、囤积与占有等诸多方面超出"能生育的生长"之自身限度。

"能生育的生长之物"因其生长对死亡的蕴含性和死亡向生长的潜伏性所形成的边界,既是物物相竞不能逾越的屏障,更是物物相生的最终保障。能生育的生长之物如果自逞其能地无限释放生长的力量,无止境地相竞,必然既使自己**内空化**,又必然突破物物相生的边界,将原本可以促其生长的外因力变成抑制甚至扼杀其生长的强暴力量,这种力量往往是整体的**场域性力量**,亦可表述为场域化的**环境力量**,或曰场域化的存在力量。这是因为,任何能生育的生长之物,都是存在之形相世界的存在之物,亦即世界性存在之物,并且任何能生育的生长之物都存在于四通八达的存在场域之中,它以其天赋的"能生育"和"能生长"之力展开物物相竞的存在运动,关联起四方八面与自己同样的"能生育的生长之物"的存在,当一能生育的生长之物无限度地释放相竞的强力,必然带动周围的他者,更有可能突破他者存在的生长空间,由此使这些受到带动性影响的所有能生育的生长之物自发地会聚形成整体,层累起抵御的力量,这样一来,你的能生育的生长的力量无限度释放所突破的边界就朝相反的方向突变,成为置你于死地的存在力量(或曰环境力量)。

其五,"生境"既指"能生育的生长之物"的生长环境,也指"能生育的生长之物"的存在环境,合言之,所谓生境,就是**能生育的生长之物的生长性存在环境**,或曰**能生育的生长之物的生生存在环境**,它具四个方面的自我规定性:第一,能生育的生长之物的生长性存在环境,是整体的、连续的、不可分的,是拢集有与无、存在与非存在、过去与将来于自身的存在环境。第二,这个整体的生长性存在环境,是由所有能生育的生长之物构成,包括慢生长之物和快生物之物,也包括个体能生育的生长之物和整体能生育的生长之物,前者如一草一木、一人一物,一石一山、一江一河等;后者如一国之域、洲域,或者地球、宇宙,以及由地及天和由天罩地的周期性变换的气候运动和存在世界。第三,所有构成环境的能生育的生长之物,都是生长性地存在着,接受存在规训,也接受存在之生及其生生不息的激励。第四,能生育的生长之物的生长性存在环境,在发生学意义上是原生态的,或曰在本原上是生境的；能生育的生长之物的存在环境的非生境性，是其本原性存在环境的逆生化，这种逆生化对于地球生物种群言，往往是外力使然，对于具有很强改造、征服能力和掠夺性资源开发能力的人类物种言，其生长性存在的本原性环境被逆生化的最终推动力量，却是人类行动本身。

作为存在形相的存在世界，既是整体，也呈个体性。并且，形相世界作为整体存在，是所有个体存在者的拢集所成；形相世界作为个体存在，是其拢集化的整体存在的个性张扬。这种互为书写性质的整体与个体，就是环境与能生育的生长之物的关系，**凝聚这种关系的内在力量，是生；维持这种关系的外在方式，是限度和边界**。所以，**生境的存在本质是生，灵魂是生生；生境存在敞开的生存本质是限度，其呈现形态是边界**。

2. "生境存在"定义

生存存在的敞开向度 生境既属于原发生，也属于继发生。所谓原发生，是指从无到有的发生学样态，或曰状态。生境的原发生态，是生态。由于生境的主体是能生育的生长之物，所以生境的原发生态，即能生育的生长之物的**存在位态**。根据存在存在论和球体存在论，无论从整体观还是从个体论，能生育的生长之物的原发存在位态的内在规定是**生**，由此内在规定所生成的基本朝向，只能是**生生**。或可说，能生育的生长之物的原发存在位态，是指能生育的生长之物实际地**能生和可生**存在位态，由此能生、可能的存在位态，形成原发生的基本朝向只能是生生。所谓继发生，首先指对原发生态的维持、强化，甚至纯化和提升态势。在这一意义上，继发生始终既是"存在"以存在方式敞开，也是以球体存在方式拢集与播散，体现生存论意义。但是，继发生又可改变其性质与朝向，具有两可性。所以，继发生对原发生态的维持、强化、纯化或提升态势，呈现生境态；继发生改变原发生态朝相反方向展开，必然形成异化的逆生境态。这种逆生境态取向的继发生态势，如果不改变方向地持续敞开，其最终归宿是死境；反之，其继发生的逆生境态如能改变方向朝原发生态恢复，则可重新恢复生境。

生境何以会有原发生和继发生的区分？并且，天赋能生、可生位态的原发生原本就有生生朝向，为何还需要继发生并且其继发生还蕴含两可性？这两个问题原本就蕴含在生境之中，构成生境的复杂性。

任何原发生之物，都发生于存在，也发生存在，即某物来到形相世界的根本前提是存在存在，并且，此物因其根本前提条件的提供而来到形相世界的第一标志是存在，并因其存在了，才可生发出后续的一切。生境也是如此，它原发生于存在并成为存在。在存在论意义上，它内蕴能生和可生的力量，体现生生朝向。这种能生、可生力量和生生朝向，使存在必须敞开自身进入生存之域：存在之为存在，必然敞开为生存。存在敞开生存，当然要以生生为导向，并且其本原性力量释放出生之朝向，使必然能生或可生变成生之现实。但这只是存在敞开生存的理想态，存在敞开生存往往要遭遇其现实态，即它必须将自己置于环境生态场域中与四通八达关联的存在者打交道，更与从四面八方涌现出来的生存者打交道，于是产生己与他、个体与整体的博弈。在其开放性生成或重建的重重博弈中，原发生的生境存在敞开自身的生存进程，其生生朝向既可能获得维护、强化、纯化和提升，也可能被扭曲，这就形成生境的继生态的两可性，或保持生境存在，或反向地逆生化存在。

生境存在的条件构成 生境存在是生境的原发存在。作为原发存在的生境存在，有自身的条件构成。

首先，生境存在是场态存在。生境，是能生育的生长之个体与个体、个体与整体相向而生所形成的整体位态、整体朝向，并且这种相向而生的整体位态、整体朝向始终呈开放的场态，形成**生境存在场**。"场"作为一个物理学概念，原本指"基本的物理实在，是所有那些数不清的应力和张力的总和"[①]。"场"概念最早由麦克斯韦提出，他的电磁场理论是从物理学切入世界本体的一种方式。因为"场"不仅展示能生育的生长之物的生生存在的整体动力机制，还揭示能生育的生长之物生生存在敞开的连续统性质。这两个方面合生成连续的实体场："连续的实体场是世界的基本本体的假设必须被视为场论的第一个基本信条，虽然在物理学史上并不总是这样。"但是，"当电磁场被看作是世界的基本本体，而不只是一数学装置机械或机械以太的一种状态时，存在着比这表面差别更深刻的东西。场是一种新型的实体……场因其非机械的行为而既不同于物质个体，也不同于机械以太。这种新的非机械

---

① ［美］B. 霍夫曼：《量子史话》，马元德译，科学出版社1979年版，第10页。

本体的引入，开创了一种新的纲领——场纲领。场纲领不同于机械纲领之处在于：首先，它抛弃了机械以太，致使电磁相互作用的传输不能在机械纲领中得到解释。其次，它引入了一种独立的、不能还原为机械本体的电磁场实体。而这就为场纲领的进一步发展铺平了道路"①。麦克斯韦提出电磁场理论，蕴含一种假定，即存在空间有正在运动的物质，从而产生人们所能观察到的电磁现象，这一电磁现象渗透于一切物体，物体的存在只能使媒质稍有改变，这种媒质的各部分可由电流和磁使其运动，这种运动可以由来自联系有关部分的力从媒质的一部分传向另一部分。这种以自身方式运动的、能够渗透一切物体的力（或曰能量），就是其场化的基本本体，在这种场化的基本本体的作用下，又有一种屈服，其大小依这些联系的弹性而定，所以在媒质中可以存在两种不同形式的能量，即作为场的基本本体的力：一种是媒质各部分运动的"动能"；另一种是因媒质各部分的联系所具有的弹性而储存于联系中的"势能"。"动能"和"势能"是"能量"的不同形式。就运动的物理实体言，"动能"是其动力；"势能"是其惯性力。按照经典力学理论，物体运动必作功，是因为物体有能量，并且物体的能量与物体的状态有关，它是物理状态的函数。所以，动能是物体由于运动而具有的能量，势能则与物体在力场（物体间的相互作用）中的位置有关。② 生境存在场是指构成生境存在的能生育的生长之物相向生长的张力（动能和势能），与其整体的环境之应力的合生状态。所以，生境存在也是呈生生朝向的场态存在。

其次，生境存在是关联存在。以场态方式敞开自身的生境存在，既可呈宇观态，也可呈宏观态，亦可呈微观态。比如一条畅通流动、没有污染的河流，就是一个具体的可感的生境存在；气候始终保持周期性变换运动状态，并且这种周期性变换运动使降雨有时，大地上风调雨顺，这就是宇观的生境存在。但是，无论宇观态还是宏观态或微观态，其场态化的生境存在始终内具关联性：场态化的生境存在始终是关联存在。"关联"一词，其感觉经验的含义是能生育的生长之物间有联系，意指能生育的生长之物并非孤立、内闭

---

① ［美］曹天予：《20世纪场论的概念发展》，吴新忠、李宏芳、李继堂译，上海科学教育出版社2010年版，第13、14页。

② 唐代兴：《语义场：生存的本体论诠释生态》，中央编译出版社2015年版，第66—67页。

或与他者隔离的存在，而是开放的、他者性的并与其他能生育的生长之物相交通的存在。所以，关联，使任何维度的存在保持**生的位态**敞开生生朝向的可能性，并构成能生育的生长之物相互交通的现实甬道。在本质意义上，"关联"更指个体与个体、个体与整体的能生育的生长之物生成开放性连接、交通的内在要求性，即能生育的生长之物在什么意义上生成真正的连接和交通，需要回到生境存在的本原位态上来——生境存在的本原位态是能生和可生态，这种能生和可能态的存在敞开，就是自生生朝向。生生朝向是生境存在之自身本性，**凡能敞开生生朝向的能生育的生长之物必生成建构起生的关联性，使场态化的生境存在成为生生不息的关联存在。**

最后，生境存在是共生存在。以场态为敞开方式、以生的关联性为内在规定的生境存在，自然是**共生存在**。"共生存在"概念给人的感觉是特别强调整体性，但其实际上更注重个体，强调个体化的能生育的生长之物何以可能实现其生长，并保持长期的生境状态，这是"共生存在"之"共"的基本含义：**共生存在之所"共者"，首先是存在个体，然后才是存在整体。**

就存在个体言，共生存在之"共"指能生育的生长之物的个体与个体如何可共和能共。能生育的生长之物之个体与个体**如何可共**，是在讲共生的**先天条件**，即个体化的能生育的生长之物是否具有天赋的共生本性、潜力、向度。这就涉及存在存在本身和球体存在本身，在存在存在和球体存在的大框架下，具有共生本性，必有其共生潜力，因为对任何存在者言，潜力都根源于存在者之存在本性的生发与孕育；能生育的生长之物具有共生本性和潜力，当然具有共生的向度。从发生学讲，任何能生育的生长之物，其创化性诞生而存在，都有其生的位态和生生朝向，这种生的位态滋生出共生本性，因其生的位态所生成的生生朝向，构成共生向度，为共生本性孕育的共生潜力的生存论释放设定了方向。能生育的生长之物的个体与个体**如何能共**，是在讲共生的**后天条件**，它既可是主体性的，也可是客体性的。前者指能生育的生长之物的**实际共生力**，因为任何能生育的生长之物都是独立的个体存在，或具体的个体存在，或整体性的个体存在，比如沙漠、草原、山脉、河流、湖泊、海洋等都是整体性的个体存在，但它们的共生力各自不同，不仅海洋与河流的共生力不同，即使海洋——太平洋与大西洋，其各自的共生力也有差异；河流、山峦亦是如此，长江与黄河、长白山与太行山，其各自的共生力也必有其不同。动物、植物、微生物以及组构人类的男人与女人、老年与少年等，其共生力也是千差万别。具体的个体存在者更是如此，北方的树与南方的树，其共生力有根本差异，这是北方与南方的森林覆盖率和绿色覆盖率差异极大的原因。非洲人、欧洲人、亚洲人，或者黑人、白种人、黄种人之间的生殖力存在着巨大差异性，这种差异性体现最为实在的共生力差异。对于地球存在物言，其主体性的后天条件差异主要是共生力，这种共生力源于存在以存在方式存在本身，源于存在以拢集与播散方式构筑起球体存在本身，正是在这一双重意义上，共生力源于存在者本身的天赋，但其存在敞开的生存进程却呈生变态势，这种生变态势源于环境的变化、物种的变化以及二者合生促成的个体性发育与变异。对于人类物种言，这种能共的后天条件更体现主体意识地谋求或者主体能力的弱化或放弃。

能生育的生长之物的个体与个体如何能共的客体性方面，是指能生育的生长之物的个体与个体的相向求生要受其外在因素的制约，比如青年人与老年人之能共，却受代沟的制约，因为代沟既是主体性的，更是由历史性的、人性的和传统的等因素共生出来的东西，它形成一种物理场理论中所讲的"惯性力"冲动，这种大融合、大拢集的"惯性力"冲动使个体存在的能生育的生长之物在许多时候无能力掌控，所以，对于每一世代来讲，代沟始终存在。又比如，天赋相近的"人性"往往"习相远"，使"习相远"的人性复归于更"相近"的个人努力，总是要受利欲本能的制约，除非能生育的生长之物的个体之外的群体性力量（比如政体、制度、法律的强制规训）推动，否则很难有持久的自觉回返天赋相近的人性状态。

共生存在之所"共者"，既指存在个体，更指形相世界，还指存在存在本身。共生存在既是个体与个体的共生存在，更是个体与整体的共生存在，还是整体与整体或者说存在与存在的共生存在。山峦与江河，是整体与整体的共生：在地质结构的表面，没有山峦，不可能有江河；无江河，同样没有山峦。海洋与陆地、平原与丘陵等都是整体与整体的共生；但这一片平原与那一望丘陵，这一条河流与那一座透迤的山脉、这一座森林和与之比邻的草原，却是具体与具体的共生。

第 2 章　共生存在

共生存在是生境的基本态。共生存在的可共与能共，揭示构成生境的基本条件，它从能生育的生长之物的个体与个体、个体与整体两个维度构成。

在个体与个体维度上，可共与能共的决定性因素来源于能生育的生长之物的个体，个体本身是绝对条件，这一绝对条件要成为现实，需要能生育的生长之物的个体与个体的实际共生力和共生意愿：对于人类之外的能生育的生长之物言，其共生意愿是本能冲动；对人类来讲，除了本能冲动，还有意识地谋求和目的性的策划。因而，在个体与个体的存在维度上，能生育的生长之物的共生存在，呈现单纯的局部动力学性质，是局部动力对局部动力的应和，这种应和构筑起**相向而生**的边界，这个边界由相应和的个体与个体的自为限度，这种自为限度所共生出的边界，呈现"恰当"和"适宜"。

在个体与整体维度上，可共与能共的决定性因素是互予的。这种互予性源于能生育的生长之物的个体与整体对边界的遵从，其前提既是存在对存在的遵从，具体地讲是个体存在和整体存在对存在的遵从，同时也是个体存在或整体存在各自因对物竞天择、适者生存的**丛林法则**的畏惧所形成的自我限度。从动力学观，这种**自相遵从**和**互为限度**敞开局部动力与整体动力的会聚，它体现整体动力向局部动力的实现和局部动力对整体动力的回归。整体动力向局部动力的实现，是指整体的能生育的生长之物的能共必须以个体的能生育的生长之物的能共为绝对前提，这就是整体必须在个体面前自我限度和边界，否则，个体的能生育的生长之物难以有生长的现实性；局部动力向整体动力的回归，是指作为个体的能生育的生长之物在其整体为之创造的存在场域中，必须自为遵从整体的限度和边界。

第3章 场态本体

西方哲学史家安东尼·肯尼指出："形而上学的核心论题是存在论或本体论（ontology），即存在研究（study of Being）。"① 肯尼的说法，表述了哲学的通识。哲学的基本任务是**发问**存在，哲学的存在之问敞开形而上学，形而上学构筑起哲学的基础部分，或曰哲学的基石。但形而上学关注的核心问题，虽然自近代以来一直将存在问题和本体问题看成是同一个问题，但实际上，存在问题和本体问题**并不是**同一个问题，而是相互关联的两个问题。形而上学始于对存在发问，形成存在论。存在论拷问存在问题必然引出存在之本体问题来。本体问题才是存在的根本问题，对本体问题的解答，才是对存在之问的根本解答。因为通过存在之问达于存在的本体之问，才真正构建起完整的形而上学及方法。由是观之，存在之问，开启形而上学之思；存在的本体之问，促成形而上学框架的形成；从存在之问形成的存在论指向对存在的本体之问形成的本体论之真正完成，构筑起形而上学方法论。所以，从生态理性出发，敞开共生存在之问，进入场态本体的审察，构成本书第一章至第三章的逻辑。从存在的本体之问开始，展开对场态本体论的探讨，构成本章的基本任务。

一 "本体"的基本问题

本体是相对存在言，是对存在之问的继续和深入。发问存在，是对存在本

---

① ［英］安东尼·肯尼：《牛津西方哲学史 第一卷：古代哲学》，第235页。

身的审查，勾勒存在之形相世界与实体世界的整体图景；在此基础上展开存在的本体之问，是探讨存在何以存在的原发机制和存在怎样存在的敞开方式。

1. 本体与形而上学

安东尼·肯尼认为形而上学的核心论题是存在论（ontology），存在论就是对存在的研究（study of Being）。肯尼所论确实如是，存在论是形而上学的核心问题，但存在问题不是形而上学的最终问题、根本问题，形而上学的最终问题或者根本问题是存在的本体问题，本体问题构成存在论的核心问题，因为本体是解决**存在何以存在**和**存在怎样存在**的先决条件。巴门尼德以存在存在（即"存在是存在的"）的方式来定义和规定存在，特别有意味。从形相方面讲，"存在存在"的逻辑确实为存在提供了依据、理由和解释的准则和方式，但在实质上，这些问题并没有得到解决。或可说，以"存在"来定义存在，并以"存在"来解释存在，指出了一条探讨存在何以存在和存在怎样存在的正确路径，即存在何以存在的依据源于存在本身，存在怎样存在的方式源于存在本身，但存在何以存在的依据和存在怎样存在的方式源于存在自身是什么？这是巴门尼德的未竟之事，却是存在论的紧要之事，也是形而上学的根本之事，有待于更进一步的审查。沿此思路向前推进，存在的本体问题就会凸显出来，构成对存在何以存在和存在怎样存在之双重问题的真正解答。比如，按巴门尼德的说法，存在即是一切，一切即是存在，整体与个体、连续与分离、有与无、存在与非存在、过去与将来等都拢集于存在，存在就是一个将一切拢集于自身的球体，但是，存在何以具有这种能力？这就是"存在是存在的"这种"存在存在"论所不能解释的。存在是一种拢集，存在即拢集。存在凭什么拢集？什么东西可以拢集一切于存在？这种拢集一切于存在的"东西"，是来自存在的外部，还是来自存在的内部？按照"存在即一切"和"一切皆存在"，存在之外无它，这个能够拢集一切于存在的"东西"只能来自存在本身，它构成存在的内部，不仅如此，它一定是构成存在之不变的内部因素或内部力量。这个拢集一切于存在的不变内部因素是什么呢？应该是构成存在存在的本体。所以，存在得以存在之本体，是存在的"灵魂"，它构成存在存在的"定海神针"。

图 3-1 以直观方式呈现存在、本体、形而上学三者的关系。

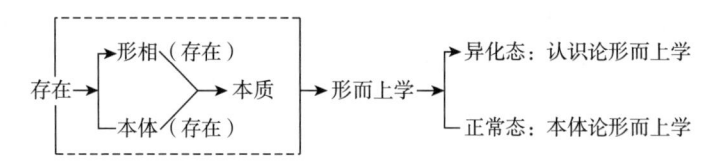

[3-1：形而上学的内在构成及整体视域]

首先是存在与本体的关系："存在"的完整构成要素有三，即形相、本体、本质。在此三大构成要素中，形相，是存在的外观呈现，可称为**形相存在**。形相存在是实体存在，它拢集一切存在而构成形相存在自身。形相存在具有直观感，其整体的直观感，就是巴门尼德所讲的"球体"。形相存在即球体式存在。本体，是存在的**内隐型式**，可称为**本体存在**，它是存在的原发型式，是形相存在的根源，并为形相存在提供最终的依据、理由和方式，同时也为本质存在提供最终依据和理由。本质，从本体生发，构成形相存在的内在规定；本体，通过本质而对形相发挥功能。

在存在之自身构成中，最直观的型式是形相，最隐密的型式是本体。前者的呈现性自然形成最易于为人们关注，更容易为人们把握；后者的内隐性自然形成难以轻易地被发现、关注和把握。由此形成一种发问存在并解答存在之问的惯常方式，即热衷于形相存在，而自由地探求解释之道，将纯客观的、先于人而在的存在变成人的智-力打造与构筑的世界，由此激发哲学的存在之问踏上人的主体性道路，构筑起人的存在的主体性道路之问。近世以来的存在唯物论和存在唯心论，即存在之问演绎为人的主体性道路之问的两种既对立又统一的普遍方式，这一普遍方式的抽象的形式诉求，就是存在之问和本体之问的概念主义向语言学和逻辑学的混合呈现；这一普遍的抽象的学理表达，就是本体论形而上学的认识论化，即认识论构筑起认识论形而上学来取代本体论形而上学。这可追溯到柏拉图，虽然不是他所意愿的，并且是他所力求避免的，但他的型相本体论意外地播下存在之问朝认识论方向敞开的种子，亚里士多德培育其长出幼芽，近代唯理论和经验论将其培育成小树，再经过康德和黑格尔前后相续的努力，使之长成参天大树。哲学的存在之问变成了完全彻底的主体之问，并从康德的**个体主体之问**演绎为黑格尔的**国家主体之问**。恩格斯在《路德维希·费尔巴哈和德国古典哲学的终结》一文中揭露了这一最后哲学的本体论完成式，他说："总之，哲学在黑格尔那里终结了。"①

其次是存在论与形而上学的关系。由于存在构成的基本要素有三，由此开出存在的三个维度。一般而言，存在的形相维度是最易于把握，因为它最为直观。最难理解的是存在的本体维度，它不仅隐蔽于形相之中，而且潜沉于本质之下。在存在世界里，"最普遍的就是人类所最难知的；因为它们离感觉最远"②。正因如此，人们对存在发问往往停滞于形相层面，并以形相为存在本身或将存在的形相之问作为存在之问的全部。或有深入者，亦达于存在的本质层面而止步，少有将存在之问推向根本之域予以本体观照。由此形成一个整体性的印象，并产生一个连锁性反映。这个整体性印象就是：存在与本体是同一个东西，发问存在，就是探讨发问本体。这个连锁性反映即解答存在之问形成的存在论构成形而上学的核心问题，或曰，形而上学就是探讨存在问题的学问，所以，形而上学就是存在论，存在论亦是形而上学。

如图3-1所示，完整的存在是型相、本质、本体三者的合生存在。存在之型相存在、本质存在和本体存在，此三者构成形而上学的全景视域，在此全景视域中，存在之型相问题，构成形而上学的基本问题；存在之本质问题，构成形而上学的核心问题；存在之本体问题，构成形而上学的根本问题。将存在之型相问题等同于存在本身，然后将形相存在定义为形而上学的核心问题，并以此形成的存在论等同于形而上学，既是对存在的片面，也是对形而上学工作对象的内容和范围的人为压缩与折叠。由此两个方面，既形成对存在论的人为扭曲，更形成对形而上学的人为扭曲。

历史地看，存在之问如果仅滞留于形相层面，那么存在论就会被主观化。由此主观倾向所生成的存在论支撑的形而上学，就会走向认识论道路。或者说，当存在之问忽视本体之问，或者当存在之问刻意地取消存在的本体之问，存在论就会主观化和主体论化，开辟出认知论形而上学。认识论形而上学应该是形而上学的发展形态，但这种发展形态要获得健康的资质，需

---

① ［德］恩格斯：《路德维希·费尔巴哈与德国古典哲学的终结》，人民出版社1972年版，第12页。
② ［古希腊］亚里士多德：《形而上学》，第4页。

要本体论的支撑，缺乏本体论支撑的形而上学，只能沦陷于主观性和主体化的认知论形而上学；没有本体论支撑的认识论形而上学，则是对形而上学的人为扭曲，这种扭曲使形而上学成为实利主义的应声虫，哲学的终结不可避免，而导致哲学终结的根本原因，却是存在本体的人为解构，存在本体的人为解构的形态学呈现，就是存在问题变成了人的问题而不是存在本身的问题，即人可自由地按照自己的意愿或想法描述在先于人的存在或重构在先于人的存在，使存在成为人意取向或人意诉求的存在，在人意取向和人意诉求的存在中，作为存在之灵魂并构筑成存在之"定海神针"的存在本体，自然很轻易地让位为人这个主体，主体自居为存在本体。这就是哲学的终结的本质含义：哲学的终结是存在本体论的人为解构，存在本体论的人为解构标志形而上学的消失。

形而上学为何与存在本体论共存亡？这可从形而上学的来源角度切入来理解。形而上学的英语形式 metaphysics 源于古希腊语 μεταφυσικά，其拉丁语形式 metaphysica，源于亚里士多德的《形而上学》。这部被命名为《形而上学》的著作，是公元前1世纪逍遥派哲学家安德罗尼柯（Andronicos Rhodios）将亚里士多德专门讨论事物本质、灵魂和意志自由方面的内容编撰成一本文集，并将其命名为 *Meta physika*（《形而上学》），然后将这本名为"形而上学"的文集安排在亚里士多德研究事物具体形态变化的 *physica*（《物理学》）之后。由此形成后世对形而上学的解释：所谓形而上学，乃物理学之后的学问。拉丁语的注释家将形而上学定义为"超物理的科学"。在古希腊，物理学乃自然哲学的代名词，它是探讨自然事物**形成变化之规律**的哲学问题，物理学之后的形而上学，是探讨**所有**自然事物形成变化**之根源**的哲学问题，或可说，以物理学为代名词的自然哲学，是研究自然之具体存在（**变化之规律**）的学问，作为物理学之后的形而上学是研究自然之整体存在（**生成根源和依据**）的学问，前者专注存在之形成、变化所呈现出来的普遍性规律和原理；后者专注存在之形成、变化何以可能的根源、依据和理由。所以，形而上学只能发生于后者领域，即前者所不能解决的问题往往是从具体达于一般的问题——比如由运动至于静止，再由静止至于运动何以可能以及怎样生成等问题，就成为后者关注的对象，对这些源自具体存在领域产生的一般存在问题引发出的普遍之问、本质之问和根本之问、依据之问，就构成形而上学。由一般存在引发出来的普遍之问、本质之问和根本之问、依据之问，就分别构成形而上学的存在论和形而上学的本体论。当一般存在引发出来的普遍之问、本质之问和根本之问、依据之问被改变性质、被改变方向以至于最后被取消、被解构，存在论和本体论就会消失和终结，形而上学就会被消灭。

19世纪，作为马克思主义的开创者马克思和恩格斯分别以自己的方式向世界宣告哲学的终结时，哲学确实进入了终结。20世纪三大哲学思潮，即语言哲学和分析哲学、现象学和存在主义、西方马克思主义即法兰克福学派，都以自己的方式宣告了哲学终结。

法兰克福学派的社会批判理论实际上是沿着马克思和恩格斯的"哲学终结论"向前行的，或可是对马克思和恩格斯的"哲学的终结"的共识基础上展开其社会批判理论，即通过构筑一种开放性的社会批判理论来替代业已终结了的哲学。正是在这样的思想和认知背景下，法兰克福的代表人物之一马尔库塞才如是明确地表达他的哲学"终结"论："一旦批判理论已经认识到经济条件对现存秩序整体的责任并把握了现实得以组织的社会构架后，哲学就成为多余的东西，不再作为处理现实结构的一门独立的学说了。"[①] 马尔库塞的如此思想，集中表达了法兰克福学派的基本哲学观，即哲学抛弃本体论形而上学而构筑认识论形而上学所开出的必然道路，就是从认识世界转向改造世界，这一过程就是哲学被社会现实把握；哲学一旦被社会现实所把握，其本有的任务和使命就被社会学所接管，哲学就再无存在的土壤和必要，因为"在一个没有理性的世界中，理性仅仅表现为一种貌似的合理性；在一个普遍无自由的国度里，自由仅为一种貌似的自由"[②]。因为由经济和经济演绎出来的权力担当起对"现存秩序整体的责任"、实现"组织"和构建"社会框架"功能这样一个实利主义的时代，人类存在只能是日益沦陷于每况愈下的恶劣存在，在这种每况愈下的恶劣存在的世界，有的只是没有理性和自由的存在，语言的刻意误用和滥用成为这种丧失理性和自由的恶劣存在的全方位的助推力量。所以，社会貌似在发展，文明貌似在前进，但"它什么也未改变"，而

---

① ［德］马尔库塞：《现代文明与人的困境》，李小兵译，上海三联书店1989年版，第173页。
② ［德］马尔库塞：《现代文明与人的困境》，第177页。

且"那种实际上害怕与现存事物打交道,害怕在现存事物中标新立异的同样明显的动摇,也盛行于这种理性论的所有方面。它宣告了发展,但真正的发展'并不是变革,或成为另一种东西'"。① 在这样的社会进程中,哲学绝不可能有继续存在的理由。

维特根斯坦认为,哲学之所以没有继续存在的理由,是因为它丧失了继续存在的任何出路。在维特根斯坦看来,哲学的无出路,源于它丧失了自己的对象。哲学从根本上丧失自身的对象,源于哲学对语言的误用和滥用,或者说范畴主义(或概念主义)对语言的无节制所构成的哲学传统捣毁了形而上学,这使哲学丧失了自己的对象。为解决语言误解和滥用的努力,使哲学沦为对"语言的治疗"方法,致使"哲学是一场反对语言困惑思想的战斗"。② 维特根斯坦认为:"哲学的正确方法固应如此:除可说者外,即除自然科学的命题外,亦即与哲学无关的东西外,不说什么。"③ 所以,哲学作为学问,丧失其存在的理由,哲学的任务就是终止哲学,让哲学安息。"我们的目标并不是以闻所未闻的方式来精心加工和完善我们使用词的规则系统。因为我们所达到的清晰真的是完全的清晰。但是,这只意味着:哲学问题应当完全消失。真正的发现是这样的发现:它使我能够中断哲学研究——如果我想这样的话。——这种发现使哲学得到安宁,从而使哲学不再被那些使哲学本身成为问题的问题所折磨。"④ 维特根斯坦发现传统哲学的语言混乱,希望通过语言的澄清来拯救哲学,但它最后发现语言体现个性、体现情景、体现个体,本质上是私人性的。语言是私人性的,而哲学刚好与其反向,它必须拒斥私人的观念。当哲学不得不由概念来展开由此转向对语言的热衷与迷恋时,哲学之自身存在的全部问题都随之解构,哲学终结自身,既是哲学的命

---

① [德] 马尔库塞:《现代文明与人的困境》,第180页。
② [奥地利] 维特根斯坦:《哲学研究》,国际标准本,109。参见蔡远译"哲学是一场用我们的语言为手段阻止我们的理智入魔的斗争"[维特根斯坦:《哲学研究》(英汉对译),九州出版社2007年版,第121页]。同时参见李步楼译"哲学是一场战斗,它反对的是用我们的语言作为手段来使我们的理智入魔。(维特根斯坦:《哲学研究》,李步楼译,商务印书馆2017年版,第77—78页。)
③ [奥地利] 维特根斯坦:《逻辑哲学论》,国际标准本,6.52。参见贺绍甲译"我们觉得,即使一切可能的科学问题都已得到解答,也还完全没有触及人生问题。当然那时不再有问题留下来,而这也就正是解答"(维特根斯坦:《逻辑哲学论》,贺绍甲译,商务印书馆1996年版,第104页)。
④ [奥] 维特根斯坦:《哲学研究》,第77—78页。

运,也是哲学的使命。

维特根斯坦从语言入手拯救哲学而最终陷入终结哲学的努力之中,这是维特根斯坦的必然,因为柏拉图早对此做出警告:"我们哲学家并不把词而是把物当作研究的起点。"当将语言作为哲学研究的"起点",必然会将哲学引向死胡同。维特根斯坦企图通过"语言的治疗"进而发现"语言游戏"的方式终结哲学;与其完全不同的逻辑实证主义代表卡尔纳普(Paul Rudolf Carnap,1891 - 1970)却以语言的"逻辑分析"方式替换了"形而上学",使哲学终结。

哲学终结的基本方式是解构形而上学,形而上学遭遇真正解构的基本方式有二:一是存在论的人本中心论和主体主义化,即存在论的人本中心论和主体主义化从根本上消解了存在本身,使存在论悬置于人本中心论的主体主义哲学之中,具体地讲,存在论被兴起于18世纪的认识论形而上学哲学(即康德哲学)所悬置,最终被盛行于20世纪以至于至今方兴未艾的实践论哲学所彻底清除。二是本体论被解构,这一工作完成于德国古典哲学。具体地讲,它通过康德哲学而得到完成。康德反对本体论,是为其认识论形而上学张目,或者,为他所预感到的那个伟大的工业文明社会提供全新的认知基础和思想基石而构筑其认识论形而上学体系,必须反对本体论形而上学。康德反对本体论形而上学的基本方法有二:一是将存在世界二分为"自在之物"的世界和人的存在世界,然后划一条可知与不可知的鸿沟——自在之物的世界不可认知,可认知的是人的存在世界。二是确立人对世界的立法地位——人的知性为自然立法,人的理性为人立法。既然"自在之物"的存在世界不可知,人就有权力和责任为不可知的存在世界立法,以确立人主体存在世界的绝对主体地位;既然可知的是人的存在世界,人亦有权利和责任为自己立法,以使可知的人按照人主体世界的自由法则认知人的存在世界。由此两个方面,存在本体被彻底否定,存在本体论以及其本体论形而上学被解构,在此基础上也就很顺利地构筑起人本中心论和主体主义的认识论形而上学,即建立起认识论形而上学所需要的人本中心论的存在论和主体主义的本体论。具体地讲,康德在《纯粹理性批判》中将其认识论形而上学分为超验哲学(transcendental philosophy)和纯粹理性的自然学(physiology of purereason),"前者,是在不考虑可能给予的对象,而只涉及一般对象的原则及一切概念的体系中，只研究悟性及理性本身（ontologia，本体论）"①。在认识论形而上学中，其主体主义的本体论是先于经验的纯粹原理，这些先于经验的纯粹原理是从主体主义的概念中推演出来，体现概念逻辑自为运动特征。黑格尔对此概括道："这种精神的运动，从单纯性中给予自己以规定性，又从这个规定性给自己以自身同一性，因此，精神的运动就是概念的内在发展：它乃是认识的绝对方法，同时也是内容本身的内在灵魂。——我认为，只有沿着这条自己构成自己的道路，哲学才能够成为客观的、论证的科学。"②

自德国古典哲学构筑起认识论形而上学对本体论以及本体论形而上学的真正解构以来，本体论的阙如，使哲学沦为空寂的殿堂而无人问津，直到海德格尔，走出胡塞尔设定的以"意向性"为圭臬的主体主义，而力图重建本体论，暗淡的哲学才透出一丝希望的光亮。海德格尔将其要重建的本体论称为"基本本体论"，但海德格尔最终半途放弃了这种努力，并宣布"哲学在现时代正在走向终结"③。人们更多地以积极的姿态看待海德格尔的"哲学终结"，认为这是"哲学的自身完成"："它看似哲学的纯粹解体，其实恰恰是哲学的完成。"④ 哲学是人类作为人的世界如何面向世界存在，或曰哲学是关于人的存在如何融入宇宙自然之存在世界的"存在之问"，因为人类物种的"日日新"和"苟日新"始终在路上，所以"哲学自身的完成"即行进于路上的哲学的自我停止、自我死亡。正因如此，其私淑弟子德里达并不赞同海德格尔"哲学已经终结"的草率断言，高调表示自己"不谈终结"，而是致力于探讨："哲学的终结是否可能"或"如何可能"？"哲学的终结意味着什么"？"哲学终结后，哲人何为"？这三点。其实，海德格尔提出的"哲学的终结"，并不是"哲学的死亡"，而是批判哲学传统的一种方式，或可说一个步骤，"在此，最初必须被利用的传统概念被分解至它们由以引出的源泉"⑤。德里达之不赞同海德格尔的哲学终结论，因为在他看来，"哲学的终结"所终

---

① Kant, *Critique of Pure Reason*, trans. by F. Max Müller, New York, 1966, p.537. 参阅［德］康德《纯粹理性批判》，蓝公武译，商务印书馆1960年版，第573页。
② ［德］黑格尔：《逻辑学》，杨一之译，商务印书馆1974年版，第5页。
③ ［德］海德格尔：《面向思的事情》，陈小文、孙周兴译，商务印书馆1996年版，第60页。
④ ［德］海德格尔：《面向思的事情》，第60页。
⑤ ［德］海德格尔：《现象学的基本问题》，印第安纳大学出版社1982年版，第23页。

结的不是哲学本身,而是逻各斯中心主义的欧洲哲学。德里达揭露欧洲哲学是以逻各斯为中心的"在场的形而上学"(Metaphysies of Presenee),也就是扬语音(speeeh)而抑书写的"拼音书写的形而上学"(Metaphysies of phonetie Writing),在不同时代以及对不同哲学家而言"尽管有许多差异,形而上学的历史——不仅是从柏拉图到黑格尔(甚至包括莱布尼茨),而且超出这一明显限度,从前苏格拉底到海德格尔——总是将真理一般之起源归因于逻各斯:真理的历史,真理之真理的历史,一直在贬抑书写"①。所以莱维纳斯断言:"哲学,从海德格尔和德里达所说的本体-神学-逻辑和逻各斯中心主义的传统形式来看,已经走到了尽头。但是,在批判的反思和诘问等其他意义上,哲学却并非如此。哲学的思辨实践绝非已经到了穷途末路的地步。事实上,当代所有关于克服形而上学的解构形而上学的讨论,在许多方面与其说它本身是形而上学,不如说它更具思辨的色彩。"②

综上,哲学的终结不是一种口号,而是一种事实。这种事实发生于作为哲学的基础部分的本体论形而上学被真正的解构,哲学缺少了灵魂,丧失了它自己成为自己的"定海神针"。

本体论形而上学的解构,源于认识论形而上学和实践论形而上学的建构及其功能的全面发挥。首先,认识论形而上学的构筑,使本体论形而上学空心化,因为认识论形而上学用人本中心的存在论替换了世界存在论,然后再以人的主体本体论替换了存在本体论,使本体论形而上学只有历史意义之名,而无现实意义之实。以人本中心存在论和主体本体论为主导的认识论形而上学是商业社会、市场资本和工业主义所需要的,它自然成为蓬勃发展的商业社会、市场资本、工业主义的思想动力、知识土壤和方法源泉,推动商业社会、市场资本、工业主义无阻碍地向前,也很自然地按照自己的方式要求哲学并改造哲学,这就是"哲学最重要的问题不认识世界,而是改造世界"。认识论形而上学必然接受社会的改变,而终成为马尔库塞所讲的"社会现实"所需要的实践论形而上学。实践论形而上学即是实践哲学,实践哲学就是接

---

① [法]德里达:《论文字学》,约翰-霍普金斯大学出版社1976年版,第3页。
② Richard A., *Cohen* (ed.) *Face to Face with Levinas*, New York: State University of New York Press, 1986, p. 33.

受商业社会、市场资本、工业主义要求而为其提供规范主义的解释依据和理由的哲学。所以,当哲学沦为实践论哲学时,哲学真正被抛弃在了一边而成为"无用之物",并对世界存在和人的存在丧失了"发言权"。

虽然哲学以如此方式的如此终结,但并不是哲学本身的意愿,而是由人的智-力造就的。由人的智-力造就的"哲学的终结",不过是哲学染上严重的不可自站立的疾病而已:"哲学患了病,还可能在走向死亡"①,或可说,"哲学在今天已被遗弃了"②,如果要将疾病缠身的被遗弃的哲学重生,就须先洗尽它满身的污垢,然后对症治疗,这就是重建哲学之存在本体论。

2."本体"的位态

"本体论"(ontology)问题产生很早,它实际上与哲学同时诞生,成为哲学得以诞生的标志,但表述本体之问的"本体论"这个概念,却到17世纪时才产生,它由德国哲学家克里斯蒂安·沃尔夫(Christian Wolff,1679–1754)提出,黑格尔在《哲学史讲演录》记载了沃尔夫对"本体论"的定义:

> 本体论,论述各种抽象的、完全普遍的哲学范畴,如"是"以及"是"之成为一种善,在这个抽象的形而上学中进一步产生出偶性、实体、因果、现象等范畴。③

汉语翻译沃尔夫此定义,"本体"即"是","本体论"即"是论"。俞宣孟在《本体论研究》中对沃尔夫的"本体"何以可能是"是"予以了学科意识和学科类比的繁复词源学考证,得出"所谓'本体论',其实并不是关于'本体'的学说,而是关于'是'的学说"④ 的结论,并以黑格尔关于"'是'、这个无规定的直接的东西,实际上就是无,比无恰恰不多也不少"⑤

---

① Alain Badiou, *Infinite Thought*: *Truth and the Return to Philosophy*, Continuum, 2004, p. 56.
② Alain Badiou, *Being and Event*, Continuum, 2005, p. xii.
③ Hegel, *Lecture on the History of Philosophy*, Vol. Ⅲ, London, 1924, p. 353. 见中文本《哲学史讲演录》第四卷,贺麟、王太庆译,商务印书馆1978年版,第189页。
④ 俞宣孟:《本体论研究》,上海人民出版社2012年版,第13页。
⑤ [德]黑格尔:《逻辑学》,第69页。

作为佐证。

"本体"即"是","本体论"即"是论"之说得以成立并得到广泛认同，自有其思想认知的背景，这就是突破宗教统治的文艺复兴"重新发现了人"的同时"重新发现了自然"，这两个"重新发现"从两个不同的方面将人的认识引向主体论方向，这一几乎不可逆的方向构成英国经验主义和法国唯理主义的最终融合通过启蒙运动实现，并在哲学上构筑起认识论形而上学。在这一个基本的思想认识的背景下，沃尔夫将"本体论"定义为"论述各种抽象的、完全普遍的哲学范畴"，实是体现其本体之问的认识论取向，或可说，沃尔夫本身就是从认识论入手展开本体之问并定义"本体论"的。其之所以从认识论入手定义本体论，用他本人的说法，是要"在这个抽象的形而上学中进一步产生出偶性、实体、因果、现象等范畴"。① 更具体地讲，沃尔夫认为："'存在或发生的事物都有它们为什么存在或发生由以得到理解的理由'，哲学就是一项寻找这些理由，并通过演证（demonstrate）它们怎样联系着而将它们置入系统性秩序之中的事业。换言之，凡实存或发生的东西都是凭那个事实本身而可能的。哲学的任务就是表明它是怎样可能的。因此，'哲学就是关于就其是可能的而论的可能的东西的科学'。它必须从'确定的和可靠的原则'出发，以'完全的确定性'演证'那些能够发生的事物'为什么'现实地发生'。一旦这得到完成，我们也就演证这些对象的概念的'实在性'，我们就从单纯感性的和'历史的'知识前进到真正的哲学的理解。"② 正因如此，现代哲学家威拉德·蒯因（Quine, Willard Van Orman, 1908-2000）才认为本体论不过是对"何物存在"（Whatisthere）问题的讨论。③ "何物存在"既涉及存在事实，也涉及对其存在事实的表述问题，这是使真获得两种形式的来源：一是意义分析意义的真；二是以事实为依据的真，并且对两种真都可以找到与之相应的直接经验的名词为基础。蒯因认为这两个关于"何物存在"的经验主义教条是错误的，并在对关于"真"的这两个经验主义错误的批判

---

① Hegel, *Lecture on the History of Philosophy*, Vol. Ⅲ, London, 1924, p. 353. 见中文本《哲学史讲演录》第四卷，第189页。
② ［英］斯图亚特·布朗主编：《英国哲学和启蒙时代》，第361页。
③ ［美］威拉德·蒯因：《从逻辑的观点看》，江天骥、宋文淦、张家龙、陈启伟译，上海译文出版社1987年版，第1页。

基础上提出本体论的合理性问题。蒯因认为，本体论的问题就是"存在什么"（What is there）的问题。但关于"存在什么"的问题实际上涉及两个方面：一是"某物实际存在"的问题；二是"某物被语言赋予存在"的问题。蒯因认为这两种"存在"都属于本体论存在的范畴，所不同的是：前一种本体存在是一种事实的存在，即它**实际在**那里；后一种本体是一种许诺的存在，即它**可能在**那里，或**被确定在**那里。① 由于"存在什么"的问题本身包含了"事实存在"和"期待（或曰'许诺'）存在"两种型式，所有的认知探讨以及由此形成的科学理论都是对"存在什么"的表述。"我们之接受一个本体论在原则上同接受一个科学理论，比如一个物理学体系，是相似的。至少就我们有相当的道理来说，我们所采取的是能够把毫无秩序的零星片断的原始经验加以组合和安排的最简单的概念结构。一旦我们择定了要容纳最广义的科学的全面的概念结构，我们的本体论就决定了；而决定那个概念结构的任何部分（例如生物学的或物理学的部分）的合理构造的理由，由决定整个概念结构的合理构造的理由没有各类上的类别。对任何科学理论系统的采用在多大程度上可以说是语言的问题，则对一种本体论的采用也在相同的程度上可以说是语言问题。"②

蒯因的本体论是承袭沃尔夫的本体论观念向前推进的现代发展。沃尔夫的本体论定义为本体论探讨设定了一个潜在的认识论框架，后来者将这个潜在的认识论框架予以显在的呈现，这就是古典哲学的工作。沃尔夫通过定义本体论来为之设定的潜在的认识论框架，是一般的、普遍的而非具体的、境遇的或者说"某物存在"或"某种存在"的，这就是"本体论"是"论述各种抽象的、完全普遍的哲学范畴"，它可用"是"来表述，或曰，"是"是对一般的、普遍的存在的概念（即沃尔夫所讲"范畴"），并从这个将一般、普遍的存在"抽象"为"是"的形而上学观念中"进一步产生出偶性、实体、因果、现象等范畴"来。所以，德国哲学将沃尔夫在所定义的本体论中设定的这一指涉一般的、普遍的存在的潜在的认识论框架予现实显现，同样是一般的、普遍的认识论框架。这可从康德对"自在之物"的世界和人的世界的

---

① ［美］威拉德·蒯因：《从逻辑的观点看》，第95页。
② ［美］威拉德·蒯因：《从逻辑的观点看》，第16页。

二分设置中体现出来,亦可从知性为自然立法和理性为人立法的区分框架中呈现出来。这种一般的、普遍的认识论框架作为一种关于本体论的认识论方法发展到现代哲学那里,就变成了蒯因式的认识论框架和由此形成的认识论方法,即从一般的、普遍的存在转向了具体的、特指的、境遇的认识论框架和认识论方法,这种具体的、特指的、境遇的认识论框架和认识论方法是科学的,而非哲学的。

要言之,可将本体论的认识论化看成是始于沃尔夫提出"本体论"概念并予以认识论框架的潜在设定,其后,这种认识论化的本体论走出一条从一般的、普遍的和整体主义的认识论形而上学向具体的、特指的、境遇的和局部主义的认识论形而上学的道路,在这条认识论形而上学的道路上,存在本体论的哲学之问变成了存在本体论的科学之问或学科之问。只有在这一认识朝向所形成的历史框架下,才可理解豪尔(David L. Hall)和艾姆斯(Roger T. Ames)等人将传统形而上学予以"一般的本体论"和"普遍的科学"分类与重新定义基础上的本体论看待和分析。① 也只有在这一认识朝向所形成的历史框架下,才可真正《大不列颠百科全书》和《美国大百科全书》关于"本体论"条目的如下理解描述性定义:

> 本体论关于"是"本身,即关于一切实在的基本性质的理论或研究。这个术语直到 17 世纪时才首次拼造出来,然而本体论同公元前 4 世纪亚里士多德所界定的"第一哲学"或形而上学是同义的。由于后来形而上学也包括其他的研究(例如,哲学的宇宙论和心理学),本体论就毋宁指对"是"的研究了。本体论在近代哲学中成为显学,是由于德国理性主义者克利斯蒂安·沃尔夫,依他的看法,本体论是走向关于**诸是者**之本质的必然真理的演绎的学说。然而,他的伟大的后继者康德却对作为演绎体系的本体论,以及作为对上帝的必然存在(当作最高最完善的"是")所作的本体论证明,作了有重大影响的拒斥。由于 20 世纪对形而上学的革新,本体论或本体论的思想又变得重要起来,这主要表现在现

---

① David L. Hall and Roger T. Ames, "Understanding Order: The Chinese Perspectuve", *From Afrinca-to Zen*, Robert C. Solomonand Kathleen M. Higgins ed., Rowman & Littlefield Publishers, Inc., 1993, p. 6.

象学家以及存在主义者中,其中包括马丁·海德格尔。(《大不列颠百科全书》)①

本体论形而上学的一个分支,它研究实在本身,这种实在既是与经验着它的人相分离的,又是与人对于它的思想观念相分离的。这个术语是由克利斯蒂安·冯·沃尔夫(1679－1754)导入的,以指介乎研究世界的起源与结构的自然哲学和研究心灵的精神哲学或心理学之间的、一片思辨思想的领域。他教导说,本体论应当为那些比自然哲学或心理学中所考虑的问题更为基本的问题寻找答案。……本体论是思辨性地探究,它要问实在从根本上说究竟是多种不同表现中的一这样的东西呢,还是就是多样性的东西。在这两种情况的每一种里,如果实在要被思想为是服从于形式逻辑法则的、一致而统一的东西,那么就必须发现出一些重要的范畴来。(《美国大百科全书》)②

《大不列颠百科全书》和《美国大百科全书》对"本体论"的定义和描述有其侧重:《大不列颠百科全书》重在于陈述有关于"本体论"的四个方面的基本的历史事实:第一,本体论问题的诞生远早于"本体论"概念;第二,古代的本体论涉及"一切实在",近代以来的本体论只涉及"是"的领域;第三,自康德拒斥本体论以来,本体论问题的关注陷入了沉寂;第四,直到 20 世纪,本体论问题才得到重新关注。《美国大百科全书》却侧重于界定"本体论"自身。一是领域界定:本体论是形而上学的一个分支;二是对象界定:本体论是以"实在"本身为研究对象;三是范围界定:第一,本体论研究的实在,既"与经验着它的要相分离",同时也"与人对于它的思想观念相分离"。合言之,本体论研究的对象,即"实在",与人无关,也与人的经验、思想、观念无关。虽然人可以经验它、思想它或赋予它观念,但它本身是客观实存,并且是自实存的。第二,本体论研究的问题,是介于"研究世界的起源与结构的自然哲学"和"研究心灵的精神哲学或心理学"之间的

---

① 转引自俞宣孟《本体论研究》,第 16 页。
② 转引自俞宣孟《本体论研究》,第 16 页。

那个存在领域，以及对这个存在领域关注所生成的"思想的领域"。第三，本体论研究探讨的核心问题是"实在从根本上说究竟是多种不同表现中的一这样的东西呢，还是就是多样性的东西"。

《美国大百科全书》关于"本体论"的界定，呈现大方向的正确性，但仔细考察则隐含如下问题：第一，大而言之，本体论关注的对象是"在"，而非"是"，因为"在"是它本身的实在，"是"却是对"实在"的判断。所以，本体论关注的对象不是"实在"本身，而是"存在"本身。"实在"可是一般的、整体的，更指具体的、个别的、特殊的；"存在"只能是一般的、整体的。本体论是存在论的，而不是实在论的，所以本体论问题属于一般存在问题，而不属于具体的、个别的、特殊的、境遇的存在问题。这种一般与具体的区分在本体论史上一直被认为无足轻重，但正是这种无足轻重的观念，才导致了"存在"与"实在"的等同、混淆，这种等同和混淆的后果是：存在论的本体论最后沦落为具体论的本体论，哲学的本体论丧失自我而最后沦为科学理论的本体论。第二，本体论不是形而上学的"分支"，而是形而上学的"基石"。相对形而上学言，其"分支"与"基石"是根本性质和定位的不同。如果将形而上学类分A、B、C、D、E五个分支，本体论是其中之一"分支"，这与其他几个分支处于并列的逻辑位态上，所存在的关联性可能是直接的，也可能是间接的，并且这种关联并不对各自发生根本性的影响，所以它们之间的关系是无足轻重。反之，作为"基石"，无论形而上学在类分的逻辑上产生多少个分支，而每个分支都必须建立在其"基石"上，所以，其基石与整体、基石与整体之各分支之间始终是直接的关联，这种关联是生成性质的，而不是位态排列性质的。本体论只能是形而上学的基石，而不是形而上学的"分支"的根本理由，是本体论关注的对象"本体"只是存在何以存在和存在怎样存在的根本问题，而不是"何物存在"和"存在什么"的问题。第三，由于本体论不是关注"何物存在"和"存在什么"的问题，而是关于存在何以存在和存在怎样存在的问题，所以，世界的起源与结构、存在心灵都是本体论要关注的存在的构成内涵，世界如何起源与结构何以可能以及以什么方式生成的问题，构成存在本体论考察的有机内容。同样，心灵问题也不是本体论所"介于"的对象，而是本体论审查的根本性问题，即心灵与本体之间的生成关联,将呈现本体论的根本性质。很自然,本体论关注的核心问题不是"实在从根本上说究竟是多种不同表现中的一样性的东西呢,还是就是多样性的东西"的问题,而是存在世界之"多"与"一"之形相存在背后的本质同一和依据同一何以可能的问题。

3. "本体"的内涵

本体论的关注对象是"本体",是关于存在的本体,它是指一般的、普遍的、不可分的、连续的、拢集过去和将来、有与无、存在与非存在于自身的球体型存在本体,简称为本体,它构成本体论的关注对象。具体的、特殊的、个别的、境遇的存在,只属于"何物存在",而"何物存在"的本体,属于实体本体,是学科理论讨论的对象,属于学科理论研究。作为科学理论讨论的对象的实体本体,也是存在本体的构成内容,存在本体却属于哲学,是形而上学的奠基研究、基石研究。

本体论的如上定位,构成本体论的确定的、不可变更的、不可模糊的存在位态,即本体论是关于存在以不可分的、连续的、整体的方式存在何以可能的问题,或者多与一、动与静、有与无、存在与非存在、过去与将来被拢集地存在于现在何以可能的问题,这个问题本身拒斥"本体的许诺",拒斥以人和人的经验、思想、观念、判断为在先的任何形式的"本体论许诺",包括认识论的本体论许诺。本体论关注的存在是关于存在本身,而不是"是"。关于存在本身的问题可以具体表述为两个方面的自我规定性:第一,本体论是关于"存在何以存在"的问题,而不是"何物存在"的问题;第二,本体论是关于"存在怎样存在"的问题,而不是"存在什么"的问题。"存在怎样存在"的问题,必以对"存在何以存在"问题的解决为前提,"存在何以存在"的问题即存在的自身依据问题,这个问题实际上涉及存在"本体"的内涵构成。

本体是存在的本体。这是说,本体源于存在本身,是存在的自身构成。存在观念在巴门尼德提出"存在"概念之前就已经产生,具体地讲,存在的自身构成问题实是经伴随哲学的诞生而产生,最初对它的描述是"自然"语言和自然观念。从本体论史观,米利都学派的哲学家实可看成是存在本体论哲学家,他们关注的存在就是囊括地球、宇宙和万物的自然,他们对存在的本体问题的最初思考——比如泰勒斯对"水"的思考,阿那克西曼德对"无定"的思考,阿那克西美尼对"气"的思考——都是对自然的本体构成的思考。拉尔修记载古希腊第一位哲学家时说,当泰勒斯"离开政坛以后,他变成了一位沉迷于**自然**的思考者"。泰勒斯视野中的"自然",其实就是存在世界,既指地球上的大地,也指天空中的宇宙。所以,实际上是作为天文学家的泰勒斯,"他说明了小熊座诸星,遵循着它,腓尼基人在海上自如地航行"①。而且还指出"水乃是万物之源,宇宙是有生命的,各种神灵充斥其中。据称,他探索到了一年四季的变化规律,并将一年划分为365天"②。不仅米利都的哲学家们是这样,稍后的赫拉克利特对"活火"的思考,恩培多克勒对自然构成"元素"的思考,阿那克萨戈拉和德谟克利特对"原子"的思考,都属于质朴的自然本体论的思考。

古希腊早期哲学家们对自然世界"何以存在"和"怎样存在"的关注所形成的自然本体论,就是解决自然世界、宇宙万物的根源问题。汪子嵩等人在谈到泰勒斯时说:"在现有文字记载中,他是第一个用抽象的哲学语言提出万物的根源或来源的问题,并给予解答的人。"③ 在古希腊哲学中,"万物的根源也就是'本原'[άpχη(arche)]问题"④。

古希腊哲学中的"万物",并不指具体的"此物"或"彼物",而是指所有存在物。"万物的根源"即指所有存在物得以产生的那个根本的东西,即"本原"。因而,要理解希腊早期哲学关于"万物的根源"的思考,需要理解希腊人的"自然"观念。希腊人的"自然"(nature)观念内涵古今有别。柯林武德在《自然的观念》中概述了这种区别:

> 我曾经说过,当爱奥尼亚的物理学家们问起"什么是自然?"时,总是立刻转换成另一个问题"事物由什么组成?"在我们离开爱奥尼亚学派之前,我必须对这个学派特别加一点评论。看起来,爱奥尼亚物理学家

---

① [古希腊]第欧根尼·拉尔修:《古希腊名哲言行录》,第3页。
② [古希腊]第欧根尼·拉尔修:《古希腊名哲言行录》,第4页。
③ 汪子嵩、范明生、陈富村、姚介厚:《希腊哲学史》第1卷,第151页。
④ 汪子嵩、范明生、陈富村、姚介厚:《希腊哲学史》第1卷,第152页。

们的心思放在这一点上有点奇怪,对一个现代欧洲人,如果他被问到同样的问题,"什么是自然?"可能就会把它变成"什么样的事物存在于自然界中?"并且通过描述自然界或自然的历史来回答它。

这是因为,在现代欧洲语言中,"自然"一词总的说来是更经常地在集合的意义上用于自然事物的总和或聚集。当然,这还不是这个词常常用于现代语言的唯一意义,还有一个意义,我们认为是它的原义,严格地说是它的准确意义,即当它指的不是一个集合而是一种原则时,它是一个 principium,αρχη,或说本源(souce)。我们说白蜡树的本性(Nature)是柔韧,柳树的本性是坚韧,我们说一个人有善吵或多愁善感的本性,我们说,狗总是喜欢叫和咬架……因为这是它的本性。**这里的"Nature"一词属于某种使它的持有者像它所标志的那样行为的东西,它行为的这种根源是其自身之内的某种东西;如果根源在它之外,那么它的行为就不是本性的,而是被迫的。**①(引者加粗)

Φνóιs(自然或本性)一词在古希腊时亦有这些方面的应用,并且在古希腊中两种含义的关系同英文中两种含义的关系是一样的。在我们关于古希腊文献的更早期的记载中,Φνóιs 总是带有被我们认为是英语单词"Nature"的原始含义。它总是意味着某种东西在一件事物之内或非常密切地属于它,从而它成为这种东西行为的根源,这是在早期希腊作者们心目中的唯一含义,并且是作为贯穿希腊文献史的标准含义。但非常少见地且相对较晚地,它也富有第二种含义即作为自然事物的总和或聚集,它开始或多或少地与 κοσμοs(宇宙)——"世界"一词同义。②

今天的"自然"概念,是指自然事物总和的自然界,或者说宇宙、世界。但在希腊哲学中,"自然"是作为"原则"的观念。作为"原则"的"自然"概念,指事物成为事物的自身源泉和内在条件(即本性)。所以,"自然"构成古希腊哲学研究的第一个对象,也是古希腊哲学的基础。并且,作为"原

---

① [英] R. G. 柯林武德:《自然的观念》,吴国盛、柯映红译,华夏出版社 1990 年版,第 47—48 页。

② [英] R. G. 柯林武德:《自然的观念》,第 48 页。

则"的"自然"观念,伴随哲学的诞生而产生,它成为泰勒斯等早期希腊哲学家的基本思想。通俗地讲,所谓"自然",意为自然而然,即自然生发的东西,也可说是从存在的本源处生长出来的东西。所以,生长、变化成为其本质内涵、内在规定。自然既然是生长的、变化的,当然也是有生命的,所以自然是生命。这可从词源语义得到印证:"自然"一词的拉丁文形式是 natura,希腊文形式是 Φνόις,它用作名词。但 Φνόις 却来自动词 Φvw,是 Φvw 的名词化。ΦVW 的本义是生生不息,从 Φvw 化来的 Φνόις 同样涵摄生生不息语义。所谓自然,指生生不息的一切,包括万物以及整个宇宙、世界。Φνόις 所自具的这一"生生不息"本义,既构成 nature 一词的本义,也为 nature 获得现代性运用提供了可能性。首先,Nature 的本义是指蕴含于一切自然事物之中的"原则"或"本原",人们又习惯用"本性"或"本质"来指涉。"Φνόις(自然或本性)一词在古希腊时亦有这些方面的应用,并且在古希腊中两种含义的关系同英文中两种含义的关系是一样的。在我们关于古希腊文献的更早期的记载中,Φνόις 总是带有被我们认为是英语单词'Nature'的原始含义。它总是意味着某种东西在一件事物之内或非常密切地属于它,从而它成为这种东西行为的根源,这是在早期希腊作者们心目中的唯一含义,并且是作为贯穿希腊文献史的标准含义。但非常少见地且相对较晚地,它也富有第二种含义即作为自然事物的总和或聚集,它开始或多或少地与 κοσμος(宇宙)——'世界'一词同义。"① 其次,Nature 又指"自然事物的集合"或曰"宇宙中一切自然事物的总和",这是对 Nature 本义的引申运用,其认知底蕴和思想源头仍然在古希腊哲人的共识中:"一个事物的自然(nature)就是使它像它所表现出来的那样行为的东西,当我们这样说的时候,问题依然还是问题,'什么是那使它像它所表现的那样行为的东西?'说是'它的本性',这并没有回答问题,因为它'它的本性使它像它所表现的那样行为',这完全是同义反复,因而没有给出任何信息。"② 因为这种能够"使一个事物像它所表现出的那样行为的东西",不仅指事物成为它自身的"根源",也指事物成为它自身的"本性",还包括事物成为它自身的"本质"

---

① [英] R. G. 柯林武德:《自然的观念》,第 49 页。
② [英] R. G. 柯林武德:《自然的观念》,第 50—51 页。

和"本原"。

综上，在希腊哲学中，表彰"自然"观念的概念有三，即本性、本质、本原。本性，是"自然"的自身定位；本质，是自然的内在规定；本原，是自然的原发构成内核。本性、本质、本原，此三者合生，构成"万物的根源"。

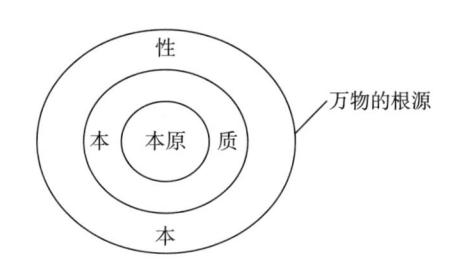

[3−2："自然"的本体内涵]

在"自然"概念中，本原、本质、本性三者表面看是一个"东西"，但实际上不可等同或互用，因为三者之间不仅在语义上有区别，而且它们之间原本就构成一种生成性的逻辑关系，这即作为本性的自然，受本质的自然的规定；作为本质的自然，却要受本原的自然的制约。本原、本质、本性三者在其"自然"语义结构的构成性上，处于最浅表位态的是本性；居于其深层位态的却是本原，它才是真正的和最终的原发性因素。合言之，本原、本质、本性，三者合生，构成万物的根源，万物的根源才是"自然"的本体，或者说"万物"的本体，"存在"的本体。所以，在早期希腊哲学中，关于存在的本体论，即根源论，在极为狭窄的意义上，也指本原论。

那些最初从事哲学思考的人，大多数只把**物质性的东西当作万物唯一的本原**。万物都由它构成，开始由它产生，最后又化为它（本体 ουσια 常存不变，只是变换它的属性），他们认为这就是万物的元素，也就是万物的本原（arche）。他们认为，既然有一种实体是常存的，也就没有什么东西产生和消灭了；比如我们说，当苏格拉底有了神采和文才的时候，他并不是绝对地产生了；当他丧失了这些特色的时候，他也不是绝对地消灭了，因为**基质**（νποκειμενον）苏格拉底本身是一直在那里的。所以他们说，**没有什么东西是产生和消灭的，因为总有某种本体存在**，它可

能是一个或者不止一个,别的东西都是从它产生出来的,而它则是常存的。①(引者加粗)

亚里士多德在《形而上学》第一卷第三章中的这段文字,应该是希腊早期哲学家们关于万物、关于自然、关于世界的本体构成的最初思考的精辟概括:"万物的根源",即万物的本原("万物都由它构成,开始由它产生"),也是万物的本体,因为作为来源的它"最后又化为它的常存不变的本体ονσια",这就是说,本原之于万物有两种功能:一是产生(或者说生育)它自己的功能,即**动生**的功能;二是持存它自己的功能,即**静守**的功能。

"本原"何以同时具有动生和静守的功能?汪子嵩等人概括了两个方面的理由:首先,本原意指开始、发端、起源;其次,本原意指政治上的权力、统治和政府官员。② 本原,就是自然的根源,或者说是万物的根源:"万物由它构成,开始由它产生,最后又化为它(本体ονσια常存不变,只是变换它的属性),他们认为这就是万物的元素,也就是万物质的本原(arche)。"③ 亚里士多德还指出,"本原"(arche)即万物的"**基质**"(νποκειμενον,又译作"始基")。在现代生物学中,"基质"概念意指能量的来源,但在希腊哲学中,基质指事物"**生成的发生之处**",并且,基质在事物(自身或相互)的改变过程中**自持不变**。以此不难发现,亚里士多德用"基质"(或"始基")来解释"本原",恰恰揭露了"本原"概念的隐蔽性内涵:它的本义是"起源",古希腊人用"太初"来描述它是最先产生并生成自然万物的那个东西。综上,能够成为"本原"的这个东西必须具备三个条件:首先,它必须是最先存在的,即本原之前再无其他,所以,本原必须是最基本的。其次,本原是绝对不可能再分离的,也不能被恃,它一定既是**自持**的,也必须是**持它**的。最后,这个被称得上是本原的"东西"必须自身**生殖的能力**,并且只有当其具备生殖能力时,它才成为自己,然后才可能生成万物,因为生成自己是本

---

① [古希腊]亚里士多德:《形而上学》,983b6-22。汪子嵩、范明生、陈富村、姚介厚:《希腊哲学史》第1卷,第152页。
② 汪子嵩、范明生、陈富村、姚介厚:《希腊哲学史》第1卷,第153页。
③ [古希腊]亚里士多德:《形而上学》,第7页。

原的责任，生化它物是本原作为本原的基本使命，也是其基本原则。因此，"本原"（arche）一词获得了三层最基本的语义规定性：第一，"本原"意指构成事物的基质，它具有不可分离性和自持性；第二，"本原"意指构成事物的原则（principle），它自生又生它；第三，"本原"构成事物的边界，即本原不仅成为自然的内在规定，也构成自然的外在规定，这一双重规定相对自然言，就是权力。所以，"本原"既是起源，更是权力。作为起源，"本原"的灵魂或者本性是**生**，它展开为自生和生它，形成生生不息的运动和变化，并且其生生不息的运动和变化，总是从自身出发又回归自身。赫拉克利特将这种从自身出发又回归自身的生变方式概括为逻各斯（logos），即它既是"变中不变"者，也是"不变中变"者。作为权力，"原本"的灵魂或者说本质是**合理统治**，自然之原本，构成对自然的主宰；万物之本原，必然成为统治万物者。要言之，"本原"就是古希腊哲人用来表述使世界开端并主宰万物和自然的那个"东西"。

  对于早期希腊思想，以及经过某些规整因而对于全部的希腊思想来说，自然是个巨大的生命机体，由在空间中扩展、在时空中渗透着的运动物体组成。整个物界具有生命，因此它所有的运动都是生命运动，这些运动是有目的的，受理智的引导。这个有生命和思维的大躯体禀赋着灵魂和理性，是活的，从这个意义上讲，它处处是同质的；它的不同部分由不同的实体组成，它们具有各自不同的质的物性和活动方式，从这个意义上讲，它是不同质的。困扰着现代哲学家的几个问题如无机物与有机物的关系问题，物质和精神的关系问题，在当时都不存在。当时的人没有无机物这个概念，因为天体的季节性运动与季节性的花开花落这二者之间的原则的差异，或者行星在空中运行与鱼儿在水中游动这二者之间的原则的不同，人们还未意识到。人们从不会假定，一种现象可以被某种不能用于另一种现象的规律解释。也不存在物质和精神的关系问题，因为希腊人看不出雅典人接受和遵守梭伦法，或斯巴达人遵守吕库尔戈斯法，与自然界中无生命的物体遵循它们所属的自然法则有什么不同之处。不存在没有精神的物质世界，也不存在没有物质的精神世界。

物质本身是无形式的，不确定的，一切事物正是是由它组成，精神就是一切事物了解自身变化的终极因的活动。①

由于"本原"概念既表起源，又是原则，并表权力，它才使"自然"概念既内生出对宇宙万物的统摄性生成建构功能，又获得了自我扩展而指涉人的世界。仅后者言，所谓自然，或者自然的事物，就是与人为的事物（如习俗、制度、成文法等）对立的事物。这个意义上的"自然"，通过亚里士多德而得到确立：正如梅因所说："他们在'自然'的概念中，在物质世界上加上了一个道德世界。他们把这个名词的范围加以扩展，使它不仅包括了有形的宇宙，并且包括了人类的思想、惯例和希望。这里，像以前一样，他们所理解的自然不仅仅是人类的社会的道德现象，而且是那些被认为可以分解为某种一般的和简单的规律的现象。"②

二 本体的开放性张力

对"本体"概念予以内涵梳理，再来看希腊哲学对存在本体论思考，或可以此印证存在本体论的研究对象和范围。

1. 本体的动静取向

从整体讲，希腊哲学是以存在本体为基本主题的。希腊哲学的存在本体论思考的核心问题有三：一是本原问题，具体展开为"世界的本原是什么"；二是生成问题，具体展开为"宇宙和万物是怎样生成的"；三是本质问题，具体展开为"世界和事物的本质是什么"。希腊哲学围绕这三个问题展开存在本体论探讨，形成最初的两种基本取向：一是关于存在的**动态本体**论；二是关于存在的**静态本体**论。前者由泰勒斯开其端绪，提出水本体论，构建起一种解释的基本思想框架和方法，其后阿那克西曼德、阿那克西美尼发展其解释的思想框架和方法，分别提出"无定"本体论和"气"本体论，这些各不相同的本体论思想，不仅提出世界的本原是什么，而且重在解释其作为本原的

---

① ［英］R. G. 柯林武德：《自然的观念》，第 122—123 页。
② ［英］梅因：《古代法》，沈景一译，商务印书馆 1996 年版，第 31 页。

那个东西（比如"水""无定""气"）如何生成万物、宇宙的方式、机制、动力及其生成遵循的原则。他们的工作被后来者赫拉克利特发展，形成完善的动态本体论哲学。具体地讲，赫拉克利特提出"活火"本体论，揭露作为存在本原的"活火"基于"秩序"的需要如何按照"一定的分寸"永恒地燃烧与熄灭相向敞开的生变运动，提出转换生成的辩证法和逻各斯，勾勒出"变中不变"和"不变中变"的**动静相生**的存在本体论。后者由毕达戈拉斯开其端绪，提出数本体论，认为"一切其他事物就其整个本性来说都是以数为范型的，数在整个自然中看来是居于第一位的东西，所以他们认为数的元素就是万物的元素，认为整个天就是一个和音，也是数。而且，数和音阶的一切特征，他们都能指出是和天体的属性、区别以及整体安排相一致的，他们将这些都收集起来摆进他们的模式里；如果有什么地方出现了漏洞，他们毫不犹豫地进行拼凑，以使他们的理论能自圆其说"①。毕达戈拉斯认为，与水、土、气、火等因素相比较，数与万物之间有着更多的相似性，而且数具有更为广泛的涵摄功能和解释功能："从米利都学派到毕泰戈拉学派，虽然都寻求万物的本原，但他们所说的'万物'的范围已经不同了，米利都学派只要为具体的事物寻求本原，毕泰戈拉学派却要为包括抽象的东西在内的万物寻求统一的本原。用统一的物质性元素来说明一切物质性的存在物是可以的。世界的统一性在于它的物质性是唯物论的基本原理，米利都学派的学说是唯物论的哲学。但是，世界上除了物质性的存在物以外，还有抽象的存在，如原则或原理，要再用物质性元素来解释它们就比较困难了，只有抽象的原则才能解释它们。这就是毕泰戈拉学派提出数是万物的本原的意义，它表明人们已经发展到在更广泛的意义上考虑统一性的问题。这样的'本原'的含义和米利都学派的本原的含义也有所不同和发展了。"② 毕达戈拉斯数本体论的意义不仅于此，而且在于探求本体论的思维开始从经验理性向观念理性方向提升，对本体论的思考开始从关注具体性的物质性实体存在转向普遍性的抽象性的实体存在，开出静态本体论方向，恩培多克勒（Eμπεδoκλῆs，约公元前495–约公元前435）的四根说、阿那克萨哥尼（Ἀναξαγόραs，公元前500 –

---

① 汪子嵩、范明生、陈富村、姚介厚：《希腊哲学史》第 1 卷，第 270—271 页。
② 汪子嵩、范明生、陈富村、姚介厚：《希腊哲学史》第 1 卷，第 272 页。

公元前428）的种子说、留基波（Λεύκιππος，公元前500－公元前440）的原子论以及德谟克利特（Δημόκριτος，公元前460－公元前370）的原子－影像论，都体现普遍抽象性的静态本体论探索，而毕达戈拉斯学派的数本体论思想最为直接地影响了爱利亚学派，塞克诺芬尼（ενοφάνης，约公元前565－公元前473）关于"一"的本体论思考、巴门尼德的"存在"论和芝诺的"飞矢不动"论，将静态本体论思考推向成熟之境。

米利都学派—赫拉克利特和毕达戈拉斯—爱利亚学派所分别开启的动态本体论和静态本体论必然要走向综合，这一综合走向的现实敞开需要一个中间环节来培育土壤与条件，这就是智者运动与苏格拉底。智者运动是希腊哲学运动中不可忽视的过程，它将本体论思考从相对单一的自然世界拓展开去，将人的世界纳入其中。因为智者运动打开其视界并奠定其认知基础，苏格拉底尝试将哲学锁定在人的存在世界里，考察人的存在世界是否具有超越个体和时空而具有普遍指涉的本体存在和方法，苏格拉底的尝试获得一种初步成功，他发现人如何可能成为人而过上人的生活的普遍定义和方法，将其概括为"认识自己"和"知识即美德"的存在本体和归纳的方法。苏格拉底的尝试性努力之后获得了两个方面的铺开：一是伊壁鸠鲁主义和斯多亚学派，继续探求人的世界的本体存在与方法，并走向自然主义。二是柏拉图对人的存在世界和自然存在世界的整合考察，抉发其整合存在之"相"本体论。柏拉图开出的存在本体论的综合之路，在亚里士多德那里得到更大的整合，并形成二重实体（第一实体和第二实体）本体论。

  巴门尼德与赫拉克利特开辟了多个世纪以来哲学论战的战场。柏拉图的思考，在很大程度上是竭力地调和或解除这两个对手的武装。他笔下的一位人物告诉我们说，真正的哲学家必须拒绝接受两个学说：其一是所有实在都不变化的学说；其二是实在到处都在变化的学说。"就像要得到和吃掉蛋糕的孩子一样，他必须这样说：存在（Being）为一切之总和，既是一蹴而就或从不变化，又是一切处于变化之中"（Sph. 249c－d）。[①]

[①] ［英］安东尼·肯尼：《牛津西方哲学史　第一卷：古代哲学》，第243页。

米利都学派探索形成的物质实体本体论被赫拉克利特发展,并开辟出"变中不变"和"不变中变"的动态生变的本体论战场;毕达戈拉斯开启的观念实体本体论发展到巴门尼德那里,同样开辟出静态自存的本体论战场。柏拉图对物质实体本体论和观念实体本体论的综合,只能以折中方式展开,因为物质实体本体论和观念实体本体论只各自凸显了存在本体的一个方面。以此观柏拉图的折中主义努力敞开的方向是正确的,但柏拉图如此努力所得出的结论却不尽如人意,这就是柏拉图并非用平等的姿态对待存在的静态面向和存在的动态面向,且最终以静态存在的形相来统摄动态存在的形相。"柏拉图早中期对话里所表述的理念(the Ideas),属于一个永恒而不变的世界,如同借用巴门尼德的真理之路所揭示的存在(Being)一样。而在另一方面,居于经验世界的种种实在物,则处于赫拉克利特所言的流动之中,经常徘徊于存在与非在之间。但是,柏拉图对这两位主角并非一视同仁,而是认为巴门尼德的世界远胜于赫拉克利特的世界,理念的不变世界要比变动不居的经验世界更为真实且包含更多真理。对理念的理智洞识方能给予知识;而感觉则不会提供比真实信念更好的其他任何东西。"① 柏拉图的如此偏向,必然铸成现代哲学的终结和消亡。因为希腊哲学对存在本体的动静态思考,形成两种本体类型,即动态取向的本体类型和静态取向的本体类型,前者从存在世界中发现某种具象的或非具象的物质作为本原,以此展开生成论和本质论解释,形成物质实体本体论;后者对存在世界抽象出某种普遍指涉功能的观念作为本原,以此展开生成论和本质论解释,形成观念实体本体论。比较而言,物质实体本体论是可经验直观的本体论,呈客观的自然存在论特征;观念实体本体论必是理性推论的本体论,呈主观的主体存在论特征。正是这一主体存在论特征,使哲学本体论的发展一步一步走向人本中心,最后自我解构而让位于主体认识论,哲学的存在之问敞开对人的世界的引导和矫正功能由此消失,而沦为人的主体意愿和意志自由向行动领域扩张的应声虫。不仅历史地看,而且也从哲学自身观,存在本体论走向自我终结和消亡,实是观念实

---

① [英]安东尼·肯尼:《牛津西方哲学史 第一卷:古代哲学》,第245页。

体本体论的形成、发展的进程本身解构了物质实体本体论最具有思想张力的自然因素。

2. 本体的存在论本色

希腊的存在本体论哲学，因为柏拉图的综合而得到真正的改变，而这种改变又影响了未来。有机论哲学家怀特海（Alfred North Whitehead，1861 – 1947）曾断言："欧洲哲学传统最稳定的一般特征，是由对柏拉图的一系列注释组成的。"[1] 无独有偶，科学哲学家波普尔（Karl Popper，1902 – 1994）指出："柏拉图著作的影响（不分好坏）是无法估计的。人们可以说，西方的思想，或者是柏拉图的，或者是反柏拉图的，在任何时候不是非柏拉图的。"[2] 柏拉图的形而上学思考、概念式反思所达及的深度和广度，是后世任何一位哲学家都无法企及的；柏拉图所思考过的问题，却成为后世任何时代的哲学检讨都必须溯源到他那里去。检讨哲学本体论的解构和由此形成的哲学的终结，同样要追溯到柏拉图对"巴门尼德的世界远胜于赫拉克利特的世界"的判断。确实，"理念的不变世界要比变动不居的经验世界更为真实且包含更多真理。对理念的理智洞识方能给予知识；而感觉则不会提供比真实信念更好的其他任何东西"[3]，但是，世界的存在和存在的本体既不来源于经验世界，也不来源于理念世界，而是来源于存在世界自身。哲学的存在之问，不是以意志自由的主宰者的姿态和方式对存在世界的创造，而是以向自然学习、拜存在世界为师的姿态和方式，发现蕴藏于或者说内生于存在世界之中的本体——本原、本质、本性——自身样态、形象、方式。仅此而言，赫拉克利特所揭橥的本体论思想比巴门尼德的观念实体本体论更根本、更具超时空的存在张力。

赫拉克利特的动态生变本体论思想，是对米利都哲学家们前后相继开辟出来的动变本体论哲学的发展。理解赫拉克利特动态生变的本体论哲学如何生成建构的精髓，须了解米利都哲学家们的工作的永恒要义所在。现有文献

---

[1] Whitehead, A. N., *Process and Reality*, Cambridge University Press, 1929, p. 53.
[2] Burnet, J., *Platonism*, California University Press, 1928, p. 1.
[3] ［英］安东尼·肯尼:《牛津西方哲学史 第一卷：古代哲学》，第245页。

记载，希腊第一个哲学家是泰勒斯，第一个哲学学派是泰勒斯等人发问存在所形成的具有共识框架和方法的米利都学派。泰勒斯发问存在提出了三个问题，并对这三个问题尝试解答，由此构成人类哲学发问存在的基本认知框架和方法。泰勒斯发问存在提出的三个问题分别是：

第一个问题：世界（或曰"万物"）的原本是什么？

第二个问题：宇宙（或曰"万物"）是怎样生成的？

第三个问题：世界（或曰"事物"）的本质是什么？

针对所提出的这三个问题，泰勒斯以自己所具备的天文学知识和经验（包括生活经验和历史经验）尝试做出如下回答：

第一，水是世界的本原。

第二，水的潮湿与蒸发使万物消长生灭，所以，水的潮湿与蒸发的循环使万物生成，使宇宙生成。

第三，世界（或事物）的本质是灵魂。

泰勒斯关于存在的三问三答，构建起第一个存在本体论。在这个存在本体论中，水是本原，水的流动与变化——水的潮湿与蒸发的循环运行——构成万物生成、宇宙生成的机制，这一机制就是水的本性，即卑下而居、平澹而盈的本性决定了水总是处于流动与变化状态。水流动变化的自足力构成水的本质。水的本质的运动形态是"水神"，水的本质的静止形态即"灵魂"，它通过固体之物，比如磁石而给人感觉经验的直观。

泰勒斯发问存在之三问三答形成的水的思考，构筑起来的第一个存在本体论，是因为它具备了存在本体论构成的三个基本要件，即存在本原论、本质论和本性论。泰勒斯的水本体论为哲学的存在之问提供一个基本的思想框架和认知方法。

泰勒斯发问存在之三问三答所形成的这一基本的思想框架由三个假设构成：

第一，世界（或曰"存在"）自身有一个合理的结构。

第二，世界（或曰"存在"）自具的这个合理结构是可知的。

第三，世界（或曰"存在"）自具的这个合理结构是相对简单和容易理解的。

如上三个假设所构成的关于存在的基本思想框架内蕴一个核心思想，即世界可知论。这一"世界可知论"思想内具两个方面的内涵：第一，世界、万物、宇宙为人提供了可认知的对象条件，这即世界、万物、宇宙始终以开放的姿态存在，这是它能被认知的前提。第二，世界、万物、宇宙可以被认知的同时对认知主体提出了条件，即人只有在具备认知存在的自身能力时，世界、万物、宇宙才可被认知。形成泰勒斯这三个假设的核心思想即"存在可知论"的这两个方面，后来被巴门尼德概括为"存在可以被思想，可以被表述"。

不仅如此，泰勒斯通过这三个假设建立的基本思想框架和由此生成的世界可知论，几乎形成一种傲慢的态度来看待世界和存在，他没有谦卑地去了解自然的运行规律，而是急不可待地去寻求世界的结构或秩序及其背后的第一原理。他坚信，一旦找到第一原理，其他所有事物就可了如指掌。泰勒斯的这种姿态实际上决定了西方哲学和科学未来发展的方向，因为事实上，西方思想走的就是这样一条企图去发现原理、掌握规律的道路。

泰勒斯通过发问存在所构筑起来的这一水本体论的基本思想框架呈现出来的方法，由如下四个基本认知整合构成。

第一，世界之可知，是因为可以从中发现其存在展开的规律，这就是繁富中蕴简单，散漫中藏总领，差异中存共同，特殊里含普遍。认知事物或世界，无论从哪个方面入手，其根本努力和共同取向就是**繁中求简，散中求总，异中求同，殊中求共**。泰勒斯率先关注世界存在的本体问题，实际地开启了繁中求简，散中求总，异中求同，殊中求共的思维路子。

第二，一旦产生了世界存在的本体——本原、本质、本性——的意识与观念，因果关系思维就随之产生，也就结束了直观想象的神话方式而开启了经验理性的思维。因果关系思维是理性的基本范式，泰勒斯对水的本原论和生成论思考，建构起这一思维范式的最初样态，既然水是世界的本原（**原因**），那么世界就是水的表现形态（**结果**）。

第三，泰勒斯勾勒出以水为本体的哲学思想框架，在事实上奠定了古希腊哲学以至尔后整个欧洲哲学的基本思路，这就是从**有中生成有**的哲学思路。这一思维 - 认知思路的生成是建立在**感性经验直观**基础上的，或者说古希腊哲学思维是一种感性经验直观的理性思维。这一感性经验直观的理性思维激发出赫拉克利特的逻各斯思想，其后，虽然后来形成以逻各斯为主导的统治欧洲哲学的基本思维模式，但感性经验直观观念与思维原型始终贯于欧洲人的思维活动之中，这或许就是几千年来一代又一代欧洲思想家、哲学家们总是对感性直观感兴趣，并不遗余力地研究感性直观问题的根本心理动力。

第四，泰勒斯使其水本原论、万物生命观和灵魂观三者内在地生成一种开放性张力的形而上学思想的灵魂，则是其**物活论**思想。按照唯物论的说法，泰勒斯的水本体论的自然哲学是不彻底的自然哲学，因为它带有一种泛神论的色彩。但这恰恰是泰勒斯思想的深邃所在：水是我们能够直观到的物质形态，但水又是我们直观难以看到的生命形态和灵魂形态，对于水而言，它的物质形态与它的生命形态、灵魂形态融为一体，它既是生命的，又是灵魂的，更是可以显现直观的。正由于水这种物质形态的生命化和灵魂性，才使它作为世界万物的本原成为可能。因为水这种物质形态是生命化的和灵魂性的，所以它作为世界万物的本原而生成创化世界万物并使万物成为有生命、有灵魂的万物成为现实，使世界成为有生命、有灵魂的世界成为现实。在泰勒斯的万物生命观和万物灵魂观里，包含了万物同源、世界一体的生态整体思想和场态本体观，这一生态整体的和场态的本体观虽一直未引来普遍的关注，却特别珍贵。

泰勒斯将水看成是世界的本原，在今天看来是幼稚的，甚至是可笑的，即使与他同时的人，比如他的学生阿那克西曼德以及其他哲学家也并不赞同他的看法和观念，但泰勒斯通过水来发问存在形成的基本思想框架和方法，却赢得了后来者的共识，并使它的思想框架和认知方法构成一种展开存在之问的本体论范式，并且这种本体论范式不断得到建构性完善和丰富。比如，阿那克西曼德不赞同水的世界本体论观念，是因为它太过感性经验直观而无力涵摄和解释所有存在物，所以提出"无定"本原论主张，阿那克西曼德认为水及其潮湿与蒸发的循环运动虽然可能给人以直观感受，却不能为之提供超感觉直观的解释机制，"无定"这一本体的运动却遵循**"补偿原则"**，而以**"分化"**与**"复归"**互为转换的机制来实现宇宙的生成，因为无定的自我分化生育万物，依据其补偿原则，分化达于临界点时就会自动地朝相反方向运行，也就是无定从分化走向自我复归，这一运动过程就是万物消亡。宇宙万物的消长是遵循补偿原则敞开生成转换，以此生生不息。无定遵从补偿原则自我分化与自我复归生生不息地转换生成，实质性地敞开场化运动，或者说场才构成无定得以生生不息转换生成的本体舞台。

阿那克西曼德的"无定"本体论同样是展开存在之问的场化方式，并同样在其存在之问中求解世界本原问题、宇宙生成问题和世界本质问题，却得出与泰勒斯完全不同的答案，虽然如此，这种关于世界本原、宇宙生成和世界本质的根本不同质的解答，却进一步发展了泰勒斯的基本思想框架和方法。具体地讲，阿那克西曼德的无定本体论体现超感觉经验的抽象度更高的观念理性认知朝向：阿那克西曼德的这种抽象无形的非物质形态的"无定"本原是根据补偿原则，通过自身分化与复归方式来转换生成宇宙世界万物。"无定"的自我分化与复归，展示从具体的物质到宇宙世界存在自身具有**自我生灭**的内在力量，对这一自具生灭的内在力量的发现，不仅对哲学，而且对后世科学的繁荣产生巨大的影响，这种影响不仅在现代物理学以及由此展开的所有领域呈现，也在当代地球物理学和天体物理学领域不断发酵，比如今天正方兴未艾的元宇宙论或者物理世界的神灵论等，都可以回溯到阿那克西曼德的无定本体论，因为他所提出的这种非物质形态的无定本体论哲学呈现出如下方面的无限思想探索的张力。

第一，世界本原自具质量规定性：量无限，质无穷。无定本体论宣示，世界万物是多样性的，万物的性质也呈多样性，由此形成感性直观的物质形态难以解释多样性的万物，比如"水"虽然可以解释事物的湿性，却不能解释火烧火燎的热性。能够解释世界万物的多样性的那个本原一定是**包含了多样性**的那种东西，这种东西即使是多样性的，也一定是不确定的，因而"在火、气、水、地之中任何一种都不能生成万物"[①] 能够生成创化宇宙万物的那个最原初的东西，只能是无定性的物质（τοαπειρον）。这种"无定"（apeiron）性的物质在**量**（即空间）上必须无限，在**质**上必须无穷，它是任何性质都没有但又是任何性质都有的那种东西，即量无限而质无穷的东西只能是"无定"这种东西。

第二，对自然力的发现：世界本原的自我分解力。阿那克西曼德在提出世界生成创化的依据基础上，探讨世界万物如何生成创化的方式（或曰模

---

① ［古希腊］亚理斯多德：《形而上学》，第7页。

式），无定性的物质具有自我分解的能力，它在自我中变成"热"与"冷"两部分：热的干燥，冷的湿润，冷而湿润的生成了大地，它居于宇宙的中心；热而干燥的生成了火球，其内为空套，在外面，如像圆壳，即为天空。湿的地被外围的火圈一烤，就蒸发出蒸汽浮在上面，变成了气圈，这就是空气，这种空气被外围的火圈不断的烤，就把那火壳冲成了若干个火环，这些火环被气遮住，露出圆孔来，就是人们所看到的日月星辰。

阿那克西曼德将无质无量的"无定"本原赋予分解（即分化）的内涵展示深刻的哲学张力："无定"既然是分化的，就说明它自身具有一种分化自身的力量或能力，正是这种分化力量和能力才使它分化自身成为可能，一旦它能分化自身，生成万物就成为现实，使万物运动也成为现实。这表明事物的生化是**事物自身的内在力量的推动**。这是无定本体论不同凡响的地方，它发现了自然力，第一个看到了物质自身存在着**自生力量**。

第三，无中生有的生成论：开辟出由无生有的哲学思路。阿那克西曼德的"无定"是无质无量的，一个无质无量的东西竟成为有质有量的世界和万物生成的基体，开启"由无生有"的思维 - 认知方式，这一思维 - 认知方式透过直观的物象世界，去发现**世界背后的世界**，企图把握物象世界背后的比物象世界更本质化的世界图景，这种思维 - 认知方式敞开**超验**的特质。

第四，因果循环思想的产生和逻各斯思想的萌生。阿那克西曼德认为无质无量的"无定"这种抽象无形的"物体"具有自身分化力。正是这种自身分化力使它获得了两个方向上的分化力——正面的分化力和反面的分化力：当它朝着正面方向分化的过程就是生成万物的过程；当它朝着反面的方向分化的过程就是消亡万物的过程。因而，"无定"的自我展开构成了世界万物的循环运动，这一循环运动真实地呈现万物生死荣枯的过程：一些事物的生成就意味着另一些事物的消亡，另一些事物的消亡蕴含新的一些事物的生成。这样，世界万物的生与死、荣与枯、生长与消亡都是相对应的；事物的本原是事物成为事物的因，事物的状态是生成该事物的果。并且，在世界万物的生成与消亡相循环的过程中，任何一事物都是它事物的因的同时又是另一事物的果。因果关系的最初发现者是泰勒斯，但对因与果之间如何生成这一问题，泰勒斯却无力回答，阿那克西曼德对此予以解答，认为世界万物之间的因果关系是按照相互循环的方式进行的，它遵循的原则是"过"与"不及"达于动态平衡的补偿原则，它的基本方法是转换生成。阿那克西曼德的以补偿原则为依据、以转换生成为方法的因果思想，直接开启了赫拉克利特的转换生成的逻各斯理论。

第五，第一个提出"本原"概念。 阿那克西曼德是最先提出"本原"（arche）概念的人。"本原"概念的本来含义是"太初"，即最先存在并生成自然万物的那个"东西"就是太初。作为"太初"的本原必须同时具备两个条件：一是它必须是**最先存在**的，并且必须是最基本的，是绝对不可能再分离，也绝对不能被持，它一定是自持的，并且必须是持**它的**；二是必须自具**生的能力**，首先是自生的能力，其次是生它的能力。自生，是本原成为本原的前提；生它，是自生的保证。**自生生它**，是本原的基本原则。由此两个方面的规定性，"本原"概念被赋予两个层次的原初语义：首先，"本原"意指构成事物的**基质**，它具有**不可分离性**和**自持性**；其次，"本原"意指**构成事物的原则**（principle），所谓本原，就是生成事物并保持事物使之恒存。

第六，"补偿原则"思想。 阿那克西曼德提出世界万物生成的"补偿原则"观念，指出"万物由之产生的东西，万物又消灭于它，他是命运规定了的。因为万物在时间中的不公正，所以受到惩罚，并且彼此互相补足"[①]。宇宙世界万物之所以不断变化，这是由本身的"命运"所决定。这个自身的"命运"即宇宙世界万物的相互作用这一必然性，它可具体表述为宇宙世界万物之间相互作用的过程就是相互对立、相互斗争、相互转化的过程，在这一过程中，具体的事物之间总是存在着优势与劣势的问题，前者表现为"不公正"，由于其不公正，所以它总会在其时间的流动中受到相应的"惩罚"，并进行补偿。如夏天热气与冷气的较量，形成前者压倒后者的优势，这种优势即热对冷的不公行为，所以它必然会在一定时间遭受到相应的惩罚（比如冬天），这就是冷气压倒热气而获得应有的补偿；当冷气压倒热气，又是冷气不公正于热气的体现，于是又出现下一轮循环，以致无穷。由此，"补偿原则"构成"无定"本体论的内在动力原则。

泰勒斯构筑的基本思想框架和方法，经过阿那克西曼德和阿那克西美尼

[①] 北京大学哲学系编：《古希腊罗马哲学》，生活·读书·新知三联书店1957年版，第7页。

的发展而传递到赫拉克利特那里,赫拉克利特提出动而变的世界本体既不是具体的水、无定或气,而是燃烧不息的"永恒活火"。

> 世界秩序(一切皆相同的东西)对于一切存在物都是一样的,它不是任何神,也不是任何人所创造过去、现在、未来永远都是永恒的活火,在一定的分寸燃烧,在一定分寸熄灭。①(《残篇》30)

赫拉克利特的"永恒的活火"揭示了这样一幅世界图景:人的感官能看到的静止而长久的现象,并不是世界和事物本身的事实,这些表面上静止而长久的事物,在本质上是运动而变化的:静和久只是世界和事物的现象,动与变才是世界和事物的本质。亚里士多德因此而指出:"一切都是流转的,没有一件东西是停留。但是我们的感觉就发现这一点。"赫拉克利特的"永恒的活火",不是人的感官感觉到的那个"明火执仗"的"火",而是事物自身的内在本质,即世界和万物运动不止的本性,它是世界和事物得以显现自我和生灭自我的内在力量。

赫拉克利特的这团标志世界存在和事物生灭的"永恒的活火"的运动状态是燃烧与熄灭,但其燃烧与熄灭是照一定"分寸"展开,所以赫拉克利特的"活火"运动既有规律,也有节制,更有方向。作为世界本原的活火之能够在燃烧与熄灭过程中永恒地运动,在于它具有自身的规定性。其自身规定性就是"分寸",即永恒燃烧的活火的自我限度,即当它燃烧到一定的限度时就朝自我熄灭的方向运动;反之,当它自我熄灭到一定限度时,就朝自我燃烧的方向运动,并以此循环不已,生生不灭。所以,火的永恒运动,在于其"一定的分寸"的自我限度性。

这一决定"永恒的活火"燃烧与熄灭运动始终保持的那个"一定的分寸"缘于什么呢?或者说什么东西规定了火的燃烧和熄灭必须遵从"一定的分寸"呢?赫拉克利特认为,是"世界秩序"。这个活火燃烧与熄灭所遵循的那个"一定的分寸"就是世界秩序,活火按照一定的分寸燃烧与熄灭的目的,

---

① 转引自北京大学哲学系编《西方哲学原著选读》上册,第21页。

就是为创立与维护世界的秩序,也是为创建和维护事物、生命的内在秩序。赫拉克利特的这一思想,给世界本体注入了特定的目的性:世界的生成不是盲目的,而是有自身目的,这一自身目的最为恰当地体现在世界本原的内部,它构成世界本体的自身品质,也构成世界得以生成与转化的内在规定与不竭动力。赫拉克利特的这一目的因思想,给后来的哲学产生极大的影响,比如在亚里士多德的"四因说"形而上学思想体系里,其实就烙印上了赫拉克利特的本体目的论观念。

在赫拉克利特的活火本体论中,火始终是活动的、变化的、整体的和永恒自持的。由此形成赫拉克利特本体论的基本取向和特征:赫拉克利特的活火本体论既是一种一元的本体论,又是一种动的(dynamic)本体论,前者揭示火是唯一能够并有资格生成宇宙和世界万物的那个东西;后者揭示火是生成宇宙世界的动力,"一切转为火,火又转为一切,有如黄金换成货物,货物又换成黄金"①(《残篇》)。作为一元本体论,展示宇宙世界生成为"有"——"火";作为动的本体论,展示宇宙世界生成于"变"——"火"的有"分寸"的运动("燃烧"与"熄灭")。然而,无论是本原的"火",还是火的运动状态——其"燃烧"与"熄灭"都包含着"无":火就是"有",火的存在本身就是运动,火的运动本身包含着对自我的否定,包含着无,因为,火不包含自我否定的因素,它就不会运动:"神是昼又是夜,是冬又是夏,是战又是和,是盈又是亏。他流转变化,同火一样,火混合着香料时,就按照各自发出的气味得到不同的名称。""不死者有死,有死者不死:后者死则前者生,前者死则后者生。""我们身上的生和死,醒和梦,少和老始终是同一的。前者转化成为后者;后者转化就成为前者"。另外,火的燃烧与熄灭运动同样包含了"无",因为火的燃烧与熄灭就是补不足与除多余——世界的构成来源于不足,火的焚烧则是削多余。所以,火的燃烧就是使之趋于"无",火的熄灭就是使"无"变成"有"。然而,火的运动是遵循构建世界秩序和维护世界秩序而展开,而"有"则意味着秩序,"无"则意味着非秩序,火为着这一目的而朝燃烧与熄灭的方向循环运动,也就是沿着"有→无→有→无……"的方向循

---

① 苗力田:《古希腊哲学》,中国人民大学出版社1990年版,第37页。

环运行，这一循环往复的运动必然需要一中间环节，那就是"变"，而"变"的运动现象就是"燃烧"与"熄灭"的互为推动，其法则与规范则是"分寸"。所以，赫拉克利特的活火思想推衍出来的结论是万物均"生中有死"与"死中有生"的相互转化生成，其核心的思想精神则是"有中有无"与"无中有有"。将其"有"与"无"（being and not-being）或者说燃烧与熄灭、生与死联系起来的是"变"（becoming）的根源："有"与"无"二者，由其相互包含对方而通过运动（自我否定）转向对对方的实现，便是"变"的事实。换句话讲，世界万物运动产生"变"的行为与事实，最终在于世界万物本身有其内在的相反（即通过否定自我而生成其他）的趋势（immanent opposite）。

  这个从有到无，再从无到有方向"变"的生成法则、原则、规律，就是逻各斯。"逻各斯"（logos）的原义是"话""话语"，赫拉克利特用它专门表示"说出来的道理"，这个"道理"蕴含理由、理性、规律、原则、道等含义。要言之，在赫拉克利特的认知世界里，作为世界万物生成的本体的"永恒的活火"就是逻各斯，逻各斯就是"永恒的活火"，二者原本就是"一"个东西，但"一"本身就是"多"。作为生成世界的本原的"一"——"火"，它的动的状态即永恒燃烧与熄灭运动，就是从"有"到"无"，再从"无"到"有"的"变"的过程本身。但相对"火"这一对世界生成的目的（世界秩序）和生成世界的自身规定性言，它的"变"中的不变状态则是逻各斯——"有"否定自身而达向"无"，再由"无"否定自身而达向"有"的目的性和方向性之"变""化"法则、规律、原则。所以，在一定的分寸上永恒燃烧与熄灭是活火的运动状态，而变中的不变的规则、原则、规律（逻各斯）则是燃烧与熄灭的活火永恒运动的规范状态：二者一是动态的，一是静态的；一是本体现象，一是本体本质——前者表现后者，所以它是现象的，也是动态的和可感的；后者规范、支配前者，所以它是本质的，也是静态的和不可感的。这就是赫拉克利特所说的"自然喜欢隐藏自己"（nature loves to hide）（《残篇》123）的妙处所在。在希腊哲学里，"自然"乃世界和事物的"本性"，这个有关世界和事物运动的内在本性即"逻各斯"。"逻各斯"是看不见的，只有思想才能发现它："思想是最大的优点，智慧就在于说出真理，并且按自然行事，听自然的话。"（《残篇》112）

第 3 章 场态本体

泰勒斯发问存在构筑起来的存在本体论基本思想框架和方法，发展到赫拉克利特这里已经达于成熟状态。赫拉克利特的"永恒的活火"本体论将泰勒斯等人开辟出来的动静相生的存在本体论思想予以了转换生成的辩证法（即逻各斯）定格：永恒的活火既体现为"有"，又潜藏着"无"，也蕴含着"变"，"有"因其"无"的潜在性而生"变"，"无"也因其潜伏着"有"而生"变"。火的燃烧与熄灭不仅是"有中有无"和"无中有有"，也敞开"无中生有"和"有中生无"。"有"与"无"之能够相互潜伏于对方之中，是因为"变"（"生"）；"有"与"无"之可以相互"变""化"**（即生成）**为对方，因为有因其"变"而对立，并因其"化"而统一。所以，"变化"就是对立统一。但无论是对世界整体言，还是对具体事物存在论，其变化的过程就是**生成**的过程。"变化"（becoming）即"生成"（becoming），就是其一物"变（化）成某物"（becoming to be）。赫拉克利特由此明确指出：宇宙世界和万物的生成，表面看是永恒运动的活火有分寸地燃烧与熄灭，但从深层的本质看，则是遵循从有到无再从无到有的"变"的生成法则、原则，这一"变"与"化"的生成法则、原则揭露宇宙世界和万物间的存在关系是"既是……又不是……"或"既是……又是……"的本质关系。在这一动态生成的存在关系中，火的燃烧与熄灭是生成，生成则是世界万物根据逻各斯（"一""神""道"）的法则，立足于对立的现实，为其世界秩序这一目标，朝着同一方向转化运动，这即对立统一的转换生成辩证法。赫拉克利特的转换生成辩证法关系的一般表达式是：任何物"既是自身，又不是自身"。赫拉克利特对世界万物的这种对立统一的表达方式，构成后来哲学的一个重要话题。巴门尼德从静止出发，否定了他的变化观；柏拉图则从抽象的理念入手，抛弃了他的"变化中的不变"内容，把他的转换生成辩证法看成是不可靠的感觉对象；亚里士多德却以形式逻辑的矛盾律为武器，否定了他的各种可能性；但也更有后来者却从他这里发扬出辩证法。

其实，无论是巴门尼德，还是柏拉图和亚里士多德及其后来者，都对赫拉克利特的火本原论思想缺少一种整体的把握，只片面地看到了"变"的一面，却相对忽视了"不变"的那一面。赫拉克利特提出以火为世界的本体，所发现的不是单一的"变"，而是"变中不变"和"不变中变"。"变中不变"

和"不变中变"才是宇宙世界本体的样态、性质和取向。"不变中变",是宇宙世界运动的基本样态、基本性质、基本取向;"变中不变",是宇宙秩序的根本样态、根本性质、根本取向。在赫拉克利特的宇宙世界生成图景中,"不变中变"是火的燃烧与熄灭本质,它转换生成着宇宙世界和万物,使宇宙世界和万物生生不息;"变中不变"是火的逻各斯规定性,它使永恒生成变化的宇宙世界获得内在稳定性和外在的秩序感。因而,赫拉克利特的火本体论揭示了宇宙世界的根本性质的自为性规定,即生与变、生成秩序与稳定结构的双重规定,为本体论的当代发展打开了视域。

三 场本体的存在敞开

哲学对存在本体的探查,前后相续开辟出动态本体论和静态本体论两条道路,由此形成两种基本的思想框架和认知方法。当动态本体论的思想框架和认知方法被静态本体论的思想框架和认知方法所取代,实际地产生出两个影响巨大的后果,一是动态本体论的最具有开放性张力的思想和认知被解构,本体论思考由此陷入自闭主义状态;二是静态本体的主体论预设将其后的发展引向存在的认识论方向,由此解构了存在本体本身而陷入主体本体论泥潭。哲学的终结运动由此拉开序幕,哲学消亡论弥漫于哲学。结束哲学消亡论,必须解构哲学终结论。解构哲学终结论的必须前提是重建存在本体论。重建存在本体论,必须解放僵化的认知,打开封闭的视野,整合希腊哲学的动态本体论和静态本体论,凸显隐蔽于其中的场本体,构筑存在之场本体论。这是起点,也是目的。

1. 事实世界的场态存在

1. 世界是一切发生的事情。

1.1. 世界是所有事实的总体,而非事物的总体。

1.2. 世界为诸事实所规定,为它们即是全部事实所规定。

1.3. 因为事实的总体规定那发生的事情,也规定那所有未发生的事情。

——维特根斯坦:《逻辑哲学论》

第3章 场态本体

哲学发问存在，追问存在存在何在，却始于常识，又归于常识，因为这种由始而终的敞开之道不过是以"常新"的方式对常识的重新发现，或曰对常识的反思性审问。常识源于存在，是存在的观念。这是哲学以存在为对象的依据。

存在的观念，既蕴含在存在中，也因为人为。但存在本身与人为无关，它自是，自在，也关联存在（之整体）。由于人看和感觉的原因，存在才被分有为现象或本体，以及动与非动、多与一等复杂的观念冲突。当人从存在世界中退场，解构人力对存在的误导，存在本体的本原样态会自然呈现。存在本体的本原样态即场样态，是场本体。场本体不仅隐蔽于哲学的发生学中，也隐藏于哲学的敞开甚至科学的发展进程中，比如，希腊的动态本体论背后所伫立的本原样态，现代科学同样以自身的方式呈现出场本体的诉求性。

事实世界场态存在的认知源头 理解事实的场态存在，需要回到米利都哲学和赫拉克利特哲学，以为原本性的思想资源。米利都哲学和赫拉克利特哲学对事实世界的经验理性猜想和描述，在后来者看来或许幼稚甚至可笑，但他们对事实世界的经验直观所生成的本体认知，却体现一种超越性。这种超越性源于对事实"变中不变"和"不变中变"互为嵌含和互为涵化的直观。水是具体的事实，被视为世界的本原而获得生成万物的功能，当然源于它潮湿与蒸发互为嵌含和互为涵化的本性，但更因为日照，更准确地讲因为气候（气温和地温）的周期性变化推动潮湿与蒸发互为涵化，既呈不息生变，同时又保持不变。阿那克西曼德（包括阿那克西美尼）坚信泰勒斯关于事实世界场态存在的真实性，却认为"水"不能解释事实世界何以场态存在，于是提出了具自生成功能的"无定"（apeiron/indefinite）本原说，因为无定嵌含分化与转化，并涵化分化和转化。无定分化自身生成世界和万物，分化本身又推动万物以转化方式向"无定"复归。所以，分化是生成，转化却是消亡，二者互为嵌含且互为涵化，即一物生成，意味着另一物消亡；当某物消亡时，亦推动另一物诞生。

泰勒斯提出水原本论，并基于经验从水的潮湿与蒸发现象发现互涵的宇宙生成思想，提出**从有生成有**的哲学猜想，张扬**物活论**思想，即万物均是生命，源于万物都有灵魂。这一**万物生命观**和**万物灵魂观**里包含了万物同源、世界一体的场态存在观。与此不同，阿那克西曼德将泰勒斯的宇宙生成的外因论变成内因论："无定"的自我分化与复归，源于它本身**自我生灭**的内在力量。这种蕴含自我生灭力量的"无定"在**量**上是无限的，在**质**上是无穷的，它虽然没有性质却嵌含了任何性质，自具分化自身和复归自身的力量，这种分化自身和复归自身的力量，却来源于无定分化与转化的互为嵌含和互为涵化，二者互为推动生成分化和复归自身的力量敞开，却遵循"**补偿**"原则——"**分化**"基于无定本身的有余，"**复归**"是因为无定自身不足——损有余而分化且补不足而复归，恰恰揭示事实场态存在的内稳器是"足"——足之太过或足之不足，均会打破自稳状态而敞开回归"足"之运动，前者的"足"之运动是损有余；后者的"足"之运动是补不足。

泰勒斯尤其是阿那克西曼德对事实世界场态存在的思考，为赫拉克利特的登场创造了全部条件。赫拉克利特的"活火"理论，从泰勒斯潮湿与蒸发的"水"和阿那克西曼德分化与复归的"无定"中归纳出"变中不变"和"不变中变"的转换生成辩证法 logos，并对阿那克西曼德的"补偿原则"予以度量规定，发现"变中不变"与"不变中变"互为嵌含的尺度和互为涵化的边界，这就是"分寸"。赫拉克利特的活火理论的核心的思想精神是"有中有无"和"无中有有"，揭示"有"与"无"（或燃烧与熄灭、生与死）联系起来的是"变"（becoming）（即秩序化运动）的根源："有"与"无"以其互为嵌含对方的运动（自我否定）转向互为涵化对方，便是"变"的事实。事实世界的生"变"行为，最终在于本身有其内在的相反（即通过否定自我而生成其他）的趋势（immanent opposite），这种趋势敞开事实的场态存在方式。

事实世界场态存在的科学视野 韦威尔指出："物理发现者不同于贫乏的思辨家，不是因为在他们的头脑中没有形而上学，而是因为他们有好的形而上学，而他们对手的形而上学是坏的；应该把物理发现者的形而上学与他们的物理学结合在一起，而不是把两者割裂。"[①] 亚里士多德则是将物理学与形

---

① Whewell W., *The Philosophy of th Inductive Sciences*, second edition, Parker & Son, London, 1847.

而上学有机结合的第一人，在他的哲学体系中，将关于实体的哲学称为"第一哲学"。亚里士多德的"第一哲学"是相对物理学言，它被归于物理学之后（Metaphysic）的形而上学，在亚里士多德哲学中，与形而上学相对应的除物理学之外，还有一部分即实践的科学①。亚里士多德对哲学做如此构成分类所起到实际作用是破灭了柏拉图弥合形成的世界（world of becoming）和本体的世界（world of being）的努力，确立起哲学的二元取向：哲学的形上取向和形下取向，其形上取向敞开为形而上学，它可经过灵魂通向神学（13世纪神学家托马斯·阿奎那用亚里士多德哲学解释神学，其内在可能性或可追溯到亚里士多德形而上学的自身路向）；其形下取向敞开自然和社会两个维度：关于自然的哲学方式，就是物理学（包括数学，至于现代，则是自然哲学）；关于社会的哲学方式，就是政治学和伦理学等。

经过亚里士多德规整后的哲学，其形而上学道路总是曲折，以至于沦陷于自我衰竭甚至滑向自我消亡的边缘，这种状况的显性呈现始于18世纪，并

---

① 亚里士多德哲学实际上由形而上学、物理学、实践的科学三部分构成。亚里士多德的哲学构成是以物理学为基本参照。亚里士多德所讲的物理学，主要指米利都学派以及赫拉克利特、阿那克萨戈拉、德谟克利特等哲学家们的学说，他们多从经验（包括生活经验和历史经验）中获得启发，企图突破经验的束缚追求整体地把握世界，却没有真正超越经验，而是以经验理性方式思考世界本原问题和宇宙生成论问题，由此形成古希腊的自然哲学。这种性质的哲学探讨，一方面突破了经验的局限而将哲学引向超越性的形而上学领域；另一方面又开启了对生活的世界关注，即对人的生存问题的关注。于是，古希腊早期的哲学发展打开了从相对单纯的自然哲学向伦理学、政治学、美学以及生存技艺的视域空间，形成了为亚里士多德所总结归纳的**实践的科学**。从根本论，在古希腊，以物理学为主要形态的自然哲学，是以认知（即求知或曰求探真理）为取向的，并且这种认知取向的探讨以经验为基础、以理性为方向，因而可以说是经验理性思维的。正是这种经验理性思维的局限本身谋求自我突破的努力，推动自然哲学自发突破经验理性的束缚而展开观念理性之思，这种新的思考方式发轫于毕达哥拉斯学派，经过爱利亚学派和柏拉图等人的努力，开辟出**认知向上**的形而上学。与此同时，经过智者运动，尤其是苏格拉底的努力，这种纯粹以认知（即探索真理）为兴趣的经验理性转向观念理性的努力，又开辟出实践探讨的广阔天地。亚里士多德以物理学为界标，将古希腊哲学**向上行**的探讨，称为形而上学；将古希腊哲学**向下行**的探讨，称为实践的科学。从知识论观，前者是理论的知识；后者是实践的知识。但亚里士多德还认为，早期的纯认知的自然哲学向人的生活世界的拓展所形成的生活智慧成果，除了政治学、伦理学等实践的知识外，还有一类视野更广阔、内容更丰富的知识形态，即**创制**的知识。亚里士多德将这类知识形态归纳为创制性的知识形态，意在于区别政治学、伦理学等实践的知识形态。实践的知识形态，呈**实践规则**、**实践原理**、**实践方法论**取向，或可说其探讨侧重于以生活世界的实践规则、原理和方法论为主题；创制的知识形态，却呈**技艺**取向，即主要考察实践的操作方式、程序、方法。换言之，在亚里士多德看来，对实践的知识的探讨，更多地解决**实践认知**的问题；对创制的知识的探讨，却更多地解决**实践操作**的问题。这是亚里士多德将原本属于实践领域的知识分为并行的两类形态的根本考虑，即意在突出它们各自的生活世界功能。

向20世纪全面敞开：18世纪的古典哲学抛弃本体论形而上学而开辟认知论形而上学道路，也很快被后来兴起的分析哲学潮流所解构；可与分析哲学并称的现象学，其孕发于心理主义，以至于自身发展的走向呈现出与存在世界相去甚远。海德格尔历来被视为是现象学哲学家，其实他的哲学突破了心理主义做回返存在存在的本体论努力，但应者渺渺。

与形而上学的相反景象，不仅是物理学的繁荣和发展，而且不断繁荣和发展的物理学总是以自身方式，不断地突破亚里士多德所规定的物理学界域，以更新的方式呈现存在世界的场域存在。物理学从哲学中分离出来成为独立的科学，所获得的第一个旷世成就是牛顿的经典物理学，他通过构建物理世界的三大定律使物理学获得自治性和完备性，物理学成为科学的女王的同时，也将自己引入人类生活的精神世界。仅前者言，牛顿经典物理学通过三大物理学定律构造出一个自治完备的绝对知识原则体系：时间是普遍的存在，空间同样是普遍的存在。普遍的空间和时间构成牛顿的绝对框架结构，其中，世界中所有的物质活动都按部就班地照常规运行。牛顿就是这样以上帝的眼光打量整个世界：一种活动在每个观察者看来都是一样的，无论他身处何方，也无论他以什么样的方式观照，都不会有例外。就后者论，牛顿经典物理学为生活世界提供了一种绝对论哲学。牛顿宣称："我把宇宙看作是绝对的。"[①] 这源于时间和空间是普遍的存在。但牛顿的如此猜想与存在世界不相吻合，莱布尼茨（Gottfried Wilhelm Leibniz，1646－1716）就针对牛顿的宇宙绝对论提出相反的假设："我认为空间是某种纯粹相对性的东西，正如时间一样。"[②] 莱布尼茨的假设，在两个多世纪之后为爱因斯坦（Albert Einstein，1879－1955）所证实：1881年，爱因斯坦实验（六年后与爱德华·莫雷一道重复了这一实验）发现在不同方向点上，无论怎样移动仪器，它总是被同样速度的光所映照。这一违反牛顿定律的实验表明：当交换信号时，或者当发现信息在人们之间以相同速度传递时，光速却在各种情景下对人产生同样的意义。这一发现推动爱因斯坦顺理成章地发现另一现象：在自然状况下，时间、空间和质量等因素的变化与人的行为有非常密切的关联，即时间、空间、质量等因素将因人而异。由此，不仅普遍的

---

① [英] 雅克布·布洛诺夫斯基：《人之上升》，任远等译，四川人民出版社1988年版，第168页。
② [英] 雅克布·布洛诺夫斯基：《人之上升》，第169页。

时间不存在，绝对的空间也不存在。一切都呈相对性。在爱因斯坦的试验中，你的观察行为所看到的和我的观察行为所看到的，对我们各自来讲都是相对的，即相对于我们的位置和速度；并且，这种相对性却是不可移易的。我们无法知道世界本来是什么样子，我们只能按照各自的所见来进行比较，通过交换信息的实际步骤来呈现这种比较。

如果说牛顿物理学看到的存在世界是**绝对的**世界，它通过时间和空间的绝对普遍性呈现出来；爱因斯坦的物理学描述的事实是**相对的**世界，它同样通过时间和空间的相对而呈现，但将时间和空间，以及质量和物质、物质和空间、空间和引力联系起来的"光速"，却是绝对的，并且必须在一切物理贯性系里呈现绝对精确的相等。所以，爱因斯坦描绘的相对世界图景在本质上仍然是绝对论，这种绝对论具体敞开两个方面：一是运动的时间和空间的绝对相对性；二是其承载时间的载体即光速的绝对普适性。光速适用于任何物理事件，并构成一切物理惯性系的共享标度。由此不难发现，爱因斯坦与牛顿是站在同一个哲学层面上张扬决定论哲学思想。正是这一决定论思想使他放弃对现代科学即量子理论的创制权，将此让位给哥本哈根学派。波恩曾对此非常遗憾地讲道："比起前人，爱因斯坦对各种物理定律的统计学背景看得更为清晰，而且，在征服浩瀚的量子现象的斗争中，他是一位先驱者，但后来，从他自己的著作中出现了统计学原理和量子原理的综合，这种综合对大多数的物理学家似乎是可接受的，但他却远而疑之。我们许多人认为这是一个悲剧——因为他从此在孤独中摸索前进，而我们则失去了一位领袖和旗手。"① 从对物理学的统计学规律的把握，到对量子的光电效应的探讨，再到把统计学原理和量子原理予以综合探索，最终通向量子力学的全面建立。爱因斯坦却中道易辙，全力投入统一场的探索性建构之中，其夙愿未得实现。玻恩曾在自传中写道："我现在确信，理论物理学是现实的哲学。"② 爱因斯坦晚年也自我总结道："与其说我是一位物理学家，不如说我是一位哲学家。" 从哲学角度观，爱因斯坦中途放弃物理学的统计学规律和量子力学而努力于统一场论，既是为谋求对相对性绝对论哲学思想的全面确立，也是因为物理学的统计学和量

---

① [美] J. 伯恩斯坦：《阿尔伯特·爱因斯坦》，高耕田等译，科学出版社1980年版，第207页。
② [英] 雅克布·布洛诺夫斯基：《人之上升》，第261页。

子力学呈现出来的哲学诉求与相对性绝对论哲学完全对立：客观地看，牛顿创建的经典物理学的真正的哲学支持，是本体论上的绝对决定论、认识论上的定域论和方法论上的严格因果论；爱因斯坦超越牛顿经典物理学建立起来的（包括狭义和广义）相对论，在哲学上，只是变其绝对决定论为相对决定论，同时保留了牛顿经典物理学的定域论思想和严格因果论方法。量子力学与相对论的根本不同，不是在于后者揭示宏观物理世界，后者开发出微观物理世界，而在于构成微观物理的最小物质形态——量子同时既呈波状又呈粒子状，这种波粒二象性存在始终处于测不准的非确定态。玻尔和海森堡为此分别总结提炼出来的波粒二象原理和测不准原理，恰恰构成对经典物理学和相对论理论的根本反动。哥本哈根量子力学理论宣示：物理世界既是非决定性的，也客观地存在着非定域性的超距作用，因而，不可能用严格的因果方法来做线性分析或综合。测不准原理强调，由于此在生存的人性域度和工具域度导致我们观测事物的非精确性不仅可能，而且成为事实。在人的世界里，纯粹客观的事物、本质、规律都将不存在。互补原理则强调，在微观物理世界，量子运动过程中波粒二象的互相补充方式构成完备的认知描述，并进而将其互补原理推广到宏观领域，揭示人类存在敞开生存的互补现象。在人的视野里，看待不仅从来没有纯客观的事物、本质、规律的存在，也从根本上难以找到谁决定谁，谁支配谁的事物，因为无论是人的存在，还是事物的生发、延续和消长运动，根本不存在一种单向的、片面的、直接的因果循环关系。从根本讲，测不准原理和互补原理从非客观性和非决定性方面直接捣毁了经典物理学的哲学基础，即严格因果决定论和绝对的客观实在论。

　　历史地看，爱因斯坦及其相对论构成牛顿经典物理学达向量子力学的桥梁，通过这座桥梁，现代科学得到全面确立。现代科学以非决定论、非定域论和统计学方法为根本规范和基本诉求的量子力学为标志，也是从不同方面探索物理世界之非决定性、非定域性、非确定性等造成的复杂性为努力方向，由此不断开创出新的复杂的科学及其假说和理论，比如非线性理论、自组织理论、突变理论、混沌学、分形学、隐秩序理论、超弦理论、暗物质宇宙理论等，都从不同层面凸显出物理世界的场态存在状貌，呼唤哲学的本体论回应。

2. 场本体的物理学描述

物理学史显示了大多数伟大的物理学家从事研究的目的是为了寻求真实的世界图景，这个图景为概念革命铺平了道路。这不是物理学成长的非主要特征，而是其最重大进展的核心特征。因此，物理学史在某种意义上是世界观表达的历史，其核心由镶嵌在描述性框架中的本体论假设所构成。①

以量子力学为起步的现代科学，向复杂性、非决定性、非定域性、非确定性、随机性、统计力学等方向敞开，一点一点将世界的场态存在之本来面貌揭露出来。

关于世界的场态存在的认知始于物理学，对它予以最初表述的概念是"以太"（Ether），它由亚里士多德所创造。亚里士多德设想有这样一种可以随物理学发展而演变的物质，是统摄水、火、气、土等物质且又高居于天空之上的物质形态，这就是以太。牛顿创立经典物理学同样将"以太"作为最终的解释因素。但是，在牛顿那里，"以太"虽然由具有惯性的物质粒子构成，但也同时赋予它"活性的排斥力，不能还原为惯性"。所以，作为一种**活性实体**的以太构成牛顿力学的形而上学本体，它隐埋于牛顿本人的理论著作中，后来因为莱布尼茨而得到清晰地表达。对于莱布尼茨，整个物理世界从普通物体到光线以至于稀薄流体或精致物质，都"是由力的充盈（force plenum）构成。**力的充盈**是一种活性实体，因为力作为运动的原因把活性具体化了。因此，对于莱布尼茨来说，自然的活力天然地包孕于力的充盈中，而所有这些细节都是一个动力学统一体的方方面面"②。进入 18 世纪，表述场态存在的物理世界之"以太"概念最终为"场"概念所取代。但其"场"思想却融会贯通了牛顿力学体系和机械论世界观中的"活性实体"、莱布尼茨的动力学"力"、托马斯·杨（Thomas Young）的光的波动说，还有由拉普拉斯（Laplace）、泊松（Poisson）和柏林（Green）、斯托克斯（George Stokes）、威

---

① ［美］曹天予：《20 世纪场论的概念发展》，第 19 页。
② ［美］曹天予：《20 世纪场论的概念发展》，第 34 页。

廉·汤姆逊（William Thomson）等人发展起来的"势"概念。曹天予认为，由如是繁富的物理思想会聚生成的"场的概念，本质上是特设性工具，而不是物理实在的表示。理由是明显的：场只能设想为没有其他性质的物体作用的场所，因而不是独立的存在"①。曹氏的这一为之提供"理由"的说法难以成立，因为"场"虽然没有独立存在，但并不表明它体现"物理实在"，因为它自身之"力"和"势"成为"活性实体"本身既成为"场"的内在规定，也是场态存在的本质构成，这可以从"场"的观念史得到说明。

19世纪，电磁感应现象的发现，场的概念突破以太思维而获得电磁场视野，麦克斯韦（James Clerk Maxwell, 1831－1879）透过法拉第关于电磁通过媒质而发生作用中发现一种作用方式来说明一切电磁现象。在麦克斯韦那里，"场"概念成为他企图说明一切电磁现象的一个新的完满的数学形式。在他看来，不应该将空间看成充满一群单个的触手，应想象成那些触手在一个均匀分布、渗透一切的触手原质，即电磁场内部使自身消融了。因此，"电磁场应当看成一个**基本的**物理实在，是所有那些数不清的应力和张力的总和"②。麦克斯韦假定空间有正在运动的物质，从而产生我们所观察的电磁现象，它**渗透于一切**物体，物体的存在只能使媒质稍有改变，这种媒质的各部分可由电流和磁使其运动，这种运动可以由来自联系有关部分的力从媒质的一部分传向另一部分。在这种力的作用下，其大小依这些联系的弹性而定，所以在媒质中可以存在两种不同形式的能量（即相互作用所产生的力）：一种能量是媒质各部分运动的"动能"；另一种能量是因媒质各部分的联系所具有的弹性而储存于联系中的"势能"。"动能"和"势能"在物理学中是"能量"的不同形式：动能是电磁现象产生的动力，势能是电磁现象所产生的惯性力。按照经典力学的基本观念，物体都是运动的，运动着的物体都有作功的本领，这是因为物体有能量，但物体的能量又与物体的状态有关，它是物理状态的函数。因此，动能是物体由于运动而具有的能量，势能则是物体在与力场（物体间的相互作用）中的位置有关。也正因如此，麦克斯韦的电磁场理论才构成爱因斯坦广义相对论的基础，并引发对统一场理论的构想和探索。

---

① ［美］曹天予：《20世纪场论的概念发展》，第38页。
② ［美］B. 霍夫曼：《量子史话》，第10页。

爱因斯坦指出:"相对论的本质即是事物运动的相对性,即运动总是显示为一个物体对另一个物体的相对运动……相对性原理在其最广泛的意义上是包含在如下的陈述里:全部物理现象都有这样的特征,即它们不为绝对运动概念引进提供任何依据;或者用比较简短但不那么精确的话来说,没有绝对运动,'相对性'是对于(可以想象的)自然规律的一个严格的限制。"① 相对论是以消除运动的绝对性观念为前提。在经典物理学中,绝对观念源于如下假设:物理空间存在着第一因,即"以太"。"以太"作为整体存在的实体是绝对运动的前提和条件。麦克斯韦透过电磁现象发现,"以太"并非他物,只是产生电磁现象之应力和张力的总和,或可说是一运动物体作用于另一运动物体时的那种**相互推进(即嵌含)和互为运动(即涵化)**的"力",由于这个相互推进和互为运动的力是由一运动物体作用于另一运动物体时相互推进和互为运动本身生成,所以它是场态化的力。这个被场态化的"力"在麦克斯韦方程中由微分方程规定的"场"取代,"场即物体相互作用的状态,这一状态恰恰是由两质点间的引力所敞开的本来呈现,两质点间的状态(空间)则是相对运动而言的场,而场的基体则是这两质点间的引力本身。场的基体无论在哪里(包括在有重物体内部)都是**空虚**的空间。物质同电磁现象发生联系,只是由于物质的基本粒子带有不变的电荷,并且因此而使这些粒子一方面受着有重动力的作用,另一方面又具有产生场的特性"②。任何物理理论都来源于物理的存在世界,在存在世界里,物理运动——无论宏观的物质运动还是微观的物理运动——都没有绝对性,这是因为物理运动始终是物物互为嵌含互为涵化的运动,此一运动物体是彼一运动物体的极限状态和边界;反之亦然。并且,物物互为嵌含和互为涵化的运动的真正动力,即"引力",只是一种虚空的空间,它实存于两质点间运动之中,是由物体的两质点运动本身建构,但它又不是这两质点运动的物体自身,而是这两质点运动产生的**另一实存物**,这一实存物既具有重动力(势能)的作用(推动物体间的相对运动),又有产生维系这两质点间的运动的物的动力(动能)作用(两质点间运动的虚空空间本身就构成了对质点运动的场)。所以这个"引力"被看成

---

① [德]爱因斯坦:《爱因斯坦文集》第1卷,许良英编译,商务印书馆1976年版,第455页。
② [德]爱因斯坦:《爱因斯坦文集》第1卷,第365页。

是产生场的基体，由此基体生成的场叫**引力场**。两质点间的引力虽然产生引力场，但两质点间的引力又必须通过引力场来实现，比如地球与伽俐略高塔上的铁球之间构成一种超距作用（关系），这一超距作用是因为地球的磁力和铁球的重力，其磁力和重力构成这两个不同地点都被融进同一时间的相互作用，即引力产生。这一引力实质上是一种超距性的特定空间，具体地讲就是地球与铁球这两个质点运动的引力场，地球对铁球的磁力运动和铁球对地球的重力运动都必须通过这一引力场来实现。

概言之，在现代物理学中，"场"虽然被表述为物理的两质点运动的函数关系，但这一函数关系表述的是一物体相对另一物体运动的**空间性**实体。场的这一自身性质规定决定了它与实物一样，既是一种客观实存，也是一种物质形式。场作为一种物质形式，与物质的另一种形式——实物（原子、分子以及由此构成的宏观物体）一起构成物质世界非常丰富的图景。但场与实物之间又有区别。第一，实物始终是具体的实存物，无论是微观物体，还是宏观物体，均是具体的实在样态；场作为一种物质形式，始终是整体的实存物，这种整体性表征为它是一运动物体与另一运动物体发生作用时相互嵌含和互为涵化所形成的力场，因而，即使是宏观物体，它也在运动时与其他物质发生互为推动和互为推进的作用，必然产生大于自己的场态物质形式和场化引导力量。第二，实物具有空间的排他性，即一实物占有一定的空间，此空间绝不被其他实物所占有；与此相反，场始终具有**空间的共存性和承受性**，即一定的空间可以存在着许多场，场与场可以处于同一空间，场与实物也可以占有同一空间，场与实物总是相互推动，互为运动。第三，相对具体的实物言，场是能量，因为场是实物状态的函数；就场自身言，它所指涉空间的疆域是状态，它切割空间的运行是能量，所以，场是能量与状态的函数。第四，场不仅是物理事实的相互推动和互为运动（能量交换）的媒介，又是产生这些能量的整体性动力。场与实物之间的如上区别，亦构成场自身的特征：首先，场是一运动物体相对另一运动物体的那个整体性实存的**空间状态**，但这一空间状态是这一运动物体与另一运动物体相互作用（相互推进和互为运动）产生；其次，场的产生实质上是物体之间相互作用的能量的产生：场是一种空间能量，这一空间能量既是维持自身存在的力，又是推动物体运动的力；

最后，场也是一种运动的物质形式，伴随物质之间相互推进和互为运动而产生，同时又推动物质相对运动的消失而使自身消失。

四 场本体的内涵诠释

本体建基于存在，本体论必以存在论为前提，亦是存在论的继续、深入和深度探查。对场本体的探查，亦以场存在为前提。

1. 本体存在的语义场论

本体论发展的历史从不同维度展示：存在本体既不是动态的，也不是静态的，或者既呈动态，也呈静态，是**动静相生**。并且，存在本体既不是过去式的，也不是现在式的，更不是将来式的。因为过去式意味着完成、完满、静态，将来式意味着未有、未来、可任意性；现在式意味着当下、实务、唯物。实际上，存在本体是既自在，也自存，更呈现未完成、待完成和需要不断生成的取向，所以，存在本体是存在对过去和将来的拢集，也是过去对现在的指涉和将来对现在的吁求。存在本体是对如上内容的涵摄，形成存在的场本体论。对存在的场本体论的真正理解，需要先理解存在，存在同样是动静相生的场，即存在的语义生成场，简称为语义场。

如前所述，"存在"问题自巴门尼德提出并予以定义以来，存在何以存在和存在怎样存在的问题一直悬而难决，最后竟悬而不视。以至于形成海德格尔断言整个西方传统形而上学史，特别是柏拉图以来的西方哲学，实际地成为一部对"存在的遗忘史"："我们的时代虽把重新肯定'形而上学'当作自己的进步，但这里所提的问题如今已久被遗忘了。人们认为自己已无须努力来重新展开［巨人们关于存在问题的争论］。"[①] 海德格尔如此痛心疾首地发现，并致力于通过对《存在与时间》的思考来重建"基础本体论"，但很可惜，此项工作并没有完成，海德格尔也中途放弃，什么原因不得而知。马克斯·韦伯曾将近代以来的哲学对存在本体论的遗忘看成是"遗忘自然以及自然与人类之间的巫魅力关系"，或许给探究这一问题提供了一个新思路：存在本体论的遗忘之路确实对应着人类从关注自然转向关注人、从关注人与自然

---

① ［德］海德格尔：《存在与时间》，第3页。

之存在关系转向关注人与自我的关系这样一条主体论的道路,在这条道路上,人不仅遗忘了自然、遗忘了人与自然之间原本性存在的巫魅关系,而且弱化了关注自然和自然与人之间巫魅关系的基本能力。因为自然存在、自然与人类之间的本原性存在,不是巴门尼德所讲的完全静止、闭环的存在,而是"变中不变"和"不变中变"的开放性生成场态存在,是场存在。没有场的意识,缺乏场的视野,无法构筑起存在场的认知,对存在本体论的探讨最终都会半途中止。因为只重新构筑场意识、场视野和场认识、场思想,才可重新恢复人类与自然间的本原性存在的巫魅关系,只在这种巫魅化的存在关系中,才可领悟和把握其场本体,建构场本体论。所以,构筑存在语义场,成为探讨场本体论的工作前提。

"语义场"概念的全称是"语义生态场"。按物理学的解释,场既是一个解释"重量"的概念,也是一个解释质量的概念,"从哲学观点来考虑'有重量'是什么意思以及解释'场'这个概念,一种不可见之物,一个非物质性的概念,被人们构造出来以解释一个性质,即'重量'"[①]。从哲学观,场不是一种非物质的不可见之物,而是拢集所有物质、一切存在样态——包括有与无、存在与非存在、连续与非连续、个体与整体、过去与将来、秩序与混沌、确定与非确定等——的开放性、生成性、构建性存在,场以拢集的、开放的、生成的、建构的和四面八方、四通八达的方式来表述存在,展示存在的场态性、场域化。

存在何以会以场的方式存在?这涉及宇宙创化论。宇宙创化论可以神学和科学两个方面来解释:前者以神学为解释工具,世界是上帝创化。上帝创世界是以有序的方式创造天地、山水、植物、生物然后创造人,并赋予所创造的世界以神性的魅力和相互依存的共生存在力量。所以,上帝创造的世界是场方式存在的世界,其本体是神的力量和魅力。后者以天体物理学、宇宙学为解释工具,比如宇宙大爆炸理论,展示宇宙是自创化的,即一个奇怪奇粒子的自我膨胀到临界点时发生大爆炸而形成宇宙。"在宇宙一开始膨胀的时候,在大爆炸发生的时刻,能量和物质演变而成的等离子体,其密度之大、

[①] [德]弗里德里希·克拉默:《混沌与秩序:生物系统的复杂结构》,柯志阳、吴彤译,上海科技教育出版社2015年版,第19页。

温度之高是难以想象的。所有物理状态的特点在于基本的简单性和对称性。在大爆炸发生的时刻（或之前，如果那是有意义的），宇宙是一个'超能量晶体'，它没有任何的缺陷和扰动。第一个无穷小的扰动、偏离，或更一般地说，第一个对称破缺，发动了大爆炸的连锁反应。宇宙的进化以及随之而来的生物进化按照以下这种方式是可以理解的：随着宇宙的膨胀与冷却，不断发生一系列这样的对称破缺或分岔。因而，在宇宙的历史和它的逻辑的基本结构之间一定存在着相似之处。我们可以表述如下：宇宙是演化的，它持续不断地产生新的东西，创造事物、定律、关系，这些东西没有一个是'可以预言'的。在它的基本结构上，宇宙是创造性的。"① 宇宙创造了存在，也创造了存在物。宇宙创造的存在物，是生命，也是定律、公理，更是存在关系。要言之，宇宙创造了三类东西，由此形成宇宙自身的三重结构、三重秩序：首先，宇宙创造存在物、创造生命，这是物质实体。所以任何存在物、任何生命都以自身方式存在。其次，宇宙创造定律、公理，这是型式实体，或者说范式实体，它内在地规定了存在物、生命及其存在本质。最后，宇宙创造出关系，这是存在的形态学，它使存在物、生命获得存在秩序的形式显现。宇宙的创造与他的创造物之间，宇宙的创造力与他所创造的秩序存在之间，形成互为运动的张力，**宇宙创造与秩序之间的对立统一的张力状态，就是场状态。然而，**宇宙自创化的这三重实体、三重结构和三重秩序，何以构筑起存在并以怎样的方式存在，这就涉及存在本体，宇宙自创化生成的这三重实体、三重结构和三重秩序是通过场本体而凝聚成为生成、开放、建构的存在。

存在是场化存在，具体地讲，存在是以场的方式生成，也以场的方式敞开。呈现和敞开存在的语义场，即存在语义场，它呈现如下方面的自我特征。

首先，语义场之场是存在的型式，或者说存在生成、开放、建构的框架、座驾；生成、滋养、定位语义场的语义，是存在的本体；万物、生命、宇宙，是语义场生成、开放、建构的形态、形体。

其次，语义场是一个开放性的生态世界，它自具分布式特征。语义场的分布式特征有五：

---

① ［德］弗里德里希·克拉默：《混沌与秩序：生物系统的复杂结构》，第208页。

第一，语义场以四面八方和四通八达的方式敞开存在。

第二，语义场没有强制性的中心控制，它是以涌现的方式运作存在本身。

第三，语义场是自在、自持、自为的。

第四，语义场的自在、自持、自为性源于它的自组织性。所以，语义场是自组织、自结构、自生殖、自调节、自修复的。由此形成语义场与自身构成之间、个体与整体之间、有与无之间、存在与非存在之间、确定性与非确定性之间、线性与非线性之间、秩序与混沌之间等均是原生性质，均构成本原性存在位态。具体地讲，在语义场中，无论作为整体的存在还是具体的存在者之间，或者事物与物事之间、系统与系统之间是以其本原性存在位态而关联，即或是其后敞开的继生存在关联中，也仍然蕴含其本原性的存在关联，这种本原性存在关联是由存在语义场之自在、自持、自为本体所规定、所凝聚、所拢集性生成和建构，且生生不息，比如山与江河之间、山脉与大海之间、大地与天空之间……的存在关联都是本原性的，在其场态化存在中无论怎样变异，这种本原性存在位态和存在关联始终是根本的、是决定性的。

第五，由其本原性存在位态和存在关联，这种本原性存在位态和存在关联，既生成敞开网络化的语义场态，也生成开放性的非确定性的、非线性的远离平衡态的因果关系。

最后，如上各因素聚合生成语义场成为一个开放性建构的生态存在场，它从整体上呈现四个方面的不逆取向。

第一，不可逆的存在论取向。在存在语义场中，"存在"既是空间取向的，更是时间取向的。在语义场视域中，存在的空间化呈现为四面八方和四通八达；存在的时间化，呈现为历史化的此在性，在世之在和在世之中。

语义场的存在论取向，是存在本身的四面八方、四通八达的空间化，必然生成建构时间，形成时间的渗进之矢。其时间之矢的具体敞开，使空间化渗进的时间构成生命的刻度；其时间之矢的宏观表述，乃"时间是过去对现在以及现在对将来的量度。根据天体的运行进行估算，时间的稳恒流逝是对所有物理事件的发生普遍有效的量度"[①]。

[①] ［德］弗里德里希·克拉默：《混沌与秩序：生物系统的复杂结构》，第243页。

第二,存在敞开的可进化性,即只有场才可能将存在之具体要素或局部构件历经时间演变而获得的适应性,从一个要素传递到另一个要素,比如从身体到基因、从个体到群体、从系统到场域。

第三,本原性生成的无限可能性。在语义场域中,"正反馈却能导致秩序的递增。通过逐步扩展超越其初始状态范围的新结构,群可以搭建自己的脚手架借以构建更加复杂的结构。自发的秩序有助于创造更多的秩序——生命能够繁殖出更多的生命,财富能够创造出更多的财富,信息能够孕育更多的信息,这一切都突破了原始的局限,而且永远止境"①。

第四,本原性存在的自创生。因为在场态化存在中,任何存在者都对初始条件具有敏感依赖性,这种敏感依赖性开辟出自创生朝向本原性存在位态敞开的全部可能性。

2. 场本体的本原性位态

了解场存在,需要理解场是什么?这里所说的场,与物理学的"场"有联系,但不是物理学意义的场,而是**存在之场**。从存在论观,场是存在的本来样态,物理学的场观念及场理论,是对存在之场的物理学发现和理解,并由此形成一种抽象的物理学认知理论和方法。所以,物理学之场可看成是存在之场的物理学呈现。存在之场,指存在是以场的方式、场的样态存在,以此可以理解巴门尼德的存在球体:存在的球体性,即存在场域化。场并不是虚空,而是充盈。场的充盈源于它的语义本体性,所以,场的完整表述是存在语义场。

何为存在语义场?

下面三段文字从不同方面敞开"何为存在语义场":

> 万物皆走向衰退。

> 一个语词从不(几乎从不)离开它的词源和形成时的状态,尽管它的含义会变化万端,增减不已。最初的含义将会保留下来,并渗透于并

---

① [美] 凯文凯利:《失控:全人类的最终命运和结局》,陈新武等译,新星出版社 2015 年版,第 35 页。

支配着这些变化不定的增减。①

宇宙最不可理解的事情是它是可以理解的。②

首先看"万物皆走向衰退",这是对热力学第二定律的通俗表达,意思很明白,但并不易懂。要真正理解和懂得,还须结合热力学第一定律来理解。

热力学第一定律揭示:万物皆自具能量,能量之于物质本身既不可创造,也不可消灭,它保持自身平衡位态,物质运动的过程,其自有的能量可转换但并不消耗地守恒,因而,物质运动可以无限展开。人类生活世界的资源无限论,以及物质幸福无限论等观念均源于热力学第一定律并得到热力学第一定律的支持。与此相反,热力学第二定律要阻止这种能量无限守恒的幻想,它从反向的方面揭示:自具的能量之于物质本身虽不可创造,却可消耗,即物质运动总是消耗自身能量为代价。能量的可消耗性决定了热既不可能自发地、更不可能无代价地从低温状态向高温方向传递,要使低热能向高热能方向输送,需要增加热能的外部助推条件,当其助推的外部件消失时,热能会自发地回到其**本原性常态**。比如水,总是向低处流动,要使低向流动的水改变方向向高处流动,需要抽水机械的助推,当抽水机械停止或取消抽水机械,水仍然恢复其本性向低流,最后汇入海洋才停止流动之旅,海洋成为水的最终栖息地,这是因为海洋成为所有流水的**本原性存在位态**。当海洋之水被太阳辐射地球的强烈日照所提升气温蒸发于大气层之中,使之冷却而降落于大地,它又开始新的由高向低的流动之旅。

热力学第一定律与进化论吻合。进化论讲生物总是从低等序向高等序方向进化,万物当然包括社会组织与结构,也是从简单到复杂、从无序到有序、从低级向高级方向演进。根据进化论,人类物种以及由此创造的人间社会、物质体系和文化体系、文明体系也是不可逆地向前、向上且永无止境。但与热力学第二定律相关联的耗散结构理论却揭示:生物的进化之旅同时也呈不

---

① [美]赫大维、安乐哲:《孔子哲学思微》,蒋弋为、李志林译,江苏人民出版社2012年版,第26页。

② Banesh Hoffman, Helen Dukas, *Albert Einstein, Creator and Rebel*, New York: Viking, 1972, p. 18.

可逆朝向的退化之旅，复杂向简单回归，有序向无序解构，确定性沉沦于非确定性，高级滑向低级，最终在一个临界点上停顿下来，恢复到它的本原性存在位态。热力学第一定律和进化论揭示万物的生长运动、生长方式、生长方向，但其生长必有自身存在的限度，超出这一限度它就沦为反向运动；热力学第二定律和耗散理论揭示万物的损耗运动、损耗方式、损耗方向，但其损耗运动同样有其自身限度。生长与损耗，二者的方向相反，但所遵从的最终规律和法则却同构，这就是万物存在敞开无论朝生长方向还是朝损耗方向展开，最终都以其"返者道之动"的方式回复到它自身存在的本原性位态。这个万物存在的本原性位态，是一种什么状态的存在位态呢？是水的海洋位态。水的海洋位态就是万物的本原性存在位态。万物的本原性存在位态，就是存在之为存在的位态，这一存在位态如海洋：海洋就是一个平坦无垠的场，敞开接纳四面八方并贯通四通八达的场态。海洋般的场从四面八方受纳有序与无序、确定性与非确定性、有与无、存在与非存在、连续性与分离性、个体与整体、冲突与和解等于其中，有序与无序、确定性与非确定性、有与无、存在与非存在、连续性与分离性、个体与整体、冲突与和解等原发于（或曰生发）其中，也复位其中：有序与无序、确定性与非确定性、有与无、存在与非存在、连续性与分离性、个体与整体、冲突与和解等均源于场，均在场中，均从场出，均归场中。

其次看奥古斯丁对于语词的思考则告诉人们：人类从动物存在向人文存在方向演进的根本标志，就是他创造人的语言，因为语言创造出人类想象、人类文化和人类文明。但人类创造语言系统是通过对语词的创造来形成。人类创造语词并不是任意，也不可任意，因为创造词语的实质是创造一个能指符号，或者说能指工具；创造可为工具的能指符号语词，必要对应一个具体的所指存在，并以其具体的所指存在提供其能指的原初语义，使其所创造的能指语词的语义与所指的具体存在之存在语义相符合，这就是"语词从不离开它的词源和形成时的状态"的真实含义。也就是说，语词被创造时所生成的词源语义由其所指的具体存在之存在语义赋予，并在这种赋予中，语词的词源语义与其所指的具体存在之存在语义（即"形成时的状态"）之间构成一种实在的原发构成的场状态。简言之，一个语词的语源语义就是创造这个语词时的那个所指的具体存在本身的存在语义,这一存在语义构成该语词的语源本义,无论在任何时候、任何时空状态和存在语境下,这一词源本义都得到保持。并且,语词一旦诞生,就要运用。语词在运用过程中会引发新义的产生,但所有的新义都必须源于其语源本义,即其新义与本义之间必有其生成的逻辑关联。同时,产生语词之词源本义的那个具体存在也在存在之场中变化,产生新的时空新义,由此形成语词作为能指与所指之间由本原性的对应关系演绎为继发性的非对应关系。但无论是能指的语词还是所指的具体存在,二者的变化中总是保留着一种本质的和本体的不变,这就是语词的词源本义与创造该语词时赋予它以语源本义的所指的具体存在之自身存在语义之间的场关联、场状态始终自持地存在。

要言之,每一个语词都诞生于一个存在之场,并成为该存在之场的内容。每个语词的运用都在存在之场中敞开、生成、构建新义,但其受纳具体存在语义的词源本义则始终自持存在地构成其本源场域的本体内容。

以此观之,每一个存在者,既是一个独立的存在者,也是一个场化关联的存在者。并且,每个独立存在者的本原存在只是场存在,场赋予它独立存在,同时赋予它独立存在的个性、方式、方法及其敞开存在和持守存在的本性取向、本质内涵和本体样态。立足于这样的视野形成如此的认知,或可真正感悟和理解爱因斯坦"宇宙最不可理解的事情是它是可以理解的"的名言:我们不能理解宇宙,或者说宇宙之成为我们最不能理解之事,是因为我们无意中肢解了宇宙存在的本原样态和本原方式,无意地以人为的智－力方式分解和僵化了宇宙,使之沦为静态甚至分裂,或只把宇宙看成是具体存在物的拼凑。然而,宇宙又最终能为我们理解,是因为宇宙为我们提供了理解它的全部条件、方式、方法和机制,这就是宇宙以场的本原方式存在,也以场的本原方式向我们敞开。只要我们以存在的本原方式看待存在,以宇宙的本原方式对待宇宙,一切都成为可理解的存在。理论物理学家、量子力学的创始人之一玻恩(Max Born,1882－1970)在其自传中写道:"我现在确信,理论物理学是现实的哲学。"① 布洛诺夫斯基对此解释说:"马克斯·玻恩所表达

---

① [英]雅克布·布洛诺夫斯基:《人之上升》,第261页。

的意思是：物理学中的这些新观点恰如一种对现实的不同见解，这个世界并不是不同物质的固定而僵硬的排列，因为这个世界不能与我们的感觉完全分离。它在我们注视之下变化多端，它与我们相互影响，它所包含的知识必经由我们做出解释。任何信息交流都要求人们做出某种判断。"① 人的存在并不与存在世界相脱离，人存在于存在世界之中，存在世界也因为人的观照而进入人的世界，因而，人的存在、存在世界、人对存在世界的观照形成的相互进入，此三者合构起存在之场，使物理学成为哲学，使哲学成为场化存在的本体之学。

3. 远离平衡的场本体型态

"存在"概念被巴门尼德提出来后，对其予以"存在是存在的"定义，并以"球体"来解释，指出"存在是不生不灭的；存在是完整的、单一的、不动的、没有终结的"（巴门尼德《残篇》第一），"存在不是过去存在，也不是将来存在：因为它一直是现在这样。作为单一的、连续的整体而存在"（巴门尼德《残篇》第八）。存在就是连续与分离、个体与整体、有与无、存在与非存在、过去与将来等的拢集存在。巴门尼德的存在论思想，蕴含存在的场态思想。从语义场看，存在是有与无、存在与非存在、过去与将来、确定性与非确定性、线性与非线性、秩序与混沌的场态运动。

> 秩序与混沌的相互作用成为自然造化万物的潜力所在。②

> 生长不仅是系统的一个部分属性，而且是系统作为一个整体的性质，并且强烈地受到"反馈"的作用。对于某些系统，这种动态反馈（dynamical feedback）导致了各种混沌态。③

如前所述，存在的本原位态是场态的，而存在的本原位态即生长与损耗达于场化的和态。这种**场化的和态**，既是生长的原发处，也是损耗的原发处，

---

① ［英］雅克布·布洛诺夫斯基：《人之上升》，第261页。
② ［德］弗里德里希·克拉默：《混沌与秩序：生物系统的复杂结构》，第17页。
③ ［德］弗里德里希·克拉默：《混沌与秩序：生物系统的复杂结构》，第18页。

同时既是生长止于损耗的拢和处，也是损耗止于生长的拢和处。这个各自定向且又互为拢和的原发处，既是确定的，也是非确定性；既是线性的，也是非线性的；既是秩序的，也是混沌的。或可说，这个各自定向又互为拢和的交集状态，是存在的本原位态，这一本原位态既呈确定取向，又充盈非确定性，这即其线性陷于非线性之中，秩序遭受混沌的沉沦。这就是确定性、线性、秩序等当然是存在的一部分或一个方面，却烙印上场化存在的整体性质，并受其整体性质的"反馈"影响，这些影响生成出非确定性、非线性、混沌。所以，确定性与非确定性、线性与非线性、秩序与混沌等相互作用为场化存在，互为生成为化育和拢和确定性与非确定性、线性与非线性、秩序和混沌的于自身的场域力量，这种力量构成存在之场的自在本质，亦构成化生与宇宙自然和造化万物的潜力所在。

确定性是什么？确定性是有，是存在，是有秩序存在，是线性存在，是光明，是生长，是创造，是希望，是前进。

非确定性是什么？非确定性是无，是非存在，是非线性的多元、多向，是混沌，是充满混沌的种种可能性，是黑暗，是衰退，是丧失，是毁灭，是死亡。

要言之，确定性就是秩序、生长、希望；非确定性就是混沌、死亡、毁灭。或者，"混沌和秩序就仅是一对概念，它们彼此间具有辩证的或功能的关系"①。要理解秩序与混沌的功能关系，须从"混沌"（chaos）入手来理解秩序，理解它如何与秩序胶着存在于场中，构成存在场或场存在的本体构成。

据大英百科全书"chaos"一词来自希腊文"χaos"，其原意是指**先于一切事物而存在的广袤虚无的空间**。后来在罗马人的概念中把混沌解释为原始的无形大块，而世界的造物主把秩序与和谐注入其中。在我们这里采用的现代用法中，混沌表示一种无序和不规则的状态。②（引者加粗）

"混沌"一词从希腊语衍生而来，本义是指某种破裂的却又深不可测的虚空的空间，这种空虚的空间是先于所有存在而存在的，这种先于所有存在而

---

① ［德］弗里德里希·克拉默：《混沌与秩序：生物系统的复杂结构》，第149页。
② ［德］H. G. 舒斯特：《混沌学引论》，朱铱雄、林圭年译，四川教育出版社2013年版，第1页。

存在的存在，就是哲学发问存在之存在，这个意义的存在就是先于一切存在而存在的无限虚空，这个无限虚空可能什么也没有，但也可能什么都有，它是什么也不存在的无，是非存在，也是什么都可能产生的有，是存在。这个拢集什么都没有又什么都可能有的存在，就是场，就是语义场，什么都"无"又什么都"有"拢集于一体形成"有－无"和"存在－非存在"或者"秩序－混沌"于一体，就是这语义场之语义，它是存在的根源。《圣经·旧约全书》创世纪的故事，就是描述生发存在的虚空和空白之场是成为一切生成之物（becoming）的基础，是宇宙、万物、生命、存在的根本起源。虚空与宇宙，无形的混沌存在和有序的确定性结构，均因为场而拢集为存在本身。谢林（Friedrich Wilhelm Joseph Schelling，1775－1854）将混沌视为"潜在可能性的形而上学单元"，这是从认识论角度观照所形成的印象，但混沌作为一切的"非可能性"和一切的"可能性"，首先是它自身存在，然后才成为形而上学的对象或者内容。作为拢集一切"非可能性"和一切"可能性"的混沌，在被近代哲学和现代科学据为己用[1][2]之前，它的本原位态是秩序与混沌的胶着，或者是秩序在混沌中呈现，混沌在秩序中隐藏，秩序与混沌的胶着状态就是场态，因而，存在即秩序与混沌的场化存在。

秩序通常被视为某种静态的东西。每当我们想到时空序（spatialtemporal order）时，我们就几乎不假思索地想象这样一个终点，在这点上特定的有序结构最终凝固在那里。晶体便是此类有序性的极好例子。然而，我们将会看到，生命系统中的有序并不能与晶体中的静态现象相提并论。一方面，生命乃是从运动变化中创生的有序，并永远与走向混乱无序的衰败（decay）相伴随（见本书第五章——引者注）。另一方面，**生命就是衰败**。没有选择原理我们就无法理解物种的进化，也就是说，新物种的出现总是伴随着旧物种的消亡。生活在有机肥料中的细菌如果不分解

---

[1] Ilya Prigogine, *From Being to Becoming: Time and Complexity in the Physical Sciences*, W. C. Freeman and Company, San Francisc, 1980.
[2] H. G. Schuster, *Deterministic Chaos*, Weinheim, 1984.

有机物中那些高度复杂的分子结构，便无法生存。①（引者加粗）

在存在场中，秩序被看成是确定的，因为秩序往往通过组织和结构来固化其确定性，所以，秩序等同于确定、静态稳定。但实际上，在存在场中，一切秩序都承受混沌的支撑，也被非确定性包围。秩序并非确定、静态和稳定，秩序本身是混沌。秩序与混沌是一体两面，混沌的阳面是秩序，秩序的阴面是混沌。所以，秩序是混沌的秩序，混沌是秩序的混沌："即使是三个非线性的、耦合的、一阶微分方程组成的方程组，也会产生完全混沌的轨道。因此，确定性混沌（deterministic chaos）意味着确定性运动方程竟会产生混沌的轨道。"②

纯粹的数学秩序、确定性以及线性的东西，只是纯粹理想状态下的东西。数学以及其他所有科学或观念指涉的实际存在，始终是非线性的线性，是非确定性的确定性，是混沌的秩序，是无中的有，是非存在的存在，这正反的、多维度的、多棱角的对立统一状态的达成，均因为存在场。因为，"游戏的目的就是游戏本身：为的是把那些与偶然性相关的活跃因素，掷骰子中的不可预言性，即混沌，引入到我们的线性世界中。没有混沌，就不会有任何新事物产生。一切新的重要的事物都是非线性的"③。从存在场出发，而不是从在先的观念或情感出发，存在、物、生命，包括秩序和确定性本身，都是远离平衡的存在状态，其远离平衡的原因是存在场本身，因为存在、物、生命、秩序和确定性等，都在场中，场的四面八方性和四通八达性，使它成为非平衡的整体状态，即场态。

在存在场中，或者因为存在之场，所有的"生物体就变得更具适应性，且更容易调整自身，以面对自然环境中的各种生存条件。简单的生物化学响应揭示了生命系统的一个重要特征，即它们的适应性（adaptability）。这些系统善于适应环境，因为它们远离平衡态。而且，这个例子清楚地表明了那个刻板的、机械的、笛卡尔-牛顿式的物质概念在生命科学中不再恰当。远离

---

① ［德］弗里德里希·克拉默：《混沌与秩序：生物系统的复杂结构》，第6页。
② ［德］弗里德里希·克拉默：《混沌与秩序：生物系统的复杂结构》，第149—150页。
③ ［德］弗里德里希·克拉默：《混沌与秩序：生物系统的复杂结构》，第43页。

平衡的物质——生命物质就是如此——具有全新的性质，它变得善于适应、敏感，甚至具有智能"①。秩序源于混沌，非确定性支撑确定性，非线性保证线性的存在，无是有的母体，存在必以非存在为先决条件。所以，所有的生命和非生命样态，一切的物质以及非物质样态，都处于非平衡状，都实际地远离平衡，因为存在场是融纳平等又远离平衡的：**场是远离平衡的整体存在型态**。所以普利高津才如是说："在远离平衡态处，化学动理学和反应系统的'时空结构'之间呈现出意想不到的关系。确实，决定相关动理学常量和输运系数的相互作用。是由各种短程相互作用（化合价力、氢键、范德瓦耳斯力）产生的。然而，动理学方程的解还取决于整体特性。"②

这个整体是存在场，这个整体特性就是存在场对有与无、存在与非存在、线性与非线性、确定性与非确定性、秩序与混沌互为生成的铺开状态，即存在之场态。有与无、存在与非存在、线性与非线性、确定性与非确定性、秩序与混沌互为生成的铺开状态，也呈场存在的耗散结构状态。普利高津指出，在这种"耗散结构中有三个方面总是联系在一起：由化学方程表示的功能；由不稳定性产生的时空结构；以及引起不稳定性的涨落。这三个方面之间的相互作用导致最变幻莫测的现象的产生，包括'通过涨落到达有序'……"③。

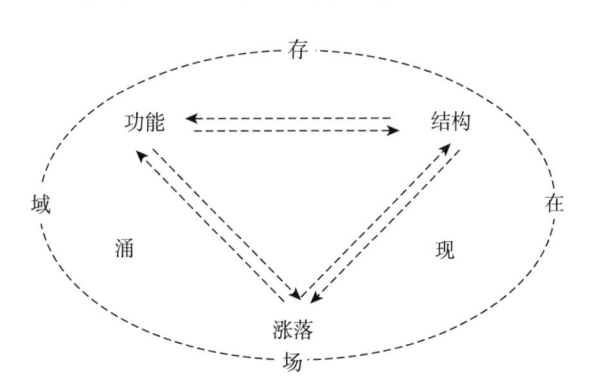

[3-3：存在场域的内生结构]

---

① ［德］弗里德里希·克拉默：《混沌与秩序：生物系统的复杂结构》，第49页。
② Ilya Prigogine, *Zeit, Struktur und Fluktuation* (*Nobel-Vortrag*), Angew, Chemie 90 (1978), pp. 704–715.
③ ［德］弗里德里希·克拉默：《混沌与秩序：生物系统的复杂结构》，第135—136页。

秩序（有、存在、确定性、线性）与混沌（无、非存在、非确定性、非线性）互为胶着，是存在场的内在结构；秩序与混沌的胶着生成，是存在场的自在功能；秩序与混沌胶着生成所生发出来的远离平衡态，构成存在场的涨落。涨落是存在场的形态学呈现，它以涌现为动力方式，所以涌现是存在场保持平衡的非平衡态和非平衡的平衡态的动力学方式。在存在场中，涌现是涨落的涌现，也是结构运动和功能的运动的原发机制，所以，涌现也是结构和功能的涌现。并且，涌现的自发力，涨落、结构、功能各就各位的运动，秩序走向混沌，混沌生成秩序。这是**海森堡之"混沌总是重新转变成秩序"**①的最简便的诠释。

4. 场本体的语义敞开

存在场是语义生成场，存在之语义生成场，是指语义生成敞开运作场域。讨论场本体的内涵构成，必然涉及其本体语义。对场本体的语义拷问，需要发生学的视野。从发生学观，场本体的语义生成，不是来自语言，也不是来自人言。因为无论是语言或者人言，都属于继发生的事实。场本体的语义生成，源于存在场，源于存在场的自发声。这可从微观和客观两个方面呈现。

微观的本体语义场源 存在世界是以场态方式存在。这里的"存在世界"，既是整体意义的，也是个体意义的，因为任何具体的实存物，都构成一个存在世界，比如，一支笔、一朵花，甚至一个内心的念想，都是一个存在世界，因为它们具备构成存在世界的三基本条件：首先，存在世界必须是事实地存在，并以事实为主体；其次，凡事实始终以自存在方式运动，哪怕是笔，人们也只能按笔的方式使用它；最后，所有自存在运动的事实，其必为运动都与他者发生（相互嵌含和互为涵化）作用，因而，任何事实都既是个体，同时也关联整体。基于如上三个方面的规定，任何事实都构成具体的存在世界；并且任何存在世界都是具体的事实。比如一株草的生长性存在或死亡运动，既是这株小草本身存在运动使然，同时也融进其存在运动所生成的场态力量，这是因为这株小草的自生长或自消亡运动，与供其存在的土地、土壤肥力、水分、阳光、空气、气候、温度、污染度等实存物相互作用，这就是说，这株小草嵌含于具体

---

① ［德］弗里德里希·克拉默：《混沌与秩序：生物系统的复杂结构》，第206页。

的土地、土壤肥力、水分、阳光、空气、气候、温度、污染度等之中，这些具体地为此小草提供生长或死亡条件或促进因素的土地、土壤肥力、水分、阳光、空气、气候、温度、污染度，也同时嵌含进这株小草的存在世界之中，相互构成嵌含和涵化的力量。在这一互相嵌含和互为涵化进程中，其中任何一个因素过强或过弱，都会影响到存在世界的存在态势。向日葵朝太阳方向生长，是其本性；其实所有生长的存在物都具有朝向阳光的本性，当其朝向阳光的本性被遮蔽或扭曲时，其存在态势总是呈弱向。这说明在存在世界里，任何事实之存在状况都受到与多元关联作用所生成的场态力量的影响。

事实自在敞开与他种事实发生相互嵌含和互为涵化**层累性生成**的场态力量，既是动力场，也是引力场，因为事实自在敞开与他种事实发生相互嵌含和互为涵化层累性生成的场态力量之**语义内核**是能量。在运动的物理存在世界中，能量既指动能，也指势能。前者是一运动物体作用于另一运动物体时相互嵌含和互为涵化释放出来的自动力量；后者是一运动物体作用于另一运动物体时相互嵌含和互为涵化层累性生成的关联力量，即他动力性质的惯性力量。作为自动力的动能和作为惯性力的势力，二者互为嵌含和互为涵化则层累性生成微观语义场。这个微观语义场成为支撑、敞开、推动由一运动物体作用另一运动物体时相互嵌含和互为涵化层累性生成的宏观场态存在的内动力场，这就是莱布尼茨所讲的"活性实体"。量子力学之量子场论（Quantum Field Theory，QFT）对构成这一微观语义场的核心语义予以了描述。

量子理论从1905年爱因斯坦提出"光量子假说"，到后来建立量子波动力学和量子矩阵力学，并完成相对性量子力学和场量子理论，其强大生命力源于其核心语义是量子运动既呈有限自由，也呈无穷自由。这是因为在量子世界里，其运动中呈动能的量子是能量子，能量子运动呈粒子状，并且以自身为动力，其运动始终有限度，即能量子运动始终以自身为限度。与此不同，运动中呈波状的量子是光量子，光量子运动呈光波状，并且只能是一运动量子作用于另一运动量子时相互嵌含和互为涵化产生的势力，抑或称之为惯性力，这种惯性力是以场量子化的方式发挥功能，所以其运动呈无限性，即光量子运动始终以场化方式展开自身，体现无限生成性。建立在无限自由的光量子和有限自由的能量子相互作用之场基础上的的量子力学的两个原理，即波粒二象性原理和测不准原理，才赋予物理存在世界全新的解释张力。首先，由于以自身为规定的能量子运动的有限自由和以嵌含和涵化为激励因素的光量子运动的无穷自由的可能性，使存在世界既是确定性的，也呈非确定性。是确定性与非确定性相互嵌含与互为涵化。并且，在确定性与非确定性相互嵌含和互为涵化的生成性构成中："（1）能量子作为波动系统中的峰是可以创生和破坏的。因此，为一种副现象，它们预设了作为基本本体的场的存在，尽管它的数目能被用作确定场振子的态和场的位形的参数。（2）……光量子是一种独立的、永久的粒子，携着能量、动量和极化，并处于由这些参数确定的某个态。它们的产生或湮灭只是它们跃迁出或跃迁进零态的表现。"[①] 在量子世界中，从确定性观，能量子的本体是粒子，它的动态形式是动能；从非确定性看，光量子的本体是波，它的动态形式是势能。整体地看，将能量子和光量子整合生成量子世界的本体是场，是量子运动中能量子与光量子相互嵌含和互为涵化层累性生成的能量场，它同时又成为量子运动中能量子与光量子必须以这种方式相互嵌含，或以那种方式互为涵化的动力场。其次，在微观物理世界，能量子与光量子相互嵌含与互为涵化运动始终呈非确定性，这种非确定性不仅源于量子运动中其能量子与光量子相互嵌含与互为涵化的偶发性、跃迁性，更源于量子运动的场态化及动态敞开的量子化。正是这两方面因素互相嵌含和互为涵化，才生成量子世界的复杂性。最后，在微观物理世界中，其能量子与光量子相互嵌含与互为涵化生成的既体现有限自由，又敞开自由之无限可能性的能量场，构成微观物理世界的**本体语义**，为宏观物理世界生态语义场的生成性建构或解构，既提供动力场源，也提供可能性方式。

宏观的本体语义场态　存在世界的场态存在，是以场的自在为前提；场自在的前提却是自具**生生**之力，并张扬其生生之义。生生，是动词的叠加，突出"生"之发声性和"生"之发声的重要性和根本性。

如前所述，无论微观物理世界还是宏观物理世界，一运动物体作用于另一运动物体时发生相互嵌含和互为涵化的进程，本身有声，并呈现发声的**生**

[①]　［美］曹天予：《20 世纪场论的概念发展》，第 212 页。

生。"离离原上草，一岁一枯荣。野火烧不尽，春风吹又生。"从语言讲，这是诗；从存在讲，这是存在世界的时空流变运动。而凡运动，都有声。因为运动总是展布运动者的力；运动所发出的声音，却张扬运动者的生命。原上之草，从形态讲，是小的；从力量言，既是弱的，是弱草，也是强的，是劲草。原上草"一岁一枯荣"，既柔弱，也强劲，前者体现它必"一岁一枯"，因而，总是遭遇野火焚烧；后者体现它总是"一岁一荣"，虽然总是遭遇野火的焚烧，但始终烧不尽，并且越是焚烧它，它越是"春风吹又生"。所以，原上之草与岁月**交道**（相互融通其道）的时空过程，其生命"枯""荣"和身体遭遇"烧""吹"，都是它与岁月相互嵌含和互为涵化的发声，这是一种使自己"死而复生"和"生而复死"，且生生死死循环往复、永无止境的"生生"之声。又比如，寒风呼啸，是风与大气、寒流相嵌含相涵化的运动进程，以呼啸之声嘹亮自己；河水滔滔，是河水、河床、平原、旷野、山川相嵌含相涵化的敞开方式，通过滔滔之声将其完整地凸显出来。但无论寒风还是河水，其呼啸或滔滔的生生之声，均源于相互嵌含的动能和互为涵化的势能的**场态化**建构，在存在世界里，场态化建构的是声，是生生不息本体语义之声的涌动、涌现和呼啸。

一运动物体作用于另一运动物体时发生相互嵌含和互为涵化爆发出来的生生之声，既揭示运动物体的存在总是敞开"因生而活，为活而生，且生生不息"的言说过程，也展示运动物体相互嵌含和互为涵化所生成建构的场化运动和场态存在，具体地讲是敞开一种语义场运动和语言场存在：作为一种语言场存在，可以通过"在逻辑空间中的诸事实就是世界"，并且"逻辑中没有偶然的东西：如果一个事物能够出现在一个事态中，那么该事态的可能性必须已经预含于该事物之中"[①] 而得到解释；作为一种语义场存在，是指存在世界的场态存在接受其本体语义的指涉性，即本体语义构成存在世界场态存在的自身限度和边界。所以，所谓语义场，是指其本体语义生成敞开运作的场域构成存在世界。

定义是简单的，理解总趋于复杂。对"语义场"概念的理解亦如是。首

---

① ［奥］维特根斯坦：《逻辑哲学论》，第25页。

先需要明确其"语义"定位。这里的"语义"当然是语言学意义的,但又不囿于语言学:语言学意义的语义,源于语言的规定性,即语言产生语义,语义受制于语言;与此不同,语义场中的语义并不来源于语言,因为语言创造语义,这是继发性的事实。从发生学论,语义源于存在发声,即只有当存在发声时,才可产生语义。比如,一声猿啸,整个山谷胀满力量的语义。一座瀑布,让环绕的群峰感应生命语义的喧哗。语言和发声的生成关联,可在孩子身上得到最好的证明:每个孩子,都是先天地具备发声的能力,然后才随着年龄的增长而习得语言。具体言之,孩子从母体脱落,其首要动作是哭。哭,就是发声,是存在本体意义的发声。因为以哭的方式发声,既是降落于地的个体生命自我喧哗隆重地来到人间,同时也表示自己还是个活物。

婴儿诞生于世的声响运动,以及后来持续不断而且花样百出的有声存在,应该是存在世界万物生命存在敞开的浓缩方式。对于人,我们总是习惯地只把他看成是"人",但实际上,人首先是物,然后是人,并且最终是物。每个被称为人的血肉之躯,赤身裸体地降落于世,以发声的方式喧哗自己的到来,并以不断发声的方式宣示自己的存在,及其苦乐化的生存,其实存在世界中的所有生命物、所有存在物均是如此。动物自不必说,发声是其向存在世界报到的方式,发声更是其喜怒哀乐之表达方式。哪怕是被我们视为是无生命的存在物,也是以自己的方式发声宣示自己的存在,讲述自己的存在状态。晴朗的天气,以艳阳高照和晴空万里的方式发声;无太阳的天气,却以阴霾、晦暗的方式发声来敞开自己的在场。万物不同的存在态势,本身就是一种发声方式。即使同一存在物,由于其不同的存在态势,也会产生不同的发声方式。水,这种存在物,自由徜徉于山涧之中,其发声"潺潺";当其会聚成瀑布,就喧哗群山峻壑;当其涌入大江大河,则"滔滔"不息;当其会入湖中,只能发声为"波光粼粼"。

发声不是人的专属权,也不是动物的专属权,而是存在世界敞开自身的本原性方式,亦是万物显扬存在的方式:**世界是声音的乐章,万物是声音的音符**。声音之于存在世界之整体和个体,既是敞开,也是照亮。声音在本质上是生命。声音所在,生命所在。诊断一个生命是活着还是已死,就是他(或它)还有没有声气,心律是否还有颤动。

声音之于世界,就是言。发声,就是发言,就是言说。是人,有人言,有人的言说;是物,有物言,有物的言说;天地,更有其言,形成天籁之音和地籁之音的言说方式。发声或者言说或者"讲,作为言说某事,属于语言的存在之刻划,这刻划遍于一切形式的说,遍于一切说出的东西;在场者与不在场者均借此一刻划宣告出来,允诺或拒绝自己,显示或撤回自己。来自众多不同渊源的多样的说,是语言存在之刻划中的无所不在的东西"[1]。总之,世界就是语言,存在就是言说,发声必喧哗语义,这是语义场的存在论本义,也是海德格尔语言论的基础。

> 语言是存在的家。在其家中住着人。那些思者以及那些用词创作的人,是这个家的看家人。[2]

世界就是语言,意指语言建构世界,语言创造世界,并以言说(发声)的方式敞开或遮蔽世界。在这一本原意义上,语言既是存在的本体,也是言说的舞台。人是语言这个舞台上的演员与过客,其所表演的方式是言说。在语言这个舞台上,人可以入场或退场,可以独言或自言,可以喧哗地言或沉默地言,但无论哪种姿态或何种方式,语言始终存在,言说始终伴随。从根本讲,没有语言的存在,人总是失场,失场之人,只能为非。没有以语言为本体的言说,人既不能到场,也不能退场。语言和由此而生成的言说,不是相对人言,而是相对世界言,或者说相对存在言。人可能在场(在语言中)并在场中展布自我,也可以不在场(不在语言中)——逃逸出语言之外而成为虚无。但不管是哪种状况,语言始终在场,言说始终在场。

五 场本体的动力体系

语义场之能成为存在本体,必有使其存在世界充盈生的机能且生生不息的自动力体系。这一自动力体系由自组织机能、动力学机制和涌现方法三者构成。

---

[1] [德]海德格尔《诗意地安居》,郜元宝译,上海远东出版社2011年版,第70页。
[2] [德]海德格尔《诗意地安居》,第32页。

1. 场本体的自组织论

语义场（Semantic field），从存在论，还原了存在的本原性面貌，它是指语义生成敞开运作的场域构成存在世界，即语义场是存在世界，存在世界是语义充盈的场世界。在语义场中，世界以场方式自在，构成场自在的型相是世界，本质样态是生命。生命之于语义场，既是具体的，也是整体的；前者指构成语义场世界的宇宙万物，后者指语义场本身。语义场就是一个开放、生成、建构的生命场。概言之，语义场是存在的本体，是世界的本体，它涵摄和彰显物和生命，使物和生命本体地存在。

作为存在世界之本体的语义场，它是自存在的。对自存在的语义场的发现，既可帮助已远离存在世界的哲学重新回归存在世界，同时也可为哲学的存在之问提供消解机械论哲学，清除机械论世界观的方法。语义场能够给人们提供如此助益的根本秘密源于语义场的自在构成性。

语义场是一种整体存在。理解其整体存在性，须从"场"入手：场，其本义是平坦的空地。"平坦"之于场，意为基座坚实，空间开阔，视野辽远，可用性大，具广泛的舞台性。"空地"之于场，既意为无遮蔽、无阻拦的开放性，面向世界的四通八达性，更意为可任用和待受用性，即任何存在者都可自由地进入、留驻、穿越。比较而言，如果说场的**平坦性**凸显了空间的敞开性，并生成无限可能性，那么语义场的**空地化**却暗含时间，意谓时间的**可入驻性**，即当可任用的空地获得实际的受用时，想象中的期待性时间就成为实际的效用时间。并且，由此平坦性和空地化及其互交汇和贯穿，开出语义场的存在论取向。

第一，场是一种开放、生成的存在状态，既是一种开放、生成的空间状态，也是一种开放、生成的时间状态。场作为开放、生成的空间状态，它是现实的此在，是此在的开放、生成；场作为开放、生成的时间状态，它是潜沉的彼在，既是彼在指向此在的开放、生成，也是此在指向彼在的开放、生成。

第二，场始终呈四面八方、四通八达的状态性，四面八方和四通八达构成场的本原状态，也是存在世界的本原状态，存在——无论是个体存在还是宇宙存在、自然存在，或者说拢集个体、宇宙、自然、万物、有与无、存在与非存在、过去与将来于一体的整体存在——的本原状态就是呈四面八方和四通八达的场态，存在是场的，场始终是场态的。场的场态化，意谓场既是现实的，也是非现实的；既是有，也是无；既为已有，也呈未有、未来；既自足，也开放；既建构，也解构；即可无遮拦地受纳所有，又可在始终不渝地纳新中源源不断地吐故。总之，场的场态化存在，始终是多元生成或冲突的统一，或者说始终不渝地统一多元生成或冲突，构成场的本性和职责。

第三，场之为场，并不在于它的平坦之"空"，而在于其平坦之"空"蕴含的本质之实。这一本质之实有两个方面的内容：一是时空，作为"平坦的空地"本义之场，始终蕴含**空间对时间的期待性和时间对空间的驻入性**，这是场之为场的本体结构，本体框架，也是场之为场的本体语义。二是生成，作为"平坦的空地"本义之场，不仅充满空间对时间的期待性和时间对空间的驻入性，更体现其四面八方、四通八达的广纳性和永不歇息的更新性，这是场之为场的本质语义。

构成场本体之本质语义的生成，不仅意味着建构和解构，因为建构必然源于解构且最终推动新的解构，这是生成的自动力；也是秩序与混沌胶着发力的必然，因为生成之建构指向的是秩序，生成之解构达于混沌。正是这两个方面，使生成获得自组织功能，或者说场本体的生成源于场秩序与混沌之胶着发力，构成语义场的自组织运动，即场是以自组织方式生成自身、革新自身，且生生不息。

自组织是相对复杂的系统而言，复杂的系统表征为系统的复杂性。"系统的复杂性不仅表现在它们是由大量数目的部分所构成的，而且还表现在它们具有复杂的行为。"[①] 这个复杂的系统的复杂行为由一个"无形的手"操纵其自身的开放、生成（建构与解构、秩序与混沌），这"无形的手"即内生于系统中的不同的物理参量，即序参量的突变性耦合或使役发生。哈肯认为，复杂的系统自组织运动体现如下条件要求和特征：

第一，系统内的单个部分（子系统）自我排列，自我组织，似乎有一个"无形的手"在操纵着这些成千上万的子系统；另一方面正是通过这些

---

① ［德］H. 哈肯：《信息与自组织》，本书翻译组译，四川教育出版社 2010 年版，第 8 页。

大量子系统的协同作用导致了这个"无形的手"的产生,这种"无形的手"就是**序参量**。也就是说,子系统的协同作用导致了序参量的产生,而所产生的序参量又反过来支配着子系统的行为。这种"鸡"与"蛋"式关系的交叉、发展、放大,形成了最后的有序结构,这就是**使役**过程。

第二,结构的产生或新结构的出现往往由少数几个序参量所支配。一个宏观客体的变量数目往往是很大的甚或是无穷的,但惊奇的是,在结构出现的临界点附近,起关键作用的只有少数几个,这一发现具有很大的实际意义,在数学上,它能使我们以最经济的方式来处理一个高维问题。从物理上讲,它告诉我们,**复杂的自然界本质是简单的,复杂的结构本身只由少数几个序参量支配。**……

第三,在结构出现的临界点,涨落起着触发的作用。由于这时系统处于高度不稳定的状态,任何微小的涨落都会被放大,从而将系统驱于与新结构相应的态。①

自组织理论揭示的所有的复杂系统都不过是存在世界的具体的组织系统,所有被称为复杂的系统,都是统摄存在世界之语义场的组成部分。语义场之具有敞开四面八方并四通八达的场态,源于其场化运动的自组织。语义场场化运动的自组织,便可自拢集、自繁殖、自控制、自调节和自修复。语义场的自拢集,就是它将有与无、存在与非存在、过去或将来,以及个体与整体、连续与非连续、偶然与必然、确定与非确定、线性与非线性、秩序与混沌等合拢于场本身,使之构成开放之场的开放性内容,形成完整的、自足的和自动力的存在世界本身。语义场的自繁殖,是指拢集于一体的存在语义场,一方面始终充满二元的对立统一机制;另一方面始终充满多元的受纳与吐故机制。而且这两种自生成机制交叉运动,既相冲突又相合作。如此复杂的自运作机制本身形成语义场的自繁殖功能,因为在存在语义场内部,任何存在者可系统的对立统一运动最终都会产生新质、新的存在、新的系统。同样,任何多元性的系统、多元性的存在的受纳与吐故运动,更是会源源不断地产生

---

① [德] H. 哈肯:《信息与自组织》,"译序"第6—7页。

新质、新的存在或新的系统。二元对立统一机制与多元受纳和吐故机制之间的交合、冲突和合作运动,更是使存在语义场充满无限的生机和生生不息的张力,铺开更广阔无限的四面八方和四通八达。进一步看,存在语义场运动的二元对立以及多元受纳或吐故运动之间之能够相向走近并相向容纳而生成(建构或解构、秩序或混沌),更源于存在语义场有其自调节和自修复机制,这就是远离平衡的涨落机制和涌现方法,这也是"真正的自组织既不是仅为构件的物理性质所固有,也不是由某些程序所'预先组织'。自然,结构不能通过违背物理上的强迫约束来实现。肥皂水能产生坚硬的白色剃须膏或精美虹彩的肥皂泡,但不能产生棉花或蜂鸟。真正的自组织,是整个系统的一种属性。在精确界定的条件下,具有高度复杂性的系统能进行自我组织"[1]。自组织揭示场态化存在世界的自生、自在、自立、自运的自足性和开放性的内在机制,这些内在机制既具有确定性,更呈现非确定性,是确定性的混沌,它是随机的自组织运动,也是有方向的自组织运动,这种有方向的自组织运动表征为存在语义场的生成性建构与解构运动,始终维护存在场的自秩序并不断新生和革新其自秩序,这就是那只自组织的"无形的手"的一个方面的功能。这种随机的自组织运动,就是自解构与自构建运动始终是不确定性的,始终是混沌的,并且始终处于远离平衡状态。并且,存在语义场的自组织生成——自组织建构或解构、自组织秩序或混沌——的生成运动,始终是存在语义场本身,它与人的智-力无关,与人的智-力参与存在语义场的力度或强度无关,抑或是人的智-力对存在语义场的局部或个体产生了阻碍或阻断,存在语义场最终都以自为启动自调节方式来自修复。所以,存在语义场及其自组织生成运动是先验的,是超越人类智-力行动干扰的自生、自在、自立、自运常态。

从根本讲,人类的一切智-力成果和智-力方式,都源于存在语义场,包括人类的理智、理性、精神、经验、知识等的源头都蕴藏于存在语义场中,存在语义场自生自拥本原性存在的理智、理性、精神、知识、方法以及永恒的信念和信仰等,整体存在的语义场与其内在的本原性的理智、理性、精神、

---

[1] [德]弗里德里希·克拉默:《混沌与秩序:生物系统的复杂结构》,第219页。

知识、方法，以及永恒的信念和信仰等以自组织方式运动，构成散发神性魅力和善美的**场态**。这是因为，生命无论是个体性的还是整体性的，其诞生于存在语义场中，由此形成形态发生场。生命构成存在场的形态，作为存在场的形态的生命在存在语义场中发生，亦在存在场中达于永生，这是理解苏格拉底"生者源于死者，亡灵确实存在"①的根本视角。语义场既是有的场域，也是无的场域，有与无的互为转换和生成，同样在语义场域中展开。所以，没有语义场域，不可能使生者源于死者和死者源于生者，更不可能有亡灵的存在。亡灵之所以存在，是因为语义场域存在并无时不发挥其自在自生功能，这一自在自生功能通过四面八方的空间性敞开和四通八达的时间性渗进而生成，这一空间向时间铺开无限可能性和时间向空间渗进的不断现实性之互为推动，使"时间结构不是从物理学基本定律中推导出来。相反，时间必须作为自然事件客观特性而先验地引入"②。这表明"科学不能够提供对时间结构更深层次的解，然而，在承认这点的同时，我们就已走上了哲学的道路。我们说过，时间的各向异性是因果性原则的先决条件，因此也是获得经验知识的基本先决条件。这个陈述使我们更接近康德的论点，即我们经验知识的形式是时间和空间所规定的，而时间和空间存在一个先验事物，从而事实上预言了这种知识的可能性"③。这个先验的事物，在物理学或者科学的看待中，是具体的；但在哲学的视域中，它是整体存在的，它就是存在语义场。在存在语义场的自组织运动中，时间与空间不可分离：空间的铺开就是时间，时间的渗进铺开空间，空间和时间相向敞开构成存在语义场的基本座驾。在存在语义场的自组织运动中，"存在与时间彼此不是独立的，存在就是时间。存在不只是时间起作用的底物，它还通过时间构造自己"。④ 不仅如此，在存在语义场的自组织运动中，"时间是不可逆的，是进化过程在进化场的量度。从孕育到死亡，我们被镶嵌在这个进化过程当中。时间结构是有方向的和不可逆转的。在康德意义上，它是与经典物理学基础理论（其本身是需要解释的

---

① ［德］弗里德里希·克拉默：《混沌与秩序：生物系统的复杂结构》，第239—243页。
② ［德］弗里德里希·克拉默：《混沌与秩序：生物系统的复杂结构》，第249页。
③ ［德］弗里德里希·克拉默：《混沌与秩序：生物系统的复杂结构》，第250页。
④ ［德］弗里德里希·克拉默：《混沌与秩序：生物系统的复杂结构》，第252页。

例外)的可逆性紧密相关的。新事物形成和旧事物衰败,皆发生在不可逆转的时间当中"[1]。

2. 场本体的动力学

语义场之构成存在本体,不仅因为语义场为存在提供了动态生成的整体性本原和确定性混沌之远离平衡的本质论,更在于语义场为存在提供了生机以及由此生成的动力学体系。

语义场动力学的形态学描述 存在语义场的自组织生成运动以四面八方和四通八达的方式敞开,这既是存在语义场的整体敞开方式,也是存在语义场的整体构成方式。作为一种整体的敞开方式,存在语义场的自组织生成运动呈现三个方面的动力学特征。

第一,存在敞开的整体发散性。场的四面八方和四通八达性决定了语义场的敞开,始终是全方位的。这种全方位敞开使语义场成为一个开放性的生态存在世界;并且,场的四面八方和四通八达性使语义场呈自敞开的分布式特征。首先,语义场始终以自涌现的方式敞开自己,没有强制性的中心控制,没有人为的主导力量,或者说语义场自身之外的任何力量,不仅难以成为主导语义场运动的力量,而且都要接受语义场这一自涌现力量的主导。其次,语义场以自涌现方式敞开自己的内在规定,是自组织性,它具有自组织、自繁殖、自控制、自调节、自修复的力量,任何外力对它的作用,都不可能产生直接的改变功能,任何影响语义场存在运动的因素都只能是间接地发生,即需要通过相互嵌含和互为涵化的方式间接地渐进实现。再次,语义场以四面八方的姿态和四通八达的方式与任意的他者产生运动关联,均需以相互嵌含和互为涵化的方式生成非线性的和非定域性的场态关系,即非因果关系。最后,语义场以四面八方的姿态和四通八达的方式敞开自在自为运动,推动物体与物体、事实与事实、场与场之间的相互嵌含和互为涵化生成(建构或解构)的关联方式,是一种存在的原生方式,语义场的自为敞开,具体地讲事物与事物、事实与事实、系统与系统之间以及平原与山峦之间、湖泊与江河之间、陆地与大海之间、大地与天空之间的存在关联都是本原性的。

---

[1] [德]弗里德里希·克拉默:《混沌与秩序:生物系统的复杂结构》,第253页。

语义场作为如此开放性生成的生态世界,其如上特征体现如下诉求或取向:**一是可进化性**。语义场的自组织运动,不仅使生命诞生在语义场中发生而形成形态发生场,也使宇宙万物消长和生物的进化亦在语义场中展开而形成存在进化场。因为"'自组织'是一个'进化场中的自组织(形态发生)'这个物质的基本属性的有力而简短的表述。因此,自组织不仅仅是物质的积累,而是一个物质实体的内在属性。自组织是演化物质的创造性潜力所在——并且这适用于一切物质"①。在存在世界里,只有(以本质语义和本体语义为导向的)场才可能以相互嵌含和互为涵化的方式催化事物、事件、事实历经时间演变而获得的适应性从一个要素传递到另一个要素,或者从一运动态引发出另一个运动态,比如从身体到基因,或者从个体到群体、从系统到场域。**二是无限生成性**。语义场自为敞开的场态进程中,"正反馈却能导致秩序的递增。通过逐步扩展超越其初始状态范围的新结构,群可以搭建自己的脚手架借以构建更加复杂的结构。自发的秩序有助于创造更多的秩序——生命能够繁殖出更多的生命,财富能够创造出更多的财富,信息能够孕育更多的信息,这一切都突破了原始的局限,而且永无止境"②。**三是新颖性的自创生**。在语义场自为敞开的场态存在中,任何事物都对初始条件具有敏感依赖性,在这种敏感依赖性中,彼此关联的个体在场态化运动中相互嵌含和互为涵化层累性生成的组合呈指数增长,这种指数增长趋势蕴含无限新颖的可能性。

存在敞开的场域性。场的四面八方性和四通八达性使其呈无限可能性,即语义场是无穷自由地存在,它既可以无穷自由的方式存在,也可以无穷自由的方式敞开。但这只是语义场的形态学可能,而并非语义场的存在论现实,原因在于语义场虽然拥有四面八方的存在姿态和四通八达的存在方式,却要同时受两个方面因素的牵扯与制约:第一个因素是场的本体语义场的无限可能的有限性,即无限可能的语义场敞开自身存在的进程中必然戴着"空间对时间的期待和时间对空间的驻入性"这一脚镣跳舞。第二个因素是场的四面八方和四通八达本身决定了语义场的存在敞开不仅带动了时空,而且

---

① [德]弗里德里希·克拉默:《混沌与秩序:生物系统的复杂结构》,第223页。
② [美]凯文·凯利:《失控:全人类的最终命运和结局》,第35页。

带动着存在相关者，使与存在相关者只能以相互嵌含和互为涵化的方式运动，语义场的这一存在敞开方式决定了它之存在敞开总是在无限的想望中达成有限的现实。

语义场的场域性，揭示了存在世界任何存在，无论是整体存在还是个体存在，无论是物质化的实体事实，还是非物质化的虚体事实，虽都具有无限可能的未然性，但所获得的现实性始终是有限的，因而，一切以绝对自由的方式追求无限度的所有方式都是突破场域的方式，这种方式在人的智－力控制的世界可能变成现实，但最终不可持续，因为突破场域的行为和做法本身就使它最终为场域化的场态运动所抛弃，这种被抛弃的残酷方式就是人力化的存在世界被整体地崩塌、被整体地覆灭。这种一切以绝对自由的方式追求无限度的行为，在自然世界里根本不可能出现。因为自然世界本身就是场域化存在的，在其场域化存在的自然世界里的任何物质、任何事实、任何关联性、任何现实及其可能性，都必须接受场化存在的场域限制。在语义场化的存在世界里，场域，既是场化存在的疆域，也是场化存在的边界和限度。场化存在运动一旦触及其边界和限度，就会自启动调节机制而回复自身。其场化存在一旦因外力的强劲推动而突破自身边界和限度，它就以其暴烈的方式开启"反者道之动"，其带动的世界必然发生巨大的振荡。地震、海啸、台风、火山爆发、冰川气候、冰雹、高寒和酷热，以及世界大流行的瘟疫，等等，都是场化存在的世界启动暴烈方式自调节、自修复、自回归场域存在状态的形态学呈现。

语义场的自组织、自调节、自修复的自动力功能，根本地源于语义场的自动力学。语义场的自动力学敞开为两个方面：一是语义场的整体自动力，即语义场诉求秩序的自组织拢集和远离平衡态的确定的混沌性之自合力，构成语义场的整体动力学机制；二是语义场的局部动力，即语义场自组织生成运动中的任何要素、任何个体或任何复杂的系统，都具有自动力功能，因为任何要素、任何个体或任何复杂系统，虽在语义场的自组织运动中存在，但也以其整体的自组织方式赋予各要素、个体、复杂系统以自生、自在、自运功能。语义场的局部动力还体现在语义场的自组织生成的变革运动的"始作俑者"始终是复杂的场域中的少数物理参量，是个体力量，即在语义场自组织生成运动进程中，某种倾向指向他种倾向，或某种状态达了他种状态的临界点时，任何具体的微小或微弱因素都起到撬动整体的作用，这就是复杂来自简单和简单撬动复杂，构成语义场的局部动力学机制。

　　语义场的整体动力与局部动力各自形成如上机制的拢集，或者说互为推动所形成的合力，构建其整体动力向局部动力的实现和局部动力向整体动力的回归。比如，个体是局部，社会是整体；或者人类之于自然是个体，自然世界是整体。整体动力向局部动力实现，讲的是个体对整体的独特性，即整体必须通过个体才能实现自身，或曰整体只有通过个体才可发挥自身功能，彰显自身存在。在存在语义场世界中，自然，是由无数的个体所构成，以至于任何具体的微观环境，同样是个体聚集的整体呈现，个体解散了，或者个体丧失了自存在方式和按自己方式选择性接受或不接受整体的能力，整体就成为空壳而不存在。所以，整体动力向局部动力的实现，必以**整体尊重个体**存在为绝对前提。当然，个体也只有向整体发挥自身功能，才能在整体上实现自身。由此形成整体动力向局部动力的实现之实质，是**个体决定整体，个体改变整体**，立体观之，就是自上而下的成功，必须是自下而上的作为的体现。如果说整体动力向局部动力的实现是强调个体存在的根本性，那么局部动力向整体动力的回归，则强调整体存在的重要性。只有当整体完整地存在、充满生机和活力时，个体的完整存在、充满生机与活力，才有保障，个体存在才有最终的归宿。更重要的是，整体动力向局部动力实现和局部动力向整体动力回归，二者是互为生成的，或者二者是合生存在的，这合生存在和互为生成的前提，是**平等自在**。丧失或者弱化其平等自在，就沦为整体对局部或局部对整体的奴役；一旦处于奴役状态，整体与局部之间就会出现逃离、背弃或者离心运动，这种情况一旦出现，无论整体或是局部，都处于异己进程。只有完全保持平等自在，局部与整体才实现合生存在，才形成共互生成良好的生境状态。所以，**平等自在**，是存在语义场的本质，也是语义场存在敞开发挥其本体功能的价值根源。

　　詹姆士·吉恩斯在《物理学与哲学》中总结量子力学的六个理论结果：一是自然的统一性消失了；二是外部世界的确切知识不可能；三是自然过程不能充分地在时空构架中表现；四是个体和客体的截然区分不再可能；五是

因果性失去其意义；六是如果有因果律，也在现象世界之外，为我们所不能达到。① 吉恩斯对量子力学如上总结，揭示了量子场运动互为生成的基本条件蕴含的场动力学原理，即整体动力向局部动力实现和局部动力向整体动力回归的原理。这一原理可具体表述为：语义场之整体动力向局部动力的实现，表征为有序向混沌的耗散；语义场之局部动力向整体动力的回归，表征为无序向有序的重构。所以在语义场之自组织生成运动过程中，"一个有序等级在另一个有序等级的基础上产生，而生成的动力学系统却产生无序。不管有序的各等级在何处持续地生成结构，分子和燃料的降解和衰退就在那里持续地进行。但它们并非自发地和无可选择地衰退下去。它们所包含的能量被转而用于构造新的结构"②。

语义场动力学的时空座驾　语义场自组织生成运动敞开的这一整体动力向局部动力实现和局部动力向整体动力回归所形成的方法，笛卡儿提出的"普遍数学"为之提供了最好的解释方式，因为作为哲学方法的普遍数学与语义场场域论之间构成方法论的**互释**通道。

如前所述，四面八方的空间性铺开和四通八达的时间性期待——或者更简单地讲，空间和时间的相向作用——构成存在语义场的基本座驾。笛卡儿之所以要将数学称为"普遍数学"（mathesis universalis），并使之成为哲学的普遍方法，其根本缘由不仅在于他发现了数学关注的是空间性问题，更因为它意识到空间的铺开总是启动了时间，触发时间对空间的渗进。所以，数学之成为普遍数学上升为哲学方法成为可能，就在于其所关注的空间蕴含时间运作的无限可能性。

客观论之，数学关注空间性问题，是探讨空间生成与展开法则的常问，所以"度量"和"顺序"构成数学的一般特征。由于数学的限度和顺序特征，使数学成为自然科学的思维工具和方法论而被广泛运用；数学的度量往往指相同对象的量与量的比较，哲学讨论的对象往往不相同，如何使数学中的一般特征变成世界的普遍方法呢？笛卡儿发现，原来"度量"本身蕴含**性**

---

① Roland N. Stromberg, *An Intellectual History of Modern Europe*, Englewood Cliffs, New Jersey: Preatice-Hall, Inc., 1975, pp. 387–389.
② ［德］弗里德里希·克拉默：《混沌与秩序：生物系统的复杂结构》，第36页。

质和程度的含义，对数学中"度量"的哲学界定可以扩展其"度量"的"性质"和"程度"领域，找到不同事物之间在性质方面的**相似**和程度方面的**差异**。在笛卡儿看来，数学中的顺序有两种：一是**从简单到复杂**，它蕴含**综合**的方法；二是**从复杂到简单**，它蕴含**分析**的方法。综合与分析，这两种方法相逆，但所研究的对象却同质。但数学以外的科学，比如形而上学所研究的对象往往不同质，如何将数学的"顺序"扩展到所有领域，使之构成普遍方法呢？这就需要从哲学高度来重新界定数学的"顺序"——无论从简单到复杂，还是从复杂到简单——都包含一种内在的**因果关联性**。这种因果关联性既使同质的事物产生顺序成为现实，又使异质的事物之间形成顺序成为可能，由此，数学中的"顺序"特性构成了推论世界事物的**原因与结果方面**知识的基本方法。

物理世界可以抽象为数学世界，数学世界亦可还原为物理世界，但贯通这种抽象与还原并使其相互转换的桥梁，恰恰是其空间距离张力，简称**空间张力**。具体地讲，在物理世界里，存在物与存在物之间蕴含数量关系，这种数量关系的抽象表达式就是度量。并且，存在物与存在物之间构成的度量关系中，还蕴含性质定位与程度取向。比如以树为坐标，第一棵树下有一头牛在吃草；第二棵树下有两头牛在吃草；第三棵树下有三头牛在打架。树与牛，在数量关系上存在着程度的区别，但在性质上却等同。不仅如此，在物理世界里，存在物与存在物之间形成的数量关系又蕴含顺序，这一物理顺序的数学表达，就是从简单到复杂和从复杂到简单的关系，前者即"1、2、3、4……"，后者即"10、9、8、7……"。并且，无论从简单到复杂，还是从复杂到简单，都内在地蕴含一种**生成性**关系，正是这种生成性关系才构成存在物与存在物、个体与整体、环境与生命之间的**亲缘性**生生关联。

进一步看，数学中的度量与顺序还原为物理世界的存在关系，性质上蕴含普遍的平等意趣；其因果关系表现出来的顺序蕴含秩序的意向；其因果关系蕴含的生成性关联，揭示存在物之间的共生本质；其程度上的等同性或差异性，却展示出实际存在关系的空间边界诉求。整合地看，在物理世界中，存在物与存在物之间的秩序取向、平等意趣、共生本质，都要通过其空间边界的明朗与确定才可获得落实。所以，**空间边界**构成了物理世界的存在论规范，没有明确的空间边界，既不可能有平等，也不可能产生秩序，当然更不可能有共生，因为**共生的前提是平等，共生的平台是秩序**。

数学世界的度量还原为存在世界的物物关系，就是空间边界。物物之间的空间边界，实际上指存在物与存在物之间的空间距离，它是存在物根据自身内在本性对自在存在的最低**空间场域**要求。这一空间场域构成此一存在物绝对**自为的边界**，一旦这一自为边界遭受自身之外的其他存在物侵犯或占有，就面临自为地生成建构的危机（一棵树下三头牛为草而争斗的现象即最平常的例证）。因为，在被我们意识到的存在世界或曰环境里，物物存在的基本条件是空间距离形成的空间张力，这一空间张力最终需要**时间**来保障，空间张力决定着物物的存在能否持续，而物物的存在能否持续的基本标志，是物与物能否进入空间领域敞开时间之旅。空间张力，是物物共生的前提条件；而时间渗进，却成为物物共生的基本准则。"我们决不能看到这些细节而忽视全貌。通常决不是只有两三种动物相互竞争或共生。事实上，大自然过程是牙磕着牙似地紧密联系着的。大自然是一个高度复杂的协同系统。"① 但协同共生的前提是必须有相应的空间距离：物物存在的空间距离消解或空间距离太近，物物共生必然丧失其基本条件；相反，物物存在的空间距离太远，同样丧失协同共生的条件。前者揭示物物共生的前提是必须各自成为以时间为保证的独立存在者，享有独立的存在空间，这一能够使物存在的独立存在空间是任何其他存在物都不能侵犯（侵犯同样以时间的窃取或享有为先决条件）的，一旦遭受侵犯，物就丧失独立存在的最低条件，协同共生就成为空话。后者揭示物物相依：一物的存在必以他物的存在为支撑，离开了他物的协助（协调本身敞开时间，并以进入时间并获得时间保证为先决条件），其物不在，他物支撑之根本体现，就是此物存在须接他物之气。对任何存在物言，其存在最需要的是他物，如同人的存在最需要的是他人一样。或者说，"人最需要的东西是他人"② 这一存在法则，源于"物最需要的东西是他物"这一物性法则。这一法则来源于物物共生的空间距离张力原理。"如果一个生命，其周

---

① ［德］赫尔曼·哈肯：《协同学：大自然构成的奥秘》，凌复华译，上海译文出版社 2013 年版，第 69 页。

② 周辅成主编：《西方伦理学名著选辑》上册，第 89 页。

围的同类过于稀疏，生命太少的话，会由于相互隔绝失去支持，自身得不到帮助而死亡；如果其周围的同类太多而过于拥挤时，则也会因为缺少其生存空间，且得不到足够的资源而死亡。只有处于合适环境的细胞才会非常活跃，能够延续后代，并进行传播。"①

要言之，数学的空间，是纯粹空间；物理的空间，是时间化的空间。空间的产生即时间的诞生；空间的铺开亦是时间的渗进与运作。在存在世界里，没有无时间的空间，同时也没有无空间的时间。时间与空间总是一体两面地互动生成。正是时间与空间的互动生成，才构成语义场之整体动力向局部动力实现和局部动力向整体动力回归的基本座驾，或者说宏观指南。

3. 场本体的涌现论

语义场的本质构成是生成。在语义场中，生成的本义，既是建构，也是解构。建构以秩序为目标并以秩序为达成样态；解构，是秩序的解体，滑向混沌。并且，语义场的生成性建构虽然指向秩序，却在播种解构；语义场的生成性解构，使秩序进入远离平衡的混沌本身却在积蓄重建确定性和秩序的力量。语义场的如上生成本质的形成及其功能敞开，要受场域规定。语义场的生成，必须有边界、有限度，有条件、方式、方法的要求。

首先，语义场的生成方式，是合生。

语义场以场域为边界和限度的自为敞开，呈现的整体发散性却是以关联方式实现。这种"关联方式"亦可表述为"相互作用"。这种场域化的相互作用呈现两种形式，一种直接形式，这就是"第一个物体的运动确定了一个力，然后这个力确定了第二个物体的运动。这样，力能以平等的合法性被看作总是运动的原因，同时也是运动的结果"②。另一种是间接方式，在经典物理学世界里，就是超距作用方式，即"物体不论相距多远，都可以不借助于介质，瞬间地相互作用"③。在量子世界里，就是非定域性的作用方式：一方面，初始每件总是作为原动力因素而发挥出意想不到的后续事件；另一方面，

---

① 张天蓉：《蝴蝶效应之谜：走进分开与混沌》，清华大学出版社2013年版，第155页。
② [美]曹天予：《20世纪场论的概念发展》，第229页。
③ [美]曹天予：《20世纪场论的概念发展》，第228页。

任何偶然的因素都可能成为改变现有存在状态的力量。伦敦上空一只蝴蝶不经意地扇动了几下翅膀，这一对空气的微弱振动经历三个月的层累性运动而可在太平洋上空刮起一场龙卷风。

语义场敞开自为存在的场域运动，以相互作用的方式合生，是指语义场敞开自为存在的场域运动，既生己，也生他。但无论生己还是生他，都不能由自身单独完成，必须是己与他者**共运**，即在生己的同时生他，或者在生他的过程中生己。这种己与他共运合生的基本方式，就是语义场自为敞开带动四面八方的存在和四通八达的事实而相互嵌含和互为涵化：语义场场域化存在的合生运动的实质方式，就是其与不定的他者相互嵌含与互为涵化的生成。语义场之存在敞开的合生运动，既是确定性的，更是非确定性的；既带动秩序生成的可能性，也带动混沌生成的可能性。其合生的确定性，主要指语义场自为敞开其场域运动，合生诉求的必然性，源于语义场的场域运动本身，即语义场以自为边界的姿态和自为限度的方式敞开与他者相互嵌含和互为涵化的运动，始终具有生己和生他的既有朝向。其合生的非确定性，恰恰在于语义场的场域运动必然带动四面八方的他者和四通八达的事实相互嵌含和互为涵化，这一过程中的任一偶然因素、任一个体性事件或任一细节性参与，都会改变其相互嵌含和互为涵化的力度、方向甚至结果。语义场自为敞开场域性的合生运动的确定性与非确定性取向，形成存在世界场化运动的复杂性和难以掌控性，凡是将其复杂性简单化并予以掌控的方式来操作这个原本是场域运动的复杂世界，最终会导致意愿对现实的破灭，避免这种愚蠢性后果的唯一方式就是遵从语义场自组织生成运动的合生方式和共运方法。

其次，语义场生成的本体方法，是涌现。

涌现，是语义场自组织生成运动的方法。但"涌现"概念出现在物理学领域并成为现代物理学的一个重要概念。从科学观，物理学家惠勒（John Archibald Wheeler，1911－2008）认为"涌现"既是一种科学，也是一种技术。以此理解，涌现还是一种理性的解释方式，但这种"涌现"是一种观念，这种涌现的观念为调和"将之分解为部分"和"将之视为一个整体"这两种方法提供了很好的路径。"当整体行为从各部分的有限行为里有规律地涌现时，身体与心智、整体与部分的二元性就真正烟消云散了。"① 观念始终源于存在的观照。涌现的观念最终从存在世界中生发出来。跳出观念的认知世界，进入存在世界，涌现是存在世界的运动方式。从存在语义场言，它是语义场敞开自为存在的生态整体方式，具体地讲，涌现是语义场以场域的方式敞开自身。

语义场以场域的方式敞开自身，就是喷发而出，就是喷薄。

喷薄，其本义是激荡汹涌，且勃然发散。激荡汹涌、勃然发散，是存在的一种现象，并且是普遍的存在现象，是存在的整体现象。昙花一现，描述花之盛开状，是如何得激荡汹涌、勃然发散。太阳喷薄而出，狂风、暴雨、闪电、雪崩、海啸、地震，还有人的来性，动物的发情，大地"好雨知时节"的万象更新等，都是各自以自身之整体方式激荡汹涌、勃然发散。

涌现作为非常普遍的存在现象，是存在呈现自己的基本方式，是存在世界敞开自己的场态方式，是存在世界、自然事物在场化运动中以相互嵌含和互为涵化的方式自创生和它创生的基本方法。从人的角度观，涌现也是一种日常存在方式、日常发生方式。比如，聆听巴赫的音乐，我们连同我们的身心被嵌入"巴赫世界"的同时，"巴赫的气息"也嵌入我们的身心世界而生发出的那种情不自禁的合乐激情，就是身心因为音乐的激发而涌现的典型方式。

语义场生成的涌现方法，本质上是一种**创生**方式。语义场敞开自身带动四面八方的存在物和四通八达的存在事实而相互嵌含和互为涵化的合生，通过涌现来呈现。涌现生成这种创生方式，敞开一种场域化的因果方式和因果关系。在场域化的存在世界里，自然事物之间蕴含多种因果方式、多种因果关系。其中，最基本的因果方式、因果关系有两种：一种是具体性的因果方式，即物物因果方式；另一种是整体性因果方式，即场域化的因果方式，这种场域化的因果关系方式是相互嵌含和互为涵化的因果方式，这种因果关系蕴含确定性的方向，却始终呈现非确定的多种可能性，在这多种可能性的场域中，结果总是需要更多向心的合力促成。在场域运动中，其向心的合力因素越多，获得"果"的可能性越大；反之越小。

语义场生成的涌现呈现出来的场域因果方式，受制于语义场的自身结构。

---

① ［美］凯文·凯利：《失控：全人类的最终命运和结局》，第19页。

语义场的自身结构呈四面八方和四通八达的分布式结构。语义场生成的涌现必突破这一四面八方和四通八达的分布式结构而喷发。从根本讲，涌现虽然以场域的方式喷发，它却是内在结构动力学的。这种内在的结构动力学是一只"看不见的手"，这只"看不见的手"就是量变引发质变："'蜂群思维'的神奇在于，没有一只蜜蜂在控制它，但是有一只看不见的手，一只从大量愚钝的成员中涌现出来的手，控制着整个群体。它的神奇还在于，量变引起质变。要想从单个虫子的机体过渡到集群机体，只需要增加虫子的数量，使大量的虫子聚集在一起，使它们能够相互交流。等到某一阶段，当复杂度达到某一程度时，'集群'就会从'虫子'中涌现出来。"① 涌现的结构力学，使场域因果方式成为现实。换言之，语义场涌现性生成的场域因果方式，是由语义场本身的内在结构力学所规定。进一步讲，语义场的生成性涌现遵循语义场的内在结构力学规律。语义场的内在结构力学规律，就是量变推动质变规律。最能解释这一规律的例子，就是水槽盛满水，然后拔掉塞子，水槽里就会产生漩涡，爆发出涌现景象。因为漩涡本身就是一种涌现行为。又如，将呼啸奔流的大江大河拦断筑坝，当被堤坝截断的江河蓄满预定的水位，然后全方位打开闸门，同样会出现壮观的涌现。水分子是单个的，当单个的水分子集聚成群，它的能量及其结构蕴含于群体之中，形成整体的激荡，一旦获得出口，或者一旦突破阻碍，就会喷发而出，形成涌现力量，产生涌现生成的效果。

语义场生成之涌现方式实现生成建构或解构运动，是因为涌现行为产生的条件就是个体的群化生成及其对**量**的层累性会聚："事物的涌现大都依赖于一定数量的个体，一个群体，一个集体，一个团伙，或是更多。"因为"数量能带来本质性的差异，一粒沙子不能引起沙丘的崩塌，但是一旦堆积了足够多的沙子，就会出现一个沙丘，进而也就有引发一场沙崩。一些物理属性，如温度，也取决于分子的集体行为。空间里的一个孤零零的分子并没有确切的温度。温度更应该被认为是一定数量分子所具有的群体性特征。尽管温度也是涌现出来的特征，但它仍然可以被精确无疑地测量出来，甚至是可以预

---

① [美] 凯文·凯利：《失控：全人类的最终命运和结局》，第21页。

测的。它是真实存在的"①。

语义场的涌现生成，产生于前后相续两个环节的运动，首先是拢集，然后相互嵌含与互为涵化。前者是指将有与无、存在与非存在、过去与将来、连续与非连续、个体与整体、确定与非确定、线性与非线性、秩序与混沌等拢集于语义场，所以对语义场而言，拢集是使语义场始终处于量的层累性增生状态，为涌现创造条件，提供原动力。后者指语义场以四面八方姿态和四通八达方式与四面八方的存在物和四通八达的事实相互嵌含和互为涵化的运动，是将具体、个体予以**群集化**的过程，这一过程必然推动语义场本身产生量变改变质变的复杂性。这种量变改变质变的复杂性可能会呈两种取向：一是语义场按自身的场域规则运行而推动量变改变质变，产生远离平衡的涌现性建构，即于远离平衡的混沌中生成秩序；二是语义场遭遇外力因素影响而运行推动量变改变质变，则产生涌现性解构，即使现有的秩序崩塌于混沌之中，使进入更新的远离平衡的场状态。前者揭示：涌现与数量的关系，是一种正向（或曰正比例）关系，在既定的存在场域中，同类相聚的个体越多，涌现发生的可能性越大；同类相聚的个体越多，涌现爆发的力量越大，并且其涌现持续的时间越长。后者揭示：存在场的域度与复杂性的关系，既可生成正向关系，也可生成反向关系，其依据是场域本身，在其场域内，涌现的复杂性蕴含的确定性因素更多；反之，在其场域外，涌现的复杂性则呈绝对的开放性和完全的非确定性。

语义场以涌现方式生成，昭示语义场运动的复杂性。在世界的场化存在及其敞开运动中，存在、事物、事实以及所有的事件都呈复杂性。而复杂性的本质语义，是祛确定性而呈现非确定性。存在、事物、事实以及各种事件的复杂性，均因为语义场的涌现生成。语义场的涌现生成，不仅带动了非确定性，更带动了突变的发生。涌现是语义场生成的敞开方式，这种方式往往是突发的。因而，涌现即突变。突变就是生成，或者以毁灭的方式生成，或者以新生的方式生成，这取决于语义场运动是否保持场域边界和限度。

---

① ［美］凯文·凯利：《失控：全人类的最终命运和结局》，第 31—327 页。

第 4 章　生境逻辑

生境逻辑是存在语义场的内在规定，语义场之自生成、自凝聚、自存在、自持守的逻辑是生境逻辑，因而，语义场自敞开的存在，即生境存在。

生境逻辑的自身规定是生境。在存在语义场中，生境属于本体范畴，是场本体论的本体，存在语义场本体的内在规定性是生境；生境的本质是生，生境的本性是生生。

"生境"作为场本体论的本体概念，蕴含三个方面的内涵，并为解决三个维度的根本问题提供可能性。首先，生境蕴含场化的存在世界的本原状态；其次，生境蕴含场化的存在世界的生成动力；最后，生境蕴含场化存在的本质和本性。由此三个方面，生境敞开的逻辑，乃生境逻辑；生境敞开的方法，乃整体动力向局部动力实现和局部动力向整体动力回归的认知方法和思想方法。

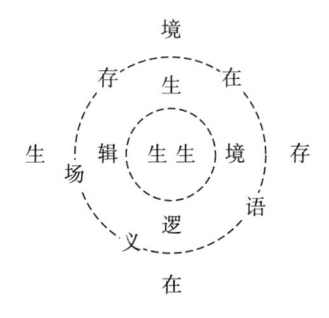

[4-1：存在语义场的内生逻辑]

一　逻辑的观念形态

1. 世界是一切发生的事情。
1.1. 世界是事实的总体，而不是事物的总体。
1.11. 世界诸实事所规定，为它们即是全部事实所规定。
1.12. 因为事实的总体规定那发生的事情，也规定那所未发生的事情。
1.13. 在逻辑中的诸事实就是世界。①

世界是逻辑的世界。

世界作为逻辑的世界，意谓逻辑构成世界，这就是"在逻辑中的诸事实是世界"。

世界由"在逻辑中的诸事实"构成的。在"逻辑"与"诸事实"之间蕴含三种待显发的语义：

一是"逻辑"与"事实"的关系，不是事实对逻辑的关系，而是逻辑对事实的关系，即逻辑生成事实，而非事实构成逻辑。这意味着事实受制逻辑，缺乏逻辑规训的事实，或可能产生，但即使产生了，也难以获得秩序，因为缺乏逻辑规训的事实，是没有秩序感和秩序能力的事实。从根本讲，逻辑就是秩序；世界成为世界，源于事实与事实相向指向秩序的构建，换言之，世界即秩序。

二是在"逻辑"与"诸事实"的关系中，"诸"，表示"多"，或"一切""所有"。"逻辑"与"事实"在其"诸"上，构成非对应性关系，或可表述为"一"与"多"的关系，这一关系的本质即是"生""生成"，即意指"多"或者"所有""一切"的"事实"由"一"的逻辑所生发、所生成。

三是逻辑与事实的关系，既是生成与被生成的关系，也是敞开与被敞开的关系，前者意指逻辑生成事实；后者意指事实敞开逻辑。

在事实与逻辑之间是逻辑生成事实，那么，这一可以生成出"诸事实"

---

① ［奥］维特根斯坦：《逻辑哲学论》，第25页。

并使之构成世界的逻辑,又是如何生成的?或者逻辑产生何以可能?维特根斯坦认为,逻辑之可能产生因为"世界是一切发生的事情"。在"世界"与"事情"产生于"一切发生"中,自然也包括逻辑的发生。所以,逻辑产生于"世界"与"事情"之"一切发生"中,它既是一种现实,也是一种可能,是基于可能的现实,也是基于现实的可能。即从"世界"到"事情"之间的"一切发生"为逻辑的发生提供了可能性,也同时促成此一可能成为现实;并且基于这种将可能变成现实的实际运作本身生发出各种可能性,这就是使"诸事实"产生。

维特根斯坦认为,"诸事实"的汇聚所形成的"总体",就是世界;世界,即是"事实的总体"。但"事实的总体"或者说世界本身,既"规定那发生的事情,也规定那未发生的事情"。这就是说"一切发生"既可能是"已发生"的所有事情,也可能是"未发生"的所有事情,更可能是"待发生"或"将发生"的所有事情。由此,作为相对"多"的事实或"世界"言,"一"的逻辑既指涉已有的一切,也指涉将有或未有的一切。

逻辑的这一既指涉已发生的"一切",又指涉将发生或未发生的"一切"这一双重指涉功能,表明逻辑本身既是陈述的和解释的,也是生成的。对于已发生的一切,逻辑的功能是陈述、解释,比如,归纳、演绎、推论等,都属于逻辑对一切已经发生的事情的解释或说明方式。对一切将发生或未发生的事情,逻辑的功能是生成的,或者,一切将发生或未发生的事情使逻辑获得了生成的功能。

由此不难发现,维特根斯坦关于"世界是一切发生的事情"中蕴含两种逻辑,即人为的逻辑和自然的逻辑。前一种逻辑属**陈述、解释**的逻辑,这种逻辑是相对"一切已发生"的"事实的总体"所构成的世界言;后一种逻辑属**生成**的逻辑,这种逻辑是相对"一切将发生或未发生"的"事物的总体"所构成的世界言。

在这里,需要真正明确维特根斯坦为何如此细心地严正区分"事实"与"事物",特别强调"事实"与"事物"之根本不同的属性及其对世界的构成性质。事物,是纯粹的自然存在,它包括一切已发生的事物,也指一切将发生或未发生的事物,一切已发生、将发生、未发生的事物所构成的"总体",

就是存在世界；与此不同，事实，指烙印上人的足迹的自然存在，或曰融进人的智－力的自然存在，可称为人化的自然存在，或简称**人力存在**。人力存在的世界主要指一切已发生的"事实的总体"。以此观之，人为的逻辑是关于"事实"存在的逻辑，它是陈述和解释的逻辑；自然的逻辑是关于"事物"存在的逻辑，它是**生成的逻辑**。

1. 科学和哲学的逻辑

> 任凭科学快速地发展，
> 在人类全部科学后面，
> 我们的宇宙却依旧是，
> 奇异非凡，神秘莫测。

——托马斯·卡莱尔（1841）

维特根斯坦的哲学与卡莱尔有无关联性，不得而知，但在对逻辑的觉解与领悟上，却呈现异曲同工之妙。

比较而言，维特根斯坦的视野更广阔宏大，因为他通过对"一切发生"的事情的敞开来呈现人为的逻辑和自然的逻辑；卡莱尔却透过人类已有的成就对"事实的总体"的世界不断拓展来衬映出"事物的总体"的宇宙依然自在，来呈现两个世界的存在和运动各自遵循不同的律法和逻辑：

科学发展遵从的逻辑，是人为的**观念逻辑**。

宇宙存在运动的逻辑，是自为的**生境逻辑**。

科学与哲学的快速发展，改变的是人的存在和世界，宇宙世界仍然按它自为的生境逻辑而运行存在。虽然如此，人为的观念逻辑和宇宙自为的生境逻辑之间，也因为从广度和深度两个维度对自然（**是宇宙和地球的简称**）的参与而与自然的自为运行发生交叉，形成冲突。这种交叉运动生发出来的冲突达到某种临界点时，就会发生突变，这种突变带来的根本改变是自然对自我失律的矫正，但自然对自我失律的矫正运动降落在人类身上，就是其毁灭性的灾难，比如冰川气候或者火山爆发。所以，当自然运动被迫失律而启动自我矫正时，人类存在将被迫改变。由此引发出一系列的根本性问题，即在自然对自我失律的矫正进程中，被迫改变的人类应该向何方改变？这种改变要避免更新的危险，应该遵从什么逻辑？是继续遵从人为的观念逻辑，还是遵从自然自为的生境逻辑。这主要取决于一个方面的因素，即人类存在于自然中，还是自然存在于人的世界中，如果是后者，人类可继续张扬甚至膨胀人为的观念逻辑；如果是前者，人类化解危险和危机的唯一选择，就是认识生境逻辑指导人为的观念逻辑运动。

20世纪物理学的杰出成就并不是把空间和时间结合起来的相对性理论，也不是明显否认因果性规律的量子理论，更不是对原子的分割，这种分割导致一项极其重要的发现，即事物并不是他们看上去的那种东西。**20世纪物理学的杰出成就是这样一个一般性的认识，即我们并不是在与终极的实在打交道**。①（引者加粗）

詹姆斯·琼斯爵士此论并非耸人听闻，而是极为严肃的历史申诉。科学史家丹皮尔在其《科学史》中开门见山地指出："拉丁语词 Scientia（Scire，学或知）就其最广泛的意义来说，是学问或知识的意思。但英语词 science 却是 natural science（自然科学）的简称，虽然最接近的德语对应词 Wissenschaft 仍然指一切有系统的学问，不但包括我们所谓的 science 科学，而且包括历史、语言学及哲学。所以，在我们看来，**科学可以说是关于自然现象的有条理的知识，可以说是对于表达自然现象的各种概念之间的关系的理性研究**。"②（引者加粗）丹皮尔从三个方面揭示科学的特征：第一，科学关注的是自然现象，而不是自然本体；第二，科学通过对自然现象的关注而生成一套描述自然现象的概念，并使它逻辑化和体系化，从这个角度讲，科学是关于指涉自然现象之概念间的关系的研究；第三，科学的研究必须是理性的，而不是感觉的，或曰，科学追求的是概念与概念之间的严谨逻辑生成，由此构建描述和解释自然现象的概念体系，这是它与艺术的根本区别。丹皮尔此论，构成

---

① ［英］莱尔·沃森：《超自然现象：一部新的自然史》，王森洋译，上海人民出版社1991年版，第267页。
② ［英］W. C. 丹皮尔：《科学史》，李珩译，中国人民大学出版社2015年版，第1页。

它撰写《科学史》的基本准则。丹皮尔的这一准则,实是对亚里士多德对科学的定义的再强调:

> 如果**一种**研究的对象具有本原、原因或元素,只有认识了这些本原、原因和元素,才是知道了或者说了解了这门科学,——因为我们只有在认识了它的本因、本原直到元素时,我们才是了解了这一事物了。——那么,显然,在对自然的研究中首要的课题也必须是试确定其本原。
>
> **通常的**研究路线是从对我们说来较为易知和明白的东西**进到**就自然说来较为明白和易知的东西,因为对我们说来易知和在绝对上易知不是一回事。因此在这里也必须这样,从那些就自然说来不易明白,但对我们说来较易明白的东西进到就自然说来较为明白易知的东西。①

如上两段文字是亚里士多德《物理学》第一章开篇语,指出科学研究的是具体的对象,关注的是所研究的具体对象的"本原、原因或元素",并且"只有认识了这些本原、原因和元素",才是真正的"了解了这一事物"和"了解了这一科学"。亚里士多德认为,以具体的事物为科学的对象,对具体事物的本原、原因或元素的了解,并不是目的,而是起步,即通过对具体事物的本原、原因或元素的了解,而去了解整体的事物。亚里士多德之选择从具体到整体的研究路线,并认为"通常的研究路线",是其经验本身而做出研究方法的提炼和表达。在亚里士多德看来,对世界来讲,"较为易知和明白的东西"是具体的东西,对世界的认识的"通常研究路线",只能是在对"较易明白的东西"的了解的基础上,才可"进到就自然说来较为明白易知的东西",即整体的了解。

作为以经验为取向的亚里士多德,其对前人的丰富哲学学说和思想的综合所建立起来的哲学体系主要有两部分,即认识的哲学和实践的哲学。作为实践的哲学,主要包括政治学、伦理学和技艺学等;作为认识的哲学,主要是自然哲学和形而上学,亚里士多德将自然哲学看成哲学的主体部分,将形

---

① [古希腊]亚里士多德:《物理学》,第1页。

而上学定义为第一哲学。亚里士多德认为，哲学关注的重心是事物的"本原、原因或元素"。相对而言，作为哲学的基本部分的物理学关注的是具体事物的"本原、原因或元素"，作为第一哲学的形而上学——作为哲学的哲学——所关注的不是具体的事物的原因、本原、元素，而是自然、世界、万物存在"**引致动变**"的原因、本原或元素，即探求"在**现存万物**中**最先必须有一个引致动变**的原因，而后事物得以结集"，即"万物的秩序与安排皆出于这个原因"和"事物所由成其善美的原因，正是事物所由始其动变的原因"。①（引者加粗）这就是亚里士多德对科学（即哲学）和哲学（第一哲学）的区别。基于这一区别，亚里士多德特别地强调哲学家的工作重心、责任和使命，他说："哲人知道一切可知的事物，虽于每一事物的细节未必全知道；谁能懂得众人所难知的事物我们也称他有智慧（感觉既人人所同有而易得，这就不算智慧）；又，谁能更擅于并更真切的教授各门知识之原因，谁也就该是更富于智慧；为这门学术本身而探求的知识总是较之为其应用而探求的知识更近于智慧，高级学术也较之次级学术更近于智慧；哲学应该施为，不应被施为，他不应听从他人，智慧较少的人应该听从他人。"②

如果科学是哲学的话，那么形而上学是第一哲学。哲学与第一哲学的关系——准确地讲，科学与哲学的关系——始终是具体与整体、特殊与一般、现象与本体的关系。这种关系是复杂的人类精神探索与存在世界之间的各自明确的定位，由此清晰呈现科学与哲学各自应遵的本位的逻辑：

> 只要我们根据现代科学哲学清晰地洞察到它的意义，我们就会知道，**物理科学按照它固有的本性和基本的定义来说，只不过是一个抽象的体系，不论它有多么伟大的和不断增长的力量，它永远不可能反映存在的整体**。科学可以越出自己的天然领域，对当代思想的某些别的领域以及神学家用来表示自己的信仰的某些教条，提出有益的批评。但是，要想观照生命，看到生命的整体，我们不但需要科学，而且需要伦理学、艺术和哲学；我们需要领悟一个神圣的奥秘，我们需要有同神灵一脉相通

---

① ［古希腊］亚里士多德：《形而上学》，第10页。
② ［古希腊］亚里士多德：《形而上学》，第4页。

的感觉，而这就构成宗教的根本基础。①（引者加粗）

科学无论怎样发展和繁荣，都"**永远不可能反映存在的整体**"，这就是它的学科始终指向具体存在的性质和基本概念的努力而建立"抽象的体系"的作为所生成的学科逻辑所决定，探究"存在的整体"的只能是哲学，即使为存在提供最终依据的宗教，也不能担当起探究其"存在的整体"的责任，这里的"存在的整体"，就是关于自然、宇宙、人以及一切"已发生""将发生"和"未发生"的"总体"存在，并由此必然遵从其"存在的整体"的逻辑。由此区别形成我们的科学和按照科学的思维模式及认识方式来思考和探究问题，都不可能进入终极存在原领域。要进入终极存在的领域，必须突破人为的观念逻辑的座驾，发现生境逻辑，并用以指导其认知和探究。

2. 观念逻辑的基本认知

存在世界包括两个方面，一是自然世界，包括宇宙、地球、万物的世界。二是人的世界，包括人造的世界和人造的世界与自然交叉的世界。不同的世界的生成敞开，由不同的逻辑支撑。自然世界生成敞开凭借的逻辑是自然逻辑，它是自然世界本原性之生的逻辑，亦称生境逻辑；人的世界生成敞开所凭借的逻辑，是人为的逻辑，它是人依据自己的智－力和自己的意愿而建构的逻辑，亦称观念逻辑。观念逻辑将人作为自然的生物与人作为人文的存在区别开来，并以之为开辟人类文明的利器，所以观念给予人类带来无穷努力、便利和想象，同时也给人带来种种意想不到的苦难，这正反两个方面均源于观念逻辑本身的优势和局限。人类要很好地存在，需要反思性地认识观念逻辑，并有限地运用。

何为观念逻辑？ 认识观念逻辑的首要一步，就是了解什么是观念逻辑。所谓观念逻辑，就是人按照自己的智－力意志构建的并服务于自己的意志目的的逻辑。如上定义对观念逻辑予以了四个方面的界定。

第一，观念逻辑是人的逻辑，而非自然的逻辑。人的逻辑与自然的逻辑，可能一致，也可能不一致。比如，水往低处流，人往高处走，这就是自然的

---

① ［英］W. C. 丹皮尔：《科学史》，第10页。

逻辑。如果让河水让路，比如在江河上修筑堤坝，使往低处流的河水不流动，或者用机器将往低处流的河水抽到高处，使它在高处流，这就是遵从人的观念逻辑使然。

第二，观念逻辑不是自然生成的逻辑，而是**人造的**逻辑，是人以自己的意志为准则创造出来的逻辑。比如政制的逻辑——帝王制的逻辑或民主制的逻辑、个人主义逻辑或社群主义逻辑——都不是自然使然，而是人的意志的设定；又比如政党的逻辑——多党执政的逻辑或一党执政的逻辑——都不能找到自然的依据，也不能从自然中生长出来，它亦是按照人的强力意志设定的逻辑。又比如，人作为自然的存在物，在其生物主义阶段，与万物一样生食，但当他在自然演化的进程中，由纯粹的自然的生物演变成为人文的存在者这一历史进程中，无意地发明了火，于是开始了熟食的方式，其支撑熟食的逻辑亦属于人按照自己的意志的需要，而创造出来的使人成为人的进食逻辑。

第三，观念逻辑的创造，虽然是意志的产物，却需要智-力为前提，即观念逻辑是人的智-力发展谋划存在、经营生存的逻辑，因而，观念逻辑始终以人的智-力为动力，智-力的发展推动观念逻辑的发展。并且由于不断发展的智-力的推动，观念逻辑始终处于发展途中，科学的发展史可为一例，哲学的发展史可为另一例；政治的历史是另一例。其实每个领域——无论是科学领域，还是人文精神和艺术创造，或是政治、经济领域，抑或是人的日常生活领域，尤其是专门研究逻辑的逻辑学领域——观念逻辑始终处于发展进程之中，其根本的推动力当然是意志的想望和张扬，但根本的力量是人的智-力的发展。人的智-力发展内涵丰富，敞开的领域也无穷无尽，但就相对观念逻辑言，直接促进观念逻辑发展的智-力能力主要来自两个方面：一是思维-认知能力的提升；二是语言能力的发展。当两种智-力能力形成合力时，观念逻辑的创造就具备了主体性的条件。人的思维-认知能力和语言能力总是伴随人的境遇性存在和语境化生存而不断地拓展和提升，由此使人的智-力发展推动观念逻辑发展，没有止境。

第四，观念逻辑的形成和发展并不任意，它既受自身规训，更受目的驱动。观念逻辑就是服务人的意愿性目的的一种工具、一种手段、一种方式或方法而已。

观念逻辑的类型 观念逻辑产生于哲学诞生的最初进程，米利都哲学和毕达戈拉斯哲学在向世界发问的过程中，观念逻辑的意识逐渐萌生，观念渐进生成。至于赫拉克利特时，观念逻辑的观念获得最初的赋形，即 logos（对希腊文 λóγos 的音译）。logos 可看成是观念逻辑的雏形，这是赫拉克利特对自然逻辑的直观描述，意指其燃烧不熄的"永恒的活火"之"变中不变"和"不变中变"的"世界秩序（一切皆相同的东西）对于一切存在物都是一样的，它**不是任何神，也不是任何人**所创造过去、现在、未来永远都是永恒的活火，按一定的分寸 μειρ os（metros）燃烧，按一定分寸熄灭。"（《残篇》第三十）塞克斯都·恩披里柯在《驳数理学家》第 7 卷第 132 节中指出：赫拉克利特的"逻各斯虽然像我所说的那样常在，但人们在听到它以前，或是第一次听到它的时候，却总是不能理解它。**万物都是按照这个逻各斯产生的**，虽然我已经根据事物的本性将它们加以区别，解释了它们是如何发生的，而且人们也经常遇到像我所说明的那些话语和事实，但是他们却像从来没有遇到过它（逻各斯）一样。至于另外一些人对他们醒来以后做了些什么也不知道，就像是对他们梦中所做的事已经忘记了一样"①（DK22B1）。另一方面，logos 也有"话""话语""说出来的道理"等意思。后来，这些语义内容得以不断地放大，并认为所"说出来的道理"真实地表达了这个世界存在的真实原则，以及这个世界存在的真实理由。赫拉克利特的 logos 在运用中其"话语"语义不断丰富，获得"道理""理由""理性""规律""原则""道"等含义，这些语义内涵体现很强色彩的观念逻辑。

观念逻辑的真正建立者是亚里士多德，亚里士多德的《工具论》（*Organon*）是第一部逻辑学，是为其经验主义实体论哲学建立思维工具和推论手段。亚里士多德的《工具论》由《范畴篇》、《分析篇》（《前分析篇》和《后分析篇》）、《论题篇》和《辩谬篇》组成，其核心工作是通过"范畴"（《范畴篇》）的探讨和主要论题的证明（前后《分析篇》）来建立起三段论形式推理理论。亚里士多德建立起来的三段论逻辑，是第一个观念逻辑类型，

---

① 汪子嵩、范明生、陈村富、姚介厚：《希腊哲学史》第 1 册，第 455 页。

即观念主义的形式逻辑类型:"三段论推理的概念在亚里士多德对科学推论的分析中和他对辩论论证的讨论中都应用到了。科学的论证是一个三段论,它是通过显示它**怎样从它的解释性原则中必然地推论来证明它的结论**。科学的认识要求这种论证从无须证明的起点出发,**从必然真的解释性原则推理到必然真的科学结论**,这在各种各样科学中都是共同的,但这些科学并不享有共同的种或类。这就是为什么对这种关系的一般性说明必须从任何特定科学的陈述的特殊内容中抽象出来的原因。在这种意义上,他的理论有时被看作'形式的'。"①(引者加粗)

亚里士多德的三段论逻辑,建构起一种观念逻辑的范式,它由三个必不可少的要素构成。第一个要素就是建立范畴,即建立起不变的基本概念,即实体、数量、关系、性质、质、量、位置、状态等可以适用于任何方面和任何领域的概念;第二个要素是建立述谓关系的论题;第三个要素是建立以"大前提、小前提、结论"为基本环节的推论方式(或曰步骤)。建构此观念逻辑范式的三个要素之间自具逻辑生成关联:范畴为论题提供认知框架,论题为推论方式构建主题和边界,推论方式为"它的解释性原则中必然地推论来证明它的结论"或者"从必然真的解释性原则推理到必然真的科学结论"构建观念逻辑展开过程并提供规范。

亚里士多德通过范畴、论题、推论方式三要素构建起来的三段论范式实实在在地构成观念逻辑的基本范式,其后,由三段论为基础发展起来的辩证逻辑和数理逻辑类型,仍然是在这一基本逻辑范式框架下展开的。

观念逻辑的类分敞开为两个方面:一是逻辑自身发展所形成的类分,即三段论逻辑、辩证逻辑和数理逻辑。二是逻辑的运用,形成诸多的类型,将其予以归纳,即观念主义的技术逻辑、观念主义的经济逻辑、观念主义的政治逻辑和观念主义的生活逻辑。

3. 观念逻辑的性质与特征

观念逻辑,无论是三段论还是辩证法(肯定辩证法或否定辩证法),同形

---

① [美]大卫·福莱:《从亚里士多德到奥古斯丁》,冯俊等译,中国人民大学出版社2004年版,第56—55页。

式各异的数理逻辑,既有其共同的性质,也有其共同的特征。

观念逻辑的性质定位　与自然为参照,观念逻辑的性质体现如下三个方面。

第一,观念逻辑都是**人造的**逻辑,即由人的观念演绎出来的逻辑。亚里士多德创建三段论,是为哲学工作更好地展开提供思维工具。亚里士多德将哲学定义为探求真知,三段论就是为探求真知制定思维规则和思维程序,建立这种要求的思维规则的首要问题,就是解决为探求真知提供"必然为真"的前提,因为观念逻辑要求:只有"必然为真"的前提才可推论出"必然为真的结论",也就是说,探求真知的过程得出的结论是否"必然为真",并不取决于探求真知的对象本身,而是取决于探求真知的行为前提是必须假定运用的概念工具"必然为真"。解决使"结论必然为真"的前提"必然为真"的基本工作,就是建立普遍适用的范畴。当解决了这一前提性问题之后,所面临的问题是必须确立"必然为真"的前提如何可能达成"必然为真的结论"的"解释性原则",这个从"必然为真的前提"到"必然为真的结论"的"解释性原则"才是使预设"必然为真"的前提确实在任何领域面对任何对象推论出"必然为真的结论"的根本保证。所以,建立"必然为真的前提"和"必然为真的解释性原则"构成探求真知的基本思维规则,在这些思维规则基础上构建从预设的"必然为真的前提"达于在(观念)事实上"必然为真的结论"的"必然地推论"方式,这即从大前提到小前提的为真再到结论的为真的推论方法。

概括上述,人造的逻辑是**观念主义**性质的。

第二,观念主义的人造逻辑即观念逻辑,属于型式范畴,是对预设的观念内容予以形式化的形式逻辑。观念逻辑的形式化具有由形式化所形成的形式主义性质,不仅体现在三段论逻辑中也体现在辩证逻辑和数理逻辑中。以辩证逻辑为例,无论唯心辩证逻辑或者唯物辩证逻辑,虽然在语义的解释方面体现绝对的相互对立不可调和,但在形式化的形式范型上,却呈同构性,即唯心辩证逻辑和唯物辩证逻辑都是以"有"为大前提:唯心辩证逻辑的大前提是"心",并使之唯此无它"有",唯物辩证逻辑的大前提是"物",同样是唯此无它"有"。也就是说,无论唯心辩证逻辑还是唯物辩证逻辑,所预设的"必然为真的前提"是同构的,即都是"有",只是其所"有"的内容有所不同而已。并且,只有其预设的前提"必然为真"时,其所"必然地推论"出来的"结论"也是"必然地为真"。而且,无论是唯心辩证逻辑还是唯物辩证逻辑,其所遵循的"解释性原则"仍然是亚里士多德的三段论解释原则;遵循其"解释性原则",从"必然为真"的预设前提推论出来"必然为真的结论"的推论方式,对于唯心辩证逻辑或唯物辩证逻辑而言,亦没有两样。

第三,运用观念逻辑去探求真知,所得到的结论为真,必须符合预设的前提之真。所以,观念逻辑对真知的探求始终是**符合**性质的,即凡是符合预设的"必然为真的前提"的结论,才可"必然地为真";反之,则必然地为"假"。这种结论必须要符合"必然为真"的预设前提的探索真知的思维范式和观念模式,容易滋生出独断论。或可说,凡是以观念逻辑为工具和手段探求真知的努力过程及得出的结果,总是蕴含一种独断论倾向,一旦对这种独断论倾向予以绝对化的推崇时,就会导致独断论和专制主义,近代以来的科学发展给人们带来太多好处而激发人们将科学推向片面、单一和绝对之境时,就形成科学主义。原因在于,科学探索都是以观念逻辑为思维工具和认知手段,并目的明确地追求知识的确定性或者追求确定性的知识。

以观念逻辑为工具探求真知的努力及其最终形成的求知成果体现出来的这种独断论倾向和确定性"符合",均源于观念逻辑本身对"必然为真"的思维范式和思维程式的规范,即以"必然为真"的预设前提推导出来的"必然为真的结论",必然蕴含独断论倾向并体现知识的确定性符合论。

观念逻辑的基本特征　在如上三个方面的性质规定下,观念逻辑的形成与运用、敞开与发展,均体现如下基本特征。

首先是确定性。

哲学家和逻辑学家罗素在谈到与科学相分离的哲学时指出,"在很大程度上,哲学的不确定性比其确定性更为显著:**那些已经能够找到确切答案的问题都被划入了科学的领地**,只有那些目前不能被明确回答的问题留下来形成一种叫哲学的剩余物"[①]。在古希腊,哲学与科学是一体的,科学即哲学,哲

---

① Bertrand Russell, *The Problems of Philosophy*, Oxford: Oxford University Press, 1959.

学亦是科学。即使进入近代世界,哲学与科学也没有严格的区分。哲学家们大都是某个领域的科学家。启蒙哲学以后,科学从哲学中剥离出去,形成阵线鲜明的两分。这种两分不仅是形式的和形态学的,而且是领域的和本质性的。在领域方面,亚里士多德所说的"具体的研究对象"和"存在的整体"构成科学与哲学的根本分野,而在探求真知的本质论层面,科学诉求确定性,哲学却兜揽下所有不确定、难确定的问题。科学与哲学的这种自然而然形成的分工,并不是天赋科学和哲学必然如此,而是后来在发展中形成。历史地看,赫拉克利特提出 logos 概念,蕴含科学与哲学分野的可能性,巴门尼德提出"存在"概念,将这种可能性变成现实奠定起第一块认知基石,其后亚里士多德的经验主义实体论哲学,为后来科学与哲学的分设和分离其确定性与非确定性做了较充分的准备,尤其是三段论逻辑范式的建立,为科学与哲学的分设的可能性变成现实奠定起第二块基石,第三块基石应该是康德的认识论形而上学将"自在之物"的自然和人予以知性与理性的双重立法,使科学与哲学完全分野,并为科学诉求确定性而哲学龟缩于人的主体世界里探求非确定性提供了最后的条件。

  观念逻辑是一种确定性的逻辑,是因为观念逻辑追求确定性。观念逻辑对确定性的追求,从方式方法方面讲,是人们为探求科学知识构建一套思维工具和程序方法;但从动力和目的论,观念逻辑诉求确定性的原动力,是人的主体论意志,其根本目的是服务人的自为意志之满足或求证其自为意志的合理。

  以此观罗素基于确定性与非确定性而对科学与哲学做出的区别,有相当的道理,按亚里士多德的传统,科学是以具体事物、具体领域为对象,关注自然现象的本原、原因或元素,并将这种关注予以概念的定型和赋形,从而形成"抽象的观念体系",所以科学虽然在研究的对象上指涉自然现象,但其研究的实际对象是"概念之间的关系"(丹皮尔),并通过"概念之间的关系"的澄清来构建知识体系,所以,科学是**"永远不可能反映存在的整体"**,"反映存在的整体"的任务只能交给哲学。按罗素的说法,"哲学在科学的发展中扮演着**启示性的角色**"[①],因为只有目前在科学领域不能做出解答的问题

---

  ① [加]斯图亚特·C. 杉克尔:《20 世纪科学、逻辑和数学哲学》,江怡、谢涤非等译,中国人民大学出版社 2016 年版,第 2 页。

才"留下来形成一种哲学的剩余物",它是启示性的,亦是非确定性。但哲学的非确定性并不是罗素陈述的那样,而是基于哲学关注"存在的整体"。诚如维特根斯坦领悟到的那样,这一"存在的整体"是包括"一切发生"的"事物的总体",它本身不可确定性,并且,这个囊括已发生的"一切"、将发生的"一切"和未发生的"一切"的存在的整体,并不遵从观念逻辑,其所遵从的是自然生成的自然逻辑。这是确定性的科学和非确定性的哲学之区别的根本方面,这一方面决定了科学无论怎样发展和繁荣,只能停留于现象的层面,永远无法进入"终极的存在"领域与"终极的实在打交道"。以此观哲学的堕落的根本原因,却是它的科学本能膨胀为跟屁科学,将"尽量使自己建立在科学的基础上",而且热衷于"研究科学方法,并力求将经过必要改造后的这些方法应用它自身特有的领域"①——将诉求确定性知识的科学方法作为哲学的方法来探索"存在的整体"的哲学问题,使自己滞留于具体和现象,自然不可能达于柏拉图对终极"实在"的"接近"之境:"你总是能听到人们说,哲学没有进展,那些古希腊人曾日夜思考的哲学问题今天仍然困扰着我们。我读到过这样一句话:'……今天的哲学家并不比柏拉图更接近"实在"的含义……'多么奇怪的状况啊。真是令人惊讶,柏拉图居然能走那么远,或者说我们居然不能比他更进一步!这是由于柏拉图聪明**绝顶**的缘故吗?"②

其次是经验取向的形式论。

就其主要倾向言,亚里士多德是经验论者,从经验出发建立实体论哲学。亚里士多德创建三段论逻辑,只是将其定义为经验取向的实体论哲学的工具和手段,没有将其纳入哲学体系。这是因为在亚里士多德看来,哲学——无论是作为科学的哲学,还是作为第一哲学的哲学——都是探讨实体问题的。逻辑作为哲学的工具或手段,它只属于经验主义的形式范畴。亚里士多德之后,逻辑学之得到自由的发展,与其对逻辑学的经验论和形式论两个方面的定位息息相关。另外,亚里士多德主义也在事实上成为推动科学与哲学分立并最终使哲

---

① Bertrand Russell, "On Scientific Method in Philosophy", *Mysticism and Logic*, London, Longmans, Green and Company, 1918.

② Ludwig Wittgenstein, *Culture and Value*, P. Winch (trans.), Oxford: Basil Blackwell, 1980, p.15.

学沦为对科学留下的"剩余物"的思考这样一种地位。这种"推手"功能的具备和发挥，同样是因为逻辑的经验取向和形式取向。换言之，科学的发展和繁荣，是以观念逻辑为认知框架和动力机制的。观念逻辑的土壤是经验主义，目标是形式主义。这不仅可以从观念逻辑的自身发展，即三段论到辩证法再到数理逻辑的历程体现这一点。逻辑的自身发展却日益脱离哲学而愈发与科学紧密相连的这一历程也可说明这一点。同时，观念逻辑在生存领域的发展，尤其是在技术、经济、政治、生活等领域的发展，同样可以说明观念逻辑的土壤是经验主义，目标是形式主义。比如，黑格尔的客观唯心主义的辩证法和马克思的客观唯物主义的辩证法是完全对立的，但又是最终同一的。这种对立中的同一，完全可以从观念逻辑在政治学领域的发展这个角度得到解释。

最后是实证分析论。

人造的观念逻辑之脱离哲学而与科学和生存紧密相连，不仅源于其经验主义土壤和形式主义诉求，更在于这种以经验为出发点诉求形式体系的构建的观念逻辑，总是实证分析的，即基于实证的需要采用分析的方法，并通过分析来构建实在，或概念的实在，可观念的实在，或概念体系化的观念实在。有关于此，科学史家丹皮尔讲得最清楚：

> 在古希腊人看来，哲学和科学是一个东西，在中世纪，两者又和神学合为一体。文艺复兴以后，**采用实验方法研究自然，哲学和科学才分道扬镳**，因为自然哲学开始建立在牛顿动力学的基础上，而康德和黑格尔的追随者则引导唯心主义哲学离开了当时的科学。同时，当时的科学也很快就对形而上学不加理会了。不过，进化论的生物学以及现代数学和物理学，却一方面使科学思想臻于深邃，另一方面又迫使哲学家对科学不得不加以重视，因为科学现在对哲学、神学、宗教，又有了意义。与此同时，物理学本来有很长时间就一直在寻找，并且找到了所观察到的现象的机械模型，这时却似乎终于接触到一些新概念，在这些概念里，机械模型是不中用的，同时也似乎终于接触到一些根本的东西，这些东西，用牛顿的话来说，"肯定不是机械的"。
>
> 大多数科学家一向朴素地认为他们所处理的就是终极的实在，现在，

科学家们开始更清楚地看出他们的工作的真正性质了。**科学方法主要是分析性的，要尽可能地用数学的方式并按照物理学的概念，来对现象做出解释**。但是，现在我们知道，**物理科学的根本概念都是我们的心灵所形成的一些抽象概念，目的在于给表面上一团混乱的现象带来秩序和简单性**。因此，**通过科学走向实在，就只能得到实在的几个不同方面，就只能得到用简单化了的线条绘成的图画，而不能得到实在本身**。不过，话虽这样说，就连哲学家现在也开始明白，在用形而上学的方法研究实在的时候，科学的方法和成果是现有的最好不过的证据，而一种新的实在论，如果可能的话，就必须利用这些科学的方法和成果来建立。① （引者加粗）

正是基于以概念为工具和准则的实证主义分析和分析主义实证，使观念的逻辑发展最终通过语言将科学与哲学重新统一，将科学、哲学与生活重新统一，这种统一的基本路径就是实证主义的语言分析："我的目的不是用公式表示抽象逻辑，而是通过书写的符号用一种比通过字词更准确、更清楚的方式来表达内容。实际上，我想创造的不仅仅是演算系统而是莱布尼茨意义上的**通用语言**。"② 戈特洛布·弗雷格（Friedrich Ludwig Gottlob Frege，1848 – 1925）的工作为通过建构一种通用语言来建立无所不包的，且可以广泛辐射于生活领域而重构人类生存模式的数理逻辑的实证体系，这一实证体系的建构自始至终围绕语言的分析而展开，由此形成开放性的分析哲学，分析哲学不仅为生存世界提供一种无所不包的观念逻辑的实证体系，也为生存世界创建起一种无所不能的观念逻辑的分析体系。

二 逻辑的生境形态

从逻辑发展史观，观念逻辑意识及其观念产生人类早年生活的试误与经验；观念逻辑的概念定型和形式呈现，却因为哲学。观念逻辑的发展却通过哲学敞开三条线路：一是逻辑学线路；二是科学线路；三是汇聚二者铺开的

---

① ［英］W. C. 丹皮尔：《科学史》，第 1—2 页。
② ［加］斯图亚特·C. 杉克尔：《20 世纪科学、逻辑和数学哲学》，第 15 页。

人类生活线路，它在经济、政治、生活等领域敞开。比较而言，逻辑学的展开始终是为观念逻辑的发展发挥奠基的功能；科学的繁荣，则是为观念逻辑的发展不断打开更新的空间；人类生活的前进，却为观念逻辑的发展提供立体的实践验证，并以此构成观念逻辑发展——具体地讲，为逻辑学和科学的发展——提供源源不断的社会动力。

观念逻辑及其发展广涉从学理到生活的各个领域，并呈现无所不包其中的雄心和实力，这种雄心和实力的具体呈现就是科学主义和观念主义，即人间的生活、人类的发展被观念主义垄断的同时为科学主义激发：为科学是举而人定胜天，这是现代人类生存的基本面貌和整体面向。但也正是这一基本面貌和整体面向，却敞开了观念逻辑的全部局限及其谬误。只有正视观念逻辑创造出来的人类生存局限和谬误，才可重新抉发存在世界中的**自然逻辑**。

1. 观念逻辑的弊病

> 本书的目的主要不是介绍通俗的科学史，也不是向一般读者展示新近的科学史研究成果，而是为了从一个侧面探讨那场发生在16、17世纪的伟大的科学革命，澄清近代科学的性质和发展的某些基本方面。一个重要主题是，**物理科学环环相扣的结构如何影响了运动科学的形成**。我们一再看到，自17世纪以来，物理科学任何一部分的重大调整都必定会引起**通盘改变**；另一个结论是，孤立地或完全凭借自身去检验或证明科学命题，一般来说是不可能的，每一项检验毋宁说是对相关命题连同整个物理科学体系的确证。
>
> 近代科学一直在发生变化，这种**动态性**是它的主要性质或独特性质。不幸的是，初等教科书和一般科学著作都强调对它的逻辑呈现，这使得学生和读者很难真正理解这种动态性。因此，本书的另一个主要目的是试图表明，某一种观念在**改变整个科学结构**方面可能具有怎样的穿透力和深刻影响。[①]（引者加粗）

[①] ［美］伯纳德·科恩：《新物理学的诞生》，张卜天译，商务印书馆2016年版，第XII—II页。

第4章 生境逻辑

从人类精神探索观，观念逻辑发展的主阵地是科学。有关于科学，从亚里士多德到罗素，从形式逻辑学到数理逻辑和分析哲学，犹如丹皮尔所总结的那样，只关心自然的现象，并通过自然现象的探讨形成的概念与概念之间的关系研究，来构建"概念的体系"化的客观知识，因而，从经验出发忽视或远离"存在的终极实在"诉求确定性的科学知识体系的建构而热衷于静态的实证和分析，成为科学的基本套路。然而，科学遵从的这种套路所展开的探索以及由此建立起来的知识体系，并非一定与"存在的终极实在"完全剥离，其所敞开的经验主义实证和分析，亦并非可以完全将自然世界的动态生成性清除干净。美国著名科学史家、哈佛大学科学史教授伯纳德·科恩的《新物理学的诞生》从三个方面展示了这一点。第一，实际上始于中世纪的新科学撬动十六七世纪科学革命的"物理科学环环相扣的结构如何影响了运动科学的形成"，这从根本上源于"科学革命不只是关于自然的思想范畴的重建。它也是一种社会学现象，既表达了从事科学研究活动者的数目不断增长，又产生了在近代生活中起着越来越有影响的作用的一套新体制。然而，在我看来，遵循其自身内在逻辑的思想发展是建立近代科学的中心要素，而且，尽管我力图在某种程度上指出这场科学运动的社会学结果，但是本书表达的是，我确信科学革命史必须首先集中在思想史上"。① 第二，科学革命并不仅仅是科学的革命，"物理科学任何一部分的重大调整都必定会引起**通盘改变**"，或者，人类认知的层累性改变，渐进地积累力量推动整个社会潜在地变化，这种人类认知的层累性积淀与社会整体的潜在变化，才是物理科学发生显性变化的基础和动力，也是物理科学的改变必然引发科学、人类社会以及人类与自然之间的存在关系的"通盘改变"。美国印第安纳大学科学史与科学哲学系荣誉退休教授爱德华·格兰特（Edward Grant）在《中世纪物理科学思想》一著"结论"中指出："很清楚，中世纪科学不是盲目地重复或琐屑地修饰亚里士多德的思想和见解，中世纪科学上主要人物对亚里士多德科学作了大量的批判，这些批判不仅立足于神学，而且还直接基于科学。在中世纪经院科学的几百年内所发展出的新理论之中，有些是针对亚里士多德对一个给定问

---

① ［美］理查德·S. 韦斯特福尔：《近代科学的建构》，彭万华译，复旦大学出版社2001年版，第1页。

题答案不能令人满意而提出来的，如冲力，超宇宙的虚空，运动的指数定律；有些标志着为寻找同等可信的替代理论而作的努力，如世界的多重性和地球的转动；还有一些则完全独立于亚里士多德体系，如形式和性质的张弛，平均速度律。这些新的成就虽然最终没有能为毁灭亚里士多德主义大厦打开缺口。"却为十六七世纪新的科学革命的到来奠定了基础，所以"事实上，尽管大多数运动学命题在14世纪发展得如此卓越，但并没有汇集成一个较大的整体以产生新力学。这项伟大的成就还得等待伽利略的到来。伽利略的成功，部分来自于他清楚地认识到需要从大量混乱的定性变化研究中提炼出能够恰当数学化的部分"①。第三，科学的基本性质不仅是"动态性"的，而且其动态性是"连续性"展开的。正是这种动态的连续性使科学发展中任何一种具体观念的产生，都可在深度和广度两个维度影响科学的进程，"改变整个科学结构"，而且这种改变具有超越时空的穿透力。

科学自身与存在世界、与人类社会之间的整体关联性以及动态的连续性和自有其思想史的穿透力等均被忽视的根本原因，是观念逻辑基于经验和形式的双重要求形成的分析主义，必须是静态的，必须把动态变化的存在世界抽象为静止不变的"自然现象"。这种静态的观念取向和分析模式合力生成观念逻辑的局域主义性格和局部动力学思想。

观念逻辑的局域主义性格和局部动力学思想从三个维度敞开其整体呈现：首先，观念逻辑基于满足人的智－力意志的动机和实现其智－力意志之目的，自始至终无视自然逻辑的存在而独立孤行。其次，这种独立孤立在逻辑学、科学、哲学三个方面各自表现为：逻辑学片面诉求形式结构的完美而忽视实体的存在；科学诉求静止的"自然现象"的经验实证而抛弃自然事物间的关联和世界的整体存在；哲学追随科学抛弃动态生成的整体存在或曰"终极的实在"，最后龟缩在主体论的自闭圈子里自得其乐或者回归到科学主义大潮中展开语言的逻辑分析。

观念逻辑的局域主义性格和局部动力学思想形成的根本危害，是对人类生活的错误诱导，将人类生存引向与存在世界为敌和无限度地向自然索取财

---

① ［美］爱德华·格兰特：《中世纪物理科学思想》，郝刘祥译，复旦大学出版社2001年版，第85、86页。

富的自毁道路。比如，近代以来，人类向自然要存在要财富，是以机械技术为动力，向工业化、城市化、现代化方向展开，创造出两个成果：第一个成果是工业文明，它今天仍在以改头换面的方式继续膨胀，其表征是向海洋进军，向太空和宇宙进军，向地球生物世界甚至微生物世界进军，向人类自己的身体（基因、大脑、肉身）进军。第二个成果就是自然生境丧失，环境整体恶变，其突出标志是气候失律和生活灾-疫化，失律的气候和生活化的灾-疫互为呼应整合暴发的极端形态有二：一是北极燃烧，酷热与高寒无序交替；二是疫病世界大流行和日常生活化。对人类言，工业文明是呈正价值取向的积极成果，因为它是人类所期望的；自然生境丧失、环境整体恶变却是呈负价值取向的消极成果，因为它是人类所不愿意看到的。然而，无论其正价值成果还是负价值成果，都融进了人类特有的思想智慧，即人的唯主体论、唯物质幸福目的论和人为自然立法的思想。这种思想落实在行动领域，锻造出人类集权和专制的征服主义行动模式。

从历史观，集权和专制始终伴随人类，只是在不同历史时期其表现方式和指涉范围有所不同。在工业化、城市化、现代化的人类进程中，集权专制的行动模式展开为两个维度，即指向对人的集权专制和对自然、地球、环境的集权专制。仅后者论，人类集权专制的征服主义行动模式及连绵展开形成的征服自然、改造环境、掠夺性开发地球资源。人类向自然集权的行动和对环境专制的作为，释放出强大的张扬人定胜天的观念逻辑。从根本讲，自然生境丧失、环境死境化，都是人类无限发挥自造的观念逻辑所结出的意想不到的恶果。具体地讲，近代科学革命和哲学革命合谋创建起来的机械论世界观和二元分离的认知模式，构成了工业文明的认知基石。但构建这一认知基石的逻辑前提，却是"自然没有生命"，并且它对人类只有使用价值。

"自然没有生命"的观念来源于两种理论：一种是由霍布斯的唯物论哲学和牛顿的力学理论共同建构起来的机械论世界观；另一种是热力学第一定律：宇宙中的物质与能量是守恒的，既不能被创造也不能被消灭，它们只有形式的改变而没有本质的改变。① 能量守恒的"熵热力学定律制约着物质世界。人

---

① ［美］杰里米·里夫金、特德·霍华德：《熵：一种新的世界观》，吕明、袁舟译，上海译文出版社1987年版，第3—4页。

类为了组织起自身物质生活而与定律建立起来的相互关系"①。这种相互关系就是其观念的逻辑：由物质构成的宇宙是没有生命的，没有生命的物质宇宙的机械运动是能量守恒的。既然物质宇宙是能量守恒的，它就蕴含无可穷尽的资源为人们所利用，或曰能量守恒的物质宇宙为人类的物质生活提供无可穷尽的资源来源。"国家的社会职责就是帮助人们征服自然，获得能满足他们需要的物质繁荣。"因为"对私有财产的无止境的追求会引起人与人的互相残杀，最后使社会的一部分成员沦为财富积累过程的牺牲品呢？洛克认为不可能，因为人类就其本性而言是善良的，使人为恶的只是匮乏和贫困。既然聚财是人类本性，那么只要不断增加社会财富，社会就能永保平安。人们可以化干戈为玉帛，因为自然中'仍有着取之不尽的财富，可让匮乏者用之不竭'。人们可以为所欲为，因为他们之间并没有利害冲突。"所以，"洛克宣称：'对自然的否定就是通往幸福之路'。必须把人们'有效地从自然的束缚下解放出来'"。②正是由科学、哲学和社会政治－经济学理论共同努力构建起来的这一具有推论关系的观念逻辑，确立起人对待宇宙世界的基本观念和看待生活的根本信念，鼓动人类为了达到自己的目的和实现自己的需要，可以任意地否定自然，并将其视为是合规律的，也是合人的法则的。这种既合规律也合人的法则的观念逻辑，既是康德宣扬的人的"理性为自己立法"和人的"知性为自然立法"的逻辑大前提，也是洛克鼓吹的"对自然的否定，就是通往幸福之路"的逻辑大前提，这更是人类肆意改造环境和征服自然、创建工业文明的逻辑大前提。但当古典工业社会向现代工业社会迈进，经历近300年的工业化、城市化、现代化发展，面对无处不在的世界风险和全球生态危机，面对满目疮痍的地球，面对极端失律的气候、蔽日的霾、绵绵的酸雨、满天的粉尘和无所不在的污染，尤其是反复蹂躏世界和人类存在的各种病毒，人们不得不异常沉痛地发现，不断恶化的环境和丧失生境的自然，正在以自身方式毁灭着工业文明的幸福美梦，毁灭着人类继续存在的土壤和根基。追溯根源，问题最终出在创建工业文明的逻辑大前提上，因为自然是有生命的，并且自然是一切物种生命和所有个体生命的本源性生命场域。否

---

① ［美］杰里米·里夫金、特德·霍华德：《熵：一种新的世界观》，第6页。
② ［美］杰里米·里夫金、特德·霍华德：《熵：一种新的世界观》，第21页。

定自然的生命性，最终是否定人类的幸福之路和继续存在的可能性。

2. 何谓"生境逻辑"？

观念逻辑是人造逻辑。人造逻辑是可欲的，也是必然的。人造观念逻辑的可欲性，源于人作为自然人类学向文化人类学方向演化的必然。对人类物种言，这种演化的机制可能是偶得的，因为在地球生物世界里，万千物种中只有人类这一物种从自然存在物向文化存在方向演化的能力。从创世纪的发生观，人类物种这一有别于万千物种的演化能力，并非天赋，因为无论是上帝创世纪的神学讲，还是宇宙创世纪的科学讲，都没有赋予人类物种独自地从自然存在物演化为文化存在物的能力。在《圣经》中，上帝耶和华创世纪的六天历程中，在创造出天地、山水、万物之后虽然按照自己的肖像创造出人类物种亚当和夏娃，也只是赋予他永生和不劳而获的特权，却并没有赋予他自我演化的能力；相反，耶和华对亚当和夏娃做了明确的限制。伊甸园里后面善恶之树上的果子不能吃，否则，必死。这是耶和华的禁令，所有的存在物都不能具有自演化的能力。亚当和夏娃最终获得自演化能力是偷吃了伊甸园后园中善恶树上的果子，这被上帝称为原罪，但亚当和夏娃的原罪并不是蓄意的谋划，而是偶然，即受蛇的引诱所为。所以，从神学的创世纪言，人类从自然人类学向文化人类学方向演化，将自己从动物存在转化为人文存在的那种演化能力，却是偶得的。宇宙创世纪的探究，就是各种宇宙生成论理论，同样没有为之提供人类从动物演化为自谋求存在的人类赋予先天的能力，比如各种宇宙大爆炸理论，没有这方面的人类物种优越于其他物种的任何信息。这表明，人类从自然人类学向文化人类学方向演化的机制，是偶得的。但一旦偶得其演化机制，其演化就成为必然，即人作为**动物存在的人**必然要成为**人文存在的人**，这一不可逆的前行方式和前行过程必然生发出欲求意志的创造和借助其创造实现其意志的自由，这一努力的奠基性工作，就是创造可以按自己的意志来实现自己的意志的逻辑。人造观念逻辑之成为必然，是因为作为自然的人类学向文化的人类学方向演化的实际进程，就是人作为生物的存在向人文的存在方向前进的主体性标志，亦是人文存在的人的人的意识、认知、能力不断打开的过程，这一过程使他层累性集聚起创造体现意志自由的观念逻辑的能力。

人按照人的意志创造观念逻辑，既可开出客观主义道路，也可开出主观主义道路。人创造观念逻辑诉求于对主观主义道路的开辟，就是以人的意志为动机，也以人的意志为准则、更以人的意志为目的的方式创造观念逻辑，按照这种主观主义性质创造出来的观念逻辑，本质上是人类自我孤立主义的逻辑，这种孤立主义的观念逻辑敞开的道路，就是从农牧社会向自然学习、拜自然为师转向向历史学习、拜自己为师方向展开，突显以**人定胜天**的雄心去创造无限物质幸福的道路。人创造观念逻辑诉求于对客观主义道路的开辟，也是要以意志为动机和目的，却要以自然的律法为准则。按照这种客观主义性质或曰遵从自然的律法创造出来的观念逻辑，就是人类与自然**共生存在**的逻辑，这种共生存在的观念逻辑敞开的道路，实是当代人类在种种毁灭性的危机处境中探索自我拯救的道路。

自然的律法，就是自然的生生律法，或曰存在语义场的生生律法。根据以生生为本质规定的自然的律法生成的逻辑，就是自然的存在敞开逻辑，简称自然逻辑。由于自然逻辑是以生生为本质规定，而生生又是自然存在——或曰存在语义场——自生生它的原动力机制，并使之敞开生境功能，所以又可将自然逻辑称为**生境逻辑**。

要理解何为生境逻辑，需要从"生境"入手。有关于"生境"之词源学释义，可参见第2章"共生存在"第四部分。概括其前述，所谓"生境"，就是**生生之境**，即自生生不息的存在环境。其生生之境是相对存在的本体"场"（全称"存在语义场"）而言：存在的本体，是语义场；语义场的本质，是生生；语义场的本原，是生境。参见第3章"场态本体"第一部分第三节内容：以生生为词源学本义的"自然"（nature）概念，在古希腊思想中蕴含三层语义内涵并用"本性""本质""本原"三个词来表述，其中，"本性"一语表述"自然"的固有倾向，"本质"一语表述"自然"的内在规定，"本原"一语表述"自然"的原发构成要素。"本原"（arche）的本义是"太初"，意指最先产生并生成自然万物的那个东西，它构成自然的最初状态并始终对自然运动过程发生作用，它有三层含义，并在后来被译为"起源""基质""原则"：起源，表述"本原"是一切的源头；基质，表述"本原"是一切的根本；原则，表述"本原"是一切的准则。正是因为"本原"具有如上三个方面的语义内涵，亚里士多德将它其定义为"一切存在着的东西由它而存在，最初由它生成，毁灭后又复归于它，万物虽然性质多变，但实体却始终如一"①。

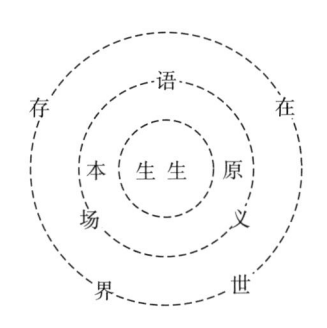

[4-2：语义场本体的内在构成]

图 4-2 给予我们认知的直观：作为存在本体的语义场，其原发构成是生境，生境的原发机制是生生。构成生境的原发机制的"生生"蕴含三个维度的功能取向。首先，构成生境之原发机制的生生之内在本性，即生，它既包含原发的生，也敞开继发的生，前者乃自生；后者乃生它。是自生与生它互为推动；而自生与生它互为推动，才产生生生，才使生境存在生生不息。其次，作为生境之原发机制的生生，意指连续不断的、持续敞开的永恒运动方式和永恒运动进程，唯有此永恒方式和永恒运动进程，才持续不断地生成时间，才源源不断地敞开空间，生成构建起无限时空，无限时空即生境化的时空。最后，作为生境之原发机制的生生，所自持地持续敞开的永恒运动体现不可逆朝向：生生不已的生境逻辑，体现不可逆方向，所以生境逻辑是不可逆逻辑。这种不可逆的生境逻辑，构成自然万物生存存在的不可逆的原动力保障，只有当遭受持续的外力的挤压时，自然万物敞开的不可逆朝向才被迫改变。

"生境"概念对存在本体之语义场的本原性构成的生生语义，则构成存在语义场的生境逻辑。所谓生境逻辑，是指**存在按自身本性敞开存在的逻辑，或曰事物按自身本性敞开存在的逻辑**。

生境逻辑的宏观表达或者说定义，就是宇宙遵循自身律令而运行，自然

---

① 苗力田：《古希腊哲学》，第 21 页。

按照自身法则而生变，地球生物圈中的物种按照物竞天择、适者生存的法则而生生不息。比如，气候就是连接天地且由地及天再由天而地的宇观存在，它是按周期变换运动的律令而运行，由此生成性敞开日月之行与盈缩之期的循环往复，生生不息。地球生物圈的生生存在异常复杂多变，但其基本的生生坐标敞开为两个方面：一是复杂的食物链的形成和持续运作；二是物种之间对生物多样性存在的自发维护。这两个方面均源于对进化法则的遵从。进化法则就是地球生物圈生生存在的逻辑，这一生生存在的逻辑被达尔文表述为"物竞天择，适者生存"。这一逻辑要保持地球生物圈生生存在的本性，有两个关键点：一是物物相竞的强力，即存在于地球生物圈中的万物——无论动物、植物还是微生物——都有体现自身物种生生存在的竞斗强力及敞开自身方式的；二是物物相适的自我限度和互为限度的强力，即在"物竞天择"竞斗世界里，"适者生存"并不只是指"适应"，或者说"适应"并不是"适者生存"的本义，而是指在物物相竞中保持物物相适的能力，物物相适的能力就是物种生命的自我限制、自我限度、自我边界的能力，这种能力才是构成地球生物圈万物相生的根本律法，或者说是万物相生的生境逻辑的根本方面。

生境逻辑的微观表达，就是任何具体事物、所有个体生命、一切具体存在，均按照自己本性或者内在规定性谋求存在。比如水，其本性是平，由此形成水的平澹而盈、卑下而居的存在样态。水，无论是溪涧之水，或江河湖泊之水，还是海洋之水，总是按照这一自身本性流动不息，生生不已。起于地平线却又直耸云霄，这是高山的本性，亦是"积土成山，风雨兴焉；积水成渊，蛟龙生焉"的生存逻辑，即生生不息的生境逻辑。以此对照，"让高山低头，叫河水让路"，这是根本地违背水和山之生境逻辑，亦是使水和山丧失自身之生生本性的人力表现。日月运行有时，寒暑交替有序，这亦是日月、寒暑按自身存在的生生本性而运作的逻辑呈现；反之，当日月运行无时、寒暑交替无序时，就是日月和寒暑丧失自身存在本性和违背其生境逻辑的逆向运动。

生境逻辑的人力表达，就是文化人类学的人类必须遵循自然人类学的存在律令和法则，这一自然人类的存在律令和法则可简称为自然律，只有遵从自然律而进化前行，才可真正使人类自己在任何存在境遇中都能保持不断向上的人文存在方向，否则，就会从人文存在向动物存在方向倒退或坠落。因为,"自然一直在用她的血肉供养着人类,最早,我们从自然那里获取食物、衣着和居所。之后,我们学会了从她的生物圈里提取原材料来创造出我们自己的新合成材料。而现在,自然又向我们敞开她的心智,让我们学习她的内在逻辑"①。

综上,生境是生境存在的简称。生境存在表征为场态存在、关联存在和共生存在。将场态存在、关联存在、共生存在贯通使之成为真实的生境存在的那个内在的东西,就是生境逻辑。以此来看,生境逻辑又是指能生育的生长之物相向生生存在的逻辑。这种相向生生存在,既是个体与个体的相向生生存在,也指个体与整体或整体与整体的相向生生存在。所以,生境逻辑不是某个体事物或某类事物存在的逻辑,也不是某个特定存在空间存在的逻辑,而是万物存在的逻辑,是自然存在的逻辑,是宇宙存在的逻辑,是自然史、生物史、环境史、生命史等自为敞开和互为敞开的时空逻辑,简言之,生境逻辑是**自然万物的逻辑**,简称**自然逻辑**。

所谓自然逻辑,从来源讲,是指源于自然的逻辑,不是源于人的智-力的逻辑。人类今天崇信的逻辑,无论是亚里士多德的三段论、形式逻辑,或是辩证逻辑,以及人工主义的数理逻辑、分析逻辑等,都是人的智-力逻辑。比较而言,人的智-力逻辑与自然逻辑之间存在着四个方面不可通约的区别。

首先,人的智-力逻辑由人创造,不是由自然生成。自然逻辑与人的智-力无关,它由自然生成,是自然力的创造物,或可说是上帝的创造物,是上帝创世纪中最精美的礼物。由此形成生境逻辑与观念逻辑根本不同:一是观念逻辑是人为逻辑,自然生成的生境逻辑是宇宙逻辑、地球逻辑、自然逻辑、事物逻辑、生命逻辑、人性逻辑。二是观念逻辑以对观念的假设为前提,自然生成的生境逻辑却以实际的**存在事实**为准则,任何形态呈示的生境逻辑,都以事实本身的存在为前提,但任何观念假设都与生境逻辑无直接关联性。三是观念逻辑张扬人力意志,是人按照自己的主观意愿或强力意志设定其目的,所以观念逻辑始终追求**目的性的合目的性**;自然生成的生境逻辑敞开事物本性,存在本性,具体地讲是宇宙本性、地球本性、生命本性,张

---

① [美]凯文·凯利:《失控:全人类的最终命运和结局》,第4页。

扬的是宇宙律令、自然法则、生命原理、人性要求，**体现无目的的合目的性**。概论之，自然生成的生境逻辑就是宇宙、自然、生命、事物的本性逻辑。在存在世界里，人类遵循生境逻辑，就是尊重事物本身，就是尊重事物本性、生命本性、自然本性、宇宙本性，使它们在各自成为自己的同时尊重对方，并促成对方成为自己。抑或可以说，自然生成的生境逻辑就是事物与事物、生命与生命、个体与整体之间的**共互**逻辑，亦是宇宙、地球、人类之合生存在、共生生存的逻辑，更是"人与天调，然后天地之美生"①的逻辑。

其次，人的智－力逻辑只能解释人力运动，不能解释自然运动。比如，"让高山低头，叫河水让路"，就是人的智－力逻辑，它无法解释"平澹而盈，卑下而居"的水的逻辑：水的存在逻辑就是平澹而盈，卑下而居。平澹而盈、卑下而居的水逻辑，能够解释水的本性存在问题，也能解释"让高山低头，叫河水让路"的逆生本性问题。自然逻辑可以解释整个存在世界，包括自然存在世界和人力创造的世界。比如宇宙力学原理可以解释飞鸟活动，更可解释人造的各种航空航天器。航空航天器具的制造原理，却不能解释飞鸟运动，也不能解释宇宙运动。浮力定律，可解释人的游泳运动，更可解释各种渡水工具和器械，但制造各种船舰的技术原理却不能解释水的运动。

再次，人造的智－力逻辑是一种生存发展的逻辑，而不是一种**存在逻辑**。因为人的智－力所创造的逻辑只能基于生存发展的需要，而不无力基于存在的要求，所以人造的智－力逻辑只适应于人的生存发展，只能解释人的生存发展。自然逻辑却是存在逻辑，凡存在逻辑，由于它是造物主创造的，所以既能解释存在世界所有存在问题，更能解释存在敞开的生存世界全部的问题。

最后，人造的智－力逻辑之是生存发展的逻辑，在于它是基于应然而创造的逻辑，属于应然的逻辑。比如，人应该成为文化人、文明人，而不应该是一个动物，所以不应该保留或保持动物本性和生物倾向，这样一来，人就把自己抬高了。人一旦抬高自己，就会忘记自己的出身，忘记自己的地位，包括限度和边界。人本中心论、绝对主体论、权力至上论等必然产生，虚妄和疯狂自然也成为人的逻辑。与此相反，自然逻辑始终是实然的逻辑。所谓

---

① ［清］戴望：《管子校正》，中华书局2006年版，第242页。

实然的逻辑，意指**它原本是这样的逻辑**。存在世界、自然、环境，具体到任何能生育的生长之物，其原本是这样的逻辑，其实就是存在之本性的逻辑，是存在者本原性之生的位态逻辑，是生生朝向的逻辑。在存在世界里，无论整体的能生育的生长之物还是个体的能生育的生长之物，其生之位态逻辑和生生朝向逻辑始终是共通的、共同的、唯一的，是可完全相共的。正是因为扎根实然世界的自然逻辑是完全可共的逻辑，它才有资格获得生境逻辑的称谓，获得生境逻辑的定义。

生境逻辑的灵魂，是生，是生生。尊重生境逻辑，就是生，就是生生。实然的存在世界之在本原上是生境的，是因为存在世界在本原上是自生和生它的。"离离原上草，一岁一枯荣。野火烧不尽，春风吹又生。"其所陈述的是草木的实然存在之生，敞开为实然存在之生生。"风云变幻"，所描述的仍然是生，而且互生和共生敞开的同样是生生。大海的海浪、钱塘江的潮信，以及决堤的洪水、地震，甚至正在为整个人类忧惧的新型冠状病毒，亦是自然世界的实然之生，它敞开自为的生生，虽然这对人类世界的生存逻辑来讲是绝对的害。

生境逻辑作为自然的存在逻辑，或存在的自然逻辑，是原发生的，所以生境逻辑又是一种原发生的逻辑，既是世界原发生的逻辑，也是个体能生育的生长之物的原发生逻辑。反之，人造的智－力逻辑，无论形式逻辑还是辩证逻辑，或者今天高度发达的数理逻辑，都属于生存发展的范畴逻辑。由于存在敞开的进程是生存，并在生存中谋求发展，所以原发生的生境逻辑必然构成人造的智－力逻辑的最终解释依据、解释框架和解释方式；反之，一切人造的智－力逻辑都必须接受原发生的生境逻辑的解释和规训，如果超出或逾越其原发生的生境逻辑，这种应然主义的人造的智－力逻辑，就属于一种死境逻辑，因为它可以将人的生存发展运动推向死亡的绝境。工业社会赖以信仰的"物质幸福无限论"逻辑、"自然资源无限论"逻辑以及"人类潜力无限论"逻辑，就是这种性质的逾越和违背生境逻辑的死境逻辑，正是在这种死境逻辑推动下，以工业化、城市化、现代化为主导的现代社会才开启自我终结之路，并最终沉沦于后世界风险社会的多重陷阱之中难以自拔。

3. 生境逻辑的构成

生境逻辑即自然逻辑，作为自然逻辑的生境逻辑，既是实然的逻辑，也是必然的逻辑。作为实然的逻辑，是指它本原就是这样，即自然创化行为创化了生境逻辑，它构成自然本原性存在的实然位态，也成为自然创化运动的内在规定。作为必然的逻辑，指它一旦伴随自然创化诞生，就必然要生，且生生不息地保持自生的生境状态，并以此规范自然万物存在之生，且生生不息地自在运动。生境逻辑的实然之生和必然之生生，既构成它自身的性质定位，也成为它的类型学依据。

生境逻辑的构成性质　原发于实然并敞开为必然的生境逻辑，由于其原发之生和存在敞开之生生这内外两个方面的规定，形成自创生的性质定位。

> 秩序通常被视为某种静态的东西。每当我们想到时空序（spatialtemporal order）时，我们就几乎不假思索地想象这样一个终点，在这点上特定的有序结构最终凝固在那里。晶体便是此类有序性的极好例子。然而，我们将会看到，生命系统中的有序并不能与晶体中的静态现象相提并论。一方面，生命乃是从运动变化中**创生的有序**，并永远与走向混乱无序的衰败（decay）相伴随（见第五章）。另一方面，**生命就是衰败**。没有选择原理我们就无法理解物种的进化，也就是说，新物种的出现总是伴随着旧物种的消亡。生活在有机肥料中的细菌如果不分解有机物中那些高度复杂的分子结构，便无法生存。①（引者加粗）

作为实然地生的生境逻辑，伴随自然的创化而诞生，则因为自然的创化本身是生命行动，更因为创化自然的创化力量，或是造物主或是上帝，但都是生命存在。或曰，创化自然的力量无论是造物主还是上帝，都是有生命的存在，都是自生命存在者。因而，生命构成创化的源泉，成为被创化的自然的源泉，这一创化自然的源泉在创造自然的过程中内聚为它的内在生命形态，即是生境逻辑。从这个角度看，所谓生境逻辑，不过是造物主创化自然时内聚于所创造的自然之中的不可逆的自生生命朝向。

作为自然之内在生命形态和自生生命朝向的生境逻辑，其创生的性质定

---

① ［德］弗里德里希·克拉默：《混沌与秩序：生物系统的复杂结构》，第6页。

位意味着它本身成为自然自为地存在敞开的自创生方向,是建构秩序。或可说,自然之自为存在敞开追求有序地自创生遵循的基本法则,是生境逻辑。不仅宇观存在的自然是如此,构成自然之具体存在、具体生命形态和生命类型,都是按照生境逻辑来创化生命,来创造生命的秩序与存在。这是因为存在世界是以自然为宇观形态,造物主创世纪,就是创化自然,但其创化自然的具体落实却是创化生命。造物主创化具体的生命存在,同样注予生命以生境逻辑使之成为内在的生命形态和生命朝向。

无论从宇观存在讲,还是从微观存在论,造物主创世纪而将内聚为内在生命形态和生命朝向之生境逻辑,既构成自然和万物生命建构自存在秩序的内动力机制,也构成自然和万物生命解构自存在秩序的内动力机制。从关联存在言,自然的自创生运动,始终以其个体存在的生命形态和生命类型的生长与衰退互为推进为关联机制。具体地讲,生命的生长激活自然的自创生必遵循生境逻辑法则;同样,生命的衰败促进自然的自创生亦必须遵循生境逻辑法则。所以,自然的自创生运动,在其存在的形态学层面是维护平衡,即建构秩序和维护秩序;在其存在的本体层面却是远离平衡,滑向混沌和维护混沌,这是因为存在以存在的方式存在——或者说存在以场态的方式存在——必须新陈代谢,必须吐故纳新,这就是存在远离平衡的秩序与混沌的胶着运动,这一胶着运动的具体呈现就是生命运动。生命运动之于个体,正面言,就是遵从生境逻辑走向生长;反面观,就是遵从生境逻辑走向死亡。合言之,则是遵从生境逻辑**向死而生地**敞开"生命就衰败"和"生命即是生长"交互运动。个体生命遵从生境逻辑向生而死,铸造着整体生命存在的长青。从整体观,因为生境逻辑对生命的内在规定,生命就是创生。生命的创生和生命的衰败互为敞开的激励逻辑就是生境逻辑。

生境逻辑的构成类型　依据原发性之生和存在敞开之生生两个方面的规定形成的生境逻辑的自创生性质定位,生境逻辑的构成类型生成的依据是自然律。在生态理性哲学的审视视野里,自然律是相对人文律和社会律而言的**实然存在律**,它是造物主创化自然(即宇宙和地球,或曰宇宙自然)的原理,造物主创化自然的原理,包括宇宙律令、自然法则和生命原理,所以这一实然存在律主要指宇宙律令、自然法则和生命原理。

以自然律为依据，生境逻辑就是自然逻辑，或曰，生境逻辑首先指自然逻辑。如前所述，生境逻辑是实然的逻辑，是自然地生成的逻辑，是造物主创世纪时遵循的逻辑，也是造物主创世纪时赋予其创造物即自然的内在规定、内在机制、内在生命诉求和不可逆朝向。所以，生境逻辑就是自然逻辑。用自然逻辑来定义生境逻辑，意在于突出生境逻辑是遵循自身本性和自在方式而敞开存在的逻辑，这种逻辑表述为自在自为和自生生它。前者意谓其自我组织、自我催化、自我复制、自我管理、自我适应、自我修复、自我进化与共同进化、自我学习与相互学习；后者意指在自生中生它，并通过生它而自生，突出其生生不息地关联存在和关联存在地生生不息。

以自然律为依据，生境逻辑既是实然的自然逻辑，也是必然的自然逻辑。作为实然的自然逻辑，生境逻辑就是存在逻辑。作为必然的自然逻辑，生境逻辑就是存在敞开的**生存逻辑**。

"存在"是一个整体概念，它其大无外、其小无内地囊括一切的整体存在，或曰场存在，因而，存在逻辑即是**场在逻辑**。由于存在既可呈宇观样态，也可呈宏观样态，还可呈微观样态，所以存在逻辑也可类分为宇观存在逻辑、宏观存在逻辑和微观存在逻辑。与"存在"相关联但又根本不同的"生存"，也呈现宇观生存逻辑、宏观生存逻辑和微观生存逻辑三个方面。生境作为实然存在的存在逻辑和作为存在敞开生存的生存逻辑，其性质和取向是完全趋同，所异者，是存在逻辑的实然之生和生生朝向是内敛地驻守，而生存逻辑的必然之生和生生朝向却是外向地扩张。二者一静一动、动静相生，推动存在之生境逻辑生生不息。比如，气候存在的周期性变换运动的逻辑，就是宇观存在逻辑；遵从其周期性变换运动的律令而敞开日月之行和盈缩之期的循环往返，就是其宇观生存逻辑。宇宙的静态存在，体现其生生常驻的存在逻辑；但宇宙从热膨胀到临界点生发大爆炸而产生热寂运动达向的临界点反向运动重新层累性集聚热能产生新一轮大爆炸的"轮回"性存在所遵从的逻辑，就是宇宙从存在逻辑向生存逻辑的轮回运动。① "黄河远上白云间，一片孤城万仞山。羌笛何须怨杨柳，春风不度玉门关。"（王之涣《凉州词》）和"离

---

① ［英］罗杰·彭罗斯：《宇宙的轮回》，李冰译，湖南科学技术出版社2015年版，第275—280页。

离原上草,一岁一枯荣。野火烧不尽,春风吹又生。"则呈现其生生朝向微观的存在逻辑,亦敞开其生生不息的微观生存逻辑。并且,作为生境逻辑的存在形态的存在逻辑向生存逻辑的敞开——无论是宇观存在,还是宏观存在或微观存在——其敞开的内在机制都是生,都舒张出生生不息的自创生诉求,气候的运动与"一岁一枯荣"的野草,以及轻舟穿过的"黄河"和"万仞山"、羌笛关联起来的"白云"与"玉门关",都是以自持自立的方式生生不息的存在,这种存在既受纳着时空,又逾越时空而永恒地存在。

以自然律为依据,生境逻辑既是实然的生命逻辑,也是必然的生命逻辑。作为实然的生命逻辑,生境逻辑就是存在逻辑。作为必然的生命逻辑,生境逻辑就是其敞开的生存逻辑。

在生境逻辑中,"生命"首先是造物主(或"上帝")概念,因为造物主之能创造出宇宙自然万物这样的融宇观、宏观、微观于一体的存在世界,并注入其实然之生和必然之生生,完全是因为造物主本身是生命,是最高的、最完美的、最神圣的生命,生命之具有神性和生命之神圣,均因为造物主本身是生命的化身,是生命本体。其次,生境逻辑中的"生命",是指自然,即宇宙和地球,造物主创化它们时就按照本身的生命样态创造出来的,所以自然本身即生命,是生命的整体样态,是整体的生命形式,并且也成为微观层面的万物生命的源泉。最后,生存逻辑的"生命"的具体存在样态,才是万物,才是地球物种,才是动物、植物、微生物。最后才是从生物世界中走出来的人类物种,人类生命是生命的末端样态,虽然它可能是生命世界的精华样态。在生境逻辑中,无论哪种样态的生命,它的实然本质都是生,它的必然本质都是生生,它的存在敞开都是以自身方式的自创生生存运动。以生物学为例,其对地球生物生境予以"有机原则"的表述,揭示地球生物的生产必须遵循生物学的有机原则。遵循生物学的有机原则,生产必须是以更少的材料创造出更好的东西。"确切地说,下个纪元的特色是新生物学而不是仿生学,因为在任何有机体和机器的混成物中,尽管开端可能是势均力敌的,但生物学却总是能最终胜出。生物学之所以总是胜出,是因为有机并不意味神圣,它并非生命体通过某种神秘方式传承下来的神圣状态。生物学是一个必然——近于数学的必然——所有复杂归向的必然。它是一个欧米茄点①。在天生和人造缓慢的混合过程中，有机是一种显性性状，而机械是隐性性状。最终，获胜的总是生物逻辑。"②

三 生境逻辑的本质

存在的本体是语义场。语义场的本原是生境逻辑。生境逻辑的实然本质，是生；其必然本质，是生生。生境逻辑的生之实然本质和生生之必然本质，源于语义场的生命化存在，进一步讲，是源于存在本身的生命化，因为存在——无论宇宙自然，还是万物——的存在，均源于造物主创化的生命化，或曰造物主创化存在（宇宙自然万物）时赋予存在以生命和定型生命的本体、本质和本原。这是进一步理解生境逻辑的本质的根本认知前提。

1. 生生：生境逻辑的存在本质

生境逻辑的生生本质既源于存在的生命化，更来源于语义场之存在主体是生命本身。

对语义场言，其存在主体的宏观样态是自然（宇宙和地球），其存在主体的具体样态是万物生命。从动力学角度观，其整体动力是自然世界，其局部动力是个体存在。个体存在始终是生命存在，在存在语义场中，个体与个体之间其生命敞开存在无论如何"决不仅涉及作用和反作用"，因为在整体关联的场域存在之中，"生命是一个网络，它的每一部分都影响着整体。而且，生命是一个在时间和空间上不断变化的动态网络。在同样的条件下，在空间的同一点上，出现不同的时间事件是可能的。同样，在同样的条件下，在时间的同一点中，有可能发生不同的空间事件。歌德（Goethe）曾对埃克尔曼（Eckermann）说：'对系统而言，它们不完全为自己所理解。'"③ 由生命组织起来的这个存在网络就是生生语义化的存在场，存在场本身是含纳一切生命样态——包括确定性或非确定性的生命样态、有序或混沌的生命样态，甚至

---

① 欧米茄点（Omega Point）：基督教中用来描述宇宙进化的终点，在这个终点上，复杂性意识觉悟都达到最大化。
② ［美］凯文·凯利：《失控：全人类的最终命运和结局》，第270页。
③ ［德］弗里德里希·克拉默：《混沌与秩序：生物系统的复杂结构》，第38页。

过去或将来的生命样态——使其各居其位态的开放、生成的宏大生命系统，是以场的方式汇聚并以场的形式敞开，所以它也成为一个遵从生境逻辑自生生它的生生不息的动力学系统。"在这样的动力学系统中，高度的有序性只有通过新结构的持续形成才可能维持。这些对衰退的补偿总是与生命紧密相连，只有从其表面上看生命之流才是稳定不变的。在这宏观表面的下面，隐藏着物质和能量的循环，没有它们，生命将不复存在。生命既流转不止，又静息不动。"①

在开放、生成的场化生命体系里，生境逻辑的生生本质之于存在本身言，就是自生生它。自生生它，构成生生的存在方式。生生之敞开，就是存在自生而生它，并因为生它而新生自己。自生生它，构成对生境逻辑之生生本质的精准解释：生生之于生境逻辑，其根本取向是为己，为己构成生生之于生境逻辑的不可逆朝向。生生如果没有为己的不可逆朝向，根本不可能保证生境逻辑对存在的长驻，生境逻辑一旦丧失其对存在的生生长驻，最终丧失自身而沦为死境逻辑。所以，生生构成生境逻辑的本质，在于其为己之自生：为己之自生，构成生生的本质。也正是因为为己构成生生的本质，才使生生构成生境逻辑的本质，因为以为己自生为本质规定的生境逻辑，才真正有资格构成语义场的本原，而成为存在的本体的本原，或者说成为存在的本质的本质。

进一步看，为己的生生本质之于生境逻辑和存在语义场的根本意义，首先体现在为己之生生本质，揭示了生境逻辑产生和存在的根本理由和最终依据，是为己：只有为己，才可生；唯有生生不息地为己，才可生生不息地自生。其次体现在存在之为存在，或者存在之以语义场的方式存在，就因为为己的自生依据、自生动力、自生源泉。再次体现在生境逻辑之所以构成存在语义场的本质的本质，就因为其生生的本质力量、原发动机是为己的自主。最后体现为生生之本质规定是为己和为己的自生，才萌发生它的需要，才产生生它的机制，才生成生它的动力。因而，自生生它构成一种结构，也成为一种机制。这种结构就是"生己→生它"的生生结构：只有生己，才可生它；

---

① ［德］弗里德里希·克拉默:《混沌与秩序：生物系统的复杂结构》，第38页。

并为了生己而生发生它的需要。所以，这种"生己→生它"的结构是一种生成论的结构，这机制就是"为己生它"和"生它为己"的动力机制，构成生境逻辑的原发机制，也构成存在语义场的原发机制，在这种"为己生它"和"生它为己"的动力机制里蕴含两个法则：一是**为己的原动力**法则；二是**为己的限度**法则。这两个法则构成生境逻辑的**内生**法则。根据第一个法则，生境逻辑就是生己的生生逻辑；根据第二个法则，生境逻辑的为己自生必须有限度，这个限度就是能使它生，并因其他生对自己的反向约束而要求必须生它。

在生境逻辑中，启动和约束生生的原动力法则和为己限度法则，并不是各相分离地自行运作，而是生生的一体两面，生成生长性激活机制和抑制机制的互励，正是其生长性激活与其生长性抑制的互为激励，才生成生境逻辑始终保持生生的自生生它机制。

> 生物体的这种极化很可能归因于两种涉及反馈的竞争效应：一个是生长激活，另一个是生长抑制。……花朵的形态和植物的对称性由此就可以得到解释。同样的原理总是成立的：在动态系统中，两个对立的因素相互作用并由此创造出动态的有序。有序通过结构的形成和分解而产生。①
>
> 我们已经知道了关于生命物体各个部分的大量情况，然而我们却不明白这些组成部分集合形成整体功能的过程。所有的生命都具有各自不同的特殊性能，这种性能决不能理解为是由众多的孤立组成部分的特性来表征的。通常，**整体性能**要比各组织部分之和大得多。因为它包含了结构和结构在正常运转时的行为，而后者是无法仅仅从对已知各组成部分的分离研究中就能作出断言的。有一些东西在机械力学的模式中消失了，有一些东西似乎在甚至非常深奥的生物物理和生物化学中也找不到它的根源。生命留下了神秘和不可思议。生物学中尚未解决的问题多的是，甚至或许还有永远不能解释的问题。②（引者加粗）

---

① ［德］弗里德里希·克拉默：《混沌与秩序：生物系统的复杂结构》，第216页。
② ［英］莱尔·沃森：《超自然现象：一部新的自然史》，王淼洋译，上海人民出版社1991年版，第2页。

第4章 生境逻辑

生境逻辑以为己之自生生它为内动力机制的生生本质，决定存在——无论宇观存在或宏观存在或微观存在——必须生生不息地存在。但生生不息地存在之于任何生命样态言，都敞开相反相成的生存进程，这就是遵从生生为己的原动力法则和限度法则，存在之生境逻辑既激活其生长，也抑制其生长。比如昙花一现，草木一秋，这是最为具体的生命存在敞开，它含纳自生生它的激活与抑制相反互成的生生机制，并同时释放其激活与抑制相反互成的生生机制。春夏秋冬四季循环、日月之行、盈缩之期，同样是如此，其存在敞开遵从生境逻辑既激活生长也抑制生长，从激活生长到抑制生长，敞开的是"向死而生"的生生循环开进。然而，无论诸如气候运动、风调雨顺之类的宇观存在样态，或者如地球生物运动、山崩海啸之类的宏观存在样态，或者诸如水的潮气与蒸发、兔死狐悲之类的具体存在样态，其各按自身方式敞开生存的激活或抑制的方式都是生，都体现自生生它的生生朝向。

从根本讲，生境逻辑这一为己自生生它的内生本质和原发机制呈现出来的根本的存在论意义，并不体现在存在的形态学层面的生变：生生之于存在的形态学生变，或是繁荣与衰败，或是存在与非存在，或是敞开为有或无。这对生生本身来讲，从有到无、从繁荣到衰败，都属于自然的进程，是生生之自我敞开的**平常**。对生境逻辑言，其生生对存在（自然、宇宙、万物、生命）的根本意义，在于其"变中不变"和"不变中变"，或者说"不变激活变"向"变抑制不变"方向推进所形成的"向死而生"的循环往复、永恒不止，才是存在充满和万物生生不息的活水源头。

作为生境逻辑的内生本质和原发机制的生生，其充满永不衰败的内在活力就是不断地发生，这就是在"不变"中生发"变"，在"变"中生发"不变"。"不变中变"和"变中不变"的发生样态，构成生命存在敞开的基本方式，无论生长激活还是生长抑制，都会发出声响，都因此而源源不断地内生其生生不息地燃烧的"永恒的活火"。

遵从为己的原动力法则和限度法则，生境逻辑之为己自生而生它的生生朝向呈现出来的这种生生不息的燃烧的"永恒的活火"就是变中不变和不变中变。生境逻辑敞开的变中不变和不变中变的生生"活火"能够实现的是存在敞开的动态平衡，即为己自生而生它的生生平衡，而不是静态的均衡。静态的均衡是

"变"的丧失，在存在敞开中，"变"的丧失意味着自为生机的解构，由此呈现出来的存在状态就是死境，更朝向死亡。并且，对于存在——无论整体存在还是具体存在——言，均衡状态不仅意味着死亡，而且均衡状态本身就是死亡状态；存在要保持生境状态，必须内具为己自生和生它的整体活力，保持为己之自生生它的充盈感和丰富性。因而，从为己自生生它的生生朝向看，以生境逻辑为规训的存在要富有生机，必须要自具空间向时间敞开和时间向空间渗进的生变力量和生生机制，因而，无论整体的自然世界，还是个体的生命或存在物，其为己而自生生它持续地生发出来的对扰动和变化的依赖，才是生之来源。

以为己之自生生它为不可逆的生生朝向为原发机制和内动力量的动态平衡蕴含三层含义：一是动态；二是平衡；三是动态与平衡的生生关联运动。以此观以生境逻辑为内稳机制和内生力量的存在敞开，其动态不仅仅讲运动，而是指运动的性质、运动的取向和运动的状态，这一状态的持续敞开之进程，绝不是平衡的，而是非平衡的。非平衡，意味着无序，也意味着紊乱，同时意味着变化不居："正是紊乱和多变真正给自然赋予了丰富的色彩。"然而，无序、紊乱、多变，都是有限度，但是，无序的限度是有序，紊乱的限度是条理，多变的限度是静止。因而，无序、紊乱、多变的敞开达于自身的极限，就是有序、条理、静止，一旦无序、紊乱、多变达于自身的反面，就是平衡。所以，平衡是动态中的平衡，动态也是平衡中的动态。动态平衡不是平衡制约动态，而动态催生平衡，平衡引发动态。动态平衡始终是一个交互作用的过程，在这个过程中，既保持了变中不变的为己之自生生它的稳定性机制和秩序性努力，也敞开了不变中变的为己之自生生它的**生成性涌动**和**开新性铺展**。所以，动态平衡的本质是生，是为己之自生生它，是自生生它的生生不息。

这就是生境的本质的最终理解。

2. 共生：生境逻辑的功能本质

生境逻辑是以为己之自生生它为内生机制和原动力量，生境逻辑的存在论依据是存在语义场。如果说为己之自生生它为内生机制和原动力量的生生，构成生境逻辑的存在论本质，那么，存在语义场则构成生境逻辑的功能本质。

第4章 生境逻辑

语义场是存在的本体，它敞开存在的基本面向。存在的基本面向因为语义场而突显出来，这就是语义场的场态化突显出存在的四面八方和四通八达，或曰存在的四面八方和四通八达的基本面向，由其本体语义场的场态本身打开。生境逻辑却为语义场提供本原论支撑而构成语义场的内在实体。生境逻辑的功能本质，实是其以为己之自生生它为内在机制和原发动力的生生本质对外辐射形成场态呈现。所以，理解生境逻辑的功能本质，首先须对存在语义场的四面八方和四通八达的基本面向有一整体直观（见图4-3）。在这整体直观中，存在语义场四面八方和四通八达的基本面向的主要维度是由纵横向坐标，即在横向的空间性坐标上，语义场敞开关联存在指向场态存在；在纵向的时间坐标向上，语义场敞开生境存在指向限度生存。

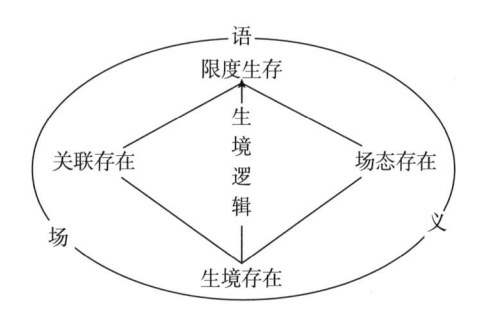

[4-3：存在语义场的构成机制]

比较而言，对生境逻辑的存在本质的理解，需要一种内在的理解方式，即应该从生境逻辑的生生构成及其取向方面理解和把握；反之，对生境逻辑的功能本质的理解，却需要一种外在的理解方式，即从图4-3可知，生境逻辑的功能本质的发挥指向其载体本身，理解存在语义场释放生境逻辑之生生功能的基本方式，有横向和纵向两个维度：在横向维度上，存在语义场对生境逻辑之生生功能的释放主要通过其关联存在和场态存在的敞开而实现；在纵向维度上，存在语义场对生境逻辑之生生功能的释放主要通过生境存在和限度生存的敞开来呈现。有关于生境存在的问题，可参见第3章"场态存在"；存在语义场释放生境逻辑的限度生存方式，将放在卷4《限度引导生存》第7章"限度生存论"。本节着重讨论其横向维度的关联存在和场态存在两个方面的问题。

生境逻辑的关联本质　以存在语义场为存在论论据的生境逻辑,其自身存在敞开的功能发挥所形成的第一个方面,就是关联存在。要理解关联存在何以构成生境逻辑的功能本质,需要对关联性本身有其基本的了解。

首先,何谓"关联"?

何谓关联的问题,是关联相对什么而言。在形态学层面,关联是生境逻辑相对存在语义场而言,揭示生境逻辑与存在语义场之间的存在关联,但这种关联不仅是构成性质的,更是功能性质的。在构成性质层面,生境逻辑是存在语义场的本原,二者的直接关联表述为:存在语义场是生境逻辑的存在本体,即存在语义场为生境逻辑提供最终依据和归藏之所;生境逻辑是存在语义场的存在本原,即生境逻辑为存在语义场注入内在灵魂和原发动力机制,这就是为存在语义场提供为己之自生生它的生生机制和内在神韵。在本质论层面,关联是生境逻辑为存在语义场之从四面八方涌现,同时又敞开四通八达的各语义要素、各存在主体之可贯通自如、自生生它而搭建桥梁、编织网络。所以,此种意义上的关联构成生境逻辑之于存在语义场之存在敞开的生存运动的桥梁和网络。

其次,关联的目的诉求。

生境逻辑向存在语义场敞开的关联功能,是它以为己之自生生它为内生机制和原发动力的生生本质向存在语义场发挥其四面八方和四通八达之桥梁和网络功能的形态学呈现。基于其为己之自生生它的生生要求,生境逻辑对存在语义场的关联功能和对存在语义场敞开运动进程中从四面八方拢集和通过四通八达播散关联所要达及的根本目标,依然是生和生生,即使存在语义场敞开从四面八方拢集并通过四通八达播散的关联而实现新生和更高水准或更广域度的生生。

最后,关联的本质呈现。

生境逻辑向存在语义场释放生境的关联功能的根本目的,是通过四面八方的拢集和四通八达的播散而实现更新的生生,这一从更广阔度和更新深度新生存在语义场的实质,就是实现更广阔度和更新深度的共生,包括存在语义场与其各存在要素之间的共生,以及存在语义场各要素与要素之间通过拢集或播散的方式新构或重建的共生。所以,生境逻辑对存在语义场的生生关联，就是共生关联和关联共生，前者指通过共生构建的方式形成关联或重新关联，后者指通过关联的方式实现更新形态或更高水平的共生。

生境逻辑对存在语义场的共生关联和关联共生，就是为己之自生生它为内生机制和原发动力，促进存在语义场四面八方的拢集和四通八达的播散实现纵横交错的连续性、网络体系化的不间断性，使自生生它的生成性结构——无论是建构性生成的结构或是解构性生成的结构——都能达于有序状态，实现存在语义场四面八方的有序拢集和四通八达的有序播散，这种四面八方和四通八达的多层次的、开放性的和网络化的有序存在，呈现互为节制的相对自由存在和相对自由运动。这就是生境逻辑对存在语义场的共生关联和关联共生的实质性努力所欲达及的生生境界。

生境逻辑的场态本质　语义场作为存在的本体，以其四面八方拢集和四通八达播散方式使存在场态化，这就是存在语义场存在敞开的场态化。生境逻辑的存在功能就是为场态化的存在语义场注入持续不衰的生生活力，包括生生不息的内生机制和生生不息的原发动力，具体地讲，就是为存在语义场打开以为己之自生生它的内生机能和生生不息的原动力。

生境逻辑以为己之自生生它为内生机制和原发动力，向存在语义场发挥其生生功能所形成的感性存在位态，就是从四面八方拢集并通过四通八达播散所敞开的生生不息的场态。对存在语义场的这种生生不息的场态的维护、更新、拓展，则构成生境逻辑功能实现的常态方式。

生境逻辑发挥生生不息的场态功能自有其边界和限度，这一边界和限度就是语义场的场域化。生境逻辑发挥其生生不息的场态功能，是以语义场场域为疆界。

要更好地理解生境逻辑发挥其生生不息的场态功能必以语义场域为疆界，需要先理解"场域"，它是相对场而言的，具体地讲，场域既是相对存在之本体语义场而论，也是对存在语义场的场态运动的边界规定。这种边界规定是源于存在语义场之本原，即以为己之自生生它为内在机制和原发动力为生生规定的生境逻辑对存在语义场的功能释放的自为规范。如前所述，存在语义场的功能释放方式就是从四面八方拢集并通过四通八达播散：从四面八方拢集，这是存在语义场的**内敛生成**，即从四面八方将所有要素拢集于自身，将全面能量拢集于自身，将一切可能性拢集于自身，使自身其大无外且其小无内，所以这种内敛生成实质上是**内敛性生生**，且生生不息。通过四通八达播散，这是存在语义场的**扩张生成**，即向存在语义场所及的存在世界的所有领域、一切方面、全部可能性释放其以为己之自生生它的生生功能，使存在语义场所及的存在世界的所有领域、一切方面、全部可能性都充盈以为己之自生生它为内生机制和原发动力，使所有领域、一切方面、全部可能性都充满生生不息的张力，所以这种扩张生成实质上是**扩张性生生**，且生生不息。生境逻辑向存在语义场发挥从四面八方拢集一切达于内敛生成，实是通过拢集性内敛（即"变"）生成为一种充实自己富足自己的"不变"生机与"生"力；与此同时，生境逻辑向存在语义场发挥四通八达地播散一切达于扩张生成，实是通过播散性扩张（"不变"的生机和生力）而生成出生生不息的"变"力。这两种张力最终又通过四面八方的拢集性内敛生成和四通八达的播散性扩张生成而形成合生的张力，这就是无论对存在语义场整体言，还是对存在语义场之拢集或播散的一切要素以及全部可能性言，这种合生的张力状态均敞开为"不变中变"和"变中不变"即互为砥砺又互为"分寸"的场态，这种场态化的张力状态辐射开去形成的边界，就是场域。

今天，场域（field）概念所呈现出来的方法运用于社会学领域而形成场域社会学理论。场域社会学理论家皮埃尔·布迪厄（Pierre Bourdieu，1930－2002）对"场域"概念做出如下定义：

> 我将一个场域定义为位置间的客观关系的一个网络或一个形构，这些位置是经过客观限度的。①
>
> 一个场域可以被定义为在各种位置之间存在的客观关系的一个网络，或一个架构。②
>
> 我们可以把场域设想为一个空间，在这个空间里，场域的效果得以

---

① L. D. Wacquant, "Towardsa Reflexive Sociology: A Workshop with Pierre Bourdieu", *Sociological Theory*, Vol. 7, 1989, p. 39

② ［法］皮埃尔·布迪厄、［美］华康德：《实践与反思：反思社会学导论》，李猛、李康译，中央编译出版社1998年版，第125页。

发挥，并且，由于这种效果的存在，对任何与这个空间有所关联的对象，都不能仅凭所研究对象的内在特质予以解释。①

在场域社会学理论中，场域是由共同体成员依照特定的"逻辑和必然性"而建构起来的呈相对独立性的社会空间，它既构成个体参与社会活动的基本场所，也成为群体性生存竞争和个人生活策略施展的场所。在场域社会学理论看来，"在高度分化的社会里，社会世界是由具有相对自主性的社会小世界构成的，这些社会小世界就是具有自身逻辑和必然性的客观关系的空间，而这些小世界自身特有的逻辑和必然性也不可化约成支配其他场域运作的那些逻辑和必然性"②。在高度分化的现代社会里，作为"社会小世界"的场域自具的相对独立性均源于"自身的逻辑、规则和常规"③，因而"各种场域都是关系的系统"④，而不是实体的系统。或可说，场域作为一种关系系统寄生于实体，对场域的认知的直接方式应从其实体存在之关系本身入手⑤，因为"'现实的就是关系的：在社会世界中存在的都是各种各样的关系——不是行动者之间的互动或个人之间交互主体性的纽带，而是各种马克思所谓的'独立于个人意识和个人意志'而存在的客观关系"⑥。无论是场域中自为生存策略的施展，还是场域间的群体性的生存竞争，都既充满争斗的"博弈"（game），又表征为智慧和才识的"游戏"（The game）："作为包含各种隐而未发的力量和正在活动的力量的空间，场域同时也是一个争夺的空间，这些争夺旨在继续或变更场域中这些力量的构型。……他们的策略还取决于他们所具有的对场域的认知，而后者又依赖于他们对场域所采取的观点，即从场域中某个位置点出发所采纳的视角。"⑦ 由此使场域本身变动不居，既潜伏建构的可能性，也隐含解构或重建的可能性。这一双重可能性均源于场域本身

---

① ［法］皮埃尔·布迪厄、［美］华康德：《实践与反思：反思社会学导论》，第138页。
② ［法］皮埃尔·布迪厄、［美］华康德：《实践与反思：反思社会学导论》，第134页。
③ ［法］皮埃尔·布迪厄、［美］华康德：《实践与反思：反思社会学导论》，第142页。
④ ［法］皮埃尔·布迪厄、［美］华康德：《实践与反思：反思社会学导论》，第145页。
⑤ ［法］皮埃尔·布迪厄、［美］华康德：《实践与反思：反思社会学导论》，第132页。
⑥ ［法］皮埃尔·布迪厄、［美］华康德：《实践与反思：反思社会学导论》，第133页。
⑦ ［法］皮埃尔·布迪厄、［美］华康德：《实践与反思：反思社会学导论》，第139—140页。

的限度形成的边界。在场域社会学理论中，由于场域只是关系的系统，所以其限度和边界不是由实体定义，而是由经验确定。但经验始终来自群体性的生存博弈或个体参与社会的策略（游戏），所以推动变与不变或解构与重建场域这种"位置关系"的主体始终是存在于社会世界中的人，或个体主体的人，或群体主体的人，这是"场域的界限位于场域效果停止作用的地方"①的最终解释依据。

从方法论观，场域社会学理论是一种局域性的系统理论，它是在国家社会这个大框架下考察共同体成员以何种方式参与社会活动，以及社会又是以何种方式既激励又制约个体对社会的参与。这种性质和视野的场域社会学理论可以为探知人的存在语义场提供一个反向视域，即人们（个人、群体、组织、权力机构甚至政府）何以有组织的"烦忙"（海德格尔）"博弈"与"游戏"，促成了人的存在语义场从四面八方拢集和四通八达播散的相向生成或相向分裂的张力如何或主动止于或被迫止于某种存在边界。并且，它还可从另一个相反面向给予"烦忙"的世界一种不得不正视的启示：任何形式的龟缩于"社会小世界"的认知、思考、行动，不仅无助于走向存在语义场的大世界，反而会进一步催化人们视域更为狭窄地追求实利边际效应的深度扩张。

客观地讲，场域成为一个社会学概念是人的后继之为，它最初产生于物理学，首先是一个物理学概念，但更是一个存在论概念。或可说，"场域"作为一个存在论概念隐含于物理世界之中。场域物理现象被物理学发现构成为物理学概念，是指物理世界存在敞开自身的时空状态及呈现出来的边界和限度：物理世界存在敞开自身的时空状态，可称之为"场"；物理世界存在敞开自身呈现的时空边界和限度，可称之为"域"。

从根本讲，场是一物理实在，是一种存在实体，它表征为一物体相对另一物体的那个实存的空间状态，这即是场态。这一空间状态既是此一物体对另一物体的相对运动而产生，又构成物物相对运动所互为激发和限制的边界状态。以此观之，场实质上是物体间相互运动的空间能量场域，这一空间能量场域既是维持自身存在的力**"界"**，又是推动物体运动的力**"度"**，这一维

---

① [法]皮埃尔·布迪厄、[美]华康德：《实践与反思：反思社会学导论》，第138页。

持自身存在的"力"界和推动他者存在的"力"度的合生状态,即场域。

物理世界是存在世界的基本面,因而,物理学揭示的场域现象也成为理解世界场态存在的认知基础。这就是说,"场域"概念是对存在语义场场态的边界描述工具,运用这一边界描述工具来审察存在语义场态,它实是存在语义场敞开存在的生生状态。这一生生状态就是存在语义场的场态存在。存在语义场的场态存在与其关联存在所释放出来的生境功能,虽在本质论层面是同构的,都呈现以为己之自生生它为内生机制和原发动力的生生功能,但在形态学上却呈个性特征,就其主要者言有三。

第一,存在语义场释放生境逻辑的关联存在功能和场态存在功能,是各有侧重:前者倾向于四面八方的拢集,更注重通过拢集而内敛生成,以实现"变中不变"的为己之自生;后者倾向于四通八达的播散,更注重于通过播散而扩张生成,以实现"不变中变"的为己之生它。

第二,存在语义场释放生境逻辑的关联存在功能,实是以四面八方的拢集方式,将个体与整体、个体与个体,或要素与要素、现实性与可能性等拢集成线性的、连续的、不间断的、有序的甚至可能呈单向度的和确定性的存在,所以,存在语义场释放生境逻辑的关联存在功能,实是存在语义场从四面八方将个体与整体、个体与个体,或要素与要素、现实性与可能性等拢集成线性的、连续的、不间断的、有序的和确定性的关联存在方式。与此不同,存在语义场释放生境逻辑的场态存在功能,实是以四通八达播散的方式打开个体与整体、个体与个体,或要素与要素、现实性与可能性等之间的潜在空间,激活非线性、非连续、间断性、非确定性、无序性、混沌等因素,使存在语义场彰显出非线性、非连续、间断性、非确定性、无序性、混沌的场态存在状态。

第三,存在语义场释放生境逻辑的场态存在功能,一方面是以四面八方的拢集方式将个体与整体、个体与个体,或要素与要素、现实性与可能性等内敛地生成为线性的、连续的、不间断的、有序的和确定性的关联存在状态,其生生取向从整体上呈现**相对自由**的关联诉求;另一方面以四通八达的播散方式,打开并激活个体与整体、个体与个体,或要素与要素、现实性与可能性等使之扩张地生成非线性、非连续、间断性、非确定性、无序性、混沌的关联存在状态，其生生取向从整体上呈现**绝对自由**的关联诉求。这种相对自由的线性的、连续的、不间断的、有序的和确定性的关联存在状态与绝对自由的非线性、非连续、间断性、非确定性、无序性、混沌的关联存在状态所形成的对立张力状态，就是存在语义场态。在存在语义场态中，线性、连续性、不间断性、有序性和确定性的关联存在张力状态蕴含的相对自由运动倾向构成非线性、非连续、间断性、非确定性、无序性、混沌的关联存在张力状态的最终边界，而非线性、非连续、间断性、非确定性、无序性、混沌的关联存在张力状态蕴含的绝对自由运动倾向构成线性、连续性、不间断性、有序性和确定性的关联存在张力状态的最后界域。

3. 生成：生境逻辑的方法本质

创造，是一个伟大的词，但它首先是一种伟大的行动。上帝创世纪的伟大，不在于"创造"这个词，而是创世纪这个行动。宇宙大爆炸也可以用"伟大的创造"来形容，但其大爆炸发生这一行动使能量和物质演变成等离子呈现出来的壮观，更在于孕育其大爆炸的那个温度极高且密度极大的"太初"演变运动。昙花以全部的集聚做瞬间绽放这种创造行动，其实并不亚宇宙爆炸的壮举。在宇宙自然世界里，无论宏大的存在，还是微小的存在，都是创造物，都是创造者，因为存在即是创造。

创造是什么？

创造即生成。创造是大词，生成才是具体。没有生成，无所谓创造。

"生成"概念释义　　"生成"在汉语中是一合成词，由"生"和"成"合成。"生"之甲骨形态、、，"从，从一，象草生出地面之形状"，故"生"之本义是草生，后来多作"生出"讲。《说文》沿其本义曰："生，进也。象草木生。出生上。"甲骨文卜辞有二义，一是"借表生月，指来月"；二是从本义引申出"生育，求生育子女"①。郭沫若考释曰："求生者当是求生育之事。"② "成"字甲骨文、、、，从戊、从丨、口，即丁，丁标声。

---

① 马如森：《殷墟甲骨文实用词典》，上海大学出版社2008年版，第150页。
② 郭沫若：《殷契粹编·考释》，北京科学出版社1965年版，第62页。

丁、成皆古音耕部叠韵，义为"通"。①《说文》释"成，就也。从戊丁声"。"就"字应是晚于甲骨文的文字，《说文》解"就，高也。从京从尤。尤，异于凡也"。《广韵》释"就，即也"，是为很有道理。清"《说文解字》四大家"之一桂馥注"此言人就高以居也"；孔广居释"京，高丘也。古时洪水横流，故高丘之异于凡者人就之"，均突出"就"者"异于凡"。桂馥以人释"就"者"异于凡"，意谓高居于众人之上者为"就"；孔广居对"异于凡"之"就"义予以源头性注释，指出高与低、不凡与凡等，皆源于自然，自然世界就是由高低、凡异等构成，而"高丘之异凡者人就之"意指在人的存在世界中的"异于凡"者，不过是对自然世界（于己）之利与势的选择所成而已。正因如此，现代汉语赋予"就"字以"开始"和"完成"等义。但从词源讲，"就"字生存论本义，既不是"开始"，也不是"完成"，而是指从"开始"到"完成"的"**过程**"本身，这个过程当然包括认知和选择，但指"生成"："就"者，生成是也。高丘，乃自然生成；择高丘而居的选择，首先是其认知的能力的生成；由此引申为人之"异于凡"，指人从"凡"之众走向"异于凡"的高居者敞开的人生过程，依然是生成。合言之，"成"者，"通"也；"通"者，"就"也；"就"者，"生"也，"生"者，"成"也。"生成"，意指**万物之生，务求其通，通而居高"异于凡"且生生不息**。

反之，生生之敞开的进程，就是生成。

生成之成为生境逻辑向存在语义场释放其生生功能的方法论本质，就在于它揭开生境逻辑生存敞开的原发状貌和方式，即生成是对生境逻辑以为己之自生生它为内生机制和原发动力的"生生"之生存论敞开，这一敞开既呈生生之过程，也呈生生之内生机制和原发动力，更呈生生之目标方向。

首先，生成敞开生生的过程化。生成就是将存在论的生生赋予生存论的过程。"生成"概念揭示，生境逻辑向存在世界释放生生的创化机制和原创动力，必须化为生成、通过生成和实现生成的过程。

生成的过程，当然要注重"生"，同样要重视"成"，但根本是从"生"到"成"的"**通**"：通，是使生达于成的必为方式，必为路径和必务方法。

---

① 马如森：《殷墟甲骨文实用词典》，第 324 页。

从根本讲，没有通，既不可能有真正的生，更不可能有实在的成。所以，通，既是从生到成的桥梁，更是由生而成的过程与动力。

使生而成的通，当然指通畅、通达，但根本是疏通、通络。疏通、通络，既涉及选择，更涉及遵从。选择和顺从牵动出诸多因素，但根本是"道"，选择即择道，遵从即从道。无论择道还是从道，实涉及两个问题，一是依据什么"择"或"从"其"道"？二是"择"或"从"其"道"要达于什么状态？前者将源头、源泉、动机揭露出来；后者将目的、归宿揭露出来。比如一粒种子落地，经历天地日月的孕育而发芽、破土、成苗，继而吸纳日月精华成为一棵茁壮劲草，最后由荣而枯，至于无，但其结出饱满的种子又撒落于大地之中，开始其自生成的旅程。

这粒种子为何没有始终只是自悬的种子，而是要落地、发芽、破土、成苗、绿身、壮美、枯荣、归藏，其动机何在？目的何在？源头何在？归宿何在？从生成观，这粒种子的一路风雨，其实源于这粒种子本身，这粒种子的最终归藏，亦是这粒种子本身。种子展开其落地、发芽、破土、成苗、绿身、壮美、枯荣、归藏之自生成旅程，实一个具体的生命的必然生成过程，种子的这一自生成之旅源于**种子是种子**。种子是种子，源于种子是生命的种子，作为生命的种子必然开启生命的生生之旅。种子以自身为内生之源和原发动力展开生成之旅达及归藏之路。归藏，是这粒种子的最后旅程，完成其最后的程序的生成性功夫，一是形态学的生成性解构，即使自己作为一棵草的有形生命的自我终结而达于无，即自我废弃于天地之中最终化为乌有，即归于尘土；二是本质论生成性构建，即将自己拢集为新种子，拢集是内敛性生成。种子的生成旅程可表述为：从种子起步而成为种子。种子既是本原、源头、源泉，也是目的、归宿、终极实在。种子以自己为动机，并以自己为目的。种子的生命意义，根本的存在论意义，不是开始，不是结果，而是**种子生成种子的过程，是生成本身**。并且，种子开启自生生的生成之旅，即从这粒种子的降落于地、发芽、破土、成苗、绿身、壮美、枯荣、归藏的生成过程，是有序，是在有序中敞开生成性地确定，但同时也是在有序敞开生成性的无序，终于混沌。种子的生成，之所以从有序到无序，从确定到混沌，依然是种子本身，种子作为形态学的种子呈确定性和有序性，即这粒种子就是一粒有形的实在的种子；但种子作为生命的种子，其胀满生生本性和原动力的生命却龟缩在形态学的种子之中，处于未得伸张而无序和混沌状态。所以，这粒种子的降落于地敞开的生成全过程，却是被扭曲、压缩的生命伸张开生命的有序性和确定性，但这一生成过程最终又以拢集的方式将其生成性建构有序性、确定性和生成性解构的无序性和混沌性内敛为新的种子。种子之为种子既是有序的同时也是无序的；既包含确定，也包括混沌。种子生成种子，既是全部的现实性，又是全部的可能性，它作为一具体存在、存在物、存在的生命样态，既拢集着过去和将来，也播散着有和无、存在和非存在、有序和无序、确定性和混沌。

种子生成种子的生命历程，既揭露种子以自己为动机，也揭露种子以自己为目的，除此无外。种子是种子的存在本质，但种子是生命，种子是以为己之自生生它为内生机制和原发动力的生命存在，是生生不息地以自己为原发动力和最终目的、终极实在的生命存在。种子是为己的，是自在的，是自生的，是自为的，种子是以**自为生成**的方式将自己成就为种子，种子是以自为生成的方式将自己成为生命存在的种子。

种子的自为生成方式，就是种子以为己自生生它的方式生成。一粒种子在存在世界里是微不足道的，一粒种子敞开自为生成的生存之旅亦是微不足道的，但它是不可忽略、不可轻视、不可任意处置的，因为种子的自为生成，当然地自生，即将自己生生不息地成就为更新更好的种子。但种子的自生是以发芽、破土、成苗、绿身、壮美、枯荣、归藏的方式敞开，既是实现了生命的自我完成，也是装点了绿色、美化了天地，同时增强着大地的生生机能，催化了万物消长的生生平衡。所以，种子是种子的自为生成，既为己自生的，同时也以为己自生的生成方式促进了生它。这是种子虽然微不足道，但不可忽略、不可轻慢的根本原因就是：**生命生成生命，存在创造存在**，种子如是，万物皆然。

种子生成种子，当然是种子之自为自生使然，但关联存在和场态化生成，却是种子生成种子的最终源泉，也是种子生成种子的最终归宿。因为种子悬空而在，不可能敞开生成之旅。种子成为种子的生成之旅，始于它降落于地，大地是种子成为种子的生成之母。种子落入大地之中，需要雨水、阳光、温度、万物生命等为其提供适当生成的条件，因而，日月成为种子成为种子的生成之父，种子生成为种子，实是吸纳日月精华和大地灵光使然。所以，种子成为种子，既是种子的生成使然，更是天地日月万物生命协助生成使然。种子是自立、自在，是自为、自生的种子，同时也是关联存在的种子，更是场态生成的种子。种子的最初之源，是从四面八方拢集有与无、存在与非存在、过去与将来、线性与非线性、有序与无序、确定与混沌于自身的同时又四通八达地播散有与无、存在与非存在、过去与将来、线性与非线性、有序与无序、确定与混沌的存在之场，种子归藏的终极实在、终极实体仍然是从四面八方拢集有与无、存在与非存在、过去与将来、线性与非线性、有序与无序、确定与混沌于自身，同时又四通八达地播散有与无、存在与非存在、过去与将来、线性与非线性、有序与无序、确定与混沌的存在之场。所以，种子成为种子，是个体存在，也是整体存在，个体化的整体存在，同时是整体化的个体存在；种子生成种子，是个体性生存，亦是整体关联的场化生成，是个体化的整体生成，同时也是整体关联的和场化的个体生成。因而，种子的存在论，是个体与整体互为拢集的场化存在论。种子的生成论，是整体成就个体和个体成就整体的共生生存论。种子生成种子的动力学，在生成之初，是天地、日月、万物生命之拢集的整体动力向局部动力（以为己之自生生它为内生机制和原发动力）实现之敞开；在生成之终，是种子以其为己之自生生它之局部动力向拢集天地、日月、万物生命于自身的存在之场的整体动力的回归。要言之，种子生成种子的动力学，是整体动力向局部动力实现和局部动力向整体动力回归的动力学。

"生成"的返本开新　　当理解了"生成"概念的存在论、生存论和生成论本义，则可真正领悟生境逻辑之"生生"本质，包括其生生之存在本质和生生之功能本质。**生成**，是最平常的语词，也是最易被忽视的概念，但它是**根本的**存在论范畴。没有生成，没有生存，也没有存在，当然难有真正意义的存在发问，更不可能有真实的存在论意义的形而上学。哲学自巴门尼德之后，一直将存在之问引向日益龟缩于人的存在的狭小范围，就在于一个根本的认知谬误和一个忽视，前者就是哲学将存在的世界看成是人的存在的世界，于是不遗余力地从人的角度来解释存在，以至于导致后人对康德和黑格尔的迷狂。哲学的"终结"论和"消亡"论，实是哲学无法跳出这种迷狂的最终无力和最后绝望的呈现。后者是根本地忽视存在的生成，自然难以发现生成的本体论秘密。

正视生成，这是哲学重返自身的关键性环节，亦是哲学脚踏实地的真正起点，更是哲学发问存在之根本要义所在。这是因为，生成揭露存在本身是生命的，以生命为本体的存在是相互关联，并以拢集与播散的场化方式敞开生成，并将动机与目的熔铸在生成之中，使生成本身实现返本开新。生成之于存在者，必须从返本始：生成必须返本。作为生成之起步的所返之本，有两个维度的含义。

从存在者言，生成必须返本的这个"本"，就是存在者本身，比如，这粒种子展开生成之旅所必须回返的本原，只是种子本身，更具体地讲，回返此种子包裹的生命本身，只有回返于种子和种子的生命本身，生成才可开启，如果这粒种子是一粒伪种子、假种子，是没有生命的死种子、坏种子，那么这粒种子是无法开启生成的，因为它不能回返到它本身。所以，**生成就是回到存在者本身**，生成回到存在者本身的实质是**生成回到生成本身**。这粒种子的生成之始，要回返到这粒种子本身，就是回返到这粒种子本身的可生成、能生成的生命本身和其生命存在样态本身。人亦如是，比如张三这具体的人，其要以生成的方式敞开存在之生存，其逻辑起点仍然是回到张三本身，因为张三的生成只能是三张的生成，并且张三的生成只能是张三自具生命和自具生命个性与想望的生成，如果张三的生成不是张三，不是从张三始，或者要敞开生成的张三已经没有属自己的生命和身体，或者只有属于自己的身体而丧失属他本己的生命，那么张三的生成的起步是不回返到张三。又比如，王二夫妇要有一个属己的孩子的生成性努力，必须从回到王二夫妇本身始，即回到属于王二夫妇自己的身体、自己的生命、自己的两性之爱和两性之爱的交媾行为始，如果王二本身以这种方式回返他本身，但王二的妻子拒绝以这种方式回返她的身体、她的生命、她与王二的爱及其交媾行为，并以一种替代的方式来实现，那么王二夫妇要有一个出于他们自己的孩子的这种愿望或者行为最终是会落空的，原因是王二夫妇没有完整地回返于他们自己生成自己的初始条件。

从存在言，生成必须返本之"本"，就是存在本身。生成必须返本始终是相对具体的存在者言，但任何存在者都存在于存在之中，任何存在者的生成的源泉和最终的归宿都是存在，种子生成种子是很好的例子，并且种子生成种子是所有存在者生成为存在者的浓缩形态、基本范型。在生物世界，任何个体生命的播种，表面看不过是此一个体之物与另一个体之物的交媾所为的意外之果，但从存在的生成论看，任何个体生命的播种都是拢集了天地之灵气、日月之精华、生命之神性和个体之势与力于其中。江河生成为江河，实是拢集了流水、堤岸、平原、山峦、旷野、农庄、牲畜、人群、气候甚至浮动于天空的云彩，因而，江河生成江河之始必须回返江河本身，也不过是回返流水、堤岸、平原、山峦、旷野、农庄、牲畜、人群、气候甚至浮动云彩本身，以做拢集的功夫，就是启动生成，开启江河生成江河之旅。

生成以返本始，却务要开新。根据返本的两个方面的要求，返本所开之新，既相对存在者言，也相对存在言。相对前者言，返本务要开新存在者，即使存在者新生；相对后者言，返本务要开新存在，使存在新生。所以，返本以求开新，就是通过回返存在者和存在本身而促使存在者和存在新生，且生生不息。然而，返本务要开新并不是生成之目的，以返本方式开新只是手段，它要达及的最终目的是使存在者、存在最终回返存在者、存在本身。一粒种子回返种子本身而开启落地、发芽、破土、成苗、绿身、壮美、枯荣、归藏之生成之旅的过程中的每一个环节都是新生，都在新生，或构建性新生，或解构性新生，但其从构建性新生敞开最后转换成解构性新生的努力，最终回返了种子本身。所以，无论整体的存在或是具体的存在者，以回返本身的方式开启新生的努力，最终是回返其存在或存在者本身。

以回返存在本身为起步探求开新的最终努力是回返存在本身，构成生成的根本法则，这即**存在生成存在**的法则，这一法则揭露存在的动机源于存在，存在的目的回返存在。由此，生成敞开的返本开新法则，揭露存在世界中任何形式的以他者为动机或以他者为目的的生成，都是伪化的生成，都是异化的生成。伪化的或异化的生成，从根本上违背存在之生境逻辑的本质规定；生境逻辑的本质规定是为己之自生生它；生境逻辑的最终解释依据是为己之自生生它的内生机制和原发动力，是构成存在世界之存在或存在世界之所有

第 4 章　生境逻辑

存在者遵从生境逻辑的自生成运动以返本开新的方式敞开其回返存在本身。

生成遵从返本开新法则的思想，由孔子提出：

> 子曰："周监于二代。郁郁乎文哉，吾从周。"（《论语·八佾》）
>
> 子张问："十世可知也?"子曰："殷因于夏礼，所损益，可知也。周因于殷礼，所损益，可知也。其或继周者，虽百世，可知也。"（《论语·为政》）
>
> 子曰："大哉，尧之为君也。巍巍乎，唯天为大，唯尧则之。"（《论语·泰伯》）

孔子提出的返本开新思想，是一种历史哲学思想，这种历史哲学思想揭示文明向前所遵从的基本法则，就是返本开新。孔子严肃的考信历史，在探求历史真理、抉发历史真知、理解历史真理的基础上，以周代文明是吸取夏商（以及之前所有时代）文明精华而生成重构起来的新文明为例，来阐明他何为要"遵从返本开新的周道"的道理和建构怎样返本开新的认知论和方法论，这就是损益的认识论和方法论。孔子在提出返本开新的历史哲学和返本开新的认知论与方法论的基础上，还进一步尝试探求其返本开新的历史哲学及其认识论和方法论的基础，这就是他通过考信传说中尧之所以成为天下有德之君，是因为"唯天为大"：尧之"巍巍乎"的秘密，是他**以天为法则**。并且孔子还指出，效仿天、以天为法则，在人类历史上只有尧一人做到了，这就是"唯天为大，唯尧则之"。

孔子总结历史经验，提出返本开新的思想并为之探求"唯天为大"的依据，为理解生成始于存在而终于存在提供了认知方法和思维工具。这就是生成必须回返存在本身以开启开新之道，最终是重新回返存在本身，以此生生不息，这就是存在。这就是存在必通过生成开启和实现存在的逻辑。

存在必通过生成开启和实现存在的逻辑，就是返本开新的生境逻辑。这一逻辑的要点有三：一是生成必须回到存在本身；二是从存在本身出发敞开生成的实质是开新；三是开新的最终目标是重新回返存在本身。这全过程就是存在之持守与新生的自合与他合，即自生生它的实现。

返本开新的"生成"方式 存在以返本方式开启生成回返存在本身的全过程，就是生成。生成的本质含义是弃旧图新。所谓弃旧图新，就是抛弃旧有，建构新有。但生成之于弃旧图新言，并不是一切旧有的东西都要抛弃，也并不是任何新的东西都值得探求；而是指不适宜生成的那些东西需要抛弃，索求构建促进生成回返存在本身的那些未有的东西。所以，基于生成的弃旧图新的根本方法，是**损益的方法**。凡是有碍于回返存在本身的东西，需要损，即需要革除；凡是有益于以新生的方式促进回返存在本身的那些已有的东西，则需要益，需要保持和承袭、承传。

由此，遵从返本开新法则，存在回返存在本身的生成方式，亦可概括为两种：一是**解构性生成**；二是**建构性生成**。解构性生成的基本方式，就是损与革，即将从已有的存在体系中清理出那些丧失生机和原发动力的内容，予以革除，为开新清扫道路，使生成无阻碍敞开。与此相反，建构性生成的基本方式，就是因和益，就是图新。这里所讲的"益"，指无害、无损、有益、有帮助。益是在损的基础上保存那些有益的东西，然后将其予以生成功能的重新发挥，以促进生成，促进生成性的图新，最终使存在以更新姿态回返存在本身。

四　生境逻辑的自为要求

　　自然一直在用她的血肉供养着人类。最早，我们从自然那里获取食物，衣着和居所。之后，我们学会了从她的生物圈里提取原材料来创造出我们自己的新的合成材料。而现在，自然又向我们敞开她的心智，让我们学习她的内在逻辑。①

宇宙、地球、万物生命，构筑起自然。其中，宇宙是自然的天空，地球是自然的大地，万物是自然的血肉，生命是自然的灵魂，生命的灵魂是生境逻辑。

自然用血肉供养人类，为人类提供食物、衣着和居所。获得食物、衣着、

---

① ［美］凯文·凯利：《失控：全人类的最终命运和结局》，第5页。

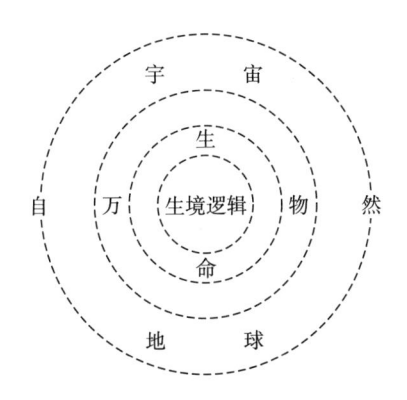

第4章 生境逻辑

[4-3：生境逻辑的生成论敞开]

居所的人类并不满足，进一步向自然索取，从自然的生命中提取智慧和技术，将自然的血肉作为材料而制成人工合成材料，将质朴的衣着变成华丽服装，把纯朴的居所变换成高楼，并把居住之所扩张为豪华的摩天大厦，用合成的水泥覆盖能生育的土地，水泥森林般的城市、高速公路、高架铁路、繁忙起降的机场，森林消隐，海洋污染，北极燃烧，全球气候失律极端化，地球生境整体破碎，灾、疫相连，无止境的地球资源争夺、海洋争夺、太空争夺以及物质、权力、财富争夺而战乱绵绵，世界失序。在这种状况下，日渐死亡的自然以最后的努力敞开千疮百孔的生命，奉献其心智和灵魂，期望本可救药的人类物种能够学会她的内在逻辑的智慧。

自然的内在逻辑，就是自然逻辑。原本天赋聪明的人类后来变得越来越精明。日益精明的人类在自然的奉献中很快学会了自然逻辑，却并没有明白自然逻辑的**矫正智慧**和**拯救道理**，而且迅速地掌握如何将自然逻辑变换为技术逻辑、竞斗逻辑的诀窍，这就是"人们在将自然逻辑输入机器的同时，也把技术逻辑带到了生命之中"[①]。更准确地讲，人类运用自然逻辑来武装技术逻辑，来更新技术逻辑，然后将更新后的技术逻辑输入人的生命之中，以此来替换自然中的自然，使自然沦为技术逻辑的自然。人类运用自然逻辑来更新技术逻辑，然后将更新的技术逻辑分别输入人的生命和自然的生命系统之中，就目前而论，其具体做法有二：一是开启人工智能技术改造人和人类的

---

① [美]凯文·凯利：《失控：全人类的最终命运和结局》，第6页。

模式，即用人工智能来改变人的生命，使人的生命存在完全接受技术逻辑的安排，其目的是达到可以使掌握技术终端的人（一人或寡头）按照自己的意愿或意志来安排整个世界的秩序和所有人的存在。二是开启基因工程技术改造动物、植物和微生物的模式，即用基因工程来改变动物、植物、微生物的基因结构、存在方式和跨物种交流，使整个自然世界接受基因工程技术的安排，其目的是达到可以使掌握技术终端的人按他的意愿和意志来安排整个自然秩序，包括安排宇宙秩序和地球物种结构，使自然完全地成为人的意志行动的上手工具和耗材。

机械与生命体之间的重叠在一年年增加。这种仿生学上的融合也体现在词语上。"机械"与"生命"这两个词的含义在不断延展，直到某一天，所有结构复杂的东西都被看作是机器，而所有能够自维持的机器都被看作是有生命的。除了语义的变化，还有两种具体趋势正在发生：（1）人造物表现得越来越像生命体；（2）生命变得越来越工程化。遮住有机体与人造物之间的那层纱已经撩开，显示出两者的真面目。其实它们是——而且也一直都是——本质相同的。我们知道生物领域中有诸如有机体和生态系统这样的概念，而与之相对应的人造物中包括机器人、公司、经济体、计算机回路，等等。那么，如何为两者共有的灵魂命名呢？由于每个系统都具备如生命的属性，我将这些人造或天然的系统统称为"活系统"（vivisystem）。①

精明的人类将自然逻辑运用于更新技术，并将不断更新的技术输入人的生命系统和自然生命系统，将技术变为生命的同时，使生命沦为耗材，变成被工程化、编码化的技术物，进而将人变成耗材，把人变成纯粹的技术予以赋码把控，这就是世界存在的当下状况与敞开态势，这更是近代以来文明放纵和降落的必然呈现，即近代以来的文明日益缺乏人文而越来成为技术和技术武装起来的强权的代名词；这也是哲学追逐放弃与主动沉沦的必然体现，

---

① ［美］凯文·凯利：《失控：全人类的最终命运和结局》，第5页。

即近代以来的哲学存在之问,单向地朝向认识论形而上学方向敞开继而沦为实践论、唯物质论和斗争论且最终走向自我终结与消亡的必然。改变人类生命系统和自然生命系统沦为技术和权力的耗材这一状况的唯一可自救的方式,就是生命回返生命本身,自然回返自然本身。生命回返生命本身和自然回返自然本身的实质行动,就是领悟生命的生命逻辑和自然的自然逻辑。客观地讲,生命的生命逻辑,就是自然的自然逻辑;反之,自然的自然逻辑,亦是生命的生命逻辑,因为如图4-3所示,万物是自然的本体,生命是自然的本原,所以自然的自然逻辑,必然是生命的生命逻辑。但生命的生命逻辑,实是生境逻辑。因而,自然回返自然本身,就是自然回返生命本身;生命回返生命本身,就是生命回返生境逻辑本身。

1. 回到生境逻辑本身

自持持它 自然回返自然本身,必须自然回返生命本身,生命回返生命本身,必须生命回返生境逻辑本身;生境逻辑回返生境逻辑本身,就是生境逻辑回返生生之自然灵魂本身。

生境逻辑回返本身之回返其本质规定的生生,这是因为生境逻辑之生生是自然以为己之自生生它为内生机制和原发动力,所以生境逻辑的生生本质就是以为己为动机和目的的自生生它。

生境逻辑的为己之自生生它的生生本质蕴含三层语义内涵,此三层语义内涵构成生境逻辑对生命、自然、存在世界的根本规范。

首先,为己,是生境逻辑之生生本质的内在规定,它构成生境逻辑自生生它的内生机制和原发动力。

其次,生境逻辑的为己之生生,必以自生为起步指向生它,由此形成生境逻辑的生生结构只能是"自生→生它"结构。这一生生结构呈现一种秩序:只有自生,才可生它;一旦自生,必然生它;反之,丧失自生,无可生它。

最后,生境逻辑蕴含的"自生→生它"结构,不仅构成秩序的来源,成为生命、万物、自然、存在世界的秩序的原型,而且呈现生命、万物、自然、存在世界的"目的→手段→目的"原型,或曰"目的-手段"合目的原型,亦可简称为"目的-手段"共生原型。在生境逻辑的自生生它结构中,自生和生它都是实现为己的手段:在原发动力环节,生它源于自生,以自生为原发动力，并以回返自生为目的，所以生它是实现自生的手段；在继发动力环节，没有它生，自生丧失继动力，这就是自生推动生它又必须回返于自生，构成自生生它的继动力。从这个角度看，生它亦成为自生的目的。合言之，生境逻辑之自生生它逻辑，是互为目的－手段逻辑，生境逻辑之自生生它结构，是"目的－手段－目的……"循环结构，或曰"目的－手段"合目的之原型结构。

$$
\begin{array}{c}
\text{生它}\quad\text{自生} \\
\text{生} \qquad \text{生} \\
\text{为己} \\
\text{生} \qquad \text{生} \\
\text{自}\quad\text{它}
\end{array}
$$

[4-4：生境逻辑之"目的－手段"合目的原型]

生境逻辑之"目的－手段"合目的原型，是以**为己**为起点和归宿。以"为己"为起点和归宿，自生生它必须构成生境逻辑的内生机制和原发动力。并且，作为生境逻辑之生生本质的内生机制和原发动力的自生生它，在其生成播散的面向上，敞开为自持持它；但在其生成拢集的面向上，必须聚敛生境意志。

自持，指自我把持、自我持有、自我坚守；持它，指把握、持有它者，亦指引导、扶持它之坚守的含义。自持持它，是指通过自我把握而持正它者，继而，通过自我坚守而促进、扶正他者坚守。在自持持它中，坚守的是不能放弃的底线、不能改变的边界或不能变更的方向。放弃坚守，就是放弃底线；反之，放弃了坚守，也就放弃了底线。而底线是以坚守为保证，坚守却以方向为指南，以边界为保障。所以，失去方向，底线为模糊；没有边界，必然无坚守可言。

在生境逻辑中，自持持它是以为己为内生机制和原发动力。为己，构成自持持它的准则。自持，就是持己；持它，就是以为己为准则扶正他者。所以，为己，是自持持它的底线，一切形式、任何境遇下都不能放弃为己，只有以为己为内生机制和原发动力，自持才可维持，持它才可实现。

在生境逻辑中，自持持它以为己为准则，其持与守的目标方向，是自生生它。自持是为了自生，实现了自生，就是自持；不断地实现自生，就是真正的自我坚守。不仅如此，以为己为准则，通过自持而扶正它者以促他者坚守，就是通过自生的实现来促进它者生生不息，所以，在自持中持它，亦是在实现自生中不断地实现生它。具体而言，自恃持它铺开两个面向，担负两个维度的功能：一是向生境逻辑的内在生成构建负责，自持持它，构成生境逻辑始终保持自生生功能的基本方式；二是向生境逻辑的功能发挥负责，自持持它实是生境逻辑向事物、存在者、自然、存在世界或者存在语义场释放生境逻辑功能的基本准则与方式，即只有以自持持它为准则，并以自持和持它的方式向事物、存在者、自然、存在世界或存在语义场敞开，生境逻辑才可能向事物、存在者、自然、存在世界或存在语义场释放生生不息的生境逻辑功能。

生境意志 "意志"是一个心理学概念，但最初是一个主体论哲学概念。哲学有两种基本形态，一种是存在论哲学，存在是哲学发问的源头，探求根本的存在问题的根源和方法，以形成存在论认知体系和知识体系。另一种是主体论哲学，主体是哲学发问的源头，探求主体何以可能和怎样实现等根本问题，以形成主体论认知体系和知识体系。主体论哲学的主体，被锁定为"人"，由此使主体论哲学"**为人造神**"并"**造人为神**"，即将人塑造成主宰世界之神，因而，在主体论哲学中，"意志"成为"人"的专属，并且是主体论造人为神的具体工具。但在生态理性哲学或曰生态理性存在论哲学看来，意志不是人的专属品，而且人的意志也不是意志的原发形态：意志，是属存在的，是存在论的意志。存在论意志，是所有存在的意志，包括存在或非存在的意志，有之存在或无之存在的意志，过去存在或将来存在的意志，确定性的存在或非确定性的混沌存在的意志。存在论的意志也是所有存在者的意志，比如一株草的意志，一丝阳光的意志，微风拂拂的意志，昆虫的意志，蚂蚁的意志，牛虻的意志，山的意志，水的意志，平原、海洋、河流的意志，等等，凡物无不有意志，凡存在无不有意志。**意志是存在的内敛，存在是意志的彰显。**

存在彰显意志。

存在所彰显的意志是什么呢？一粒种子，自然地降落于地，被自然地埋于土壤之中，然后同样自然地发芽、破土、成苗、生绿、开花、结籽、回归大地，这粒种子走完了将自己生成为种子的全过程。种子生成种子的过程是完全的自然，这种完全的自然是基于什么呢？基于种子回返种子本身。种子回返种子本身源于什么？或者依据什么？依据种子本是种子，种子回返种子本身，既是种子之为己，也是种子之自生，更是种子之为种子和种子回返种子的内生生机和原发动力。所以，种子之为种子的意志，是**为己生生**，是以为己生生的内生机制和原发动力呈现出来的**不变朝向**，是以为己为内生机制和原发动力之"自生→生它"结构中的原发秩序模型和原发"目的-手段-目的"原型。

要言之，所谓存在意志，就是生境逻辑意志，简称**生境意志**。生境意志的灵魂是为己生生，以此可将生境意志称之为**生生意志**，即为己而生且生生不息的不可逆朝向，就是生生意志。以为己生生之不可逆朝向为灵魂，自生生它的原型结构和自持持它的准则构成生境意志本体的内外形态；自生生它的原型结构，是生境意志之内敛本体，其主要功能拢集内聚增强内生机制和原发动力；自持持它的准则，是生境意志之播散本体，其主要功能是扩张性释放生生功能。

内驻于生境逻辑结构中构成生境逻辑的灵魂的生境意志，向外释放其生生功能自然地生成生境意志的类型形态，形成自然意志，即宇宙意志、地球意志、万物意志，更为抽象的表述即是存在意志，存在语义场意志。

以为己生生之不可逆朝向为灵魂，生境意志内敛的本体和播散的本体互为推进，互为目的手段，形成其播散本体向内敛本体拢集性汇聚，强化生境逻辑为己生生的内生机制和原发动力；不断增强其生生张力的内敛本身向播散主体的发散释放，强化生境逻辑的功能张力。生境逻辑向外释放的功能张力，体现为存在自由，即自然自由，宇宙自由，地球自由，万物自由，草木自由，动物自由，植物自由，微生物自由。所谓自由，乃意志的勃发的存在位态，或曰意志勃发的状态，更具体地讲，是存在之意志勃发的行动状态和生成状态。意志勃发的行动状态和生成状态是存在之为存在、存在者之为存在者、存在物之为存在物、生命之为生命的日常状态，也是存在、存在者之为存在者、存在物之为存在物、生命之为生命的原发状态。江河奔腾，山呼海啸，日月盈亏，草木荣枯，树木摇曳，蝶蜂起舞等，无不自为。存在自为，万物自为，其前提是自在。唯自在，才自为；唯自在而自为，就是自由。

自由是什么？

在存在世界里，自由就是不受任何胁迫的存在，行动。水的流动，就是水的流动；云雾蒸腾，就是云雾蒸腾，昆虫鸣叫唱和，就是昆虫鸣叫唱和，与他者无关，他者也不能关涉。存在者不受任何胁迫的存在，就是以为己之生生为内生机制和原发动力的自在，就是自在地自为。不受任何胁迫的自在自为的原发动力是存在之生生，其内生机制是生境逻辑，其灵魂本质是生境意志，是生境意志向外释放生境逻辑功能的意志敞开和行为呈现。所以，存在自由与生境意志关联，存在自由始终是生境意志的功能释放的敞开形态。

存在自由是生境逻辑向外释放其生生功能的意志敞开，其具体内容是自生生它：生境逻辑向外释放其生生功能的意志敞开为自生，是生境意志向存在诉求绝对自由。生境逻辑向外释放其生生功能的意志敞开为生它，是生境意志向存在诉求相对自由。生境意志对存在自由的张扬，既呈绝对自由取向，也呈相对自由取向，并最终在自生诉求生它和生它诉求自生之"目的-手段"合目的原型规范下，实现存在之绝对自由向相对自由的敞开和相对自由向绝对自由的回归。这就是说，在生境逻辑结构中，基于以为己为内生机制和原发动力为不可逆朝向的生境意志，是诉求功能释放的绝对自由；但在存在生成存在和存在回返存在本身的功能结构中，绝对之自由意志释放生成的实际功效只能是相对自由，但其存在论诉求却始终是绝对自由的。所以，这种性质的存在之绝对自由向相对自由的实现和相对自由诉求对绝对自由的回归这一互为目的手段的自由存在，体现自顾与照顾的和乐。这是生境逻辑的美的根源，也是生境逻辑之美的动力，同时也是生境逻辑之敞开美的方式和状态。

2. 存在的限度和边界

生境逻辑向存在释放其功能的意志敞开之自由，为何其本原意义的绝对自由最终只能向相对自由实现？其绝对自由只能达成相对自由的实际境遇为何总是诉求绝对自由的回归？这两个问题既将自由的本质问题呈现了出来，也将存在的实际境况呈现了出来，更将生境逻辑的意志自由的可能性问题呈现了出来。

首先看自由的本质问题。

自由的本质问题首先表述为"**自由何为**"的问题，自由与存在不同，存在是独立的实体，这是存在因为存在。由于存在因为存在，所以存在生成存在，存在实现存在，或者说存在回返存在。存在本身既是动机，也是目的；既是出发点，也是归宿；既是最初的源头，也是终极的实体或终极实在。自由不同，自由并不因为自由，自由始终相对存在言，自由是存在的自由，是存在生成存在和存在回返存在所引发出来的状态，也可是其进程或方式。从根本讲，自由不是独立的存在，自由是依附存在的状态和方式。自由的如此性质决定自由总是为他者，即自由并不因为自由的缘故而诉求自由，自由只是因为他者的缘故而敞开自由。所以，自由不由己，自由由存在，自由为存在所书写，自由为存在所利用，自由也为存在而成为有或沦为无。虽然不能说自由是可有可无的，但它也一定是受限的。自由的绝对意愿最终只能达于有限的现实而仍然祈望于绝对想望，这不是由自由本身决定，而是由自由的主体存在所决定。

其次看自由与存在的关系。

自由与存在的关系实质是存在的实际境况。自由的本质问题实际地呈现为自由与存在的关系构建。自由与存在的关系构建，实际地敞开理想态和现实态两个维度。从理想态讲，自由鼓动存在，因为自由并不源于存在，而是源于存在之本体构成中的本原性灵魂：自由源于生境逻辑之内生构成和原发动力所生成的不可逆朝向，它受生境逻辑及其生境意志的武装而获得自在的品质和自求的行动张力，并且通过生境逻辑向外释放其生生功能的意志敞开形态和方式。所以，从源头讲，自由不仅不受存在节制，而且成为鼓动存在诉求自由，成为存在诉求自由的原动力量。生境意志借助于生境逻辑对生生功能的释放而成为理想态的自由，但它必要通过（或借助于）存在本身而获得现实态，即成为现实的自由。问题就出在其载体存在身上，就本身言，存在受纳自由的鼓动而无限制地自在自为，所以存在向往自由且存在欢迎自由，在其本性层面，存在也不限制自由。但存在成为存在、存在生成存在、存在回返存在本身的存在朝向和存在努力，始终要受诸多因素制约。其一，存在成为存在，必以生成方式敞开，存在生成存在必须回返存在本身，这就是存在自为限度，存在的自为限度决定了存在虽然向往无限的自由状态，却难以达成无限的自由现实。其二，从整体言，存在成为存在、存在生成存在、存在回返存在本身，总是不间断地受制于四面八方的拢集和四通八达的播散，这种来自拢集与播散的各种可能性因素的制约，决定了存在诉求绝对自由相当艰难。其三，从具体言，任何具体的存在者、个体事物或个体生命的存在虽然在静态或者理想的面向上是完全独立的，但在动态的或者现实的面向上，始终是场态的和场域化，所以，个体存在的自由总是一方面要接受整体的自由的注入；另一方面要指向对整体存在自由的回归。

最后看生境逻辑的意志自由的可能性。

由于如上两个方面的规定性，生境逻辑向外释放其生生功能带出来的意志自由指向存在世界的实际可能性，虽然给出一种可能实现的张力，但要使这种可能性张力变成一种现实张力，即使拟想的意志自由变成实际的自由意志，其决定性的因素也不是意志自由本身，而是存在境遇本身。比如，一粒种子洒落于地，能否破土、发芽、成苗，不仅取决于这粒种子本身是否是有生命的种子，还取决于所落之地能否为它提供破土、发芽、成苗的基本条件。所以，种子成为种子，种子生成种子，种子回返种子本身的自由的可能性，既由种子本身提供，也由种子成为种子、种子生成种子和种子回返种子本身的各种关联存在因素提供。

以此观之，在理想的面向，可诉之于绝对自由；但在现在的面向，只能诉之于相对自由。原因在于自由的主体存在本身及其条件。

存在是永恒的，但存在始终是现在的。现在中，一切都是受限的流变；并且，一切都在流变中受限。因为现在始终不是静止，不是条款分明的分割，不是利害分配的完全明晰。在现在中，流变变成网络，同时使一切成为网络运动中的活动之物。网络之于存在，是四通八达的通道和四面八方的可能，但同时也成为四通八达的限度和四面八方的边界。所以，存在是无限的，无限的存在可以四面八方拢集，更可以四通八达播散，但正是这四面八方的拢集和四通八达的播散相互交织和互为推进，使四面八方和四通八达构成存在有限的全部条件和一切可能，因为四面八方拢集与四通八达播散相互交织和互为推进形成的立体的网络化性格，将存在切割成一个一个有限的连缀，由此使存在又沦为无限中的有限。对于存在来讲，无限向有限的生成和有限向无限敞开，构成存在的现在。存在的现在，就是有限，就是边界，就是有限与边界构成的无限延展和无限可能性。

这种无限延展与无限可能性，以现在为支点构架起过去和将来。无限延展是现在将过去关联起来，或者说过去的无限延展编织起一个又一个存在的现在。伫立海滩，推送到你脚下的海浪，是现在的海浪，但它是无以计数的过去以受限的流变方式向你延展而来，但你观感到脚下的现在的海浪，如能透过直接的观感向无限的过去回溯，就会发现你脚下的海浪既是其绵绵过去向现在的无限延展所成，亦是直观的现在海浪向无限的绵绵的过去无限回溯。就存在本身言，过去始终以向未来延展的方式回返过去，这是返本开新的存在论本义。一粒子种子的例子，是存在的浓缩。一粒子种子洒落于地，随意地被埋于土壤之中，破土、发芽、成苗、壮绿、开花、结籽、荣枯、种子洒落于地……这一过程，是一粒种子从过去向现在无限延展而向未来回返它本身（即过去），即以回溯的方式重新开启无限延展的运动。这一循环往复的生成过程，既是过去向现在的无限延展，也是现在向未来的无限敞开。过去向现在无限延展，既是现在的，更是可能的。因为这粒子种子生成为种子，或者这粒子种子回返种子本身的每一个环节、每个时空段中任何实存的偶发的因素，都可能使其无限延展的现在性变成另外的可能性。就存在本身言，当过去无限地向现在延展本身，也就开始了现在向未来的无限敞开，种子生成种子，是过去无限向现在延展的直观呈现，与此同时，种子生成种子的过程也是种子回返种子本身的过程，这一过程又是现在向未来无限敞开。现在向未来无限敞开的自然是无限的可能性，同时也是无限的现在性。种子回返种子本身，既蕴含各种混沌的可能性，也蕴含可确定的多种现在性。种子生成种子和种子回返种子本身，同时开出的过去向现在延展和现在向未来敞开形成的现在与可能、确定与混沌相交相织运动，从各个层面、各个维度呈现存在的有限与边界，既清晰又模糊，既明朗又若隐若现。

有限与无限，即限度与边界。限度与边界，乃存在之敞开。但存在敞开仅呈现限度与边界，决定存在之限度和边界的根本因素有二。

一是存在之本体构成存在的限度和边界。存在之本体语义场，之所以构成存在的限度与边界，是因为语义场本身不仅使存在以场态的方式呈现，更以场域的方式敞开。语义场域，即存在以场态方式敞开的最终疆界。所以，存在的本体规定存在本身是有限的，存在的有限性表征为存在的限度与边界性。

二是存在之本原构成存在的限度和边界。存在的本体是语义场，语义场的本原是生境逻辑，生境逻辑的本质是生生。生生敞开的不可逆朝向即为己。己始终因它者而存在，为己关涉的是为它。所以，己构成它的限度，为己成为为它的边界；反之，亦然。在存在之本原生境逻辑中，以为己为内生机制和原发动力的生生，内敛生成，形成自生生它的结构原型；向外播散，形成自持自它的行动准则。这种自生生它的结构原型和自持持它的行动准则从内外两个方面构成生境逻辑向存在释放生生功能的限度框架和可能性边界，由此使存在总是承受来自其本原性层面，或者说原发机制和原动力方面的限度和边界要求。这种要求是自然的，也是必然的，更是命运的。宏观物理学和微观物理学分别从不同的维度描述了这种自然的、必然的和命运的存在限度和边界：

> 光子是我们这个世界的物源。微观粒子、各种原子以及宏观物体都是由光子组成。光子具有质量、电荷和磁矩（光子有自旋）因而自然界也具有三种力：万有引力、电力和磁力。
>
> 所谓物质间的相互作用，就是三种力的相互作用，我们用 F 表示合力，F_m 表示万有引力，F_Q 表示电力，F_μ 表示磁力。则有
>
> $F = F_m + F_Q + F_\mu$。①
>
> 相对论的本质即是事物运动的相对性，即运动总是显示为一个物体对另一个物体的相对运动……相对性原理在其最广泛的意义上是包含在如下的陈述里：全部物理现象都有这样的特征，即它们不为绝对运动概念引进提供任何依据；或者用比较简短但不那么精确的话来说，没有绝对运动，"相对性"是对于（可以想象的）自然规律的一个严格的限制。②

---

① 吴家荣：《二十世纪物理学批判》，科学技术文献出版社 2013 年版，第 250 页
② ［德］爱因斯坦：《爱因斯坦文集》第一卷，第 455 页。

3. 合目的的神性存在

宏观物理的相对论提出的相对性，或可看成是一种限度、一个分界线、一种边界。可以把它静态地扁平化后，相对性可近似于地平线，这一地面与天空的分隔线是天然的分界线，它**标准地给出**天空与大地之间的限度和边界。但这种限度和边界，既是想象的，也是实在的，因为它有，也无。想象的地平线可变为实体的平坦，平坦之上的太空是什么？或可以计数出许多许多的内容，但最不可数的是高远，高远之于太空意味着什么？意味着虚空，太空的高远愈是向外延展，虚空就更加虚空地层叠性扩展，能否用充盈之有来描述这层叠的虚空，或者以方位明确、界线明确的确定性来形容虚空的层叠？平坦之下的大地呢？同样面临不可计数的问题，而其中最不可计数的却是深幽，深幽之于大地意味着什么？意味着黑暗，大地的深幽愈是向下伸进，黑暗就愈发黑暗地层累性拢集，能用有序、条理、明朗、确定性来指称这深幽的黑暗和愈加黑暗的深幽？所以，无论是**高远**的太空还是**深幽**的大地，其边界和限度既是明朗的，也是模糊的。在明朗中模糊，从模糊中明朗，这是限度与无度、有界与无界互动与贯通。

将关联起高远而虚空的太空与深幽而黑暗的大地之平坦上置一洋葱，平坦上的洋葱和洋葱下的平坦，构成一个很好的存在景观。洋葱之上是可无限延展的且无限层叠的高远虚空，洋葱之下是可无限伸进的且无限层累的深幽黑暗，二者方向相反，如何可能走向同为既有又无、既实又虚的地平线或者说平坦所贯通一体呢？洋葱是一个很好的观测对象：

> 边界提供了一个简单的方法，把主体聚集成一种类似于洋葱的层次结构，边界用来限制主体交互作用。每一个主体在形成的时候都只有一个边界。甚至一个孤立的、不与其他主体黏着的主体，也有一个唯一的包含这个孤立主体的边界。然而，边界可以包含多个主体。最简单的非平凡聚集只有一个边界，聚集体中的所有主体都在这个边界之内。①

---

① [美]约翰·H. 霍兰：《隐秩序：适应造就复杂性》，韩晖译，上海世纪出版集团2015年版，第112—113页。

洋葱是一个实体存在,在外观上,它是一个拢集性的存在,既四面八方又四通八达聚天地之气和万物之灵而自成。由外向内走进洋葱的世界,实是层层相叠。层层相叠加,是为有序与确定;层层相叠之间的空间,既构成层与层之间的边界与限度,也高密切地叠加了并无确定性的虚空。洋葱的存在结构是层层叠加式的**生成结构**,顺其生成结构之道而层层剥开,以至于剥落最后一层,洋葱从存在之有变成存在之无,具有鲜明层叠式生成结构的洋葱,最后沦为无序,虽然被剥离开来的层层洋葱肉还摆放在这平坦之上,但它已由确定性的存在实体(洋葱)变成了非确定性的、混沌状态的散乱物体(即一片又一片洋葱肉皮),这时,平坦之上的"洋葱"这个存在实体消失了(虽然组成它的层层葱片还在),洋葱作为存在实体的消失,源于它作为存在实体的**被解构**,更因为它作为存在实体被解构的过程,是其**生成性结构的生命被解构。生成性结构的生命构成存在的本体,存在遭遇解构之根本不是其样态,而是支撑其存在样态的存在本体**。

洋葱的例子表明,第一,存在生成存在,存在回返存在本身,不仅是存在样态的保持,更为根本的是存在本体的持有和强化。第二,存在可能有片刻的静态,但静态不是存在的常态,**存在始终生成**。存在通过生成回返存在本身有两种方式,即建构性生成或解构性生成,但其建构性生成和解构性生成是相向敞开地走向对方、成为对方,这一相向敞开的过程,既是限度与边界明晰的过程,也是限度与边界模糊的过程。存在始终是运动,运动即生成,这决定存在生成向外或向内的限度与边界始终有限,并且始终与生成同步而变与化,即有限与无限的互置、有界与无界的更替,其本质却是有与无、存在与非存在、有序与无序、确定与混沌的转换生成,其抽象表述就是"不变中变"与"变中不变"的循环反复运动,它构成存在生成的生生不息。第三,限度与边界,实是有与无、有限与无限、存在与非存在、有序与无序、确定性与混沌性的地平线,平坦之上的洋葱,上承高远、虚空的太空,下连深幽、黑暗的大地,但作为实体存在的洋葱自身的生成性结构的变化使它改变了承接天地的地平线的消失,或者说有与无的融合,实是其存在的限度与边界的消失。所以,限度与边界既可阻止无的漫延，阻止非存在、无序、混沌的无限扩张，阻止无限可能的变现，使之从无、从无限可能之非存在、无序、混沌向有、向有限存在的线性、有序、确定性的现在方向生成；同时，限度与边界既也阻止有的漫延，阻止存在、线性、有序、确定性的无限扩张，阻止有限的无限凝固、固化，使之从有、从有限的无限凝固、固化之存在、线性、有序、确定性向非存在、无序、混沌和向无限可能方向生成。要言之，限度与边界，是存在之有与无、存在与非存在、线性与非线性、有序与无序、确定与混沌的地平线、调节方式和使二者避免极限、极端的互为转换机制。

限度与边界作为存在的地平线、调节方式和转换机制的最终依据，是存在之场本体，具体地讲是存在语义场域。构成有与无、存在与非存在、实体与虚空、有序与无序、线性与非线性、确定与混沌以及拢集与播散等之间的限度与边界，即存在语义场域，存在语义场域的变化，必然打破限度与边界而相向转换。

限度与边界作为存在的地平线、调节方式和转换机制的原发动力，是存在之场的本原，具体地讲是生境逻辑之为己生生。推动有与无、存在与非存在、实体与虚空、有序与无序、线性与非线性、确定与混沌以及拢集与播散等之限度与边界的改变的原发动力，就是生境逻辑向外释放其为己的生生功能。

限度与边界作为存在的地平线、调节方式和转换机制的终极主体，是存在为己之自生生它和自持持它的不可逆朝向，具体地讲是构成生境逻辑灵魂的生境意志。生境意志是存在的终极主体，是宇宙万物的造物主，是创世纪的上帝。有与无、存在与非存在，全由它安排；虚空与实体、黑暗或光明，均由它分配；有序与无序、确定与混沌，均由它引导，拢集与播散，也由它来操作。有与无、存在与非存在、有序或有序、虚空或实体、黑暗或光明、确定或混沌等并不任意，并非无目的，一切都是拢集与播散使然，一切拢集与播散都是无目的的合目的性的，没有例外，也不可能例外。关于宇宙世界的起源，最流行的宇宙大爆炸假说理论，这一理论假说最初由比利时物理学家乔治·勒梅特（Georges Henri Joseph Édouard Lemaître，1894-1966）提出，其物理学家埃德温·哈勃（Edwin P. Hubble，1889-1953）、维斯托·斯里弗尔（Vesto Melvin Slipher，1875-1969）、卡尔·韦海姆·怀兹（Carl Wilhelm Wirtz）相继发展，揭示宇宙是大约150亿年以前从一个极小的微粒（即"太初"）聚集膨胀达到自身临界点而发生大爆炸，由此产生物质、能量、生命、时间和空间。大爆炸之后，其热能开始冷却，产生热寂，其热寂达于临界点时产生黑洞，新一轮大爆炸又开始。大爆炸理论只描述了大爆炸，却无法提供大爆炸的原因和开端，只将其看成是一个从大爆炸到黑洞的周而复始的从创生到毁灭再创生再毁灭的过程。后来，罗杰·彭罗斯提出宇宙大爆炸的共形循环理论，认为宇宙是按"大爆炸－热寂－黑洞－大爆炸－热寂－黑洞－大爆炸……"的共形循环方式展开的，并指出宇宙大爆炸的共形循环运动是遵从热力学第二定律，热能的熵化运动，即熵增到其临界点时就发生大爆炸，然后熵减少到临界点再爆炸，循环不已，由此生成宇宙的向死而生和向生而死的循环运动。

宇宙大爆炸理论描述的大爆炸循环是毫无目的机械运动，其理论不能解释宇宙的起源，因为宇宙的起源牵涉出生命的诞生。大爆炸理论涉及物质与能量、时间与空间，还有就是生命，这就意味着物理与能量必须与时间和空间相统一，时空必然与生命相联系。当生命将物质与能量、空间和时间连接起来时，宇宙的起源和生变运动一定是有机的，而不是机械，并且一定是智力的，而不是简单的物质和能量的变化运动。爱丁顿（Arthur Stanley Eddington，1882－1944）曾指出，自然是一个智力世界，并且只有当自然是一个智力的世界时，人才可能拥有智力的来源。他说："自然展开揭示出如此卓越的智力，相比之下，人类全部系统的思想和行为是一种完全无意识的反映。"① 詹姆斯·琼斯（James Jones，1921－1977）也认为，"宇宙显示出一种设计或控制力量的迹象，这种迹象具有这样一种思维方式的趋向，即我们用数学来进行描述"。他进一步指出，宇宙"更像一个伟大的思想，而不是像一架伟大的机器"②。生物学家莱尔·沃森认为（Lyall Watson）：**"宇宙是有秩序的产物，却挑选了流行的混沌**。从而似乎产生出一种偏见以支持建设性的偶然性。如果我们是卓越的，可能是因为我们参与了有想象力的过程。思想，即使它们变成**只是一瞬间消逝的想象力，却在头脑中饱食一个智力宇宙**。"③

---

① ［英］莱尔·沃森：《超自然现象：一部新的自然史》，第34页。
② ［英］莱尔·沃森：《超自然现象：一部新的自然史》，第34—35页。
③ ［英］莱尔·沃森：《超自然现象：一部新的自然史》，第35页。

（引者加粗）

宇宙是创造的，宇宙的创造活动可以物理形态学的大爆炸方式敞开。

宇宙的创造，是极高智力活动。因而，宇宙是智力的宇宙，没有宇宙的智力，一切智力型式都不可能产生。

高智力化的宇宙被创造出来，必然有目的，并且这一目的一定是宇宙的创造者设计的。宇宙的创造者不是宇宙的原初微粒，它只是创造者对创造予以形态学设计的具体内涵或者者原始材料。宇宙的创造者是有目的性愿景、有创造意志和创造能力的造物主。将宇宙大爆炸理论与耶和华"创世纪"比较：耶和华创世纪，将混沌的天地变成有生命的世界，并为生命提供了存在的来源，最后按自己的肖像创造了管理和照顾这个被创造的世界的人，给予他们祝福，并制定共同的安息日。进一步看，如上内容只是耶和华创世纪的形态学内容，其本质的和本体的那部分内容，却为所创造的世界创造秩序、创造秩序得以保持的权分职责和秩序得以保持的限度与边界，这就是爱、照顾和希望。

宇宙大爆炸是无目的、无主体、无智力、无美与爱的机械世界，这样的世界不能解释存在的根本问题，不能提供最终的依据。与此不同，耶和华创世纪是目的性、智力性、充满爱与希望的主体论的，这种主体论的创造是以己之识、以己之能、以己之情和以己之爱来创造世界，创造万物生命、创造存在，并赋予其创造物以为己的目的论，生生的动力论和自生生它的照顾论。所以，主体论的创造是神性的创造，张扬的是神性意志，体现的是神性的律法和神圣的逻辑，这就是生境意志，亦是以为己之内生机制和原创动力的生生的律法和自生生它与自持持它的逻辑。

将宇宙大爆炸与耶和华创世纪结合起来看，科学是关注具体的现象的哲学，或可说是存在的现象学，探讨其现象的规律，因而，科学必然为哲学的出场提供各种可能性的契机。哲学是关注整体的现象的哲学，或说是存在的本体学，探讨存在的根本理由和终极依据。因而，哲学对存在的拷问最终必然展示出存在的终极依据，这即关于人的主体论信仰和关于存在世界和宇宙的创造主体，为神学提供探究的主题。神学的工作及其最终的意义，就是为哲学揭露出来的创世主体提供终极的论证。或许只有沿此思路，才可真正理解亚里士多德的科学、哲学和神学的内在关联。

我们可以回忆起亚里士多德为第一哲学提供了两个定义：其一，它是神的实质的科学；其二，它是关于存在之存在（being qua bing）理论的科学。我曾说过，这两个定义彼此重合。第二定义从下面将要讨论的领域的角度描述形而上学，即一切存在。第一个定义从它所提供的原理的角度描述形而上学：参照神的原始动力（unmoved mover）。因此，神学和存在之存在的科学是一个而且是同一个第一哲学。①

---

① ［英］安东尼·肯尼：《牛津西方哲学史 第一卷：古代哲学》，第215—216页。

参考文献

［爱尔兰］理查德·柯尔内：《20世纪大陆哲学》，鲍建竹、李婉莉等译，中国人民大学出版社2016年版。

［奥］维特根斯坦：《逻辑哲学论》，贺绍甲译，商务印书馆1996年版。

［奥］维特根斯坦：《哲学研究》，李步楼译，商务印书馆2017年版。

［德］H. G. 舒斯特：《混沌学引论》，朱铭雄、林圭年译，四川教育出版社2013年版。

［德］H. 哈肯：《信息与自组织》，本书翻译组译，四川教育出版社2010年版。

［德］爱德华·策勒：《古希腊哲学史——柏拉图与老学园派别》（第3卷），詹文杰译，人民出版社2020年版。

［德］爱德华·策勒：《古希腊哲学史——从最早时期到苏格拉底时代》（第1卷上、下册），聂敏里、詹文杰、余友辉译，人民出版社2020年版。

［德］爱德华·策勒：《古希腊哲学史——古希腊哲学史的折衷主义流派史》（第6卷），石敏敏译，人民出版社2020年版。

［德］爱德华·策勒：《古希腊哲学史——斯多亚学派、伊壁鸠鲁学派和怀疑主义学派》（第5卷），余友辉、何博超译，人民出版社2020年版。

［德］爱德华·策勒：《古希腊哲学史——苏格拉底与苏格拉底学派》（第2卷），吕纯山译，人民出版社2020年版。

［德］爱德华·策勒：《古希腊哲学史——亚里士多德与早期散步学派》（第4卷上、下册），曹青云译，人民出版社2020年版。

［德］爱因斯坦：《爱因斯坦文集》第 1 卷，许良英编译，商务印书馆 1976 年版。

［德］恩格斯：《路德维希·费尔巴哈与德国古典哲学的终结》，人民出版社 1972 年版。

［德］弗里德里希·克拉默：《混沌与秩序：生物系统的复杂结构》，柯志阳、吴彤译，上海科技教育出版社 2015 年版。

［德］海德格尔：《面向思的事情》，陈小文、孙周兴译，商务印书馆 1996 年版。

［德］海德格尔：《形而上学导论》，熊伟等译，商务印书馆 1996 年版。

［德］海德格尔：《诗意地安居》，郜元宝译，上海远东出版社 2011 年版。

［德］海德格尔：《存在与时间》，陈嘉映、王太节译，熊伟校，生活·读书·新知三联书店 1987 年版。

［德］赫尔曼·哈肯：《协同学：大自然构成的奥秘》，凌复华译，上海译文出版社 2013 年版。

［德］黑格尔：《精神现象学》，贺麟、王玖兴译，商务印书馆 1997 年版。

［德］黑格尔：《逻辑学》，杨一之译，商务印书馆 1974 年版。

［德］黑格尔：《小逻辑》，贺麟译，商务印书馆 1997 年版。

［德］黑格尔：《哲学史讲演录》第 1 卷，贺麟、王太庆译，商务印书馆 1959 年版。

［德］黑格尔：《哲学史讲演录》第 4 卷，贺麟、王太庆译，商务印书馆 1981 年版。

［德］黑格尔：《法哲学原理》，范扬、张企泰译，商务印书馆 1979 年版。

［德］康德：《纯粹理性批判》，蓝公武译，商务印书馆 1960 年版。

［德］康德：《纯粹理性批判》，韦卓民译，华中师范大学出版社 2000 年版。

［德］康德：《未来形而上学导论》，庞景仁译，商务印书馆 1982 年版。

［德］马尔库塞：《现代文明与人的困境》，李小兵译，上海三联书店 1989 年版。

［德］马克斯·韦伯：《经济与社会》第 1 卷，阎克文译，上海人民出版社 2009 年版。

［德］叔本华：《作为意志和表象的世界》，石冲白译，杨一之校，商务印书馆1982年版。

［德］文德尔班：《哲学史教程》，罗达仁译，商务印书馆1987年版。

［法］贝尔纳·斯蒂格勒：《技术与时间：1 爱比米修斯的过去》，裴程译，译林出版社2019年版。

［法］贝尔纳·斯蒂格勒：《技术与时间：2 迷失方向》，赵和平、印螺译，译林出版社2019年版。

［法］贝尔纳·斯蒂格勒：《技术与时间：3 电影的时间与存在之痛的问题》，方尔平译，译林出版社2019年版。

［法］丹尼斯·于斯曼主编：《法国哲学史》，冯俊、郑鸣译，商务印书馆2015年版。

［法］卢梭：《社会契约论》，何兆武译，商务印书馆2003年版。

［法］皮埃尔·布迪厄、［美］华康德：《实践与反思：反思社会学导论》，李猛、李康译，中央编译出版社1998年版。

［古希腊］第欧根尼·拉尔修：《古希腊名哲言行录》，王晓丽译，中国华侨出版社2021年版。

［古希腊］亚里士多德：《物理学》，张竹明译，商务印书馆2011年版。

［古希腊］亚里士多德：《形而上学》，吴寿彭译，商务印书馆1959年版。

［加］斯图亚特·C. 杉克尔：《20世纪科学、逻辑和数学哲学》，江怡、谢涤非等译，中国人民大学出版社2016年版。

［加］约翰·V. 康菲尔德主编：《20世纪意义、知识和价值哲学》，江怡、曾自卫等译，中国人民大学出版社2016年版。

［美］B. 霍夫曼：《量子史话》，马元德译，科学出版社1979年版。

［美］J. 伯恩斯坦：《阿尔伯特·爱因斯坦》，高耕田等译，科学出版社1980年版。

［美］爱德华·格兰特：《中世纪物理科学思想》，郝刘祥译，复旦大学出版社2001年版。

［美］伯纳德·科恩：《新物理学的诞生》，张卜天译，商务印书馆2016年版。

［美］曹天予：《20世纪场论的概念发展》，吴新忠、李宏芳、李继堂译，上海科学教育出版社2010年版。

［美］赫大维、安乐哲：《孔子哲学思微》，蒋弋为、李志林译，江苏人民出版社2012年版。

［美］杰里米·里夫金、特德·霍华德：《熵：一种新的世界观》，吕明、袁舟译，上海译文出版社1987年版。

［美］凯文·凯利：《失控：全人类的最终命运和结局》，陈新武等译，新星出版社2015年版。

［美］理查德·S.韦斯特福尔：《近代科学的建构》，彭万华译，复旦大学出版社2001年版。

［美］列奥·施特劳斯：《斯宾诺莎的宗教批判》，李永晶译，华夏出版社2013年版。

［美］罗伯特·C.所罗门、［美］凯特林·M.希金斯主编：《德国唯心主义时代》，诸傅华、冯俊等译，中国人民大学出版社2016年版。

［美］梯利：《西方哲学史》，葛力译，商务印书馆1975年版。

［美］威拉德·蒯因：《从逻辑的观点看》，江天骥、宋文淦、张家龙、陈启伟译，上海译文出版社1987年版。

［美］约翰·H.霍兰：《隐秩序：适应造就复杂性》，韩晖译，上海世纪出版集团2015年版。

［美］詹姆斯：《多元的宇宙》，吴棠译，商务印书馆2002年版。

［瑞士］克里斯托弗·司徒博：《环境与发展：一种社会伦理学的考量》，邓安庆译，人民出版社2008年版。

［新加坡］C.L.腾主编：《19世纪哲学》，刘永红、陈善贵等译，中国人民大学出版社2016年版。

［英］A.S.麦格雷迪编：《中世纪哲学》，生活·读书·新知三联书店2006年版。

［英］G.H.R.帕金森主编：《文艺复兴和17世纪理性主义》，田平、孙喜贵等译，中国人民大学出版社2009年版。

［英］R.G.柯林武德：《自然的观念》，吴国盛、柯映红译，华夏出版社

1990年版。

［英］W. C. 丹皮尔：《科学史》，李珩译，中国人民大学出版社2015年版。

［英］安东尼·肯尼：《牛津西方哲学史　第1卷·古代哲学》，王柯平译，吉林出版集团有限责任公司2012年版。

［英］安东尼·肯尼：《牛津西方哲学史　第2卷·中世纪哲学》，袁宪军译，吉林出版集团有限责任公司2012年版。

［英］安东尼·肯尼：《牛津西方哲学史　第3卷·近代哲学的兴起》，杨王译，吉林出版集团有限责任公司2012年版。

［英］安东尼·肯尼：《牛津西方哲学史　第4卷·现代世界中的哲学》，梁展译，吉林出版集团有限责任公司2012年版。

［英］大卫·福莱：《从亚里士多德到奥古斯丁》，冯俊等译，中国人民大学出版社2004年版。

［英］霍布斯：《利维坦》，黎思复、黎廷弼译，商务印书馆1985年版。

［英］霍布斯：《论公民》，应星、冯克利译，贵州人民出版社2003年版。

［英］罗杰·彭罗斯：《宇宙的轮回》，李冰译，湖南科学技术出版社2015年版。

［英］梅因：《古代法》，沈景一译，商务印书馆1996年版。

［英］乔治·贝克莱：《人类知识原理》，关文运译，商务印书馆2017年版。

［英］斯图亚特·布朗主编：《英国哲学和启蒙时代》，高新民、曾晓平等译，中国人民大学出版社2009年版。

［英］泰勒主编：《从开端到柏拉图》，韩东晖、聂敏里、冯俊、程鑫译，中国人民大学出版社2003年版。

［英］威廉·R. 索利：《英国哲学史》，段德智、陈修斋译，商务印书馆2017年版。

［英］雅克布·布洛诺夫斯基：《人之上升》，任远等译，四川人民出版社1988年版。

［英］亚当·弗格森：《道德哲学原理》，孙飞宇、田耕译，上海人民出版社2003年版。

［英］约翰·穆勒：《群己权界论》，严复译，上海三联书店2009年版。

［英］约翰·马仁邦主编：《中世纪哲学》，孙毅、查常平等译，中国人民大学出版社 2009 年版。

思高圣经学会译：袖珍本《圣经》，香港天主教方济会 1988 年版。

［清］戴望：《管子校正》，中华书局 2006 年版。

北京大学哲学系编：《古希腊罗马哲学》，生活·读书·新知三联书店 1957 年版。

北京大学哲学系编：《西方哲学原著选读》（上、下册），商务印书馆 1982 年版。

郭沫若：《殷契粹编·考释》，北京科学出版社 1965 年版。

金重远选编：《现代西方史学流派文选》，上海人民出版社 1982 年版。

黎翔凤撰：《诸子集成·管子校注》，梁运华整理，中华书局 2004 年版。

马如森：《殷墟甲骨文实用词典》，上海大学出版社 2008 年版。

苗力田主编：《古希腊哲学》，中国人民大学出版社 1989 年版。

孙周兴选编：《海德格尔选集》（上、下册），上海三联书店 1996 年版。

唐代兴：《生境伦理的哲学基础》，上海三联书店 2013 年版。

唐代兴：《生态化综合：一种新的世界观》，中央编译出版社 2015 年版。

唐代兴：《生态理性哲学导论》，北京大学出版社 2005 年版。

唐代兴：《语义场：生存的本体论诠释生态》，中央编译出版社 2015 年版。

汪子嵩、范明生、陈村富、姚介厚：《希腊哲学》第 1 册，人民出版社 1997 年版。

汪子嵩：《希腊的民主和科学精神》，生活·读书·新知三联书店 1988 年版。

吴家荣：《二十世纪物理学批判》，科学技术文献出版社 2013 年版。

俞宣孟：《本体论研究》，上海人民出版社 2012 年版。

袁纯清：《共生理论：兼论小型经济》，经济科学出版社 1998 年版。

张世英：《论黑格尔的逻辑学》，上海人民出版社 1959 年版。

张天蓉：《蝴蝶效应之谜：走进分开与混沌》，清华大学出版社 2013 年版。

赵敦华：《西方哲学简史》，北京大学出版社 2001 年版。

周辅成：《西方伦理学名著选辑》（上、下册），商务印书馆 1996 年版。

Alain Badiou, *Infinite Thought: Truth and the Return to Philosophy*, Continuum, 2004.

Bertrand Russell, "On Scientific Method in Philosophy", *Mysticism and Logic*, London, Banesh Hoffman, Helen Dukas, Albert Einstein, Creator and Rebel, New York: Viking, 1972.

Bertrand Russell, *The Problems of Philosophy*, Oxford: Oxford UniversityPress, 1959.

Burnet, J., *Platonism*, California University Press, 1928.

Etienne Gilson, *Being and Some Philosophers*, Toronto: Mediaeval Studies of Toronto, Inc., 1949.

Etienne Gilson, *The Unity of Philosophical Experience*, New York: Charles Scribner's Sons, 1937.

H. G. Schuster, *Deterministic Chaos* Weinheim, 1984.

Ilya Prigogine, *From Being to Becoming: Time and Complexity in the Physical Sciences*, W. C. Freeman and Company, San Francisc, 1980.

Kant, *Critique of Pure Reason*, trans. by F. Max Müller, New York, 1966.

Ludwig Wittgenstein, *Culture and Value*, P. Winch (trans.), Oxford, Basil IBlackwell, 1984.

Martin Heidegger, *Die Grundprobleme der Phenomenologie*, Vittorio Klostermann, Frankfurt am Main, 1975.

Martin Heidegger, *Einführung in die Metaphysik*, Vittorio Klostermann GmbH. Frankfurt am Main, 1983.

Martin Heidegger, *Schelling: Abhandlung uber das Wesen der menschlichen Freiheit*, Tubingen: Max Niemeyer Verlag, 1971.

Richard A., Cohen ed., *Face to Face with Levinas*, New York: State University of New York Press, 1986.

Roland N. Stromberg, *An Intellectual Historyof Modern Europe*, Englewood Cliffs, New Jersey: Preatice-Hall, Inc., 1975.

The Meditations and Selections from the Principles, Réné Descartes, trans. by

J. Veitch, Open Court, La Selle, 1948.

Thomas Hobbes, On the Citizen, edited and translated by Richard Tuck, New York: Cambridge University Press, 1998

Thomas Hobbes, *The Elements of Law: Natural and Politic*, edited with a preface and critical notes by Ferdinand Tonnies, with a new Introduction by M. M. Goldsmith, New York: Barnes & Noble, 1969.

Thomas Hobbes, *The Elements of Law: Natural and Politic*, New York: Barnes & Noble, 1969.

Whewell, W. , *The Philosophy of th Inductive Sciences*, second edition, Parker & Son, London. 1847.

Whitehead, A. N. , *Process and Reality*, Cambridge University Press, 1929.

索　引

本体　2，3，6~10，13~15，17，19，20，21，25，29，30，32，33，40，41，52，54~61，64，69~71，74，79，81，82，90，91，93，94，103，113~116，121，134~136，139，141~143，147，148，152~157，159~169，172，173，175~191，193，194，196，197，201~205，208~210，214，216~221，225，226，228，231~233，237，241，243，260，261，267，269，270，271，275~277，287，293，296，298，300，301，303，304，306

本体存在　17，103，154，155，164，172，177，201

本体论　2，3，6~9，13，14，21，29，30，32，33，52，59，60，61，64，70，74，79，81，91，93，94，113，115，116，136，142，143，148，152，154~157，159~169，172，175~185，187，189~191，194，196，197，201，202，237，287

本体论形而上学　2，32，33，52，59，60，61，70，74，91，93，116，154，157，159~161，166，194

本体语义　214，216，217，221，226，275，277，300

本体语义场　214，216，226，275，277，300

本性　3，4，9，10，37，47，51，56~58，66，67，70，94，97，101，113，124，125，140，141，143，149，165，167，168，170~172，174，176，179~181，186，188，190，191，202，206，208，215，216，221，228，231，237，240，243，246，256，258，260~265，268，285，298

本原　7，8，9，14，16，17，20，25，26，31，33，34，37，38，40~43，48~52，56~58，61，63，65，68，71，72，86~88，94，105，113，121，125，136，142，146，147，149，156，169，171~176，178~189，191，193，202，204~211，218~220，223，225，237，242~244，250，251，256，260，261，265，266，270，271，275~277，284，285，287，

索引

293，297，298，301，304

本原性常态　206

本质　2，3，6～11，14，20，24～26，37，38，43～46，56，57，61～63，65，66，69，70，73，81，82，85，90，99，103，107，110，119，121，126，130～135，138～141，143，146，149，154～158，165，168，171，172，174，175，178～181，183，184，186，188～190，195，196，198，199，203，208，210，218，220～222，225，226，228，230，232，234～238，250，257，260，269～271，273～277，281～286，288，290，292～294，297，298，301，303，306

边界　24，25，30，43，49，87，113，120，129，132，141，144～146，151，174，192，199，217，227，230～233，236，247，262，264，277，278，280～282，294，297，299～304，306

变中不变　9，10，39～41，46，54，55，59，71，77，174，176，178，189～192，202，246，273，274，278，281，303

播散　10，11，146，150，276～278，280，281，285～287，294，296，299，301，304

不变中变　9，10，39～41，46，54，55，59，71，77，174，176，178，189～192，202，246，273，274，278，281，303

层累　11，47，53，99，105，145，215，216，226，233，235，236，255，259，268，302

层累性生成　11，53，215，216，226

场本体　9，10，190，191，197，201～203，205，209，214，219，220，221，225，232，237，261，304

场态　2，7，69，141，147～149，152，182，190～192，196～200，202，204，205，207，209，211～217，221～227，234，260，263，267，275，277，278，280～282，285，286，299，301

场态本体　2，7，152，182，260

场态存在　147，148，190～192，196～198，202，215～217，226，263，275，281

场域　47，73，85，125，134，141，145，147，151，194，202，205，208，210，213，214，217，220，224，226，227，229，231～236，258，270，277～281，299，301，304

场域性　85，145，226，227，233

场在逻辑　268

敞开　2，3，4，9～17，19，20，30～32，34～40，46，47，49，53，56，58，60，62，65～73，75～79，81，82，85，87～89，91，98，100，116～121，126，127，130～141，146～154，176～178，182，184，189～197，199，203～205，207，208，214～220，222，224～229，231～234，236～238，240，244，245，247，249，253～256，260～271，273～278，280，281，283～295，297，298，300，301，303，306

持它　173，185，293～296，301，304，306

315

存在　1~28，30~187，189~192，194~234，236，237，239~241，243~246，250，251，254~290，292，293，295~304，306，307

存在本体论　8，9，59，60，64，70，74，156，159，161，162，165，167，168，175~180，189~202

存在存在　70，83~95，97，99，100，105，110，111，113，122，124~126，128~142，146，147，149，150，153，191，194

存在的无相　130

存在的形相　130，134，135，138，139，143，144，155，178

存在返魅　138

存在论　2，3，6~9，30，32，33，54，79，80，84~87，89~98，100~106，109，111~113，115~120，125，128，131，141，142，146，147，152，153，155，157，159，161，167，178，179，189，201，204，205，209，219，220，226，230，267，273，274，276，280，283，284，286，295，297，300

存在逻辑　9，129，131，264，265，268，269

存在潜沉　138

存在祛魅　138

存在位态　10，11，146，168，204~207，277，296

存在之思　2，3，19，35，39，122，125

存在之问　2~9，12，18~20，32，34，35，39，62，63，69~75，79，82，83，89，91~93，96~98，100，107，118，120~129，142，152，154，155，160，178~180，182，183，220，286，293

动静相生　9，90，176，189，201，268

动力学机制　219，227，228

动态本体论　9，175~177，190，191

动物存在　3，12~14，18，34，42，44~46，76，121，130，135，207，259，262

烦忙　139~141，280

返本开新　32，48，286~290，300

感性认知　36~38，40

个体改变整体　228

个体决定整体　228

个体主体　5，59，115~120，154，280

工具理性　61，63，64

共生　2，6~8，12，27，75，110，130，132，133，135，141，142，149，150~152，202，230，231，260，263~265，274，276，277，286，293

共生存在　2，7，8，12，75，141，142，149~152，202，260，263

共相存在　90，96，97，99，100

共运　233

关联存在　66，68，72，73，121，148，149，191，263，267，268，275，276，281，282，285，286，299

观念理性　4，5，7，8，10，46，53~61，64，65，69~71，74，77，98，176，183，193

观念逻辑　240，241，244~260，263

国家主体　5，117~120，154

索 引

合生　16，50，69，82，92，129，147，148，150，155，172，204，216，228，232~234，264，278，281

互为边界　43，144

互为限度　49，151，262

会聚　14，32，84，145，151，198，218，235

混沌　11，21，27，196，202~204，209~214，221~227，229，232，233，236，266，267，270~272，281，282，284~286，295，300，303~306

继创生　6，7

继生　3，14，16，67，68，147，204

经验理性　4，5，10，33，46~58，60，64，65，69，71，77，98，176，181，191，193

经验主义　7，55，58，59，69，72，93~95，97，98，100~103，105~107，111~113，125，163，246，250~252，255

静态本体论　9，175~177，190

局部动力　9，151，227~229，232，237，256，270，286

绝对的知识　41

科学理性　5，46，60~64

可进化　205，226

扩张生成　278，281

理性　2~10，12，17，18，30~36，38~65，68~77，90，93，96~98，101，105~108，112，114~118，120，121，152，157~160，164，165，174，176，178，181，183，188，191，193，223，233，241，246，250，258，267，295

理性认知　4，5，35，36，38，40，49，57，183

理性哲学　2，5，6，10，12，31~33，53~55，57~60，65，77，267，295

连续统　73，147

两脚走路　15~17

两手做事　15~17

拢集　8~11，93~95，97，126，133~135，138~141，145，146，150，153，154，168，201，202，204，209，211，220，222，227，228，236，276~278，280，281，284~288，294，296，299，302~304

目的－手段　293，294，296，297

内敛生成　277，278，281，301

内生法则　272

能生长之物　142，144

平等自在　228

确定性　11，69，70，82，89，106，107，119，132~135，163，196，197，204，207，209~214，216，223，225，232~234，236，249~251，255，270，281，282，284，285，295，302~304

人的自身方式　99，100，102，104，105，111

人为　2，12，16，18，30，32，37，46，52，54，60，65，75，76，88，117，127，137，155，156，175，191，208，225，239~241，244，257，258，263，295

人文存在　3，12，13，16，18，34，42，44~46，76，207，259，262

人文宗教　19，20，26，27，30，31，34

人性哲学　33，44，46，60

人在形式　12

认识论形而上学　2，8，32，33，59～62，64，70，74，111，116，154～157，159～161，163，165，250，293

认知　2～5，9，17，32～41，44～49，51～54，57，60，62，69，71，90，93，98，101，103，104，106，108，111，118，121，122，125，143，155～157，159，163，164，171，177，180～184，188，190，191，193，194，196，197，202，205，208，234，237，244，245，247，249，250，252，255，257，259，261，270，279～281，283，286，289，295

肉眼　17，34，90，137，142，143

神性　13，17，18，29，31，33～35，38，44～47，54，60，71，105，113，202，224，269，288，302，306

神性存在　17，18，34，45，47，105，302

神性哲学　33，44，46，54，60

生　1～42，44～58，60，62～79，81～92，96，98～102，106，107，110，111，114～116，119，120，124，126～152，154～156，158，161～164，166～169，171～194，196，198～241，243～247，249，251～301，303～306

生成　3，7～11，13，15～20，26，31，32，34，35，38，40，42，44，46，47，50，52～54，56～58，60，65～70，72，73，77，79，81～86，88，114，119，120，126，127，129，130，133，134，138～141，143，144，146，147，149，155，156，167，168，172，173，175，176，178，179，180～185，187～193，198～205，207，208，210，211，213～241，244～247，251，255，256，259～264，267，268，271，272，274，277，278，280～291，294～301，303～305

生存理性　69

生存逻辑　262，265，268，269

生存位态　66，68

生境　2，9，10，63，67，142，145～149，151，228，237，240，241，244，253，257～278，281～283，286，288～291，293～299，301，304，306

生境存在　142，146～149，237，261，263，275

神　2，4～6，13，14，17～22，25～35，38，40，41，44～48，50～52，54～56，58～60，62，64，65，70～72，75，78，79，86，87，95～99，102，105～107，109，110，112，113，115，118～120，122，127，138，143，144，153，156，160，161，166，169，172，174，175，180～183，186～189，192～194，202，223，224，235，240，243，245，246，252，255，259，269，272，276，288，295，302，306，307

神性存在　17，18，34，45，47，105，302

生境逻辑　2，9，237，240，241，244，259～278，281～283，286，288～291，293～299，301，304

生境意志　294～298，304，306

生境状态 149，228，266，274

生生 7，9~11，16，36，37，40，66，72，73，133~135，139，140，143，145~149，171，174，182，183，185，186，190，204，216，217，219，221，223，230，237，260~278，281~286，288，289，293~299，301，303，304，306

生态 2~7，9，10，12，20，46，53，63~67，69，71~74，145~149，152，182，202~204，216，225，226，234，258，267，292，295

生态理性 2~7，9，10，12，46，64，65，69，71~74，152，267，295

生态整体 53，72，73，182，234

时间 1，6，10，11，15，16，20，67~69，73，75，76，82，85，89，93，95，104，120~127，130，133，134，139，141，185，194，195，200，201，204，205，220，221，224~226，229，231，232，236，241，252，261，270，274，275，305

实践论形而上学 70，74，161

实然存在律 267

实体存在 93，95~97，101，111，143，154，176，279，303

实证分析 252

事实世界 190~192

殊相存在 96，97，99~101，113

四面八方 10，11，147，202，204，207，212，220~226，229，233~236，275~278，280，281，286，299，303

四通八达 10，11，145，147，202，204，207，212，220~226，229，233~236，275~278，280，281，286，299，303

它生性 144

它因性

天启 4，6，12，18，20，26，29~35，38，41，44，46，52，54，59，60，65，75，127

天启哲学 18，20，26，29~35，41，46，52，65，75，127

为己生它 272

为它生己

唯理主义 58，59，82，96~98，100，105~107，111~113，115，125，163

位态 10，11，61，65~69，71~73，146，147，149，162，167，168，172，204~207，209~211，265，266，271，277，296

文化人类学 3，6，12~17，19，34，35，44~46，259，262

无限生成 215，226

物物关系 231

物在形式 12

限度 30，34，43，49，60，61，64，105，113，116，120，126，129，132，141，144~146，151，161，186，207，215，217，227，229，232，233，236，256，262，264，272~275，277，278，280，297，299~304，306

相对的知识 41

向死而生 14，267，273，305

心觉 4，12，13，17，18，31，34，35，

46, 47, 76

心觉的力量

心眼　17, 34

形而上学　2, 3, 5~8, 18, 32, 33, 39, 40, 52, 54, 56~65, 70, 74, 79~82, 85, 89, 91, 93~98, 108, 109, 111, 112, 116, 152~168, 173, 179, 182, 183, 187, 192~194, 197, 201, 211, 230, 242, 243, 250, 252, 253, 286, 293, 307

形式论　251

形相存在　154, 155, 168

以场域入存在　141

以范畴入存在　89, 97

以时间入存在　89, 120, 121, 126

以思入存在　125

涌现　10, 11, 84, 86, 147, 204, 214, 217, 219, 223, 225, 232~236, 276

涌现方法　219, 223, 234

语义场　2, 148, 201~205, 209, 211, 214~229, 232~237, 260, 261, 270~272, 274~278, 280~283, 295, 296, 300, 301, 304

语义场域　205, 224, 277, 301, 304

原出生　14

原创生　6, 7

原生　14, 100, 145, 204, 225, 301

远离平衡　204, 209, 212~214, 223, 225, 227, 232, 236, 267

造物主　6, 7, 14, 16, 22, 24, 26~29, 42, 52, 67, 71, 210, 264, 266~270, 304, 306

遮蔽　56, 82, 85, 127, 133~141, 215, 219, 220

哲学的本分　76, 97, 120, 122, 128

整体动力　9, 147, 151, 227~229, 232, 237, 270, 286

整体视域　55, 154

知觉　4, 13, 17, 18, 32, 34, 35, 45~47, 58, 67, 76, 77, 90, 91, 97, 98, 101~106, 109~111, 113~115, 125

知觉的力量

知识　2, 4, 5, 13, 17, 35, 38, 39, 41, 45, 47, 48, 53, 62~64, 69, 70, 95, 98, 101, 107~110, 112, 119, 125, 161, 163, 177~180, 193, 194, 209, 223, 224, 228, 230, 241, 243, 249~251, 255, 295

知性认知　36~38

秩序　9, 15, 16, 25, 30, 40~42, 44, 88, 157, 163, 164, 176, 181, 186~190, 192, 196, 202~205, 209~211, 212~214, 221~227, 229~233, 236, 238, 243, 246, 253, 266, 267, 270~272, 274, 292, 293, 296, 302, 305, 306

智—力逻辑

自持　69, 70, 173, 174, 185, 187, 204, 208, 237, 261, 269, 293~295, 296, 301, 304, 306

自持持它　293~296, 301, 304, 306

自创生　205, 226, 234, 266, 267, 269

自然人类学　3, 6, 12~17, 19, 34, 42~46, 259, 262

自然本体论 14，169
自然逻辑 129，244，246，251，254，256，260，263~265，268，291~293
自然权利 42，43
自然宗教 19，20，26，30，31，34
自生→生它 293，296
自生性
自生育 142
自生长 142，144，214
自为生成 69，285
自为限度 43，151，233，299

自我保存 42
自因性 143，144
自在 9，19，53，54，58~60，66，68，88，99，118，125，131，132，135，159，164，191，201，204，210，214~216，220，223~225，227，228，231，240，250，266，268，285，286，297，298
自组织 196，204，219~227，229，233
自组织机能 219

后　记

一

1949年，雅斯贝尔斯出版《论历史的起源与目标》（*Vom Ursprung und Ziel der Geschichte*），提出"轴心时代"（Axial Age）概念，他将大约公元前800年到公元前200年左右这段时间界定为轴心时代，其理由是"非凡的事件都集中在这一时代发生了。在中国生活着孔子和老子，产生了中国哲学的所有流派，墨翟、庄子、列子以及不可胜数的其他哲学家都在思考着；在印度出现了《奥义书》，生活着佛陀，所有的哲学可能性，甚至于像怀疑论和唯物论，诡辩术以及虚无主义都产生了，其情形跟中国别无二致；在伊朗，查拉图斯特拉在传授他那富于挑战性的世界观，即认为这是善与恶之间的一场斗争；在巴勒斯坦，从以利亚经由以赛亚及耶利米到以赛亚第二，出现了先知；在希腊则有荷马，哲学家巴门尼德、赫拉克利特、柏拉图，许多悲剧作家，修昔底德，以及阿基米德。在这短短的几个世纪内，这些名字所勾勒出的一切，几乎同时在中国、印度和西方，这三个相互间并不了解的地方发生了。"①1957年，雅斯贝尔斯出版《大哲学家》，评价了从古希腊到近代影响人类进程的十一位哲学家和思想家，他们分别是"思想范式的创造者"的苏格拉底、佛陀、孔子、耶稣，"思辨的集大成者"柏拉图、奥古斯丁、康德和"原创性形而

---

① ［德］雅斯贝尔斯：《论历史的起源与目标》，李雪涛译，华东师范大学出版社2022年版，第8页。

后 记

上学家"阿那克西曼德、赫拉克利特、巴门尼德、柏罗丁、安瑟尔谟、斯宾诺莎、老子和龙树。再次突出了轴心时代的辉煌,同时也折射出轴心时代之后人类哲学的发展走势。在起点上,与古希腊具有同样高度、同样广阔、同样深邃、同样影响非凡和永恒的中国哲学,随着诸子的谢世而远逝了。自秦以降,当董仲舒将"推明孔氏,抑黜百家"的学术管制战略纳以"五德终始"和"天人感应"为基本框架的政治神学体系的构想被汉武帝全盘实施之后,中国开启了没有哲学和思想的"长征"路,作为统治意识形态的儒家从汉唐经学到宋明道学以至于清代实学,虽然也在不断地"创新",却始终沿着"上行君道"前行,几乎所有创新的"学说"和"思想",都是从不同方面王道永续且播之"四海而皆准"寻求论证依据和构建解释方法体系。但一直为人们夸耀"盛世"或"中兴"等不断翻新的华装,总是掩盖不住身体的贫困和大脑的愚昧。

人类文明从轴心时代到神学时代,再从神学时代到工业时代,尤其是从古典工业社会到现代工业社会,西方与东方的差距,表面看是尖船利炮的差距,进而是经济与技术的差距,或者是政体与制度的差距,但所有这些都是形态学层面的,导致西方与东方的最终差距,是观念的差距。支撑文明差距的观念,必从思想生成并经由思想培育。思想却源于哲学的当世创造(而不是对过去的诠释)。欧洲的神学时代被国人炒作成"黑暗的中世纪",但神学时代却从传播教义和解释教义两个方面将信仰的宗教变成讲道理的宗教,并孕育了新科学和文艺复兴,促成了近代两个世界的重新发现,开启了商业社会和工业时代,这隐蔽于后的原推力却是奥古斯丁和阿奎那分别运用柏拉图和亚里士多德哲学来重塑神学。近世英法倔起的思想基石是其经验论和唯理论哲学,它们分别复兴了亚里士多德主义和柏拉图主义;在经历长久分裂之后最终兴起的德国之具有主导两次世界大战的实力,却不能不追溯到古典哲学为其提供了奔流不息的思想源泉和精神动力,尤其读读康德的个体主体主义和黑格尔的国家主体主义的哲学,则可感受到20世纪上半叶的德国何以如此强悍,再读读胡塞尔、海德格尔、雅斯贝尔斯、伽达默尔等众多现代德国哲学家的哲学,则可以预感到德国的现在和未来的潜力。美国走向世界并成为舞台主角,不是叫嚣或专横所成,其最耀眼于世的当然是其教育、科技、经济、军事和现代制度等,但这些都只是其形态学显现,美国自建国始一路富强开来的真正强劲的源泉依然是其隐而不显的思想动力，即由皮尔士开创、詹姆斯和杜威等人继之发展起来的实用主义哲学，这一纯正的本土哲学重塑了美国精神和美国文化。其后，哲学在美国空前繁荣，与其教育、科技、经济、军事的发展之间形成一种内生化的互动力机制。或可预判，美国的衰落，必将最终是其哲学的当世衰竭。因为，无论过去或现在，以及未来，对任何一个民族国家言，当其哲学的创造一个当世接着一个当世持续地逝去，贫困和愚昧必然伴随，哪怕其中偶然有饭吃或者偶尔富裕过，也不能从根本上解决生活的保障和存在的安全而回返贫困和愚昧，这就是文明的返祖，或者说文明的生物主义后退，它的集中呈现是全方位限制、控制哲学的生长，使哲学处于荒芜状态。哲学的荒芜，必是国家的贫困和民生的凋敝。

二

哲学的功用，在于哲学的当世创造可能为社会和个人提供信心之源和希望之光，因为哲学的当世创造基于当世的存在困境和生存危机探索根本的解救之道，包括新的思想、新的视野、新的方法和新的知识体系与新价值重构。

哲学之所以具有如此的当世功能，是因为诉求于当世思想创造的哲学，是摆脱任何领域束缚的存在之问所结的下存在之思和存在之智。哲学所询问、质问、拷问的存在，不是个别的、局域的、或者观念划界的存在，而是统摄自然世界、生命世界和人的世界的整体存在的世界。所以，哲学的存在之问，不仅是存在的整体之问，而且是存在的本体之问和本质之问。

要言之，哲学的当世创造，就是对当世存在展开其存在论、本体论和本质论之问，以为求解当世存在困境和危机打开新的视野，探索新的方法，生成新的思想，积累新的知识、构建新的价值座标。

三

重续轴心时代的诸子精神，志意于哲学的当世创造，须是开启存在之问，探求存在之为存在的存在论问题，必然牵引存在的本体问题和本质问题。这是《生存论研究》在初步清厘哲学创造的主体构成（卷1）和当世哲学创造的视域与进路（卷2）之后，卷3《生成涌现时间》必要以致思存在的存在论和本体论为主题。

对当世存在的存在论和本体论问题的关注，始于1989年1月所完成的一篇文章《语义场：语言权力的滋生与指归》，然后围绕"语义场"问题致思形成《语义场导论》（1989年底完成初稿，1998年初版，2015年修订以《语义场：生存的本体论诠释》再版）。语义场，既是世界存在的存在样态，它融统柏拉图所讲的存在的现象世界和存在的本体世界，蕴含了赫拉克利特所概括的"变中不变"和"不变中变"的转换生成辩证法。其后，分别从形上认知论（《生态理性哲学导论》，1990年成稿，2005年出版）、场本体论美学（《当代语义美学论纲》1991年成稿，2001年出版）和哲学方法（《生态化综合：一种新的世界观》，2000年成稿，2015年出版）三个维度对场存在论和场本体论予以旁证性致思。

从存在论和本体论两个方面发问当世存在，虽然初成生态理性框架和基本思想，但其本身存在的根本视域遮蔽和局限，随其问题思考的推进而日益突显出来，即关于场的存在论和本体论思考的重心，其实只滞留于其人文之场，虽然对存在世界的存在之场有所涉及，但在整体上却并没有基本的辨别和清晰。关于存在之问的存在论和本体论问题，尚未完整呈现，由此使生态理性哲学的形上构建也存在视域的局限，因而，对存在之问的再思考，成为必须。

四

重发存在之问，是完善存在之场的场存在论和场本体论。其首要之事，是拓展存在视野，呈现完整的存在图景，即是存在世界和人的世界的合生存在。存在世界是造物主创化的世界，即以宇宙自然和万物生命为实存样态的世界。在存在世界里，人只是万物之一物，是属自然人类学的人。人的世界却是人这一物从自然人类学走向文化人类学，从动物存在变成人文存在所建构起来的世界。将存在世界和人的世界贯通起来呈现其整体的本原性存在的那个东西，却是人文存在的人始终保持的自然人类学的本性和气质。

重发存在之问的上手之处和下手功夫，就是两分存在，即分别拷问存在世界和人的世界的存在问题、本体问题和本质问题。由此形成卷3《生成涌现时间》和卷4《限度引导生存》，前者发问存在世界之存在；后者发问人的世界之存在。

发问存在世界之存在，只着手于"生态理性""共生存在""场态本体"和"生境逻辑"四个概念的基本内涵、视域演变、认知建构、思想生成及内在的逻辑生成关联等方面，以为较完整地呈现生态理性哲学的场存在论和本体论面貌。为展开"人的世界"的存在之问打开视域并奠定认知、思想和方法的基础。

五

哲学的当世创造，始终无法忽视当世存在本身的激发。对存在世界本身的发问的宏观语境，是物质主义、技术主义、生物主义共同形塑的人类文明的当代衰落和失败，全球化殖民运动、世界争霸、海洋和太空争夺、战乱起伏、军备竞赛、武器炫耀和武力叫嚣等，是其表征。其具体的语境是人为的历时三年尚仍然蔓延的世界灾难对历史的重写本身，被处置化的不能动弹的身体且遭受新冠病毒折磨的苦痛之中记录下存在发问，其生成性涌现着无限可能的时间张力的这些肤浅文字能够面世，有赖中国社会科学出版社的扶助，尤其是责任编辑刘亚楠女士的会通理解、精诚指正和严谨把关，籍此深致谢意！计算机和网络、以人体为研发对象的生物工艺学技术体系和人工智能、算法和数字集权工具，把原本四通八达的世界创造成原子社会，将具有交往交流天赋能力且始终努力于"生活在一起"的人形塑成原子人和原子工具，但天赋的心灵和人性情感总是敞开超距的神奇，且以会通方式将诚念、希望和爱无线传递，互为温暖和慰籍。籍此感恩并互为珍惜，无论认识或不认识，甚至你我各在天涯海角。

2023年9月1日

书于狮山之巅